特 别 鸣 谢

英文转写：黄琦，Tony Huang

英文编辑：Misha A. Tadd，Jonathan P. Keir

影像来源：AB.

杜维明对话集

杜维明 等 著

人民出版社

目 录

自我与社群之间

——对话迈克尔·桑德尔

迈克尔·约瑟夫·桑德尔（Michael Joseph Sandel，1953—　），哈佛大学教授，政治哲学家、当代社群主义代表人物。因其处女作《自由主义与正义的局限》中对约翰·罗尔斯《正义论》的评论而声名鹊起，其他重要著作还包括《民主的不满：美国在寻找一种公共哲学》《正义：怎样做才正确？》《金钱无用之地：市场的道德局限》等。2010 年，被《中国新闻周刊》评为"影响中国 2010 年度海外人物"。2012 年，被美国《外交政策》(*Foreign Policy*)杂志评为全球顶级思想家。

对话时间:2004 年 4 月 13 日

杜维明（以下简称"杜"）：我们发起了这个对话系列，这是一次对谈，而不是"采访"。

迈克尔·桑德尔（以下简称"桑德尔"）：对，很好。太棒了，太棒了。

杜：您大作的中文版已在中国流行开来，这次对谈将非常有意义。

桑德尔：我这里有一本（《自由主义与正义的局限》，万俊人译，译林出版社 2001 年版——译者注），我想请您过目，因为我不能判断这是不是一部好的译作。

杜：标题是"自由主义与……的局限"。

桑德尔：正义。

杜："正义的局限"，标题翻译很到位。

桑德尔：是的，标题，但您不清楚其他部分。

杜：这个译者还翻译了 *The Law of Social Justice*。

桑德尔：这个我知道。

杜：他现在是清华大学的哲学教授。

桑德尔：哦，是这样。

杜：他在这里（哈佛大学燕京学社）做了整整一年的访问学者，现在他又回来了，就在这里。

桑德尔：他是哲学家吗？

杜：他是哲学家，是一位侧重伦理学的哲学家。

桑德尔：哦，嗯。

杜：您知道，"社群主义"有两种译法。其一基于社会，更具社会学意味；另一个则更具哲学意蕴，它指代一个可以共享的组织，不仅是生理意义上的，而且是政治体意义上的。

桑德尔：是的。

杜：一群人分享同一个政治体。

桑德尔：对。

杜：某种"奉献"感。

桑德尔：那两个词是什么？我只是有些好奇。

杜：一个是"社群主义"。社群，意为社会团体。另一个是"共同体主义"：关于共享的组织或共享的社区的术语。

桑德尔：我明白了。

杜：我认为他的翻译其实很好。

桑德尔：他用了第二个名词。

杜：是的，他用了第二个。我认为这是一个新名词，就像他们接受"认同"这个概念时一样，"认同"被翻译进入大陆学界是在 20 世纪 60 年代。①

桑德尔：您是如何得知这个情况的呢？

杜：我可能过于强调概念本身，而在体验方面有所欠缺。

桑德尔：嗯。

杜：从认识论的角度来解读"身份认同"，我觉得最好的方式也许是共同关注，或者通过经验来理解什么是与团体和社群之间的联系。

桑德尔：是的，所以这个问题和翻译问题很相似。

杜：非常好，它总的来讲是一个关于认同的问题。

桑德尔：是的。

杜：埃里克森（Erik Homburger Erikson, 1902—1994）早些时候使用"认同"这个概念的时候，我想是在《青年路德：一个精神分析与历

---

① 杜维明在 1966 年将埃里克森的 Identiy 翻译为认同。

史的研究》(*Young Man Luther: A Study in Psychoanalysis and History*)中第一次提到"认同危机"时,他所想要谈论的其实是人类发展的一个特定阶段。他从未料到这个词后来会被如此广泛地加以使用。当时,它仅仅意味着心理史、历史及其互动。后来,这个词不仅用于个人身份认同危机,还用于专业团体、社会学、哲学的身份认同,然后是国家和文化的认同。

桑德尔:是的。

杜:我回母校(这里指东海大学——译者注)教的第一门课是"现代中国的文化认同与社会转型"。

桑德尔:您什么时候教的?

杜:1967年。

桑德尔:当时您用的主要文本是什么?

杜:我当然会提到托克维尔(Alexis Charles Henri Clérel de Tocqueville)的《论美国的民主》以及涂尔干(Émile Durkheim)的《社会分工论》。在某种程度上,我也运用了韦伯(Max Weber)的理论。

桑德尔:嗯。

杜:在韦伯从礼俗社会(Gemeinschaft)到法理社会(Gesellschaft)的整套观念中,现代化对他所谓的永远无法再现的"世界大同"都是不利的。我觉得您的工作是以某种方式试图说明:"嗯,这不是完全无关的。"

桑德尔:是的,我非常感谢您对我工作的理解。您刚才提到的托克维尔、涂尔干和韦伯的三个文本,是不是已经有中文版了?

杜:都有中文版了。也许涂尔干的作品还没有被翻译,不知涂尔干的《社会分工论》有没有中文版?

镜外音:有中文版,涂尔干的作品中译已经有十部了。

杜:很好,涂尔干的一些著述被翻译了。事实上,我深受像塔尔科特·帕森斯(Talcot Parsons)这类非哲学家的影响。当我刚到哈佛大学时，我特别感兴趣的三门哲学类科目是美学、伦理学和宗教哲学，然而，我们这里的同事都没有认识到它们的重要性。

桑德尔：我们到现在还是存在这个问题。

杜：是的，不过现在好多了。每个人都在处理伦理问题。

桑德尔：伦理。是的，是的。

杜：但研究宗教哲学的就不多见了。

桑德尔：那就是您刚来这里时学的三门课？

杜：不，那是我想学的三门课。

桑德尔：您想，然而……

杜：我获得了哈佛燕京奖学金，所以我可以进入哲学或其他学科，但蒯因（对于哈佛大学哲学学科的影响）（蒯因，Quine Willard Van Orman，1908—2000）是如此突出，以至于整个（哲学类）课程的重点是逻辑学、认识论、心灵逻辑、语言哲学和形而上学。我感兴趣的领域却皆被认为不合时宜。他们邀请了密歇根大学研究情感主义的查尔斯·史蒂文森（Charles Leslie Stevenson）来讲课。

桑德尔：哦？情感主义？

杜：情感主义。他是唯一一个教授伦理学的人。别的唯一对我感兴趣的领域感兴趣的人是莫顿·怀特（Morton White），但他后来去了普林斯顿高级研究院。后来，对我的研究非常感兴趣的只有亨利·阿金（Henry D. Aiken）了。

桑德尔：哦，是的。

杜：您认识他？

桑德尔：我知道他。他在布兰戴斯大学（Brandeis University），那里是我的本科母校。

杜：哦，您曾在布兰戴斯大学。他是那时唯一一个从哈佛大学辞职到布兰戴斯大学的终身教授。

桑德尔：是啊，那是我本科毕业的地方。

杜：明白了。

桑德尔：我没有上过他的课。不过我认识他。

杜：他加入过一个叫作"心灵历史"的小组。

桑德尔：是的。

杜：他非常，非常乐于助人，不过他对哈佛的同事们深有挫败感。

桑德尔：我可以想象，我可以想象。您是到后来才开始把新儒家思想和这些西方哲学观念结合起来，还是说在刚开始学习的时候就萌生了这个想法？

杜：是的，当我刚到这儿的时候，我就被儒家人文主义和像史华慈（Benjamin Schwartz）这样的人所深深吸引。

桑德尔：哦，好吧。

杜：史华兹对我的帮助是非常非常大的。费正清（John King Fairbank）也是汉学大家，不过我们之间的互动不是很多。尽管如此，他对我还算不错，曾安排过我和朱迪丝·施克莱（Judith Shklar）共进午餐。

桑德尔：这样啊。

杜：她当时是哈佛的助理教授，我那时也不知道她未来会成为学术大咖。她非常非常乐于助人，当然费正清也曾帮过我。我在哈佛遇到过不少人，还有肯尼斯·加尔布雷斯（John Kenneth Galbraith），他现在是我的邻居了。

桑德尔：他是您的邻居？

杜：是的。他95岁了，我们刚才还碰到了。我意识到有不同的自由主义传统。既有哈佛学派，也有芝加哥学派。

桑德尔：是的。

杜：肯尼斯·加尔布雷斯非常强调政府在公民权利方面的作用，而芝加哥的自由传统完全是……

桑德尔：反政府。

杜：我称其为市场原教旨主义者。

桑德尔：是啊，"市场原教旨主义者"对他们而言是个好词。事实上，即使是自由主义这个词，在美国和欧洲也有着诸多不同的含义。在欧洲，称某人为自由主义者，就是说他们是芝加哥学派式的市场自由主义者，就像撒切尔夫人和里根一样。在欧洲，这就是自由主义的意思，而在美国，自由主义一般是指约翰·肯尼斯·加尔布雷斯（所言的自由主义）。

杜：但我认为，在相当长的一段时间里，包括哈耶克在内的芝加哥学派被边缘化了，他们没有被视为美国自由思想的主流。

桑德尔：冯·哈耶克？是的。据我所知，芝加哥学派的巨擘米尔顿·弗里德曼自称为自由主义者或古典自由主义者。

杜：是这样。

桑德尔：现在我们称其为自由主义者或市场自由主义者。

杜：您是说像诺齐克？

桑德尔：是的，诺齐克、弗里德曼和哈耶克。

杜：哦，诺齐克，嗯，我明白了。从政治学角度而言，您是对的。

桑德尔：在我的"公正"课上，我们一起读了他们的三本书。

杜：作为（何种种类）？

桑德尔：作为自由主义者的著作。

杜：哦。

桑德尔：但这确实符合您所说的芝加哥市场自由主义。

杜：还有布坎南，我忘了他的名字了……

桑德尔：詹姆斯·布坎南？

杜：詹姆斯，是的。三年前我曾在乔治·华盛顿大学做过一个演讲，福山和布坎南作为与谈人在座。我很惊讶布坎南有古典自由主义思想，他观察到："过去我认为自由是我们在市场中唯一需要强调的品质。现在我觉得'责任'是不可或缺的，但还不够。"我说，"还有什么别的品质吗？比如正派？"他说："是的，是的。如果人不正派，他们就不可能有责任心，也不可能自由；他们可能会对公益非常不利。"我不知道现在他是否改变了之前的看法，或者至少能够感觉到古典传统是不够的。他深受南方政治人物（包括参议员）等的欢迎。

桑德尔：南方保守派。

杜：是的，保守派。他们建立了一个中心来纪念他。然而，在他60或70多岁的时候，他对新思想、对我们的想法更加开放。

桑德尔：现在我想知道如果您对他直言不讳，他会说什么，他的观念非常保守。

杜：非常保守，我不确定他会如何回应，不管是从个人品质还是别的什么而言，我还是不太明白他所说的"正派"（decency）的含义。

桑德尔：我想弄明白，我想搞清楚。

杜：我也想知道，是的。

桑德尔：我怀疑他的正派观念是否会导致他在社会领域支持公民具有互相的义务。

杜：是的，是的。不过我不认为他会在这类政策问题上走得太远。

桑德尔：对。好吧，对自由主义的不同理解可能会让人困惑，但也很有启发性。我有时认为，在美国，政治辩论在很大程度上是由那些秉持共同前提的人所主导的，这是一个非常深刻的个人主义前提，不过他们对个人主义的实现形式却不能达成共识。自由主义者，或者说市场自由主义者，秉持最小政府原则，认为政府应当受到限制——让市场说了算！然而，平等自由主义者也从同样的个人主义前提出发，但他们认为尊重个人权利和个体自治的唯一途径是建立一个公平的社会福利国家框架，并提供合宜的最低公共保障。尽管相对狭隘而又非常个人主义，但他们争论的前提是相同的。我认为你们所做的部分工作可能和我们所做的某些工作有相似之处，即挑战这种个人主义。您难道不同意吗？

杜:我同意您的看法。我想说的是,罗伯特·贝拉可能更同情非个人主义。

桑德尔:是的,是的。我认为他是挑战个人主义前提的人之一。

杜:我必须承认,他对我的早期生涯有着决定性的影响。他是塔尔科特·帕森斯最好的学生,而且他的想法非常与众不同,最终他决定去伯克利。他显然已经对洛克(自由主义)传统非常不满。

桑德尔:是的。

杜:这显然是我们所要面对的问题,从这个角度把(洛克意义的)原始状态视为没有历史、没有文化、没有社会联系;它让我们走错了方向。

桑德尔:是的。

杜:我想让您了解一下我们哈佛燕京学社,尤其是我自己一直在关心和探索的问题。我们有一个"启蒙反思"项目。通常情况下,启蒙的人文主义是如此强大,以至于整个的中国儒家传统都被解构了;因为他们要科学,要民主,要向西方学习这些伟大的价值观;而传统则被贬为昔日封建的背景。

桑德尔:是的。

杜:但是在最近几年,我们中的一些人开始反思启蒙,不仅仅是从现代主义或后现代主义的角度,而是从儒家传统的角度来思考启蒙。这是在更广泛的背景下进行的,因为启蒙传统对犹太教、基督教、印度教和伊斯兰传统也有影响。我们的假设是,人类历史上最强大的意识形态,特别是在现代,必须是启蒙运动。它是世俗的,但很强大。启蒙运动所中体现出的价值观,如自由、理性、程序正义、人权和个人尊严等,现在已经被很多国家的人们承认是具有普遍意义的价值观。

桑德尔:是的,当然。

杜:但是从儒家的角度来看,如果我们将这些价值观放在一起,我们固然接受它们的普遍适用性,但他们还不足以解决当今人类的复杂状况。

桑德尔：我同意，我同意。

杜：从儒家的观点来看，个人自由不只是平等的问题，而且是具有公正意味的正义。除了理性之外，还有同情的问题，或者佛教的慈悲观念。除了正当的法律程序或合法性之外，文明也是必不可少的，就像关于共和国的新概念一样。除了权利，显然还有责任。除了个人之外，还有一种整体的公共联系感。我们有时可能不得不争辩说，同情心是优越意义的，就像凯根认为同情心是道德推理的基础，而不是理性。

这些是我们一直在探索的问题，这就是为什么我们对你们的工作非常感兴趣的原因。我们认为这是复兴这一传统的开创性尝试。所以，告诉我们一些近来你对此的想法。我们都熟悉您所著的涉及探寻美国大众哲学整体性问题的《自由主义与正义的局限》（*Liberalism and the Limits of Justice*）、《民主的不满》（*Democracy's Discontent*）等著作，以及其他一些论文。

桑德尔：是的。我觉得您的项目非常令人感兴趣。我想了解更多，有两个原因。首先，我完全同意您所说的启蒙理想是重要的，但也不足以成为合宜的伦理：既不足以作为个体伦理，也不足以作为公共伦理。我认为这是一个非常重要的起点。其次，我认为启蒙传统，以及那些渴求启蒙理想的社会中的人，可以在启蒙之外的传统（包括能够与启蒙思想对话的儒家人文主义传统）中学到很多。基于这两个理由，我认为这是一个既重要而又令人兴奋的项目。

我想说还有第三个理由，也是最明显且最重要的一个：文明内部对话和理解的重要性，而大多数人正是因为这个理由开始的。我希望可以更进一步，这个过程是非常重要的，但是您提出的不仅仅是不同文明和传统相互理解以便减少冲突、增进了解的问题，那些渴望启蒙理想的西方人本身也有东西要学。我想说，即使只是为了他们理解自身，也需要从教育中接触儒家人文主义与其他启蒙前的传统。尽管显然很重要，但这不仅仅是为了更好地相处，更是为了增进相互了解，真正改善、深化和补充各自的伦理传统本身。基于所有这些理由，我认为这很重要。

现在，要深入探讨这两种传统交融的实际内容，启蒙主义道德哲学和政治哲学的一个伟大愿望就是将道德和政治权威视为自给自足。所以从某种程度上说，康德的自主观念是这个研究的终极成果。康德的深刻洞见是，如果我们完全理解自己是自由的，那么仅仅像霍布斯、洛克和经验主义者的思想那样，把自由理解为没有阻碍地满足欲望，或作为一个自主——甚至被我们为自己立法的欲望或意志所支配的人的意义的完全自由——是不够的。因此，存在一种自由的自我之完全自我赋能，能够包含自治和受法律与自身支配的自由思想。因此，在某种程度上，这是自由主义自给自足愿望的终极表达，但这种自由思想是否足够？我并不这么认为。

《自由主义与正义的局限》的一部分试图表明罗尔斯在当代正义论中构建的康德式自由观念是不足的。对罗尔斯来说，这种自我效能的概念存在于这样的观念中：对界定了我们权利的正义原则的辩护不需要依赖于关于好生活的或关于人类繁荣的实质性概念。这就是他关于这一康德式完全自我赋能的版本。需要呼应的一个重大问题是在现代社会人们关于好生活无法达成一致，于是他试图证明我们还是可以得出一些正义原则，它们不依赖于任何关于善的概念。但是我认为康德关于道德自治计划的失败也正是罗尔斯计划失败的原因，即这种完全自我赋能是不管用的。于是问题就变成了：对人类而言可获得的道德资源是什么？尤其是如果我们是处于情境中的、普通的存在者。我们必须问我们如何处于情境中，处于何种传统，这些传统里有哪些关键资源？这些都是仍待探索的大问题，但是最起码就目前的议题而言是一个自我赋能的启蒙计划——不管是康德的自主概念还是罗尔斯作为实践善的"权利"概念。如果这一启蒙计划是不足的和不成功的，那么我们就不得不开始寻找其他道德资源。查尔斯·泰勒指向的是自我的根源。

杜：是的。

桑德尔：我从查尔斯·泰勒那里学到了很多 他是我的老师。

杜：真的吗？在哪里？

桑德尔：是的，在牛津。

杜：他到过这里，我们曾有一个讨论。

桑德尔：是的，他和我说过和您讨论的事。在牛津大学的时候，我和他一起学习亚里士多德、黑格尔和自由主义。他也会对您的项目表示同情，因为他也会赞同您的想法。他追溯到黑格尔对康德的批判，正是基于这样一个理由：一个完全现实的伦理生活需要一个伦理性，或情境性的伦理生活，它不完全脱离人类的处境，或个人或社会的特定生命史。一旦个体觉察到寻找自我、安顿自我的需要，并将其与美好生活和情感生活的传统观念联系起来，那么就有了更多的与对人类处境认识深刻的其他传统进行对话的空间。这为儒家人文主义以及其他传统和启蒙思想的对话打开了一扇大门。

杜：我想我们可以把麦金太尔（Alasdair MacIntyre, 1929—　）的《追寻美德：道德理论研究》（*After Virtue:A Study in Moral Theory*）也囊括进来。

桑德尔：是的，是的，是的。

杜：我担心的一件事是，为什么康德的设想在世界上仍然有很大的说服力，而这也正是为什么很多人成为您所描述的社群主义或者儒家人文主义的真正的批评者。另一个是我从社会学家彼得·伯格那里学到的。他认为，在所有其他问题中，全球化在某种程度上与个体自由问题有关。换句话说，对于个人而言，更多的选择意味着更多的可能。一个是康德关于独立自主的自我的观念，在这种情况下，人类情感甚至没有被牵涉进来,这只是关于范畴性特征的理性断言。另一个是全球化大趋势也凸显了个体,我们可以在市场驱动的社会中看到这种趋势的说服力,比如现在的中国。我认为关于安顿自我的问题现在显得更有先见之明了。

桑德尔:是的。

杜:于是,您可能着了先鞭,对社群主义将如何维护个人尊严进行了综合。

桑德尔:是的。

杜:同时,这种综合可以克服洛克式或康德式"个人"观念所带来的明显负面后果,包括许多可能是意料之外的负面后果。

桑德尔:是的,全球化背景确实显现出了这些问题,因为从根本上讲,全球化是市场关系跨越国界和其他传统边界的传播,因此,市场关系变得普遍化,并宰制着曾经被认为不受市场流动保护的生活领域。在某种程度上,个体理想在全球化市场体系中被带到了一个逻辑极限。但存在一个悖论,因为在许多方面,全球化市场体系的影响会损害个人尊严的,在实践中,在国家共同体层面上管理或者调节市场变得越来越困难了。这就是全球化的含义:国家和地区的控制力越来越弱。其结果是公司、市场力量和资本市场支配着人们的大部分生活。尽管市场理想地以尊重个人和个人选择的名义而存在,但实际上却产生了剥夺个人权利的效果,芝加哥学派会告诉你市场是关于选择的,并尊重个人选择。

杜:个体自由化。

桑德尔:是的。但另一方面即是权力的实际结构。不受公共道德或国家公益关切制约的大规模市场社会,最终湮没了个体。因此,个人主义与全球化市场有着双重关系。此双重关系的第二种情况是一种权力的丧失。我认为全球化市场的另一个影响是排挤那些生活领域,包括与个人主义和市场关系相对应的特定社区甚至宗教传统。我认为,这是造成抵制全球化的部分原因；在市场社会中，面对巨大的权力结构，个人的权力被剥夺，社区和认同的中间形式也受到侵蚀。这些因素加在一起造成了一种混乱感，常常助长对全球化的抵制。我认为全球化和个体之间存在一种矛盾关系。

杜：在孟子所生活的那个古典时代，他被迫面临两个挑战：一是所谓杨朱传统中的极端个人主义，二是墨家抽象的普遍主义和集体主义。墨家讲的是泛爱（即其"兼爱"，编者按），以及你必须摆脱特定社会的所有束缚，这样你才能成为一个真正的世界公民，才能以最公正的姿态为社会服务。这就是为什么在这个抽象的普遍主义中有一种集体主义的形式。

桑德尔：确实如此。

杜：我认为这很符合这样一个观念：你必须摆脱封建的过去，以及所有的原始纽带——家庭的、社区的等，这样你才能成为世界、国家和部落的公民。

桑德尔：这个思想者是？

杜：墨子。

桑德尔：墨子。他是直言其意还是隐晦述说？

杜：隐晦的。不过以更为积极的方式唤起了对儒家"差等"模式（即儒家的爱有差等）的反对。

桑德尔：是的，是的。

杜：因此，孟子以对人的情境假设，作出了对极端个人主义和极端集体主义这两个挑战的回应。

桑德尔：是的。

杜：孟子与这两种极端观念的分歧之处在于，是否将个人作为实在具体的个体，从内外两方面来进行考察。

桑德尔：是的。

杜：如果你的构想完全无所依凭，那么你必须重来，否则将有所疏漏或者只是空中楼阁。

桑德尔：是的。

杜：人总是被家庭关系、社会等方面因素"情境化"。就人们的意识和关注而言，主要的问题在于如何扩展或延伸个人视野，使之不断地"触及"世界的其他领域。

桑德尔：是的，是的。

杜：所以他们用的术语是"推扩"（extension）。

桑德尔：推扩（extension）。

杜：自我，或与父母和兄弟姐妹的二元关系是你扩展的基础。如果你不扩展它，你会陷入自私或任人唯亲。故而，我们必须始终以公益精神来做这件事。

桑德尔：是的，当然。

杜：但这并不意味着你必须走出你发现"自我"的舒适区。

桑德尔：是的。当然。

杜："厚"不一定会影响"推扩"能力。所以我认为从当地社区的意义上来讲，所有这些对美好生活的理想都是非常有意义的，但它并不像被定义的那样是狭隘的地方观念。

桑德尔：对，是的。

杜：所以我觉得存在一个很大的努力。它不是作为抽象普遍主义形式的普世之爱，而是对人类甚至超越人类的同情和怜悯的能力。同时，你永远不会为了建立一个家庭关系，也为了建立一个公共关系而失去你自己的位置。我的感觉是，这也许不是一个解决办法，但就我们今天面临的问题而言，至少这个概念本身更有丰满的质感了。

桑德尔：是的，我同意。这很好地描述了个体伦理和政治哲学层面上的挑战，也是为了阐明某种伦理的精神意义上的挑战：一方面要避免您所描述的抽象普遍主义、超脱和自我赋能；另一方面又不会陷入狭隘。它表现出超越自身走向关怀"诗和远方"（horizons of concerns）的姿态，同时超越当下的特定领域。我认为这是一个巨大的政治挑战，可能是我们这个时代最大的政治挑战。我不认为我们有很好的解决方案来发展普适的政治体制，（因为有）不同层次的社群和认同，以及不同层次的联系，这些都能激发和培育多层次的关注和认同。这太难了。我认为这基本上是一个政治项目。我不认为这仅仅是个体层面或个人道德层面上可以解决的问题，因为它需要一种差异化或明确化的公共生活；具有多重身份，一些更特殊，一些更普遍，但仍保持在一种综合生活方式的张力中。在这种不同的图景上，有时相互竞争，有时重叠的身份之间不可避免地会出现紧张关系，但它需要政治努力发展中间组织机构、生活形式、社群形式和身份认同，从而把人们从自己的自私狭隘主义中拉出来，以使平凡生命形式不会立即消失在空灵的宇宙中。

杜：当然。

桑德尔：这是一个全球化导致的问题，但还没有找到答案。它指向的是这个普遍的市场社会，如果有任何东西侵蚀和破坏了这些不同而直接的身份认同形式，它就无法维持下去。在美国，我们还没有找到解决这个问题的好办法。地方政府有着悠久的传统。即使在新英格兰，城镇也是托马斯·杰斐逊认为我们需要的一种方式，他指出必须有一个分权的去中心化的政治体系，以便使人们最终培养起爱国主义精神，而不仅仅是让他们只认同自己的城镇。托克维尔看到了这一点。

杜：是的，这在美国被视为一种强大精神力量。

桑德尔：是的，是的。但是现在我们已经偏离了这一点，中间的组织机构变得更弱了，在一个世纪左右的时间里，这和偏离是国家层面的，是个体和民族国家之间的直接关系。在许多方面，这是非常重要的，比如民权运动。州和地方的中间形式是偏见的堡垒，因此，美国资本主义的发展以及争取公民权利的斗争致力于将政治权威、权力和责任转移给国家，并将个人视为国家的公民。但这也逐渐减少了来自于中间权威的控制。

在欧洲，我们现在看到了从上到下都在与民族国家挑战的斗争。一方面，一种通过放弃主权和权威走向"更大的欧洲"的运动，同时也被拉向一种渊源于语言的区域的和本土的政治认同。在那里，我们开始看到两个方向上的差异，但我认为世界上还没有地方找到了解决这个问题的答案。

杜：虽然见过几次，但我还不是很了解约翰·罗尔斯。我很欣赏您对他研究的批判性思考，并且我发现很难理解他的"public"和"private"概念。我觉得对人类繁荣至关重要的诸维度人类生活都是极其"私人的"。

桑德尔：是的。

杜：例如，宗教是涉及个人内心层面的。

桑德尔：是的。

杜：当我把宗教研究介绍给哈佛大学文理学院，而不是将其仅仅视为神学院的科目时，伯顿·德雷邦就代表了这种批评。他说："听着，我对自己的宗教非常忠诚。我是一个有信仰的犹太人，但这只是我自己的事。我不认为这是可行的、可研究的；这不是需要在公共领域讨论的问题。"但是这是一个领域。公共和私人的整体区别是……私人企业，这是什么意思呢？如果你有一个甚至比国家和州都更加公众的跨国公司。全部问题所在是，儒家关于慈悲的观念从表面上看似乎过于浪漫。诚然，就他们自己的特殊生存状况而言，情境中人可能会感觉到与那些关系密切、感情投入更大的人有更密切的关系。然而，你可以用一种非常具体和经验性的方式来推扩怜悯或同情概念。你不能要求一个感觉不到与某人关系亲密的人投入大量的精力和时间，但你需要培养它。这几乎就像是提升关怀的层级，然后它就由近及远，推扩之远近取决于你怎么做。

桑德尔：对。

杜：更多的教育是有回报的，但同时也印证了人类关爱他人的潜力。

桑德尔：是的。

杜：这是一个非常渐进的过程。因此，成为人的一种方式，或说在更广泛的意义上成为人，就是把你的"不能忍"延伸到你能承受的领域。这个想法是你不能忍受那些与你非常亲近的人，你的孩子、你的家人等等的痛苦；但是你有时可以忍受一个陌生人的痛苦，因为你没有情感上的联系。你可以逐渐向外扩展那种非常厚重和情景化的感觉，然后渐渐地，你的人性会得到扩展，希望其他人也这么做，这样你就在表面上建立了一种情感联结，而每一种情感都具有政治含义。

关于公共和私人之间的关系，有一个有趣的概念，它假设公共精神总是一种积极的价值。在这之后，面对我和我的家人，我认为自己是属私的。如果我开始关心我的家庭而不仅仅是我自己，那么这就是一种公益精神的体现。当我的家庭是属私的，那么邻里社区是公共的。当邻里社区是属私的，那么大社会是公共的。当大社会是属私的，那么国家就是公共的。当国家是私域的，那么国际社会是公共的。当整个人类都是属私的，那么涉及动物等更大范围的世界就是公共的。在一系列连续的循环中，你永远不会离开你的私人领域。当你成为一个与家庭有着密切联系的富有成果的人时，以人的尊严，你不会放弃你作为一个独立个体的地位，等等。

桑德尔：您扩大了同情和关心的范围的同时，扩大了私域的边界。

中 场 休 息

桑德尔：我的问题是，良知（conciousness），申言之，一个更大的、具有公共意义的并超越了仅仅是熟悉领域的自我意识，与扩大个体叙述或生命故事感有关吗？在一个更加宏大的叙述中扩展和观察个体自己的故事，是否会影响到我所认同的更广泛社会的命运？我会试着用义务和团体凝聚力来描述这一点，提出一个叙述性概念"自我"来反对完全深陷其内或完全置身其外的自我，我将看到这些成员义务，它们是特殊的，但不仅仅是您所描述的个人主义的。我会看到他们陷入一种伴随着某种宏大叙事的认同感或归属感，而不是开启某种情感、感觉或怜悯。爱国主义和情绪影响有着一定的情感层面，但构成这种义务的是一种感觉——即我对那些与我曾共同生活过的人负有责任。

现在我真的有一个问题：我是用不同的语言来诠释一种非常相似的现象，还是我的直觉认为此中的伦理道德确实存在差异？我担心造就它的主要是同情、感情或情感因素。这种担心基于两个理由：首先，我不认为同情心、感情和情感足以构成公共伦理；其次，对于公共伦理，我希望有一个共同叙事——共同的生动故事，以及成员的义务和团结（solidarity），就此而言，应该有一个可以培育和滋养的公共教育。这就是为什么它与所描述的如此相似，但是用同情或感觉来表达它就会缺乏一种认知维度，此即为公共道德维持自身的必要条件。即使它是在批判立场上培育的，但也缺乏一种可以为批判反思传统提供基础的反思向度（stance）。我担心的是，让我们的同情心和情感得到"休息"并不能带来一种批判性的反思维度（dimension），而这会让我们回到爱国主义的事例上来。

在某些情况下，在这种爱国主义行为的背后，持不同政见者（以美国的越战为例）是最爱国的行为。有人说爱国主义要求人们"要么热爱（遵从）它，要么离开它"，其他人则抗议这场战争。抗议有两种方式，任何人都可以以正义的名义抗议。瑞典人可以以正义的名义抗议越南战争，因为它是非正义的；然而，同样抗议这种非正义性质的美国人还有更大的责任。我要说这些团体主义或者爱国主义的义务，甚至不值得（被视为）我们的传统。它应该以我们之名而战，为一种特殊的义务而战斗，而即使是有良心的瑞典人也不会有这种责任。现在，这种爱国主义实际上是表达了一种反对的义务，不同意这些特定政策，其反对理由是超出了抽象的正义或非正义的。

当下，同情能克服这里的危险吗？我不确定。在这个例子中，团结一致的成员义务可能需要这样做，因为它涉及对一个生命故事的确定性叙述。为什么它不值得我们这么做？好吧，必须讲述这是我们的故事、我们的传统、我们的价值观，在某种程度上，它需要不同意见作为爱国行为。所以，我担心我在这方面可能会错，但同情、怜悯、感觉和情感大体上可能不会——这就是为什么叙事义务、成员资格、团结，甚至爱国主义的语言似乎需要引起批判性反思和异议的可能性。我是否语无伦次？

杜：我并不这么认为。这是一个非常、非常具有批判性的议题。在作出回应之前，我想谈几点。我完全认同您对于这两种截然不同的自我意识的看法（senses of self），也认同个性作为一种"自我"，距离"利他"有着相当大的距离。

桑德尔：是的，我们都对此持批判性态度。

杜：在有限的区域内，当我们不将自我作为一个孤立个体来推扩，而是作为关系的中心进行扩散，并给予尊严、自治、独立足够的重视时，就尤其如此。我们可以从这种中心性出发，与社会和社群中的不公正作斗争。假设一个问题，如果所有人都喝醉了，作为一个灵魂完满的人，我应该加入他们还是批评他们？这与人的尊严的观念有关，但不仅仅是关系的扩充，而是一种建设性的力量。

桑德尔：建设性，这是一个很棒的表述。

杜：所以一方面要具有个性，与此同时尽可能地做到利他。只要做到不片面地对待复杂的反对的情绪。

桑德尔：这里我们达成了一致。

杜：我想我们可能也会认为理查德·罗蒂（Richard Rorty）的一些

观点值得商榷，实际上我已经和他交谈过很多次。他对自身以外的文化毫无兴趣，也不认同我们所发现的细微之处，这令我非常沮丧。他明确认为，一个人必须在自我实现和社会服务之间进行选择。

桑德尔：我认为他会对您提出异议。

杜：作为后现代主义者，罗蒂认为致力于自我实现的过程是一种自我描述。另一方面，他认为市场是万能的。我们不需要从其他地方学到民主，因为我们已经做到了。就经验而言，这是最好的社会体系。

桑德尔：就经验而言，是的，没错。

杜：好的，接下来是列维纳斯（Levinas），就他对忠诚与对他人的关怀的观念而言，他与我的研究在很大程度上相契。尽管如此，我仍然有些不安于他在开始理解自我时对他者的强烈关注。他认为，一个人如果不关心他者，甚至无法构成真正的自我。根据儒家传统经典《论语》，"古之学者为己"，这意味着在品格构建和自我实现方面将自我视为学习中的核心关系。一个人学习不是为了别人，不是为了自己的声誉，不是为了父母，甚至不是为了社会改善，而是为了自己。但是人并非孤立的个体，因此学习本身必然会导致人与人之间的联系。

桑德尔：是的，我完全认同。

杜：好的。我认为刚才所提出的问题是一个基本问题。这不仅局限在儒家领域，于佛教亦是如此，佛教徒同样有此一问。有趣的是儒释之间关于这个问题的明显区别。在我看来，孟子认为情绪（譬如喜、怒、哀、乐、妒），我们称之为激情的情感与同情、移情、恻隐之间存在明显的区别。

桑德尔：同情、移情、恻隐这种情绪的总称是什么？

杜：是恻隐。这里有一个经典的例子，看到一个孩子要掉进井里，就会产生怵惕情绪，这是自发的。

桑德尔：它是自发的。

杜：它是自发的，但它完全可以通过公共教育来培养。

桑德尔：您说"可以通过教育来培养"，自发性如何被培养？

杜：不，这种自发反应本身是自然而然的。

桑德尔：是吗？

杜：是的，但可以培养的是人们在社群中的归属感，即对整个人类社会的义务感。人类与其他动物的差异恰恰是以与他人之共情来进行自我表达的能力，它可以被培养成为一种文化。即使出于自发，文明的人也会这样做。如果并非被培养而成，这种行为也只是灵光一现。

桑德尔：是的。

杜：它并非一种被确切定义的特征。它具备多重叙事维度，既是家庭的叙事，又是社群的叙事，也同样是更具超越性的叙事。这些不同层次的叙事带来了作为义务的礼仪，但它并不仅仅是仪式。

桑德尔：通过礼仪来学习，这就是最初的方式。

杜：但我认为最好的理解礼仪的方式并非把它当作一种仪式行为，而是当作一种礼貌的表达。现在，人们试图把"ritual"这个词译为"礼仪"，而它最广义的义项是"文明"。因此，相对于其他生物，人类作为文明的一员与文明社会的一员而居于首位。其次，我们也是团体中的成员，这些团体以内部团结的形式向我们施加义务。就民族而言，我们都是中华民族的一部分。细而微之，我们也是上海的一部分，是这个城市的一部分，是学校的一部分。同情并不仅仅是情感，它具备更加深刻的维度，它牵涉到千丝万缕的联系，因此需要成员内部的团结一致。但您刚刚指出了一个非常重要的指向，我认为这种指向在儒家传统中并非天然存在，而需要加以培养。一种有别于传统性的思维衍生出了诤谏的概念，这与批判性反思的观念有关。例如儒者通常难以将冷酷的行为视为积极，比如父亲这一角色的可能性和应然性之间的差距。

桑德尔：是的。

杜：这其中有一个观念上的鸿沟，因为人们认为父亲应该表现得像父亲一样，儿子应该表现得像儿子一样。然而，父亲的身份并未在现实中得以实际展现，因为在众多事例中，父亲是非常不负责任的，在这种情况下，儿子的义务是努力纠正父亲。

桑德尔：去纠正父亲。

杜：去纠正父亲，使父亲正确。

桑德尔：这是孝顺的表现。

杜：确实如此。

桑德尔：因此这些行为是建立在实例之上的。

杜：这些都是思想的来源，然而不幸的是，无论在新加坡还是在中国，传统思想都不赞成这种批判性反思。

桑德尔：原来如此。

杜：现实如此，只能热爱或者离开。

桑德尔：是的。

杜：如果你爱国，你就只能简单地遵从。

桑德尔：是的，是的。

杜：但我认为这种批判性反思在美国非常明显，勇于表达而成为烈士者不胜枚举。一个人或许不赞成他者的每一句话，但会捍卫他者表达的权利。[①]

桑德尔：是的，非常到位。

杜：那是为了保护你自我表达的权利。我认为这些具体的例子，特别是关于孝顺的例子，都在试图强调这一方面。我认为在儒家传统中存在这样的思想资源。

桑德尔：这些思想资源就属于这个层面，您所举的忠、孝的例子，要求他们去纠正父亲，是为了提高……

杜：为了提高父亲的境界。对于国家也是如此。

---

① 本句话来源于 Evelyn Beatrice Hall 著的 *The Friends of Voltaire*。

桑德尔：这就是我要问的。您刚才所提到的个人榜样层面的思想资源是否已经扩展到国家、政治层面？这意味着什么？

杜：请允许我举一个具体的例子，一件发生于 15 世纪的历史事例（即 1449 年的土木之变，译者注）。当中国被蛮族入侵，皇帝被俘虏时，人们应该怎么做？大家都知道，皇帝是国家的象征。当皇帝被俘虏时，兵部尚书（于谦，译者注）意识到了问题的严重性 于是，王室和官僚机构协商决定另立新君。他们另立新主，并决定与侵略者作战。然而，敌军首领决定将旧主完璧归赵，这给中国政府造成了更大的危机。

桑德尔：是的，敌军首领在故意制造麻烦。

杜：确实如此。政府高层将旧主置之高阁，拥护新帝，兵部尚书为此受到了极大表彰。但旧皇帝发动政变，恢复了他的权力。于是问题集中在了兵部尚书身上，可以认为他对皇帝不忠吗？大多数当朝的儒家学者都认为他是爱国的。这一问题在全国范围内掀起了一场重要辩论，讨论涉及了宫廷与国家之间的区别。儒者认为他们效忠于国家而非宫廷，而与国家相比，他们更加效忠于文化。在他们看来，宫廷是腐败的，国家正在做违背人民整体福祉的事情，所以他们是在为生民立命。所有这些问题，关于天下认同、国家认同与皇权认同的讨论都发生于 15 世纪或更早，所以说这是一个非常具有丰富思想资源的传统。

近代以来，这些丰富的资源却被仅仅视为思想背景，或成为将任何异议行为指为不爱国的工具。因此，人们担心的是，形成共识的力量如此强大，批判性反思则将缺位。我认为您指出了这个极其重要的场域。仅仅强调同情心是不够的——此情感建立在人们对所辩论和争论话题的恐惧之上——更应当强调成员团结的理念和共同叙事，特别是对情感本身和国家面临的关键问题进行持续的批判性反思。从长远来看，哪些行为更有益于整个国家？这些才是关键问题。

桑德尔：这很有趣。最初的关于孝的思想资源，来自……

杜：孟子。

桑德尔：是的。

杜：接着扩展到了社群。

桑德尔：嗯。

杜：所以，无论你是一个部族、一个组织，或一个社会的一部分，有时候你都会支持你所在的群体，反对来自国家权力中枢的侵犯意图，你要保护你的本土性。

桑德尔：对的。

杜：所以，无论你是一个部族、一个组织，或是一个社会的一部分，有时候你都会支持你所在的群体，反对来自中央的侵犯意图，你要保护你的本土性。但是，需要考虑的是，不要自私，不要只保护自己的私人利益，必须考虑到大局。

桑德尔：对的。

杜：这些争论还在继续。所以，我认为从文化资源的角度来看，它适用于不同领域。您可能会对这个问题有一个初步的答案。

桑德尔：不，我觉得这很有趣，我想了解更多相关内容。在您刚刚提到的 15 世纪的那个具有政治意义的事件中，是否存在这种批判性的忠诚观念？它是一个持续的讨论主题，还是后来才变得风靡？或者说，这是一个持续的传统吗？

杜：是的，但这完全是知识分子角色的问题。知识分子应该仅仅是政治机器的一个组成部分，还是应该始终保持批判精神，不仅是在政治意义上，而且在社会和文化意义上持续为一个社会作出贡献？他们是否应该成为一个能够站在政府立场之外的群体？当然，如果从广义的中华文化进行观察，包括香港、台湾地区和新加坡、印度尼西亚以及美国的中国侨民，现在的问题是爱国主义是否意味着团结。每个人都应该被认为是中华文化的一部分。爱国主义意味着使中华遍地开花。因此，这甚至是中华文化真正规模有多大的问题。

桑德尔：这很有趣。

杜：关于您所提到的文化资源，您举了查尔斯·泰勒的例子。

桑德尔：是的。

杜：您也认识麦金太尔吗？

桑德尔：是的。

杜：您亲自见过他？

桑德尔：我对他有所了解。我比较接近他的阵营。

杜：这是您的另外两位同阵营者，就像共事者一样。我们称之为同道吧。

桑德尔：是的，思想上的同道。

杜：思想上的同道？

桑德尔：嗯，我想，他们将是两个主要成员。这在某种程度上把我们带回到犹太传统。

杜：嗯。

桑德尔：耶路撒冷有一位大卫·哈特曼①，您对他的学说有所了解或耳闻吗？他正在试图为犹太传统做类似您正在为儒家人道主义所做的事。

杜：他在希伯来大学吗？

桑德尔：他在那里任教，但他在耶路撒冷有自己的研究所，叫作哈特曼学院。大约二十年来，他一直主办关于犹太哲学的夏季会议，与会者用一个星期的时间来学习犹太法典《塔木德》和其他文本。

杜：是吗？

桑德尔：他的研究让我想起了您的研究。它将带来犹太法典、犹太传统和启蒙哲学之间的严肃接触。我与一些教授政治哲学的人并不精通犹太法典，没有机会与他和其他研究犹太法典的学者一起学习。

---

① 大卫·哈特曼（David Hartman，1931—2013）美以混血的当代犹太教领袖和哲学家，以色列耶路撒冷沙洛姆·哈特曼研究所的创始人，犹太作家。

把启蒙传统和犹太传统联系起来,可以观察传统犹太教中是否有公共伦理的思想资源,是否有多元化的思想资源。

杜:我觉得这真的很吸引人。以色列的多元主义?

桑德尔:是的,他去了以色列。他原本来自布鲁克林,是蒙特利尔的现代正统派拉比,去了以色列并在那里生活了大约25到30年。他所设机构的目的是研究以色列的历史并找到共同背景,因为在以色列内部,几乎成了原教旨主义者的正统派教徒和世俗主义者之间有着尖锐的分歧,他们之间绝少联系,所以他试图把宗教带入公共领域,借鉴犹太传统,但要用批判性的解释为民主和多元主义寻找资源,而不是让它完全世俗化。他想做的正如您为儒家传统所做的一样。所以,这些年来,我一直参与其中。

杜:有多少年了?

桑德尔:20年前就开始了。我没有每年夏天都去,但我们一直保持着联系,其他人也参与其中,譬如希拉里·普特南(Hillary Putnam)、哥伦比亚大学的西德尼·莫甘贝瑟(Sidney Morganbesser)和迈克尔·沃尔泽(Michael Walzer)。

杜:迈克尔也在?

桑德尔:是的。

杜:那位来自哥伦比亚大学的是什么人?

桑德尔:哦,那是西德尼·莫甘贝瑟。他是哥伦比亚大学的学者。迈克尔·沃尔泽的作品之一就受其启发而成。他最近几年一直在编写《犹太政治传统》两卷著作,它是由哈特曼的研究发展而来的,他请多位学者收集了犹太传统文本,并请我们这些当代人撰写评论,把拉比式的评论中的文本与当代政治理论联系起来。其中涉及关于正义、社会、团体身份、共同利益、多元化等等问题,所以我认为最终会是一个三四卷的作品。这部著作将把犹太传统的思想资源置于现实语境当中。

杜:这真令人兴奋。

桑德尔：此外还有大卫·哈特曼和迈克尔·沃尔泽等整个团体的学者，他们都是有见地的共事者。

杜：您和迈克尔·沃尔泽一定相谈甚欢。

桑德尔：他是位不错的友人。

杜：他以前在这里教书。

桑德尔：是的。确切地说，他任教职的最后一年，是我任教职的第一年。

杜：所以时间上是有重叠的。

桑德尔：他还是招聘委员会的成员。

杜：他招聘了您?

桑德尔：是的，最开始他招聘了我，但从那以后我们就成了朋友，还参加了哈特曼的研究所。

杜：嗯。

桑德尔：所以这是另一种行之有效的将传统与启蒙相联系的尝试。这里哈特曼以迈蒙尼德为范例。

杜：嗯。

桑德尔：因为迈蒙尼德完全掌握了犹太传统，却将其置于亚里士多德和希腊哲学的语境当中。

杜：是的。

桑德尔：哈特曼发现，在较深的层面上，这种对话的最后一次真正发生正是在迈蒙尼德时代。迈蒙尼德在使犹太传统与亚里士多德对话方面所作出的成就需要以这样的方式被延续，即展开犹太传统与康德、启蒙运动之间的对话。

杜：有好几年了，我对大卫·哈特曼深感困惑，因为他在那些社会学家的圈子里有点格格不入。

桑德尔：这就是他的雄心壮志，我们也参与其中。事实上，每年的会议中，我们上午学习犹太法典，下午则研究一位思想家。我们一直在研究迈蒙尼德,但列维纳斯的著作也是我们下午集中学习的内容之一。

杜: 这太棒了。真正将列维纳斯介绍给我的人是麻省理工学院的德雷福斯 (Hubert Dreyfus, 1929—2017) ,一位知名的海德格尔学者。

桑德尔: 是的。

杜: 他读了我的论文,然后写道:"我不得不承认这不是匈牙利算法式的论文。"我说,"是的,没错。"他说,"你应该读一个人的作品,我给你一本书。"这就是列维纳斯,这就是我对列维纳斯产生兴趣的原因。

桑德尔: 我想找个时间介绍您与大卫·哈特曼认识,虽然他已经70多岁了。查克 (查尔斯·泰勒) 也参加过几次活动。

杜: 哦,查克也参加过?

桑德尔: 是的。

杜: 噢!

桑德尔: 主要是因为他对犹太传统很好奇,所以他早期来参加过一些夏季学术活动。

杜: 您说的夏季学术活动,通常会持续多久?

桑德尔: 一周。

杜: 只有一周?

桑德尔: 是的。

杜: 我明白了,那太迷人了。我与我的许多研究生和纽约北部阿迪朗达克的同事们也进行过类似的学术活动。我们会在一个地方待上一周——也许我们的阵容并不强大——去读一本儒家经典。

桑德尔: 那太精彩了。

杜: 我们读过《大学》,读过《论语》《孟子》,读过朱熹、王阳明、刘宗周。在每年夏天大约一周的时间里,参会学者都会详细阅读和讨论儒家经典。有一次我们甚至围绕文本的第一行讨论了大约三个小时。

桑德尔：太好了，这是很好的方法。这很像研读犹太法典《塔木德》……

杜：研读犹太法典的方式。

桑德尔：没错，逐行研读。我想介绍您认识大卫·哈特曼。他会对您的研究很感兴趣。您也许可以参观他的研究所，对这两种文本进行研究。

杜：共同研究。

桑德尔：共同研究，会很有趣的。

杜：有一句以消极而非积极方式表述的金律："己所不欲，勿施于人。"我的一位学生告诉我，希勒拉比曾经问过他的学生，他们能否用一句话来概括整个犹太法典。然后希勒拉比说："不要对别人做你不想别人对你做的事。"然后他教导学生们要学习《古兰经》。

桑德尔：对对对。

杜：您知道，大多数儒家学者和犹太人对重要原则的陈述方式都是消极的，而基督教徒的陈述方式则是积极的。

桑德尔：是的。

杜：不同的是，在积极的表达中，你被赋予了传播福音的权力。我有义务帮助你理解它，因为你没有接触到真正的生活方式。我需要这么做。但是在犹太与儒家文化中，意识到"人之蜜糖，我之砒霜"则是一种互惠或关切的精神。这是一种消极意义的观察，但这对宗教间的对话而言非常重要。

桑德尔：是的，这非常有趣。

杜：这里我想提一个问题。我不知道这是否正确，但您是否特意强调约翰·斯图亚特·密尔和爱默生的重要性？

桑德尔：是的，但我对密尔有些批评。

杜：好吧，对爱默生也是如此吗？

桑德尔：作为一个自由主义者，是的。

杜：我了解密尔，由于他特殊的个人经历，他对外界的任何干扰都感到非常紧张。

桑德尔：但爱默生又是为什么呢？他深受爱戴和赞誉。

杜：尤其是在此处。

桑德尔：在美国。

杜：是的。

桑德尔：去年是他诞辰两百周年，研究爱默生的学者们召集了一群人来纪念爱默生诞辰两百周年。不过，他不仅仅是个文学人物，也是美国文哲学界的一个准宗教人物，因此参加者几乎肯定了关于爱默生的一切。他们爱爱默生。耶鲁大学有位文学学者魏哲·迪莫克，她读过爱默生所有的作品。我有点不好意思，因为他们是值得尊重的支持者。他们爱他，而我却作为一个不赞成他的人，作为一个温和的爱默生主义传统的批评者参加他的诞辰纪念聚会。我把他看作一种文学文化的源泉，这种文学文化不是哲学的，而是一种美式个人主义层面的文学文化。

杜：《论自助》（*Self-Reliance*，爱默生作品）。

桑德尔：是的，还有，那些说"不，他不是真正的个人主义者"的人指出，他参与了超验主义运动的。

杜：确实如此。

桑德尔：所以这不仅仅是个人的自私。他并不主张自私自利，但另一个选择，即更高的精神现实对爱默生而言是超越的、先验的，是具有普遍意义的。所以在爱默生那里，正如您在前面的讨论中所描述的那样，精神生活在个体自立和超越的宇宙观之间没有缓冲。

杜：确实如此。

桑德尔：这就是为什么我不赞成爱默生，尽管他非常有影响力，尽管在传统美国文化的圈子里他也受到极高的评价。我把他视为自由个人主义观念强有力的美国式表达，包括普遍主义的超验维度，我认为它忽略了道德生活以及精神生活的所有中间环节。

杜：还有一个问题关于现实世界或具象世界。日常互动里，基督教传统的一个非常基本的假设是：人类应该致力于领悟生命的终极意义。如果你在"渴望"的超越视野中忽视了生命的鲜活组成，那么一切都会不够完整。我提到这件事有两个原因。首先，我们至少要尝试描述某种美好的生活。第二，我已经做了很多次演讲，经常有人走到我跟前对我说："好吧，我完全同意你的观点。"相当多的人都是普遍主义者。

桑德尔：我明白了！

杜：所以我对自己说："这里应当有所关注。"现在我意识到您对自立与超验宇宙生命的感觉之间的联系的看法是绝对正确的。

桑德尔：是的。

杜：虽然我对某些内容非常感兴趣，但这是公共哲学的理念。

桑德尔：是的。

杜：我并不是在批评我们哲学界的同仁，但我相信，在美国发展了三四十年之后，作为职业的哲学学科已经变得个人化了。只有少数实践者根据美国公共哲学传统来界定范畴。当我还是一名研究生时，真正的公众人物是像保罗·提利希（Paul Tillich）这样的神学家，像大卫·里斯曼（David Riesman）这样的社会学家，或是像肯尼斯·加尔布雷斯（Kenneth Galbraith）这样的经济学家。如今，风靡一时的哲学家已经消失了。

桑德尔：是的。

杜：他们不再出现于国家级别的舞台上，也不再谈论这些。罗伯特·贝拉曾经告诉我，最后一位公共哲学家是约翰·杜威，也许他是对的。

桑德尔：是的，我正要说约翰·杜威。

杜：您思考过的那些——不仅仅是美国的——思想家都有谁？看

来您是我们未来工作灵感的来源。

桑德尔：嗯，公共哲学角色的灵感标准和交流思想的内容可能不一样。以杜威为例，表面上看，他同时活跃于公共哲学和非公共哲学两个领域，但某种程度上，这种生活令他痛苦。

杜：是的。

桑德尔：但实际上这是对杜威的误读。杜威致力于创造公众，他笔下涉及了公众的消亡。

杜：是的。

桑德尔：他认为这是一个巨大的损失，他并非抽象主义或普遍主义的信徒，也并不崇尚一览无余的个体本身。所以我要把杜威视为这种传统。

杜：这里有一个问题。

桑德尔：他作为公共哲学家的角色是……

杜：哦，他将重点放在社会层面。

桑德尔：以及重要公共领域所扮演的角色。

杜：是的。

桑德尔：回想起来很有意思的是，在电视发明之前，公众的视野相当狭窄，当你读杜威时，反而可能会更有耐心。只有在这个时期才能成为一个公共哲学家。阅读他的作品，你会觉得这真是个糟糕的作者，作品都令人费解。您知道，我写了杜威的文章，并提出了这些批评，同时欣赏他作为一个公共哲学家所扮演的角色。但是，就如今的信息而言……

杜：哦，世人熟悉杜威，似乎只是因为他在中国待了两年这件事。

桑德尔：哦，没错。

杜：五四时期，他做了一场令人惊叹的讲座。他做过很多演讲，由他最优秀和最著名的学生之一胡适翻译。这引起了很多关于他的教育思想的讨论。罗素也访问过中国。

桑德尔：对。

杜：他，还有印度作家泰戈尔。

桑德尔：是的。

杜：杜威的影响最大。罗素意识到杜威对于逆境的欣赏，以及他对中华文明的深刻认识。这就是为什么他回国后决定写一部哲学史。他决定写关于西方哲学家的文章，而且他对中国又怀有极大的欣赏。杜威现在几乎像个老师了。他代表一个教师组织。我不知道他学了多少。他的作品集和后来他在中国所做的所有演讲都被非常忠实地记录下来，57 年后，他决定在他访问夏威夷时将其中的一部分翻译成英语并进行出版。当然标题并不甚如人意。杜威在美国创办了杜威奖学金，因为没有人认为这些讲座有什么真正的意义。

桑德尔：我明白了。

杜：但是中文版却很不错，抱歉我确实读过。

桑德尔：不，不，不。

杜：想象一下杜威和……

桑德尔：如果我选一个哲学家作为战后时代我的灵感来源，我会选择英国的艾赛亚·伯林。他对美国人的影响并不大，很多人都曾质疑他，但后来他的文章《自由的两个概念》对政治哲学产生了巨大的影响。

杜：在中国，Isaiah 通常被翻译成"以赛亚"。

桑德尔：哦，是的。他是一个重要人物，他提出的宏观问题几乎不是其他哲学家所关注的技术性问题。

杜：您曾与他共事过吗？

桑德尔：没有。我并未和他共事过，我到那儿时他已经退休了。我听过他的几次讲谈，但我并未和他一起展开研究。我钦佩他的学而不厌。

杜：是的。

桑德尔：在美国，当政治理论其实都是道德主义时，他愿意参与政治理论重大基本问题的讨论。所以我钦佩那些思考的人。我一点也不赞成积极与消极自由的观念。

杜：您应该知道，也许您不同意这个解决方案的原因是……

桑德尔：哦，他区分了两者，然后为消极自由辩护。

杜：没错。

桑德尔：他认为积极自由导致极权主义。

杜：您知道导致这种后果的原因。

桑德尔：是的，所以我们欣赏消极自由，歌颂消极自由。这是约翰·斯图亚特·密尔的传统，它欣赏公众自由的一面。对于伯林来说，在纳粹之后，他认为保护自由的唯一途径就是时间。因此，他给个人设置了障碍，并将任何公共自由观念与纳粹相联系。我认为他反应过度了；他得出的结论过于宽泛。当然，他的话看似有理，但我认为他完全背离了英国自由主义者最好的传统，即密尔的传统。在他进一步讨论这种关系之前，他已经有了非常鲜明的公私差别。所以我不同意他的观点。然而，我非常敬佩他作为一个人，作为一个知识分子，作为一个以公共方式解决重大问题的人，而且他学识渊博，所有这些我都很钦佩。

他是较早的一代人，在当代，我认为他会赞赏并说服查尔斯·泰勒，泰勒把他视为一个非常伟大的灵感来源。这是一个有成就的哲学家，他突破了英美哲学与盎格鲁哲学。他不仅涉足英美哲学，而且对其他传统和其他文明也持真正的开放性态度。他对教授哲学而不是学习哲学感兴趣，他是能做到在教授时同步学习的人。他们是有联系的，所以我希望我能从他身上学到东西。无论如何，我非常钦佩这种开放性，这不是一种抽象的容忍，而是与其他传统接触的开放。关于查克和他的作品的另一个错误是政治哲学对宗教资源的开放，因为这与当代哲学的严肃性大相径庭，后者往往对任何宗教都不感兴趣。这就是我个人对泰勒怀有无比钦佩的原因。

杜：那哈贝马斯呢？

桑德尔：他是一名教师。在苏联解体的时候，我们一起去了俄罗斯，试图讨论俄罗斯联邦应该如何制定宪法。我们并未尽我们所能，但通过类似的文化交流学到了很多。所以，我认为在一个临时的场合中，他是一个公共哲学家，一个在欧洲享有巨大声誉的知识分子，我从他的职业道德，主要是他的事例中学到了很多东西。我不认为他仍然是个康德主义者。他会否定的。

杜：尤其是他的一次公开露面。

桑德尔：是的，是的，是的。所以我不同意康德的观点。但是，你可以公正地禁止……所以我钦佩他在公共哲学中，以及他在德国所扮演的任何角色，这是一个非常不寻常的角色。虽然我不同意他的实际内容，他通常会有一个非常类似于本雅明（Walter Benjamin）的总结，对于程序伦理进行再次强调。

杜：待会儿，也许我们可以谈谈为什么。

桑德尔：是的，所以我不同意哈贝马斯的一些观点，但我从他那里学到了很多，如果哈贝马斯在德国作为一名公共哲学家活动，我会加入的。在德国的知识分子生活和公众生活中，是否有良知存在？我认为在阿富汗和犹太大屠杀的案例中，他在德国一直勇于发声，所以我非常钦佩他。接着我们来谈谈约翰·罗尔斯。我一直批评他的作品。作为一个人，我钦佩他，从某种程度上讲，约翰·罗尔斯是一位公共哲学家。他是，但也不是。从某种意义上说，他的作品不是为其他哲学家和学者、法律和政治学而写的，他单枪匹马地改变了英美传统的复兴。这是一个伟大的成就，所以我非常钦佩他，尽管这部作品本身并未产生广泛阶层的影响力。

杜：除此之外的人选还有……这些都是公众的猜测。

桑德尔：好吧，泰勒吸引了我的目光。我敬佩的另一个人，虽然他不是一个真正的思想家——我和他一起研究过法律问题——是波兰哲学家莱谢克·科拉科夫斯基 (Leszek Kolakowski, 1927—2009)。

杜: 我见过他。他的基本观念与我们契合,太不可思议了。

桑德尔: 他非常非常有趣。

杜: 对。

桑德尔: 我很幸运能和他一起去奥地利旅游。这是宗教和哲学。我不能说他是我的主要的导师,但我无疑受学于他甚多,我非常钦佩他。我认为他是东欧战后知识分子的出色的导师,因此我可以将他列为知识分子,尽管我可以说他根本不是社群主义者。他是个怀疑论者。

杜: 确实如此。

桑德尔: 他是一个生态学家,虽然他相信宗教有私人和公共领域,但我想在这个维度上他应该……

杜: 最后一个问题是,考虑到共和党人在公共领域内的关注,您是否觉得您面临的问题与其说是美国民主,不如说是全球化的负面后果?

桑德尔: 是的。

杜: 也并不在于公共领域的争论价值……

桑德尔: 是的,是的。

杜: 关于儒家真理的其他部分,主要问题在于礼仪,这实际上是社会秩序所必需的。对于人类的繁荣而言,没有了羞耻感,没有了任何一种伦理约束,没有了这些重要的精神资源,生命的众多意义就被破坏了。我们是在谈论所有行为,我并不一定要喜欢社会契约这个概念。

桑德尔: 是的。

杜: 但也许我们可以用它来衡量。我认为这与文化能力,道德智慧的力量有关。这些不合格但绝对必要的社会资源,不可能被轻易放过。如果我们观察一种自由主义的传统,经济人的思想出于理性的私利,并试图在自由市场裁决的法制中使自己的利益最大化。这样的人当然不是自我实现的典范。这并非年轻人买额外东西的例子。从表面上看，您以精英主义者的身份提出这个问题，是在寻求专业解答。这种理念认为人性是完美的，我们共同的使命是教育年轻人追求伟大的理想。它是公民共和国不可或缺的一部分。

桑德尔：是的，我在那个部分是为了介绍一个形成性的项目，这个项目是关于美国自由主义和公民共和国的体现之间的问题，是从信息工程的角度入手。就像在公民共和传统中一样，当代美国自由主义者对于公共生活或公众人物是其目的之一的观点感到非常不安。中心是品格的形成，政治和公民身份的中心特征是习得某些美德，尤其是公民美德，也可能还有其他美德。

（翻译：史少秦　张倩茹　校对：史少秦　王建宝）

"个体化"的 21 世纪

——对话彼得·伯格

彼得·路德维希·伯格 (Peter Ludwig Berger, 1929—2017)，波士顿大学荣休教授，奥地利裔美国社会学家和宗教学家。1982 年当选为美国艺术与科学院院士。代表作是与托马斯·拉克曼 (Thomas Luckmann) 合著的《现实的社会建构：知识社会学文集》(1966)，该书被认为是知识社会学中最具影响力

的著作之一,1998 年被国际社会学协会评为"20 世纪
社会学领域五大最具影响力书籍"。其他代表著作还
有:《神圣的帷幕:宗教社会学理论之要素》《全球化的
文化动力:当今世界的文化多样性》(与塞缪尔·菲利
普斯·亨廷顿合著)等。

对话时间:2004 年 6 月 7 日

杜维明（以下简称"杜"）：我对你与托马斯·卢克曼合著的那本《现实的社会建构》十分感兴趣，在这本书出版后，你还和他见过面吗？

彼得·伯格（以下简称"伯格"）：当然，我们是非常要好的朋友。事实上，他去年是波士顿的客座教授，在我家住了整整一个学期。从那时起，我们一起写了些东西，包括为贝塔斯曼基金会写的一本小书。

杜：我感觉大多数人认为宗教还是在人们的生活中扮演着一个重要的角色。当然，我也知道现代化通常被理解为世俗化。此外，我认为许多人在相当长的一段时间都认为宗教是因为现代化而被随意置于一个社会背景中，不论它是通过理性化还是世俗化表现出来的。

我记得你邀请过我参加一个关于世俗化的会议。从 1999 年开始到 2000 年初，我参加了世界经济论坛。

就现代理论家而言，你对宗教的敏感度是极具预见性的。人们长存着对于宗教的体验，这其中肯定是有一些智性原因。顺道一提，你知道你有时候被人们称作神学家吧。我不知道是真是假。[笑声]

伯格：不是那种专业的，不是。

杜：但有神学深度……

伯格：神学上的兴趣，但不是……嗯，我的意思是我不知道为什么这会让人感到诧异。如果你看看两位最重要的古典社会学家，法国的迪尔凯姆·涂尔干和德国的马克斯·韦伯，他们都把宗教放在工作的中心，但他们个人都没有宗教信仰。据我所知，涂尔干是一个无神论者,而韦伯,正如你所说,他觉得自己在宗教上是"乐盲"。他们把宗教放在工作中心的原因不是个人信仰,而是因为他们觉得宗教对于理解历史和社会至关重要,在这一点上我十分赞同。我不是涂尔干主义者,但自从我成为社会学学者以来,我就是一个韦伯主义者,并且我认为韦伯作为一个科学家把宗教放在他关注的中心是完全正确的。

当然,将现代化等同于世俗化是一种非常普遍的看法。我年轻的时候也这么认为,因为这个领域的大多数人都这么认为。但这是错误的。许多学者都证伪了现代化必然导致宗教的衰落这个观点。今天早上我在这个房间里进行过一场关于这个话题的讲座。此时此刻我愿意再重讲一遍。这种看法是不正确的。

世俗化理论在两种情况下基本正确。关于世界的宗教性很强的说法有两个例外:一个是社会学方面的,另一个是地理学方面的。从社会学的角度来看,的确存在一群国际知识分子,无论所谈论的是印度、中国、欧洲或其他什么,其中的大多数都受过人文和社会科学相关学科的训练,这意味着他们也相当世俗化。还有一个非常有趣的地理位置的例外,那就是西欧和中欧。这也确实是世界世俗化的一部分。

杜:包括意大利、德国、法国……

伯格:是的,所有的西欧国家和……

杜:但没有美国。

伯格:没有美国,这非常耐人寻味。在宗教社会最为有趣的问题之一是为什么欧洲如此地与众不同。我们有一个团队对这个主题进行研究,由一位非常睿智的法国女宗教社会学家主持。你可能知道她,达尼埃尔·赫尔维尤-里格。

杜:不,我不知道她。

伯格:她在巴黎管理着一个社会科学研究中心,我确定那是宗教学中最大的社会科学研究中心。那,这个就是我对你问题的回答。

杜：还有一个吸引我的问题就是韦伯、涂尔干和其他社会学家如何做到如此关注宗教——这个作为社会和政治不可分割的一部分，但自己却是没有宗教信仰的。就你的情况而言，我记得我们之前从基督教的视角进行过一次关于宗教的对话。比如，你有时候就会将自己描述成一个寻求对基督教怀疑确定的怀疑论者。

伯格：那是我最近在写的一本书的副标题。

杜：好的。

伯格：当然，我是一个基督教徒。我既是这个特殊宗教传统（新教传统）的信仰者，也是其实践者。然而，我认为这完全没有影响我作为一个社会科学家的工作。没有影响。

杜：这让我觉得非常有意思。如果我说，"瞧，我是一个儒教信徒"，那么我对儒学的认知肯定会有意识地反映在我的作品中，但是当然，我知道关于价值无涉的问题。我不会允许我自己的"信仰"——我不知道你是把它叫作信仰还是叫作对人类可能性的承诺……

伯格：这么说吧，对自己所研究的课题是否熟悉是各有利弊的。如果你是你所研究课题团队的一员，你就有着密切了解课题组情况的优势，但同时也存在你将带有偏见这一劣势。相反，如果你对自己所研究的课题不是那么地熟悉，这就会有一个优点，即你可以保持很好的客观性。但这也会导致你也许会错过一些重要的线索，但是我从没有觉得保持客观性是一件很困难的事。我可以把我还在教本科生的情况作为很好的证据，不过这也是几年前的事情了。我教一门宗教社会学的导读课程，因为本科生在课后不怎么停留在教室，所以他们从来也没有好好了解过我。但他们告诉我他们就我的宗教信仰而进行过一场激烈辩论。我到底是犹太教徒、无神论者还是基督徒？他们没法从我讲课的时候得知。

杜：那你对此感到很骄傲？

伯格：我觉得不是骄傲，但是，好吧，我对此很满意。

杜：然而，我疑惑的是这两种追求之间的有效互动。

伯格：我不反对这个。但是回到我之前关于世俗化议题的观点，因为我的宗教信仰从未改变过，所以我对有宗教信仰使我成为一个少数群体的一员这一观点并无异议，当时我就是这么认为的。现在我意识到了这是作为人类种族大群体的一员。我的宗教信仰依旧没有发生改变，变化的是我对这个世界上所正在发生事情的看法。看，正如你所知道的，近几年人们总热议着后现代主义，并且其中一个论点就是认为客观性是不可能的。

我相信你从你的学生那里也了解过这些。我经常向他们强调的一件事就是，如果你明日将因犯罪而被指控，那么你会希望警方可以核查那些可以证明你清白的事实。那么为什么你要去否认社会科学家的客观性呢？这种客观性就是每个警察尽力去保持的。我对这些论点毫无兴趣。我还可以给你举出其他例子。

杜：我认为一个相关的问题就是，对自由、平等、人权、理性以及法律正当程序这类最基本价值观的信仰。这些都是当代社会运行过程中的关键概念。他们都是价值承诺，而不是价值中立。像约翰·罗尔斯那样的一些自由主义者，则强调程序正义。如果程序是完善的，那么在公共领域中宗教应退居幕后。政治进程跟公共领域是一回事，而作为心性之事的宗教则是另一回事。以赛亚·伯林关于积极和消极自由的概念是试图采取一种极简主义的观点，用最简约的方式定义程序，用最低的要求来做研究，以此来理解这个世界。换句话说，作为个人的承诺就应该退居幕后。你也赞同这个观点吗？

伯格：不，但是这取决于你所说的背景。如果我的信念很坚定，无论是对宗教信仰还是你刚刚所提到的那种政治观点，我都无法置身事外。唯一我可以将其抛掷脑后的方法就是当我正在进行社科类问题分析时。用现象学术语来说就是，当我试图分析某件事的时候，我会将我的信仰隐藏起来，并且我认为这不是难事。但是这不意味着你没有信仰或者说你没有价值观。

杜：如果我们以现象学描述作为第一步，那么你接着想要讨论的是……

伯格：第二步是什么？

杜：现在这个问题是你自己对分析的解释。除了用现象学来描述，在这个过程之中是否还有其他解释呢？

伯格：但现在这个解释仍未体现我的价值观。当我问出这样一个问题，"我们对此该做些什么？我的发现和解释是什么？"我的价值观就会体现出来了

杜：也就是说通常情况下它没有体现？

伯格：没有。现在我换了一个身份。

杜：但我认为，最近的一个例子就是你对多种全球化的研究。你在开始的时候至少进行了一个测试，我觉得我参加了最初方法的制定，并且你启发人们提出一个有力的观点就是全球化可能导致趋同。当你将这个观点视为具有启发性时，你是否产生一种它可能会被反驳或者修改的感觉呢？因为那个时候，去华盛顿参会的我突然看到"多种全球化"这个强调多样性的书名，感到很意外。

伯格：嗯，我有预感到结果将会如此……

杜：超出了你的想法还是怎么？

伯格：在研究中发生了什么倒并不使我感到意外，只是我需要修改一些我们最初使用的方法。这倒没什么。这在研究中经常发生。

杜：我认为在所有这些情况中，这至少在最初提出了一个强有力的看法，比如语言、娱乐方式或者各类流行文化。我们使用教师文化还有……

伯格：是的。好吧，记住我最开始所说的，还有在这个课题结束时所说的。正如我目前所看到的，世界上仍有人相信有一种艳压群芳的强势全球文化：它大部分来源于西方甚至是美国，使用英语，像巨人一

样在这个地球上狂奔,并且试图吞噬这世界上的一切。一些人认为这是个好事,因为那句名言,"任何两个有麦当劳的国家都不会开战",这意味这种全球文化会带来一种全球和平和民主,但我不认为这是正确的。也许会有很多知识分子对这种文化感到恐惧,害怕整个世界将变成一个巨大的迪士尼乐园。

其实,我认为从经验层次上来说,希望和恐惧都是站不住脚的。这是一个十分复杂的过程。中国确实有一个来自于西方的全球文化,并且它是多层次的——精英层次和大众层次。但是在这片土地上,它并不是唯一。虽然这种文化很强大,但它也不是畅通无阻的。这存在一些反作用力。某些全球化类型起源于西方之外,并对西方带来了很大的冲击。这一切都形成了"多元现代性"概念,并且这个概念在你的很多著作中得到了成功运用。

不是只存在一种现代性类型。某些现代性的因素不可避免,这些因素与科学、技术、官僚制以及许多其他事物都有关系。但在这些限制条件之下,人类依然有能力实现大量的创造多样性,并且他们确实做到了。我认为在某种程度上,这本书的标题很好地总结了这个论点的主旨。

杜:在这本书里面举的所有例子,印度是不是它们之中很有说服力的一个?

伯格:非常有说服力。实际上,印度在将吸收过来的外国文化影响与本土文化相结合这一方面有着一段很长的历史。在这本书中,我先前的一个做印度研究的学生——这个印度人类学家图拉西·斯里尼瓦(Tulasi Sriniva),将他的研究重点放在班加罗尔的计算机行业。她对这个在经济上取得很大成就的产业有着一段精彩的描述,也就是你尽可能所想到的现代化。印度教每年有这样一个节日,我忘记了这个节日的名字,在这个节日里,工匠们向他们的工具祈祷,因为每个人类工具都是神创造的延伸。但是在班加罗尔,人们会把花环放在电脑周围，并向他们的电脑祈祷。这大概是每个人能够想到的最具仪式感的结合方式。然而这些人不是没有文化的人。他们是掌握高精尖技术的工程师和技术人员。但是可以从某种程度上来说，这个就是我所说的多元现代性的一个典范。

杜：这让我想起了一次在耶路撒冷举行的会议，由萨缪尔·艾森施塔特（Shmuel Eisenstadt）主持的……

伯格：是的，他主持了那次会议。

杜：……所管理的。这是特刊《代达罗斯》关于多元现代性的基础。当时曾有一场关于此的辩论，并且我认为这场辩论仍在继续。在艾森施塔特看来，无论怎么定义西方现代性，都是很复杂、多层次的，并且具有如此多的维度，以至于很难想象还有其他形式的现代性不仅与它完全交织在一起，而且还是它的衍生物。你也许是反对西方现代性的。你可以做各种各样其他的事情，但是这种形式的现代性太普遍了，以至于每个人都受到它的影响。你也许会像后现代主义者一样反现代，或者你也可以说还有其他形式的现代性，但这就是唯一的一种。

现在，反对这种观点的人（他们最初是一个研究美国的团队）认为无论你多么仔细地分析欧洲的现代性，它的参数都不可能适用于美国。美国的现代性，或者说美式现代性，是完全与众不同的。也就是说在欧洲也有各种不同的现代性。因此，当我们谈论到关于东亚的现代性，即使它是现代的，并且深深受到了现代西方、欧洲国家和近年来美国的影响，但东亚的生活方式仍是有很大差别的。我们因此也可以预见东南亚和南亚的现代性的可能形式。

伯格：当然。

杜：但艾森施塔特对我的立场感到不悦。我不知道他目前的立场是什么。他更关注的是一个多维度的轴心。那会有一个辩论，不论是把它称作多元现代性还是多重现代性，因为多元现代性仍完全是帕森斯所提出的概念，即现代性是一个过程……

伯格: 我想知道从某种意义上来说,这是不是一场语义之争。你看,最重要的例子就是日本。不是因为日本重要,而是因为日本是第一个成功实现现代化的非西方国家。就我所了解到的,虽然日本文化和宗教都在现代化的影响下发生了很大的改变,但你不需要在日本待上几天就会发现无论这个国家的基础设施、科技和其他各种各样的事物多么地现代化,你所感受到的仍然是一个与任何一个西方文化有着天壤之别的文化。我认为日本仍然在变化。它也许朝着不同的方向变化着,但是日本仍然是另一种现代化实现的一个很有说服性的例子。在我看来,同样的力量也发生在其他的情况中,印度就是这样的。我刚才所举的例子正是如此。

20 世纪 80 年代左右,我和同事一起写了一本叫作《飘泊的心灵》的书。在那本书中,我们试图处理现代化意识问题。我们对各种现代性的不同表现形式做了区分,他们都是行为和意识结构的集合。我们认为一些形式是外在的而另一些是内在的。我们所说的内在的是指除非整个现代性崩塌,不然你不能将这些表现形式与现代性分开。而外在的则是指你可以通过厘清、改革或各种各样的方式来改变他们。

我认为这种区分仍然是有效的。我当时举的例子是如果你有一家国际航空公司,飞行员必须接受完全相同的训练,以此来掌握驾驶现代飞机的复杂飞行技术,不然的话飞机就会失事,这个例子我现在有时候还用它。比如今天早上我在这里就用了这个例子。无论他们是哪国人,印度人、中国人、法国人都无所谓的。

接下来就是一个内在的表现形式。你可以观察他们的某些必要的行为方式和思考方式。你不能将这些分开,否则飞机就会失事。今日国际航空的另一个要素就是,由于某些不那么神秘的历史原因,国际航空所使用的语言是英语。嗯,也许不是为了一些国内路线,但是在国际航行中飞行员用英语与控制塔交流。飞行员可以来自中国、非洲或其他一些国家,但他要学会的不仅仅是如何驾驶飞机,他还必须学会英语。这就是外在表现。由于某些历史原因，现实情况恰好如此。只要这种语言可以用来表达一个技术词汇，它也可以是其他任何一种语言（中文、俄语、法语、德语）。这是可以适用于许多情况的一个区别。

杜：所以你认为科技或者其合理化可以被当作是内在的？

伯格：是的，当然如此。

杜：那么一个市场经济呢？

伯格：不，我认为不是这样的。也不一定，尽管可以确定的是，它们与现代性有着亲和的关系。

杜：如果我们从历史和结构的角度来看待现代性，那么它将包含市场经济、民主政体、成熟的社会以及当然还有构成现代性的基础价值观如自由、平等、人权等等，也许这是唯一选择。

我记得在迈克尔·夏普的东亚发展模式中曾提出过一个可替代模式的建议，但同时这个不是简单地一分为二。这不能被简单视为西方与东亚的较量，或者从大西洋模式转换到太平洋模式，这是其他可能性存在的一种迹象。如果我们质疑但不一定要反对这种将现代化视为一种单向度发展的观点，我们就可以说，现代化模式还存在其他的可能性。这不是由一到二，而是由一到多。

伯格：当然，你看，刚刚说到的东亚，如果你去东南亚，将会发现一个完全不同的世界——印度尼西亚、马来西亚。这让我想到西方和其他国家就是一种可怕的单一化。

杜：我想说一个非常有意义的观察，就是纵观过去150—200年的人类历史，现代化进程的一个特定轨迹似乎是可行的，不管你是想将法西斯分子纳入其中，还是其他的你所想到的维度。但是如果从未来的角度来看现在的情况，那么你的作品让我会想起……大概50个提议吧？

正如你的解释一样，你的现象学描述暗示着这个制度有足够的能力来改变这个世界。这是一个正确的描述吗？

伯格：是的。你看，我认为很难对市场经济已经被证明是现代条件下最有效率的、最具生产力的、最能创造财富的经济形式这一命题提出异议。这是很清晰的。现在，如果没有这种经济形式，也可以实现现代化，但是要为此付出巨大的代价。

至于民主政治和市场经济，我不认为没有市场经济或民主就没有现代性。然而，你可以说，这些经济和政治形式与现代性是有着亲和力的。我认为，原因是现代性创造了个体化的过程，这个原因是可以被证明和理解的。市场经济和民主政治都依赖于个人努力，这之间存在一种韦伯曾提出的"现代性的亲和力"。

杜：好的，那么就是"选择性亲和"。

伯格："选择性亲和"是英语翻译过来的，但这不意味着这些事物将不可避免地汇聚在一起。

杜：这不是因果关系。

伯格：现代化有可能产生这些经济和政治形式，但我认为这并非不可避免。

杜：如果是这样的话，我认为一个有趣的问题就是你曾提过的个人主义与个体化之间的区别。个人主义是个体化的必然结果吗？

伯格：个人主义是一个价值体系，然而个体化是一个心理进程。

杜：我认为英格尔哈特关于文化地图的整个概念与卡尔·雅斯贝尔斯的轴心文明概念有很大的内在相关性。在南亚有印度教和佛教，在中东有犹太教、基督教和伊斯兰教，当然在东亚还有儒教、道教以及各种本土传统。这是一种看待世界的方式，这个方式既不是从罗斯托关于经济发展的概念，也不是任何世俗化的概念来看，而是从不同的文化形式和对宗教维度的敏感来看的。当然，在这些形式中要说规模最大的那就是基督教了，尽管它们被分为不同的团体，有天主教、新教和东正教。那么你怎么看待从不同的文化区看待世界的方式？

伯格：我不知道我有没有听懂你的问题。

杜：我的问题是，如果我们曾预想过不同形式的现代性可能会出现——也就是多元现代性，那么我们是否可以想象这些不同形式的现代性会被不同的伦理或精神传统所塑造？

伯格：我明白你的意思了。共同塑造也许是一个正确的描述，但我觉得不同的宗教传统将完全塑造不同的文化是一种理想主义的决定论，并且我不赞成这个观点。这将是这些宗教和文化传统、政治方向以及这些世界经济中社会关系的大杂烩。这些不是宗教的或文化的因素，但它们将与宗教和文化因素相互作用着。

杜：你刚刚所举的班加罗尔的例子，就是一个印度教需求与现代科技之间关系的例子，我想这样的情况也会发生在斯拉夫国家。

伯格：确实。

杜：确实，确实在发生，他们会让你意识到这种大杂烩是什么。但即便如此，我也不知道韦伯关于新教伦理和资本主义精神是否可行。许多人都已观察到，福音派基督教传播新教的能力令人诧。我就想起你之前曾跟我说过梵蒂冈担心在拉美国家的天主教徒将会变成新教徒。当我们看待这个现象时，我们就不一定要用韦伯的方式来分析了。

伯格：嗯，明年秋天康奈尔大学将举办一个庆祝《新教伦理与资本主义精神》出版100周年的会议，我正在写一篇相关论文并打算在会议上做演讲，题目是"马克斯·韦伯在危地马拉活得很好——今日的新教"。危地马拉是拉丁美洲新教徒比例最高的国家。

杜：多高的比例？

伯格：大概在总人口的四分之一到三分之一之间。这个规模十分庞大了。但为什么是危地马拉呢？我也不知道。也许是政治原因吧。我们可以用三种不同的方式来看待当今韦伯的命题。一是新教仪式。当今世界有两个爆炸性的全球宗教运动，伊斯兰复兴运动和福音派新教。它们之间有着天壤之别。但是它们的共同点是大规模的全球扩张。

一个非常重要的区别是伊斯兰复兴运动主要发生在传统穆斯林地区和人口之中。而福音派新教运动正在渗透到拉丁美洲这样的地区，这在之前从未有过。

我觉得我们研究中心第一次对拉丁美洲的福音派新教进行了开创性研究，即大卫·马丁的《方言火焰》。在那之后发生了很多事。也有其他人对此进行过研究。我说，马克斯·韦伯还活着，而且在危地马拉活得很好。因为我们可以看到，拉丁美洲五旬节教徒的新教伦理与韦伯对 200 或 300 年前对英格兰和北美的描述是一样的。这就是宗教的仪式。也可以提出这个问题，什么事物可以在功能上等同于新教要旨呢？除了神学信仰之外，可以打破什么新教伦理。

杜：努力工作的价值伦理。

伯格：努力工作，系统工作，储蓄，延迟满足。经过多年的思考，我的结论是必须明确这些价值观在经济发展的哪个阶段起作用。我觉得只是在早期阶段，因为这就是必需的，即马克思说的原始积累，就是真正需要进入现代经济发展的早期行动。当这一发展取得成功，将会有一个富裕的社会，我认为没有必要让人们都这么做。换言之，一个经济上成功的社会可以养得起很多的懒汉，或者这样说吧，就是享乐主义的人，尽管它可能仍然需要一个有着旧价值观的特定群体，那就是创业冒险的一群人。

我认为这对文化与经济发展的关系有一个普遍的含义。如果为特定的文化或宗教价值的经济意义而争论，那么就应该像药品一样，有一个有效期。

杜：[笑]

伯格：换句话说，也就是知道某个阶段都是有效的，接着就是不同的价值观之间开始变得相关。

杜：这与我一直称之为"完全不同的问题"存在某种内在联系。

伯格：我给你举个例子。又是日本，这很有趣。当你把目光放在日本的集体主义上时，就会发现日本人有一种不可思议的能力去建立起强大的组织，人们对这些组织有着超越任何亲属关系的高度忠诚。明治维新后，随着日本的现代化进程和现代工业经济体系的建立，这无疑起着巨大的作用。但在今日就没有这么大的作用了。由于日本现在正处于后工业经济时代，这些集体主义价值观可能就无法发挥相应的作用了。一些日本社会科学家曾说过，人们需要更多的个性，个体的创造力。所以这些价值观是有一个有效期的。

杜：好的。那么我可以这样总结：在新教问题和同等功能的事物中，在不同的阶段将发挥不同的作用；然而，所有这些都与新教伦理或新教伦理的相同功能的事物对经济发展的贡献有关。韦伯在他的一个脚注中提到一段话，大致是说，对我们基督徒来说，财富就像一件斗篷。如果我们愿意的话，我们可以把它脱下来，但是我们不知道，在100年内它就变成了一个铁笼。这无关经济发展，而是人类的繁荣昌盛。在一个富裕的社会里，你也可能会对人类的繁荣昌盛产生疑惑，因为最幸福的人不一定生活在最富裕的社会里。有各种各样的例子可以表明这一点。

但是，一个非常经典的儒家思想是，任何组织、任何社会或任何国家都应该是一个人类可以自我实现的地方，有时是个人的，有时是整个社会的。这个问题不仅仅是关于生命的终极意义，而是关于生命的一般意义和人类繁荣昌盛的意义。我想这也许就是宗教一直存在的原因，不管一个社会有多么地世俗化。这也是为什么在我们个人成长和个人发展的方面，这些问题仍然很重要。我认为你们社会学工作的一个显著特点是社会学总是对这个问题敏感，这让人们有了更多的选择，有更多自我发展的可能性。这甚至可能成为最适合人类繁荣昌盛的制度，而不单单是经济发展的活力。

伯格：嗯，人类繁荣昌盛是一个儒家的概念，我不太清楚它最初是什么意思。在我看来，人类似乎是以不同的方式绽放光彩。对这个人来说繁荣的概念可能不是另一个人对繁荣概念的理解。现代性，当然还有西方现代性，就产生了一种非常个性化的繁荣概念，但对某些人来说，这是一种扭曲。你觉得应该从集体的角度来思考问题，而不是以不同于集体的个体角度。这些就是对人类生活应该是什么样的不同看法。

杜：在你的作品中，尤其是那本《现实的社会建构》，浓墨重彩地论述了个人作为被建构起来的社会现实的一部分是与社会相互关联的，个人的成长是内在化的。我想你之前也曾提过，个人的解放感或他对解放的实际感受是建立在对群体的疏远基础之上的。除非有这种疏离感，否则就不可能获得真正的自由。我觉得这是一个很有意思的悖论。我提出这个问题的原因是，美国哲学家理查德·罗蒂（Richard Rorty）曾强烈主张必须在自我实现和社会服务之间做出选择。从他的观点来看，这两个立场截然相反。他自称是一个具有讽刺意味的后现代主义者，他愿意牺牲任何有关社会的事物为代价而选择自我实现，这于我而言，我不太能接受这种看法。

伯格：在我看来，这有一些人类学普遍性，人们可以说，"人类是社会性的，这就是一个人类学普遍性。"没有与我们交往的其他人，我们也将不复存在。这也是众所周知的。我们与他们的互动方式总在变化着。人类总在寻找意义，发问一些非常基本的问题比如："我该怎样生活？我是谁？这个世界上还有什么希望？"我觉得这都是非常基本的问题，但在我看来，这都是非常韦伯式的，人类有内在的需求，需要对个人的生命赋予意义。但也很明显，从经验层面上讲，人们可以给自己的生活赋予截然不同的意义。有些甚至没有通过任何宗教意义就做到了。如果你愿意的话，可以以瑞典这样高度世俗化的社会为例。有很多非常快乐的瑞典人觉得没有这个必要……

杜：好吧，但他们的自杀率也很高。

伯格：噢，是因为这个原因吗？也许是因为那里的冬天太长了，天空总是暗沉并且寒冷，人们在那儿能做的就是天黑之后把自己灌醉。好吧，我也不是很清楚。

杜：[大笑]

伯格：我不知道对此还有什么其他可以说的。

杜：不，不，我的问题是，我认可这些都是人类学普遍性，你提到了两个特别的例子，正是因为有这个普遍性，由此我们可从经验上得知人类是一个追求意义的社会存在，我们必须找到一种理解个体化进程的方法。我认为，即使就全球化而言，我们也应将其视为这一进程中另一个不可简化的方面。

伯格：我们可以就"为什么现代性如此带有个体化倾向"有自己的问题与回答。但我想用一个有技术性的术语来回答这个问题，这是因为"生活世界的多元化"。在人类历史的绝大多数时间中，人们生活在信仰和价值观高度同质化的共同体中，他们可能会遇到一些不属于这个共同体的人，但这并不影响人类理解自我。也就是说，最基本的信仰和价值观被视为是理所当然的。有些人非常确定，如果你属于这个共同体，这就是你所信仰的，这些就是你的价值观。也许并不能总是遵守他们，但是你仍对自己的身份有一个清楚的认知。

现代性，由它所带来的所有过程（移民、城市化、大众传播、大众文化），破坏了人们认为的"理所当然"。世界上这种同质化的共同体已经所剩无几了。你必须到非常偏远的农村地区去寻找这样的地方，这意味着个人再也不能将他的基础意义视为理所当然的了。他必须对他们做出选择，选择的时候就开始个体化了。如具我必须选择，然后就会问，"我是谁？我该怎么生活？我信仰的是什么？"这是一个个性化的过程，也是一个与共同体疏远的过程。如果你愿意，这就会让你回到市场经济和民主。这种个性化并不一定要导致市场经济或民主，但它与它们有着亲和力。

杜：对。我想这应该是最后一个问题了。我们知道在共同体中有一种非常强烈的意识就是人与人之间的普遍亲密关系，每一个人都能在共同体中找到让他或她舒心的地方，也就是你所说的"理所当然"，这种亲密关系由于现代化进程而被大大削弱了。因此，个体化是人类经验的一个显著特征，它既赋予个体选择的权力，也产生深刻的疏远感。大多数的精神传统，包括新教，都非常强调团契或社会参与或相互联系的重要性。我们现在有一个伦理传统，称之为社群主义伦理，而不是简单的个人主义自由伦理。

展望未来，让我们假设我们所说的全球化和城市化是带有个体化倾向的这个观点是对的，也就可以解释为什么个人越来越容易做出选择。即使有着通过市场制度创造财富的能力和民主社会的重要性，由于存在疏远的危机感，人与人之间的关系、与社会的关系问题在这一特殊背景下仍然极其重要。我不一定是在寻找解决这种困境的办法，但你对人类的这种困境有何见解？

伯格：我认为人们不会因为不与他人互动就会产生存在上的绝望、失范，从而导致自杀。世界上这样的人很少。更多的是个体化的个人与其他个体化的个人所产生的联系。

杜：不同的结合方式。

伯格：是的，我认为解决方案不是从共同体和个人入手；而是被认为理所当然的共同体以及自发性社团的共同体。现代社会的特点是各种可以想象得到的自发性社团的涌现，包括宗教社团。一旦有了多元主义，特别是如果有宗教自由，每个宗教团体就变成一个自发性社团，即使那些在神学上没有得到承认的社团。

杜：比如说，这就是像梵蒂冈这样强大的天主教传统却依然难以应付来自新教的挑战的原因吗？

伯格：在拉丁美洲，新教和天主教之间的冲突最为直接，天主教会很难与新教竞争，因为新教是草根阶级的信仰。它来自底层。这些人很穷，从来没有自己的组织。他们自我创造，选举自己的领导。在农村，在发展中国家的特大城市里，新教对于在这些地方经历早期现代化痛苦的人们是非常具有吸引力的。然而天主教会试图反驳这一点，但它总是俯视地看待问题。天主教本质上就是一种等级制，如果没有等级制，那么它就不再是天主教会。现在它面临着非常严峻的挑战。这并不意味着整个拉丁美洲都将成为新教地。我认为这仍是一个少数，但却是一个非常强大的少数。

杜：你上次来中国是什么时候？

伯格：十年之前了。

杜：这十年中国可发生了很大的改变。我知道你的日程很紧，不知道你是否还有五到十分钟的时间来回答一些问题呢？

伯格：最多还有十五分钟。

杜：非常好，我们还有十五分钟的时间。你们是否还有其他问题？

听众：基于全球化背景，如果我们说个体化是一种趋势，那么是不是每个个体都将有一套属于他自己的精神偏好？

伯格：这就对人的要求太高了。他们不可能创造一种宗教传统，至少大多数人不会，除非他们非常地与众不同。但现实是人们总是挑三拣四。他们的背景可能是，比如说，天主教徒，但他们并不完全接受教会所宣传的一切。所以他们创造了属于自己的一些天主教小形式。另一方面就是与原教旨主义现象有关的了。个体化，这是一种伟大的解放，人们可以因选择而称之为自由的增加。然而，在之后的一个阶段，这可能会成为一种负担，因为人类至少希望得到一些确定的东西。因此，你可以有宗教或政治运动，集中在谁应该被皈依或谁被消灭。好吧，这就是一种可能性的多元解决方案。

杜：我认为，有些人，比如说白诗朗（John Berthrong）就从不同的宗教传统来看，发现在世界基督教联合会的双重身份，或甚至多重身份。

听众：我还有一个关于现代化趋势的问题。您在您和塞缪尔·亨廷顿共著的《多种全球化》一书的导言中提到了两个现象。第一个问题是关于东欧或日本的商人，他们只是在商业团体、公司里扮演美国人，但当他们回家后，他们就成了传统的东欧丈夫或日本丈夫。那是完全不同的方向。一个是美国的现代性，这可能是一个单一的现代性，意味着表现得像一个美国人，接着是传统的现代性。第二个现象是，当一个人在非美国社会的其他社会中，与现代性或西方文化交流时，他们非常小心翼翼地保护着自己的传统文化。在这两个方向上，我们如何看待个体化的回应？

伯格：总有一些人，无论他们来自哪里，都完全沉浸在"分离文化"中，我就见过这样的人。几年前，我在一家美国大型商业咨询集团的一次国际高管会议上发言。参会人员来自世界上各个国家。他们的肤色不同，但我觉得都是一样的。他们看起来一样。他们开了同样的笑话。即使他们回家了，可能还是一样的。这是一种可怕的同质，但现实情况并非总是如此。

我们在20世纪80年代所提出的现代意识的范畴之一，就是区分化。你能随着场域的变化而变化，这是非常现代的。你举的例子是对匈牙利的研究。作者写道，你可以见到这位匈牙利商人，他看起来像是来自华尔街，但回家后，他殴打妻子、醉酒、呕吐在地板上，这就是一个匈牙利传统的男人。是的，这是一种个体化。

听众：当您提到个体化，个体化意义的中心是选择行为或生活风格方式的自由。这种对当下任何一种生活风格的选择是否有限度呢？这就是个体化的真正含义吗？

伯格：我不会说"任何"，因为这是取决于你的，不是每个人都能得到对他敞开怀抱的一切，但确实有各种各样的选择。个体化不仅意味着你可以做出这些选择，而且是你必须做出这些选择……

听众：有时候确实是这样的。

伯格：……因为传统的生活风格将不再是理所当然的了。

杜：从现象学的角度来看，有这么多的案例，但是除了个体化趋势之外，如果你想在全球化背后找到一些其他强大的力量，你能识别出其他适用的特征吗？

伯格：文化特征？

杜：文化特征跟个体化一样重要。

伯格：好吧，理性化……

杜：是的，这还是韦伯式的……

伯格：当然，作为经典的现代现象，理性化会使某些行为变得更加困难，就像魔法一样。但我不知道还有什么可以立马想到的。还有一些其他的事物，比如处理矛盾局面的能力。我刚刚提到了区分化——在不同的情境中改变自身。

杜：还有，我认为角色分化也是……

伯格：没错，还有角色分化。

杜：你在很多不同的地方扮演着不同的角色。然而，我认为这是一个非常困难的问题，因为这种区分表明了一种相对论的可能性。但没有标准是可能的。

伯格：这是一个非常现实的可能性。相对化是这种现象的一部分，这就是为什么确定如此之难。你总是意识到其他人有着不同的价值观和不同的生活方式，这就会让你对自己的选择产生疑惑。有一种方法可以解决这个问题，那就是极权主义，即回到对某种所谓必然性的疯狂坚持。

杜：但这种方式可以在所有等级中运行：有自己的原教旨主义的小团体，甚至更高等级的。

伯格：是的。它可以是一个教派，也可以是重构整个社会的尝试。

杜：我想问你最后一个问题是有关我们在华盛顿参加的那次会议，大概是两三年前的事了。

伯格：什么会议？哦，全球化会议。

杜: 有一段时间,像比尔·克里斯托尔这样的人会有一种"我们做的是正确的"的欣喜感。

伯格: 这跟全球化有什么关系?

杜: 问题是,它和对话的问题有什么关系? 换言之,尽管我们可能面临一些挑战,但存在着一种思想,就是我们基本上是正确的,虽然这不一定是福山关于历史终结的概念。

伯格: 如果你相信某些事情,那么你当然会认为你是正确的。你可能不会狂热地相信某事,但如果你认为自己不是正确的,你就不会相信这一点。我觉得这是不同的态度。有一种态度是"我知道这个真理,其他人都活在某种黑暗中",或者"我必须向别人学习;我必须用其他世界观去行动",这显然是我更喜欢的态度。另一方面,我会有一些不可以被相对化的基本确定的信念。但某些其他的事物在经过对话和修改之后,是可以非常相对化的。

杜: 万分感谢。

伯格: 万分感谢。

(翻译:王雨珩　校对:王建宝)

构成性与建构性

——对话丹尼尔·贝尔

　　丹尼尔·贝尔 (Daniel Bell，1919—2011)，当代美国批判社会学和文化保守主义思潮的代表人物。曾任《新领袖》杂志主编、美国文理学院"2000 年委员会"主席、美国总统"八十年代议程委员会"委员等职。贝尔在战后西方的社会学、未来学和发达资本主义研究诸领域均处于领先地位，1974 年全美知识精英普测时，他曾名居 10 位影响最大的著名学者之列，在欧美思想界声望甚高，其著作《意识形态的终结》曾在 1995 年被《泰晤士报》评为二战后最有影响力的 100 本书之一。贝尔密切关注并深入广泛分析了当代社会政治、经济、文化各个领域的现象和问题，撰写了一系列颇具影响的著作。他的名字和"意识形态的终结""后工业社会""资本主义文化矛盾"总是紧密地联系在一起。

对话时间：2004 年 6 月 13 日

杜维明（以下简称"杜"）：你知道这是肯尼斯·加尔布雷斯（Kenneth Galbraith）的故居吗？如果我没记错，你曾任《财富》杂志的编辑？

丹尼尔·贝尔（以下简称"贝尔"）：我们俩都做过《财富》杂志的编辑。

杜：这样啊！

贝尔：那是1948年的事了。当我到《财富》杂志任职时，肯已是那里的前辈了。他后来辞职，去了美国战略《轰炸调查团》当编辑。之后，他重返《财富》，大约在1950年再度离开，到哈佛大学任农业经济学家。总的来说，我们在《财富》共事过两年。

杜：你知道《财富》在中国是非常著名的财经杂志。

贝尔：我认为《财富》首先是一本商业杂志，一本有立场的杂志，尽管并非每一位作者都拥有此立场。它更注重事实和准确性。这是它出名的原因，也是大家愿意订购它的原因。

杜：我认为很难找出《财富》和《党派评论》（the Partisan Review）的相似之处。

贝尔：（二者）根本没有（可比性）！《党派评论》是纯文学性的，除编辑们外没有其他职员，基本上都是独立的纽约知识分子撰写文章，其中有些人后来转到《财富》工作。我也曾和电影评论家詹姆斯·艾吉（James Agee）、我的前任姐夫阿尔弗雷德·卡赞（Alfred Kazen）共事。我们都有在《财富》工作的经历。

杜：虽然我两相识已久，但这次是我们第一次正式访谈。访谈时间不会太长，我们会录音。我觉得你很有先见之明，不知你是否喜欢这个说法。也许你认为是经验正确。1960 年，你的《意识形态的终结》（*The End of Ideology*）付梓，当然如今人们并不认为这是个问题。还有，"后工业社会"（post-industrial society）这个词是你首创的？

贝尔：是的。

杜："后工业社会"这个概念的确值得探讨，但这次我想问有关文化传统的问题。从 1962 年到 2000 年间，你在编辑《代达罗斯》（*The Daedalus*）季刊，1997 年麻省理工学院的一位教授重新刊印该季刊。在此刊中，你不仅经常创造新词，也为理解我们所处的当今世界提供了某种"语法解读"（grammar of action）。

贝尔：我来说明一下预言（predict）和预测（forecast）的区别，这对我的作品来说非常重要。预言指向某一个具体的点或事件，需要观察政治因素和经济因素的相互影响，因此生活无法预言；预测则关注的是结构性变化，我们可以应对。

加大教育，特别是专业技术教育等前提条件完成后，农业经济才能够过渡到工业社会。预测往往需要满足一定预测条件，尽管这些条件有时候会被考虑，有时候不会被考虑。预言常常是非常困难的。1956 年，美国艺术与科学中心成立了"2000 年调查委员会"（the Commission on the Year 2000），其中一位成员是我的同事兹比格涅夫·布热津斯基（Zbigniew Brzezinski），他后来担任卡特总统的国家安全顾问。有一回，他在电视节目中被一位带有敌意的评论家攻击："布热津斯基教授，你是克里姆林学者（即苏俄政体研究者）吗？"他回答说："好吧，如果你喜欢这个词汇，那就自己去告诉国务院现在苏联有什么动向吧。我倒想听听。"该评论家没中他的计，回击道："布热津斯基教授，你怎么没有预言到赫鲁晓夫被推翻一事？"布热津斯基反问道："你说说，如果赫鲁晓夫自己都预言不了自己被推翻一事，那我们怎么能指望你能预言到此呢？"

杜：我记得莱斯特·瑟罗（Lester Thurow）总是不停地预言，不停地预言错。他曾预言德国将以胜利者的姿态出现，但三年后事实证明他错了。所以我觉得从某种意义上讲，"2000年调查委员会"的工作是预测。

贝尔：对，其实我们还有另一想法。人们一直对未来兴趣盎然，我们早已指出，今天的决定影响未来的发展。如具前往纽约或波士顿，就能看到90年前的街道布局如今影响着人们成长的方式。我们希望大家理解有什么样的决定就会产生什么样的结果这个非常重要的哲理。虽然我们那时候对预测兴趣不大，但却认为"你现在的决定影响未来发展"。

杜：韦伯（Weber）曾讨论过"非预期后果"（unintended consequences）——满怀善意的决定，结果却事与愿违。国家制定政策尤其如此。对责任伦理的提出和讨论就是为了解决这个问题。

贝尔：是这样的。然而，当我们意识到"非预期后果"时，就尝试引入"有限可能性"（limited possibility）的理念。

杜：什么是"有限可能性"？

贝尔：假设对每一个行动带来系列后果能有回应，也往往无法确保一一对应，因此你可以从不同角度设置边界。我个人更倾向英国哲学家迈克尔·奥克肖特（Michael Okeshott）的理念。你所谈及的诸多连锁反应事件，奥克肖特称之为"偶发事件"，而且认为这些偶发事件是环环相扣、相互影响的。换言之，一旦某事发生，其他事情也会相继发生。一旦让希特勒掌权，他就会发动战争。他能否掌权你也许不知，但是他一旦掌权，就会不可避免带来某些结果。

杜：这涉及两种方法论的应用。一是自然科学领域常用的因果关系不适用于社会科学；另一个是复杂系统。复杂的系统总蒙有一层人们无法认知的面纱。无论接受多么系统的培训，也永远无法拥有掌控全局的视野。即使意识到各种局限性，同样无法控制负面后果引发的危险。

贝尔：你说得太对了，不幸的是现在还有许多学生没有意识到问题的认识论基础。多年前，我和我的同事哲学家希拉里·普特南（Hillary Putnam）举办了一场研讨会。为了避免毫无意义的辩论，我们试图设定一组术语。例如他说："这些要么是构成性的（constitutive），要么是创建性（constructive）的。""构成性"这个术语来自康德，我们可以说物理成长是分子与原子的构成性关系。这两个概念也适用于社会工作领域。譬如，人们会混淆性与性别（sex and gender）。性是构成性的，因为它是荷尔蒙决定的，是生理决定的。女性之所以区别于男性，是因为生理和身体结构不同。性别是创建性的，是一种角色。因此，性别会随着我们对待女性的变化而变化。因而性有别于性别，这需要厘清。我认为关键是要教学生们学会做必要的区分。没有事物是单独存在的，必须分析结果。

杜：我认为可以这样说，依你看，文化类的事物不一定是构成性的，可能更具有创建性。

贝尔：某些文化类事物带有一些构成性。按照我对社会科学的理解，文化类事物无法形成统一系统。

杜：那你就是不赞同塔尔科特·帕森斯（Talcott Parsons）的观点？

贝尔：我是不赞同，我认为经济、政体和文化之间存在不同的关系。经济是由市场上供给与需求进行调节的密切相关的可变因素构成的，改变一组变量会影响其他变量，所以经济或许构成一个系统。政体是通过强迫或自愿建成的秩序，其中大多数是带有强制性的指挥系统，这些系统部分是在人民内部达成共识和协议产生的，因此政体不是系统，是秩序。我认为文化有两个维度，一是表现性元素（expressive element），包含通过想象而产生的各类艺术元素，可见于绘画、音乐、书法等艺术形式，富有表现力；二是人们赋予文化的意义。如果研究具有恢宏历史的宗教（印度教、佛教、儒教、拜火教、犹太教、基督教、伊斯兰教)，就会发现它们已存在了一千多年。经济系统崩溃过，政治帝国消亡过，但这些宗教长存。直至今日，彼此仍然易于分辨。虽各宗教都有些许变迁，但犹太教和基督教依然只崇拜一位神明，佛教依然有报应与转世的概念。所以说历经沧海桑田，文化元素长存。正因为如此，很难说彼此不同的经济、政体和文化之间存在统一的关系。因此，我并不认为能将三者之间的关系通过划分统一周期进行讨论，这正是我尝试开展社会学研究的方法之因。

杜：我可能赞同肯尼斯·加尔布雷斯 (Kenneth Galbraith) 关于经济发展的重要性的观点。如果以最简化的方式研究，就会发现芝加哥经济学派重视市场和宪法规定的自由 (constitutional liberty)，且认为世上存在一种没有被人类了解的秩序；哈佛学派则注重探讨政府角色的重要性。这种看法正确吗？

贝尔：我有些不同看法。市场是一种机制，关键是如何使用和谁来使用的问题。米尔顿·弗里德曼 (Milton Friedman) 曾说过，"每个人都可通过市场实现所欲所求"，这观点倒没错。事实是市场上并非人人平等，一些人收入比其他人高。根据投票制度 (voting system)，人人享有一张选票；根据经济决定投票数量的制度，因收入分配差异，有人可拥有 100 张选票，有人则一张选票都没有。

杜：所以说完美的市场压根不存在。

贝尔：是的。完美的市场永远不存在，应用不同的方法会导致不同的结果。庇古 (Pigou) 是剑桥学派马歇尔的继承人。马歇尔全名阿尔弗雷德·马歇尔 (Alfred Marshall)，开创了现代经济学。庇古提出，如果一位丧偶的牧师，也就是教区或教堂的成员，雇了位管家，就对国民生产总值 (GNP) 做了加法，因为他支付管家薪水。如果他娶了这位管家，就对 GNP 做了减法。所以你看，不同的计算方法引发棘手的问题。

杜：我记得某人曾在某地说过："如果你想在经济计算上引入复杂

的社会学内容，就把负 GNP 算进去，包括交通事故、污染等。"

贝尔：事情的另一面为，由于市场会因收入分配不均和政府存在官僚主义，政府不会永远保持中立。政府官员追求其个人利益，希望维持其管制的权力和能力。政府不可能一直保持中立，也不可能永远为每个人的利益服务。市场和政府这两个层面也都存在问题：市场会变得不均衡，政府会存在管理僵化、官僚主义的问题。因此至少要力求在这两者间达到平衡。

杜：我认为你的观点和弗雷德里希·哈耶克 (Friedrich Hayek) 提出的理论形成鲜明对比，重大不同之处为你可能认为政府的角色举足轻重。政府在挽救一个可能失控的市场时，是相对积极的力量，但这样做是否公平？

贝尔：你刚才的陈述蕴含两个不同目的：一是负责制定规则这一职责的必要性。你希望这些规则是公平的，人人须遵守。另一个则是利用规则影响现状，重新分配收入。一个是发挥作用，服务规则；另一个是进行干预，改变收入平衡或权力平衡现状。这两个目的功能作用迥异，有时容易被混淆。

杜：在约翰·罗尔斯 (John Rawls) 看来，向弱势群体倾斜的政策是公平正义的，维护公平正义并非不去制定规则，而实际上是运用规则在出现特定情形时矫枉复正。

贝尔：这是在限定边界。在我看来，把伦理道德议题重新引入经济学和哲学，罗尔斯功不可没。这也是他一项重大功绩。这对你的同事而言可能有点难以理解。

杜：不，一点也不难理解。他们对你相当熟悉，因为我尝试过定义你。我认为你这么一说，倒是可以把你定义为政治上的左派。

贝尔：并非如此。我之所以自认是经济学方面的社会主义者，是因为我认为人们必须拥有必要的资源，才能在所处社会中发挥其公民作用。

杜：那么，如何确保公平的分配？

贝尔：或者说我们有安全网络兜底，保证公平分配和最基本的分配。

杜：这是经济学术语？

贝尔：是经济学术语，出自亚里士多德的理论。亚里士多德的《政治学》中有言道："若某人既不是城邦的一员，又不从属于某个社区，那么他要么是走兽，要么是神明。"

杜：一只拥有政治属性的动物。

贝尔：是的，需要给予他们资源，这样他们才能有尊严地发挥社会作用。所以说我是经济学方面的社会主义者，坚信社会资源应该用于社会进步。人们自己决定支配剩余资金。不少人有自己最低基本资源需求，有人用来旅行，有人用来建房子等。

霍布斯（Hobbes）认为，当资源匮乏、不够分配时，人们便开始互相争夺。匮乏经常是指商品数量上的不足，恩格斯和马克思用匮乏现象来解释不同阶级之间的差异。大卫·李嘉图（David Ricardo）对分配性商品（distributional goods）和地位性商品（positional goods）做过界定，在当下具有重要意义。分配性商品可以无限制地创造和使用，有多少资源，就能生产多少分配性商品。需要多少衣服、鞋子，就能取相应的衣料鞋料，制作出所需商品。分配性商品是不会出现匮乏现象的，关键是现在我们能够根据价格（这更像是一个物理学中的技术要素）创造出一切所需资源。二战时，你们国家出现过贩卖地毯、船只和金属锡的企业集团，但是我们国家（美国）就没有。为什么？我们不依赖原材料资源进口，需要什么商品就生产该商品，不惜成本。

分配性商品虽然数量众多，但地位性商品也存在。山顶上或湖畔的豪宅各只有一座，大学里一个系的主任也只有一位。这些地位性商品的属性是地位，而非阶级。分配性商品是阶级产品；地位性商品是地位产品。谁是组织里的一把手？谁最先能使用材料？现代社会中，有一个现象愈发凸显：我们已经解决了分配性商品的问题，却对地位性商品、对何为公平正义了解不足。我们的确认为地位性商品应与绩效挂钩。某个系的主任之所以任此高位，是因为他学术做得最好。此种任人之举，是由绩效决定的。然而现实情况并非一以贯之，因为权力参杂其中，发挥作用。人们因谋求权力而组织在一起，也会为此改变绩效考核系统。

杜：关于分配性商品，有个"限定条件"之说。你区分了产能超胜（incredible capacity）或产能过剩（overcapacity）与石油这类稀缺资源的区别。

贝尔：石油并不稀缺。

杜：好吧，那水呢？

贝尔：水也并不稀缺！纯水匮乏，所以污染的问题总是要应对的。这个问题涉及许多技术问题，我在此不想深谈。我们可以认为，这些资源是相对匮乏（relative scarcities），而非绝对匮乏（absolute scarcities）。

杜：你是否认为环保主义者可能夸大了他们的主张？

贝尔：不，他们根本没有夸大自己的主张！当然，资源利用的方式决定产生的后果。如果过度砍伐，没有进行情景式的秩序控制（situational control of order），就会引发相应后果，而我认为这些后果是可控的。我们正着手解决地位性商品的问题。依靠的是社会地位获得地位性商品是不平等的，是腐败现象。

杜：你强调言论自由和人权榜样的重要性。

贝尔：是的，我们视人权为基本权利，现在我想谈谈那些如今被人们认为理所当然的权利。回顾过去 50 年或者 75 年，人类社会，特别是西方社会发生了惊人的变化。奴隶被视为剥削对象的奴隶制度（the institution of slavery）延续了 2000 年，现在任何人都不能再剥削他们了。奴隶制的确曾在历史上存在过，不仅希腊人和罗马人蓄养奴隶，其他人群也蓄养过。直到近几百年，奴隶制才被视为违背道德，才不为世人接受。

在我看来，如今的社会变革源于以下两个相互影响的因素：一是文化为社会变革提供了土壤；二是制度化为之建立起根基。以女性的角色为例，"女性平等"的理念仅在 150 年前逐渐被重视。75 年前，女性在许多社会争取到了投票权，但多数工作是由男性主导的工业性工作（industrial work），即使宣传了女性享有平等工作权利，实际都难以兑现。美国 50 至 75 年前的劳动力统计数据显示，75% 的工业劳动者都是家里有老婆和两个孩子的男性。为什么今天职场上的女性数量超过了男性？因为现代社会已进入后工业时代，人力资源、教育、医疗、计算机和研究服务等新职业和新行业不断涌现。

就个人而言，我儿子是位于巴尔的摩的约翰霍普金斯大学 18 世纪法国历史教授。他从学校可以拿到 2.5 万美元的研究津贴，用于出差和买书。他的妻子是生物学家，有自己的实验室。因为开展免疫系统研究，她从美国国立卫生研究院申请到 200 万美元的科研费。谈到免疫系统，如果你接受某个器官移植，你肯定会亲身体验政治哲学领域的道理：整个身体将视植入器官为外来入侵者，从而产生排斥反应。多年前由于角膜破裂，幸运的是有人捐献了角膜，我做了手术。因排斥率是 15%，术后两年，我一直服用药物抑制免疫系统。免疫系统持续排斥移植器官，你向它解释："器官移植是为了更健康！"对此，免疫系统根本不能理解，它只能按照被预先设置的程序，坚决抵抗外来入侵者。肝脏移植排斥率为 40%，为维持免疫系统的平衡，受术人需终身服药。如今，移植在现代医学各个领域中都备受重视。我儿媳研究的对象是患糖尿病的老鼠，她养了一批来做实验，希望找出降低免疫系统排斥率的方法。她因此获得 200 万美元研究资金，拥有一间实验室，还招募了 6 名研究人员开展研究。我儿子从事人文研究，获取了 2.5 万美元研究资金。

杜：我认为你已经观察到了知识在后工业社会的重要性。相较于制造业，现在服务业愈发重要，但服务业内部仍存在差异。你提到从事护理等服务业，也包括从事天文学领域工作的女性。事实上你儿媳在大学工作，与前面提到的服务工作完全不同。对此，有人用"象征性权力"（symbolic power）来描述，有人用"文化"来阐释，不知你倾向于哪一个？

贝尔：我不太喜欢这些定义模糊的术语。我来回顾一下我对数据、信息和知识是如何做重要区分的。数据类似对各类新闻和事件的数字统计；信息是分门别类收集的数据；知识不是信息的堆积，而是一种判断力。如果要写一本书，需要创建一个主索引（main index），这就是数据。如果创建了主题索引（subject index），则为信息。我读书的时候，根据目的和分类，在书后做了自己的索引，做此需要判断，故此索引为知识。"现代社会是知识型社会"的说法实际上有点夸张，其实它更像信息社会。知识是在进步，但还没有发展到知识型社会。如果能够区分数据、信息和知识，就能明白个中道理了。

杜：这让我想起和一些印度学者的交往经历。之前去印度访学的时候，我们打算举办一场名为"知识与智慧——中国视角与印度视角比较"的研讨会。你刚才区分了数据、信息和知识，如果说知识为判断力，那该如何界定智慧？

贝尔：非常好的问题。智慧是经验感知，可用于回顾人类历史来确定历史经验的价值。智慧是对历史经验的判断。

杜：智慧包含某种自我反思（self-reflexivity）。

贝尔：是自我反思，也是历史经验。如果不了解历史经验，则无法理解判断的本质。我在教书的时候，我的学生们总显得比我聪明，他们的数学的确比我厉害，我常常给他们讲这个笑话：有个人找到犹太教拉比问："您是位智者……您是如何变得如此智慧的？"拉比回答说，"如何变得智慧？有经验就有智慧了。""拉比啊，我认识许多有经验的

75

人,可他们依然缺乏智慧。""你说的没错。要拥有智慧,你不仅需要经验和良好的判断力,还需要有失败的经历。"因此,经历失败并深知其因是智慧产生之基础。

杜:汉语中有一个词被称为"体",这个词也可用作动词。"体"指"身体",也有"体会"之意。"体会"是不能简单地通过认知反思来了解未知的一种方法。譬如钢琴家擅长演奏钢琴,钢琴就延伸为他身体的一部分。通常,在理论思维中,特别在希腊的传统中,我们崇尚对事物之理性思考,而误认为实践或行动可能并非理论反思的最高形式。如果你知道怎么骑自行车,那就直接骑。相反,如果你知道自行车的机械原理,你只能算是某种理论家或某类机械工程师。然而,在希腊、犹太、印度或儒家传统中,有一种知识,除非你亲身经历和体会,否则你无法将其提炼为复杂的理论。

贝尔:这让我又想起一个故事——我经常穿插讲故事。一个年轻人被带入以色列海军。军人们问:"你知道怎么游泳吗?"他回答说,"我懂游泳理论。"游泳犹如骑自行车。刚才你用钢琴家的手指来指代钢琴家,可是应该如何区分钢琴家的良莠呢?优秀的钢琴家不仅靠直觉感知来调节音乐的高低起伏,而且靠直觉感知某种表达是否到位。好或坏总有个判断。什么作品可被称作好作品?你可以带一只猴子,让它胡乱涂抹,它不知道自己为何这样做,而优秀的画家深谙为何要变化线条的粗细等绘画技巧。根据希腊哲学,我们称上述故事的核心思想为"形式的实现"(realization of form)。凡是有一定品质的事物均拥有美的形式,即形式的实现。

"形式的实现"可追溯到原本是生物学家的亚里士多德。橡子成长为橡树,他说:"这就是形式的实现。"以现代西方社会的观念,黑格尔会说:"不,这不仅是形式的实现,还是历史的实现。"政权交替,往复不止,历史的实现代表形式完整(completeness of form)。此说法也许有点机械,不幸的是长期以来许多国家过于理想化,打着历史的幌子杀害民众。当然,此类事情的发生涉及多方因素,包括体会 (embodiment) 和它的形式表现 (embodiment in form)。

杜: 这种体会的形式表现有什么理论意义?请让我回顾一下我与日本学者源了圆 (Minamoto Ryoen) 先生[①] 的对话,他是京都学派西谷启治 (Nishitani Keiji) 的学生。他们都曾受禅宗和德国理想主义的影响,但前者是日本最理性的思想家之一。他说希腊哲学对理论 (theoria)、冥想 (the contemplative mode of thinking) 和实践 (praxis) 做了区分。哲学家善于思考和反思。理论知识 (theoretical knowledge) 和实践知识 (practical knowledge) 之间确有差异。然而他认为,所有知识形式,包括"形式的实现",都是实践知识。他想论证在精神传统中,具有认识论意义的认知形式可能是以某种实践为基础的,这有别于那位犹太教拉比所阐述的智慧。智慧不只是要经历挫折,而且要在逐渐变老的过程中体会人生,这就是生命的智慧。据此,你是怎样推理出一个复杂的理论,或者反过来说,将此经历作为呈现某种理论的基础的呢?

贝尔: 我不完全认同你所做的区分。这是个软区分 (soft distinction)。即使用冥想的方式看它,也需要将之表达出来,告诉大家,让大家明白,而不是让大家随意理解。理解需要相同的基础背景,而表现性的概念 (the notion of expressiveness) 可做到此。我偏爱美国哲学家约翰·杜威 (John Dewey) 的思维模式,他出版了一本名叫《艺术即经验》(Art as Experience) 的好书。杜威认为,英语单词至少有一个前缀让人能够理解知识。这个前缀就是"re-"("重新、又一次、再次"之意),相关的动词有:重新设计、重新排序、重新准许、重新创造。你不能原封不动地接受某事,而是再做一次,在再做的过程中改变它,赋予它新的形式。当人们重新创造、重新排序、重新设计时,其实是在创造知识。

---

① 源了圆 (1920—2020),熊本县人,日本历史学者,近代思想史专家。

对杜威而言，这就是理论的衔接，是对原始事物和新生事物关系的判断。我不懂如何把这种方法翻译成中文，但这确实是一种教学生们如何思考的良方。不能老想事物原本的模样，反而要去思考对原来的该如何重新排序和设计？对一位艺术家说："这就是现在的设计，你计划如何在此基础上再设计呢？"再设计就是不同的创作形式。

杜：哲学界的同事通常不说"我们研究哲学"，却说"我们做哲学。"这就有"重新组织"的意思了。我们不仅继承前辈的哲学智慧，还力图靠自己做哲学。我当然明白，艺术和文学具有表现（expressiveness）的本质，可是希拉里·普特南向我介绍了法国学者皮埃尔·阿多（Pierre Hadot）和其著作《作为生活方式的哲学：从苏格拉底到福柯（Foucault）的灵性修炼》。阿多在书中说，福柯压根不懂何为灵性修炼（spiritual exercise）。在儒家传统中，灵性修炼和"修身养性"（self-cultivation）有关，不仅具有美学意义，还带有强烈的道德观念色彩。甚至也可以这样理解，修身养性"符合宗教道德要求"（ethically religious）。

形式的表达是有限的，根据古希腊词汇解读，形式表达也是某种自我认知（self-knowledge）。此认知富有认识论意义，也是实现自我转变的途径。"认识"（know）不指深思某事物，或获得知识；而是指有所行动，实现自我转变。我认为认识是一种变革性行为，与对智慧问题的全部探讨相关。没有体知（embodied knowledge），就无法获得智慧。甚至连拉比的观点都暗示经验的重要性，然而此经验并非普通意义上的经验，而是具有深刻伦理和宗教内涵的经验。问题是这些内涵指什么呢？换言之，理论有一定形式吗？我赞同你的观点：沉思本身需要被表达出来，也需要让大家理解。在什么情况下，对经验的理解在你的理论思考中才变得至关重要呢？你可能无需理解经验是什么，就能研究自然科学，甚至还有社会科学；但是在人文学科中，我不知是否该做这样的界定。

贝尔：这让我回想起我与希拉里·帕特南（Hillary Putnam）在研讨会上对事物区分的讨论。事物可分为构成性（constitutive）和构建性（constructed）。构成性或多或少是固定的，而构建性则会因目的或用途而变化。在人文学科、哲学和伦理学领域，基本问题是"你的目的是什么？"在自然科学领域，永远不会问"为什么"而会问"怎么做？"而在人文和社会科学领域常常要问"为什么？"这在希腊语中被称为"贞下起元"（archetelos）"从开始到结束"，这是形式上的实现。

杜：例如，在经典儒家思想中有一个关于人性的重要观点，如果用构成性和构建性来区分，人性肯定属于前者。然而，也有人认为你需要改变自己的本性，从某种意义上说，这就如同自我发现。有些东西是固有的，但通过自我实现和实践，你试图去理解和表达它，继而变为你实现自我认知的终极目标。诚然，自我认知是通过对你天生的内在禀赋的理解而获得的，对人本性的认知没有考虑外部因素。虽然外部因素有影响，但这种自我认知或自我实现是以固有的特性为前提的，可以通过内化来实现。

贝尔：这个说法在一定程度上是对的，但却忽略了另一个非常重要的方面，即人的社会性。没有一个人是独立存在的。

杜：我完全同意。

贝尔：这就是人的社会向度。杜威（Dewey）和一些社会学家，库利夫人（Madam Cooley）等人对儿童习得自我认知的方式做了对比。"我（主格 I）"和"我（宾格 me）"之间的对比。他们认为，"我（宾格）"是第一位的，先于"我（主格）"。为什么呢？因为孩子会说，"你为什么要这样对我（宾格）？""我（主格）"回应。所以"我（主格）"变成了次要的，但仍是社会环境的一部分。社会环境无处不在，这样看来儿童的成长环境至关重要。一个孩子可能成为一个富有创造力的人，也可能成为一个机械呆板的人。因此，这又回到了教育的本质，关键的一点是要保持批判性思维并认可万事的双重性。

杜: 我觉得理查德·罗蒂 (Richard Rorty) 的对比是不对的, 他说:"你必须在自我实现和社会服务之间作出选择。"他自称是后现代反讽家或反讽后现代主义者。他认为为实现自我个人需尽全力放弃社交。我想彼得·伯格也有同样的想法。个性化, 即自我发现、个体发现和个体解放是后现代文明的一个标志, 给予我们在社会中更多的选择。这可能导致你所担心的人们过分注重个人情绪或感觉从而忽视了现有社会架构的现象出现。

贝尔: 我仍然保留我的看法, 世上不可能存在十亿个单独无关联的个体。乔治·赫伯特·米德 (George Herbert Mead) 说:"我们都有相同的生理需求如吃饭和排泄等, 但我们之间也有诸多不同。"就共性和个性而言, 在现实生活中我们有三个发现: 一是众人都有共性的一面; 二是每一个人都会与某一个群体有共性 (如中国人、犹太人、天主教徒); 三是, 就个体而言, 个人都与众不同, 独一无二。罗蒂 (Rorty) 和伯格认为个人可成为独立完整单位, 我认为这不可能。如果从个体性、社会性和生物性三个维度来分析,"那么这三个维度分别在每一个个体身上占多大比例呢?"

杜: 你在《资本主义的文化矛盾》一书中对于"文化"一词情有独钟。根据韦伯 (Weber) 关于延迟满足的概念、职业道德和自我控制意识的观点, 你发现了文化和社会结构之间的分歧。肯尼斯·加尔布雷斯 (Kenneth Galbraith) 的富裕理论认为, 在资本主义社会, 人文文化倾向和社会结构之间存在裂痕, 当裂痕扩大时, 社会矛盾也会随之加剧。

贝尔: 从历史上看, 我所了解的所有社会里文化与传统总是捆绑在一起的。你首先会向传统发问: 我来自哪里, 我的传统是什么, 我的前辈如何形成他们的美学、政治体系等? 因此, 传统是文化传播的第一步。在现代社会中, 传统开始瓦解; 拥有不同文化背景的人们相撞, 争吵与否自己决定。问题是不同文化在相互碰撞过程中的相互"借鉴 (borrowing)"缺乏原则性。例如, 我是收藏版画的, 在现代西方版画界,像惠斯勒、马奈和莫奈这样的艺术家都研究过日本版画,他们发现与其使用模特或透视法,不如借助色彩来描绘事物,他们知道为什么要借鉴日本版画。当流行文化出现时,人们会认为它是基于某种原则对传统的借鉴吗?答案显然是否定的。因为流行文化真实存在,并备受推崇;众多名流引领,你也紧跟效仿。后现代主义认为凡存在万物皆可被借鉴效仿,凡新事物皆优于旧事物。此说法时对时错,需要明白其中的道理。

杜:我想这涉及如何定义自我的第三个因素,你是如何做文化保守派的?你如何看待个人传统和自我认可的合理性,对随意借鉴模仿的担忧,对传统的不尊重和满足感官与欲望的享乐主义?

贝尔:是否推动事物向好发展是我一直试图提倡的文化基础功能。文化孰优孰劣?如何判断?这又追溯到了历史、传统、表现形式和判断的本质。很多现代艺术作品都可以追溯到艺术家马塞尔·杜尚(Marcel Duchamp)。杜尚让人想起万物皆为艺术品的批判性理论。杜尚有次举着一个小便池说:"这是艺术品。"现场观众惊叹不已!后来,有人真的复制了五个小便池,计划卖给收藏家。看来有无市场比事物本身更重要。

(翻译:任惠莲 曹朋 马苓兮 校对:王建宝)

世界精神的未来方向

——对话雷蒙·潘尼卡

雷蒙·潘尼卡(Raimon Pannikar, 1918—2010),曾任马德里大学哲学教授,现为加州大学圣塔芭芭拉分校宗教学教授,作为宗教间对话的杰出开创者享有世界声望。著有《印度教中未知的耶稣:走向一个圣灵复活的大联合》《天神人的经验:新兴的宗教良知》《文化裁军:和平之道》等40余部。

对话日期:2004 年 7 月 3 日

杜维明（以下简称"杜"）：您一直处在思考世界精神和未来方向之问题的最前沿。我认为您比任何其他人都更具有启示性。请问，当物来临，心如何因应？

雷蒙·潘尼卡（以下简称"潘尼卡"）：正确之规是多元化而不是全球化。如果将全球化理解为催化作用……

杜：是的，世界的联合。

潘尼卡：拥抱整体。但是，拥抱整体意味着我将整体缩小到我自己的细小而微的门类，而这是一个问题意识。质言之，我想指出的是，宗教需要转化。

杜：每一个宗教吗？

潘尼卡：概莫能外。实际上，在过去的五千年，宗教要么是地方的，要么是文化自限的。

杜：对。

潘尼卡：如果没有希腊遗产，你就不能够理解基督教。如果没有印度人的思维之道，你就不可能理解印度教，也许只能理解为滑稽的漫画。我们现在所需要的是宗教转化，但是不是宗教的混乱，也不是宗教的毁灭。在此，"精神性"是一个象征。考虑其在三重人类学中的角色，此身为我所有，而不为你所有。如果我身受苦，你会同情，但你本身并不受苦。在灵魂中，我们由于彼此共同认可的某种东西而融为一体，此乃智识世界，通过我们的心理活动，我们融为一体。但是精神是犹太传统的第三个元素，在基督教传统、印度传统中亦如是。确有其物,萦绕或者环绕我们所有人。这是我们的精神层面的理解。英语词汇允许我以拆字游戏来明确表达此意。理解（understanding）者,乃是你在"解"你所理解之事后所得之"理"也（stand under）①。你不理解之事,你未得其"理"（spell）。你领悟此事,然后致知此事。我想今日之世界精神尚处在如此之窘境:一方面是不破坏宗教,而是以某种发现来超越宗教;另一方面,不是以共同的基础,不是以共识……

杜:不是最低限度共识。

潘尼卡:……不是最低限度的共识。您提到在地方性中能够发现普遍性。如果在地方性中挖掘很深的话,将发现一些超出你控制的东西,但是你感觉到这些东西与你是一致的。我越成为一个深刻的天主教徒,对无神论者或者中国人或者任何人的理解都会变得更加深刻。这是对新旧交替世界的挑战。"世界"一词是矛盾的。此乃整个世界的精神性吗? 不是。

杜:由于跨宗教之交流,情况会变得更加复杂,我感觉我们也许可以用"第二轴心时代"这个术语。

潘尼卡:绝对如此。

杜:而且,我想在儒家传统里面,特别是在孟子的思想中,有掘井及泉之说。如果挖掘得足够深,就会挖到泉眼,泉水就会流出。同时,对自我理解、自我知识挖掘得越深刻,就越有全球意义,即便这是高度地方性的。

潘尼卡:取决于我挖掘得足够深,以此来理解你的灵魂。

杜:让我着迷的是身、心、灵、神之间的关系。一方面,那是一个超越的视野,是您把身提升到灵,再到神的位置。但是,更加复杂的进路是——对应于您使用的"神域萦绕"（encompassing in the spiritual realm）这个词——我想用一个在现代已广为人知的一个词:"体知",

---

① Understanding is to "stand under" the spell of the things you understand.

来豁显此意。

潘尼卡: 体知, 是啊。

杜: 问题是对身体的不同理解。身体不是被给予的, 身体是一个"礼器"(attainment)。我们不拥有我们的身体, 而是成为我们的身体。

潘尼卡: 是的, 当然。

杜: 在这种意义下, 查尔斯·隆恩提到质料之神性。这就是中国"气"的观念, 将"气"作为一种"生命能量": 既是物质的也是精神的。因此, 我想您也许同意, 笛卡尔的二分法必须超越。

潘尼卡: 当然。我就此写了一两本书, 比如《宇宙神人的经验》。"宇宙神人"的直觉由三部分组成: "宇宙""神""人类"。"宇宙神人"是"三位一体"的。我是宇宙, 我是神(神圣), 而且我是"人类"。这里的"人类"意味着人不仅仅是理性的动物, 而是更有它意。我创造的词是"宇宙神人"。"宇宙""神""人类"是现实的三个维度。所以说神不是置身世外的, 如果这样就太简单了。那样的神不存在。基督教"三位一体"的观念是, 上帝不是一个实体。如果上帝是一个实体, 就会存在三个上帝。基督教从不允许这个。

杜: 与实体对应的是什么? 是过程, 是转化吗?

潘尼卡: 是关系。

杜: 关系性, 关系。

潘尼卡: 以非常正统的基督教的方式来说吧, 父亲仅仅当他在行"为父之道"的时候才是父亲。没有了这个父亲, 或者为父的父亲, 那就是一切皆空, 这是绝对地"空"; 它根本不存在; 它不是一个物质。儿子仅仅当其生为人子的时候才是儿子, 在生为人子之前就不是儿子。我们已经失去了对这种关系思考。我想对中国传统而言, 这些都很重要。希腊传统中讲和谐。这不仅仅是智性的, 在智力层面你不能在同一时间表达两件事情。这也不仅仅是非此即彼的选择, 在这种情况下, 先有了这个, 再有了那个, 然后你看到了关系。不是这样的, 和谐意味着两个在一起，但是二者在一起不是智力层面的。你必须发掘另一个事情，你的心灵、你感知到的情绪、你感知到的美，都涵摄为一体，而不是被分割为一面和另外一面。这也是为什么我支持宗教之和谐，但是不支持宗教之统一。我对于"全球化"一词唯一感到不圆融的是我们趋向于同质化。你我都不赞同这一点。

杜：有一段时期，现代化被设想成同质化，或者趋同，但是，我认为多元主义超越了排外主义的同时没有陷入包容主义。我们承认多元主义，这种多元主义不仅仅是关心他者或者尊重他者，而是考虑到他者之存在是作为我之自我理解的构成部分。显然，您对三种宗教采取"三位一体"的视野，对吗？

潘尼卡："三位一体"不是一神教。那是犹太人的词汇。他们不会愚蠢或者不智到谴责耶稣。他确实宣称在基督教没有上帝。这也是为什么第一批基督徒被认为是无神论者。

杜：当您说这不是一神教的时候，是说……

潘尼卡：就是不存在唯一神。

杜：在这种特定的意义上中，基督学，或者"三位一体"，可以理解为是三个互相关联的宗教的观念。

潘尼卡：甚至连三个都不是。

杜：也许更多？

潘尼卡：不，在它们将事物合为一体的能力上，作为一个可理解的单体，三者是一体的，而不是一个在前，另一个在后，反之亦然。为此，你需要开放，克服你的理性，向那些精神开放。这就是为什么现代性中最大的隔膜是爱与知识的对立。没有爱的知识是割裂的。没有知识的爱是空洞的记忆。这二者是在一起的，但是，这不是一个合成的过程。

杜：是本原。

潘尼卡：正是。

杜：您也特别提到，对于这同样的原初统一，主要的宗教传统可能会有不同的感知或者不同的观点。

潘尼卡：正是。

杜：您也提到印度教或者基督教以及其他传统能够在这一原初的语境中被确实地理解。

潘尼卡：是，但不是理性感知的理解。这是一个自己的观点被丰富的过程，在这个过程中我分享你的见解。在此，语言再一次帮助我们。如果我看到一物，我见此而你见彼。但是我能听到你所说之物，这是眼未见到的，这是你在自我和谐中（被我）听到，即便我不理解。你看，我不能说，"我理解那个你不理解我的你"。但是你能说，"我意识到你不理解我"。不是我理解到你是错的，而是我理解到你不理解我。我不是非理性的，但是我试图看到理性不是人类最终的情况。我们被不只是理性的东西所驱动。虽然理性拥有否决权。

杜：我认为是一种同情之共鸣。

潘尼卡：是的。

杜：我想维纳·雅格已经做过希腊模式与犹太模式之区分，前者非常视觉化，后者非常听觉化。上帝从来不会将自身显露为目所能见的，而是表现为一种所说之声或者可闻之籁。因此，倾听的艺术在某种意义上更加深刻。

潘尼卡：更为深刻。我不认识中文，但是日本字对应于"听"是Kiku 聞く。我不是这方面的专家，但有的专家说，Kiku 这个词，能够被写成三个表意文字：听、视和心。

杜：中国字"聖"也很有启发意义，包含了耳、口，因此是非常听觉化的。而且，孔子说："四十而不惑；五十而知天命；六十而耳顺。"这意味着，他变得对外来的声籁颇能包容而不做判断，只是包容地让这些声籁进入。

潘尼卡：从而充实我。

杜：是的，来充实我。我想在此情形下，也许理性与听、与视存在感通。

潘尼卡：就像"清楚"（evident）这个词，来自拉丁语"看"（videre）。

杜：是的，通过听觉，这是一种同情的共鸣，这种共鸣与恻隐之心的观念是相关的。

潘尼卡：使徒保罗有一句：希腊语是 pistis ex akoes，拉丁语是 fides ex auditu。意思是，"信仰来自于听"。信仰不是来自于视或者学，而是来自于听。如果你听不到内心的声音，你就不是一个信徒。你只是被灌输了信仰，但你不信。

杜：我想在现代，每一个人都被各种声音所淹没，被各种信息所淹没……

潘尼卡：信息不是文德（art）。

杜：听的文德（art）正在被削弱。

潘尼卡：完全如此。

杜：随着面对面的交流，另一个被削弱的事情是长者之智，毕竟，在许多地方传统以及其他传统中，智的传递是口耳相传的。在中国，孩子常常是听命于母亲以如何行事，这是一种垂范教育。许多母亲是文字之盲，却富有文化，这获益于口耳相传的智慧。假如我们回到对世界精神的未来方向的关切，那么你首先拈出的词汇是多元主义，这意味着相当多的宗教传统的共存。

潘尼卡：而不是黑格尔的那种综合。

杜：不是综合。也不能用"融合"这个词。这不是视域的融合。

潘尼卡：不是，这不是视域的融合。这是视域的共享。你有你的视域，而我则分享一点点你的视域。

杜：重叠共识。

潘尼卡：这当然是一种重叠共识。这就是为什么我在信仰（faith）和相信（belief）之间做心灵区分，每一个人都有信仰。人类与所有其他动物的区别是人有信仰。动物有知觉，还有许多其他的东西，但是没有信仰。信仰是即存有即开放，是超越的，是内在的，是神秘的，是一切未知的。于是，由于我们是理性的人，我们就会试图诠释这些事情，此谓相信。相信有许多，信仰则唯一。

杜：照这个意思，信仰是否为所有宗教传统所共享？

潘尼卡：无神论者也有信仰。

杜：不过，那种意义的信仰不是极端他者的信仰？而是一种生活方式的信仰？

潘尼卡：当然，这种信仰是将其自身表现为我如何活着。信仰不是信仰的诠释。我对信仰的诠释和理解是一种相信。相信有很多种，甚至可能互相矛盾。信仰则不然。信仰属于另外一个范畴，不是信仰的对象，仅仅是信仰本身。

杜：您说"不是信仰的对象"，是否认为不存在客体？

潘尼卡：不存在客体，那种是偶像崇拜。

杜：信仰与对话的人的关系是什么？

潘尼卡：对信仰来说，我不能理解我自己，因为我试图理解我们的信仰就会生发"相信"。相信是概念化的，或者是诠释性的，这些都是基于我个人的发现。在英语中，你不能说"信仰"（faith）一词是"相信"（belief），这在语法上是不完善的。那么当我试图理解相信，而不是我的信仰时，我就用相信来形容它。这就是我的信仰。

杜：这是再概念化——通过我自己的概念来理解我的信仰。

潘尼卡：这在哲学意义上，是一种超越性的关系。没有相信，你不可能有信仰，但是，我的相信是我的相信，不是你的相信。在我的相信中，我们共享。我所有的方便法门，我所有的忠告，以及我的神，都告诉我去表达我的相信，但是我不能够表达我的信仰。于是你说"多元主义"。"多元主义"这个词本身就是多元的。不可能有唯一的多元主义。多元主义不是"正义"，不是"宽容"，而是含不尽之意于言外。用我的说法，就是我们对偶然性的认识。我不是绝对的。我甚至与绝对没有直接的联系。绝对的东西压倒了我，然后试图以某种方式对它做出反应。

在此，更多的女性态度（坤道）被纳入讨论。我不会将我的相信绝对化，而是通过你的相信，甚至是通过与你的矛盾对立，来丰富我自己。在这出戏里，我们互相教导。我发现，我所相信的并不是一个完全的东西，虽然对我来说，它有帮助。但我不会把这些强加于你。

杜：接引多元主义的是这种觉悟或者这种认识，那就是，通过相信，会有很多种直接概念化的信仰。不过，看起来信仰更加深刻、更加玄奥。我们永远不能够完全领会信仰。那么，就存在这种在各大宗教传统之间的对话。

潘尼卡：正是。对话是发生在人与人之间的，而不是在思想与思想之间的。我听到你，我努力向你学习，我努力说你是错的，但是你还是你，"你"不可能是错的。在这种情态中，我们彼此恳切地交流，这比智识的交锋，要深刻许多。

杜：这种个人的交流，以此来理解对话的对话，能够扩展到文明之间对话的层面吗？

潘尼卡：能。

杜：我的感觉是，这种发生在个人层面的对话，以及区域性的文明对话每天都在进行。因此，我们可以考虑未来的方向，我们可以在一个多元主义的世界里思考对话，希望真正的对话不仅是宽容，而且包括承认、相互学习和合作等。

潘尼卡：富哉斯言！

杜：存在一个很大的问题是对秩序的歌颂。在许多宗教传统中，一方面由于精神，另一方面由于对于认同的强烈感受，人们总想说："我乐我教之祥福，我要与你分享之。"这种分享之冲动关联着一种感情，有时候是暗含的，有时候是显明的，就是我所拥有的是如此独一无二，我想与你分享此大道，至少在表面上，有的人未能参赞此道。

潘尼卡：有一句西班牙谚语说："hay amores que matan"（有杀人的爱）。一个母爱炽热的妈妈会闷死她的孩子们。

杜：还是不一样的，这不是杀人的爱，而是一种真诚的关切。他们是热情的，但是有时候他们损毁了我对我所相信之欣赏，损毁了我的概念。

潘尼卡：我喜欢你与我分享，但是不要强加于我。

杜：多元主义不是相对主义。

潘尼卡：绝对不是。这是关系性的。我称之为相关的，而不是相对主义。

杜：区别是什么？

潘尼卡：相对主义是一种价值。相关性是……

杜：不加评判。

潘尼卡：……不加评判，这又是自相矛盾的。相关性就是意识到我说的任何话都和我的语境有关，有一个第三者作为我解经的钥匙。阐释学要认识文本，不管是什么文本，都要有第三个要素。没有语境，你就不能知道文本。你要到大学去研究语境的方方面面。但是这个第三要素正在消亡。它是前文本的（pretext）。什么是前文本？就是那种引导你去说出你自己所说的东西。

杜：前文本，这也是一种先见吗？

潘尼卡：不。前文本是进入到另外一个层面的见解。

杜：依据语境？

潘尼卡：是的，依据语境。我必须认识你。你的前文本是你本人的一部分，或好或坏，或者其他。为了理解前文本，我必须认识你这个人本身，而非将你视作一个观念机器。

杜：您用到了"前文本"这个术语，然而"前文本"通常给人的感觉是"在文本之前"。

潘尼卡：不是。那是"文本之先"（pre-text）。预存（pretention）比

这个更加拉丁化。"前文本"是指将要成为意图的东西，但是我又假装这个意图不存在。这或许是"对文本的先入为主"的真正意思吧。这是拉丁词汇"praetextum"之扩展，不是"在文本之前"，而是"我的意图"。

杜：要去发现，去出入文本化的情境，去更好地理解……

潘尼卡："前文本"是非常心理化的。当且仅当我知道你的倾向的时候我才能懂"前文本"。为了理解你的倾向，我必须认识你，而不是你所说的东西。

杜：我一直在想一种对话关系是如何牵涉到两个人的。首先，有彼此承认，这意味着有承认某人的能力，但是通过尊重和互相学习，产生了彼此的互惠互利。我不能够理解你，如果你不想被理解。

潘尼卡：当然。

杜：除此别无他途。

潘尼卡：别无他途。

杜：在此有一个双向沟通。申言之，双向沟通不仅仅是在习惯层面，甚至不仅仅是在相信的层面，而是在互动的层面，在彼此分享的……

潘尼卡：智识的层面。

杜：是。但是我想智识的理解也是这种体之于身的经验的理解。我想我们如果用这种（体知）作为一种思维路径……通常，我们所做的是从具体中进行抽象，然后审视无形的或者抽象的一般概念，以至于我们变得对此如此着迷，欲罢不能。

潘尼卡：我不懂中文，但是在我所知的语言当中，英文有"thinking"（思），拉丁语中有"pensare"。意思是"在爱之外格物，以使该物必得正位"。此之谓"去思"（to think），（去思）以格该理（idea）如何得其正位。

杜：因此，思中蕴含着相当具有创造性的行动。

潘尼卡：正是。

杜：一种创造性的行动。有一件事一直困扰着我，我也经常思考你的这一想法在表面上与其他基督教的观念有多大的不同，就是关于人的概念，参照中国的"天"字，"天"是无所不在、无所不知的，但不是无所不能的。

潘尼卡："omipotent"是错误的翻译。在天主教的信条中，是"omniapotens"，而在希腊传统中是 pantokratopa。指的是一种不能为所欲为，但却拥有巨大力量的国王或君主，krato。他的力量是压倒性的。《新约》被翻译成拉丁文时，用的词是"omnia potens"。但这并不意味着他可以为所欲为，他不是万能的。

杜：这是对伙伴关系的一种建设性意见，是一种共同的努力。有这样一种观念，人是本真的感通，来自创造，来自世界，这种本真的感通又通向特定的内在目标。

潘尼卡：因为我是其中的一部分，因为我不是一个外来的存在。

杜：您的意思是安于此而以此为家。有一位卓越的儒家学者叫张载，他说："乾称父，坤称母；予兹藐焉，乃混然中处。"这种觉察与存在主义传统是如此之不同，比如海德格尔的观念是，"把我抛进这个世界"。而萨特的观念则是，"把我抛进这个民族"。二者对人的态度完全不同。我用的词是"天人观"，但是我想这缺失的部分是……

潘尼卡：……神 (theo)。宇宙神人观。

杜：那么，这个"神"(theo)，由于无神论者……

潘尼卡：当然。今天，从社会学角度来说，最强大的宗教是无神论，因为大部分它的所谓信徒已经创造了他们的"上帝"，并且成为一个偶像：一个上帝不存在的金身偶像。当然，基督、关于耶稣的基督教直觉，是祂被审判，以至于注定受难，因为……

杜：在这种多元主义的特定的感知当中，通过对话的对话，通过神学宇宙学和人类基督学的融合，就借用您的术语定义吧，世界精神的未来方向将不是合成的，而是持续的对话，是如如展开的。

潘尼卡：这是一种展开，但是在此展开的过程中，如果没有你，如果没有未知，如果没有他者，那么我就是不完整的。您知道在拉丁语中有两个词对应"他者"（other），然而在英语和其他欧洲地方语言当中这二者是混淆的。"他者"可以是"alius"（异类），表示另外一个、外国人、外、陌生的、陌生人等意思。或者"他者"也意味着"alter"（化身），比如"altera pars"所表述的那样，是我的另外一边。"alter"是另外一边，我对此不知，却是我的另外一部分。

杜：我需要对我的存在维度予以激发，这个维度是难以捉摸的，但是至少是为了我自身的自我反省和自我实现，我也需要这样做。我需要他者的存在。

潘尼卡：没有彼在，就无此在；至内无外，至外无内。

杜：他者是被创造的世界还是人呢？

潘尼卡：我不相信"创造"（creation）。

杜：您不信？

潘尼卡：我相信"三位一体"，但是……

杜：……创造，是指造物如"无中生有"（ex nihilo）？

潘尼卡：不是。那是邪恶的，是历史性的偏见，因为"无中生有"（ex nihilo）是从与柏拉图的对话中出来的。柏拉图相信造物主（demiourgos, Deminurge）从初级物质中创造了这个世界，以疏解创造之问题，而造物主从无到有（ex nihilo），出自于无。但是"从无到有"（ex nihilo）不是无的意思，不是出自于无。这就是为什么，根据基督教，《创世纪 1：1》不得不以《约翰福音 1：3》来完备之。"万物藉祂而存有。""发动之"（ingenito），涵摄之，存有之。这就是为什么"创造者"不是上帝的注脚。上帝是具有内在的创造性的，如果我们试图使上帝实体化。

杜：那么创造力……

潘尼卡：……是这个宇宙在徐徐展开之中的共享。

杜：这种分享的感觉，如果不能说是大相径庭，也是与那种整全的自我满足的感觉是绝对不一样。

潘尼卡：完全如是。

杜：所以，如果有人说其是整全的自我满足的，那么分享，以及他者的存在，还有他者对于自我理解之重要性如何可行呢？

潘尼卡：因为按照"异类"（alius）的语境，他者就是那个他者，但是按照"化身"（alter）的语境，他者是己之另一面。己非己，他非他。我们彼此拥有而成一体。极端的联合不是联合，而是和谐，"我"和"你"。"你"不是他者。甚至语言也不是这个他或者那个她。这个他或者那个她可以是他者，但是"你"既不是你也不是他或者她，而是爱之奥秘的一部分。

杜：您不使用之间（between）这个词。

潘尼卡：是的。洛克有云："天国是 entos。"更加由显入密的神学说，"天国在你内"。新一点的自由派神学说，"天国在你中"。二者都不说"天国在你之间"。这或有不同。"之间"意味着她和你之间、我们之间。不是在个体之内，不是社会性的，而是在我们之间。有一个指代"之间"的日文词汇，也许是从中文而来。这个词是什么？

杜：我想不起来了，但是中文用"间"这个字表示关系，意思是空间……

潘尼卡：居于其间。我们创造了"之间"。

杜：另有一事我也觉得颇费周折。这就是万象森然（complexification）。这个词的意思当然是明确的，但是万象森然的意思是彼此之间仍然是互为中心的。

潘尼卡：我的肤浅反应是万象森然过于复杂。它暗含了联合的思想。不，对我来说，关系是原初的。不是说上帝是卣一的，然后在某一个时刻创造了这个世界。上帝，世界，还有人，都是同时存在并展开的。

杜:所以是伙伴关系的思想。

潘尼卡:是的。伙伴关系。

杜:那么能否在一定意义上将人理解为一个协同创造者？

潘尼卡:作为一个协同创造者，而且圣保罗在传道的时候恰好用过这个特定的词汇。我们是协同创造者。

杜:这个出处是？

潘尼卡:在《罗马书》。

杜:我明白了。此说与我心有戚戚焉。

潘尼卡:我们是协同创造者。这是人之为人的尊严:我们有无限的价值。此处是我对民主的哲学批判。数量是重要的，但是它不是最终具有决定性的。五小于六，但是为什么一个美的事物是与六一起而不是与五一起？我们的思考方式太数量化了，以至于我们把多数想成是一个技术路径，用来决定很多事情，但是这一点价值都没有。数字、数量不是质量，而质量甚至不是某事某物。这也是为什么这种文化的混合将帮助我们克服我们的局限性。

杜:我建议当今每一个代表自己单一传统的宗教领袖必须因应两种不同的情况。一是在自己的信仰团契内部，因为经典和传统是一样的，这样可以使用彼此熟悉的语言;但是另外一种情况需要牵涉到不同的语言，因为面对的是人类生存条件的普遍化的挑战。因此，一个宗教领导人，有时候，必须成为一个关注公共事务的知识分子。

潘尼卡:必须如此。完全是这样。

杜:在您看来，从宇宙论的、神学的和人类学的视野认为人永远不能够在人类学的语境下被完全理解，更不必说人类中心主义的语境。

潘尼卡:永远不能。于此我有颇多自嘲之处。我曾经参与，现在仍然是，帮助了很多人，指出精神方向，而有时候我发现我对第一个来访者说"A"，但是对另外一个说相反的"B"。所说必须为你所受用。我不能够为两个人重复使用一个法。我不能够简单地说:"教条所说如是。"而我在此重复，在彼重复而已。我在此说一法，在彼说完全不一样的法，只为随缘而说。您需要闻此法，而另外一个人需要闻相反之彼法。

杜：这绝对不是一个策略。这才是大道至简，因缘而起，恰到好处。

潘尼卡：是啊，恰到好处。所谓的 proprium，就是为你受用，如人饮水，冷暖自知。在南印度我们叫作"交之以眸"。

杜：妙哉！让我稍稍转变一下话题。你知道吗，你我曾经广泛地讨论过重振对话的可能性，主题是"世界精神——未来之方向"。

潘尼卡：哦？

杜："世界精神——未来之方向"。我们有一个计划，你的积极参与和领导对此非常重要。我们可能会去巴塞罗那。

潘尼卡：如果我还活着。

杜：我认为这大有可为。我们想尽快组织起来，像我们在夏威夷时一样。我们早些时候做过，而且已经持续了很长时间。我想现在是时候做一些事情了。

（翻译：王建宝　校对：吴蕊寒）

第二轴心时代

——对话尤尔特·柯慎士

尤尔特·柯慎士（Ewert Cousins, 1927—2009），福特汉姆大学宗教学教授，联合国全球精神信仰顾问。主要作品有《圣文德：灵魂进入上帝的旅程》《生命之树》《圣方济各的一生》《21世纪的基督》等。

对话时间：2005年2月27日

尤尔特·柯慎士（以下简称"柯慎士"）：您谈到第二轴心时代作为一个可能的讨论焦点。我想从一个地方开始，这会接引到对一次会议的某些回响。

杜维明（以下简称"杜"）：您指的是一系列会议的第一场，还是单独的一场会议？

柯慎士：这是一次终身难忘的会议。感通雍（The Temple of Understanding TOU）① 在加尔各答举办了一系列会议，其中有一场就是托马斯·默顿参加的那次，他提出著名的口号："我们已经合一。"（"We are already one."）感通雍也在美国举办过三到四次会议。一直以来，感通雍的创立者茱莉亚·霍利斯特都想在联合国做点事情。她总是关心他人。她与 C.V. 纳兰西汗先生关系不错，纳兰西汗是（联合国）科特·瓦尔德海姆② 秘书长的办公厅主任。最终，经过长期的探索，纳兰西汗先生告诉她是时候在联合国召开会议了。这在我们讨论的这些事当中是史无前例的，因为联合国是作为一个世俗的组织建立起来的。除了宗教性的非政府组织，联合国在宗教方面与世界人民的联系是付之阙如的。

她的想法是在联合国大会中带来新鲜事物，这正是她所期望的。

---

① The Temple of Understanding，成立于 1960 年，致力于全球宗教间对话和理解的教育机构，兹翻译为"感通雍"。

② 科特·瓦尔德海姆（Kurt Josef Waldheim，1918—2007），奥地利政治家和外交官，联合国第四任秘书长（1972—1981）和奥地利总统（1986—1992）。

筹备情况是这样的。我的朋友让·休斯敦那时候是朱丽特的同事，她请我加入筹备委员会。我们大概有五个人，我分到的任务是与秘书长办公厅联系。我与他的发言人每周会晤一次，并向他报告事情的进展。

亨利·莱文，一个具有伟大的法兰西传统的人，是我交流的对象。他不仅仅是秘书长的公众发言人，而且他也承担了处理全球各地紧急事务的使命。可谓日理万机。得遇这些君子，我与联合国是一见钟情。我想我是一个外交官的转世，因为我乐在其中。我了解到很多联合国的机制。这是背景情况。

就是在这次会议上，代表美利坚合众国的美洲原住民文化的三十位主要代表在第一天就出现了。我被告知有三十位印第安人在此，我们应当如何对待他们？整整一个星期都很紧张，包括美洲原住民和其他请愿者，这都得用不同的方式逐一解决。就是在这样的背景中，我关于第二轴心时代的理解油然而生。

杜：我记得。我参加过其中一次会议。

柯慎士：那是后来召集的一次。

杜：嗯，是的。那是在 20 世纪 80 年代。

柯慎士：那是在 80 年代。我说的这次是在 1975 年。在 20 世纪 80 年代我们开始整理当时的《世界精神计划》。于是我意识到既然我们有这些编辑资源，那么我们可以在联合国再召集一次会议。我记得当您来的时候……

杜：因此他们正在讨论 1975 年的第一次会议……

柯慎士：这是 1975 年，差不多 10 年以前了。但是对我来说，那是我现在拥有的任何思想开始真正形成的时期。想法是在那个时候形成的。我想说的是，这个叙事的一部分是在那个场域开始，然后与我自身的经验结合在一起，与那些美洲原住民一起摩擦出火花，然后这些经历是如何在联合国正在进行的大会中发挥作用的。这讲得通吗？

杜：当然。

柯慎士：不过，告诉我吧，您怎么想的。

杜：这个嘛，我想焦点是第二轴心时代的真正的可能性，至少是想象的可能性。它的意义究竟是什么呢？

柯慎士：是的。好吧，这是第二轴心时代发生之地，这得益于我既要因应土著人民又要处理轴心时代的各大宗教。我正好又浸淫在一个如联合国这样的世俗机构的氛围当中。真乃各种机缘汇合之处。

杜：我为之着迷的是轴心时代的文明，这个观念是由卡尔·雅思贝尔斯发展出来的，很大一部分是出于对希腊传统的反应。当然，他比那个传统要广博得多。另一个中国人特别感兴趣的是马克斯·韦伯带来的问题意识。马克斯·韦伯从理性出发对现代性的定义，与卡尔·雅思贝尔斯关于不同的轴心文明之间的交流和汇流之可能性的观念，至少从表面上看，是相当不同的。但是，马克斯·韦伯变成一个现代性的重要的诠释者，是由于塔尔科特·帕森斯将马克斯·韦伯译介到美国这个道场。（他翻译了《新教伦理与资本主义精神》）这成为理解现代化的一本关键的书。那个被在 20 世纪 60 年代和 20 世纪 70 年代美国大多数人所了解的马克斯·韦伯是塔尔科特·帕森斯翻译过来的马克斯·韦伯，帕森斯本人想将现代性的总体全释公式化。

在 20 世纪 80 年代的 10 年间，有些德国学者，特别是施鲁谢特尔[①]，想通过对马克斯·韦伯作为一个比较学者的身份认同之建立，重新抓住他关于人类文明的概念形式，因为马克斯·韦伯早年做过基督教和犹太教的研究。韦伯也想做伊斯兰的研究，但是他没有机会。他显然对中国做了相当广泛的研究，基本上是关于儒教和道教的。他也对印度教等文明传统的探索非常感兴趣。

换言之，德国学者试图做的工作在他们而言称为去帕森斯化。在

[①] 施鲁谢特尔（Schluchter, 1938—   ），德国海德堡大学韦伯社会学研究中心教授。

某种程度上，韦伯和卡尔·雅思贝尔斯之间存在某种含蓄的对话。我想您定义第二轴心时代的方法，在起始阶段，可以说是深受卡尔·雅思贝尔斯的启发。

柯慎士：确实如此。而且它涉及意识本身。

杜：我想您自己的方法不仅仅是雅思贝尔斯，因为您将其杂糅在很多其他观点之中。

柯慎士：雅思贝尔斯融入我之中的是他所研究的关于他那个时代各主要世界文明结晶的解读。这与我在联合国所做的工作完美吻合，至少我是这样认为的。然而，现在我们已经超越了卡尔·雅思贝尔斯的框架，进入了原住民的研究。这是我的学术路径，部分原因是我已经了解了原住民。我一直对于他们如何融入社会充满了兴趣。另外一个理由是非常实际的。在此我们有来自全世界的人，比如我们就闯入了有100多人在举行日本礼仪的地方。这是如此巨大的教堂，世界上最大的哥特式教堂，所有的都在如如展开。意味深长。我不用赘述细节。

就在第一天，有人说："有一堆印第安人。"这是他们谈论的方式。他们说："您最好过来一下，看看他们，因为他们有诸多关切。"我本人认识他们中的几位，其余大部分人我也知道。我们在美国组织了一个关于土著美洲人口的"奶油中的奶油"项目。他们不仅仅是印第安人的符号，他们的使命任重道远。于是，我作为唯一的策划人，这整个一周会议最主要的关切之一就是起草出一个与本土人民相处的文件，本土人民有一个非常清楚的任务，就是把他们关于这个世界的洞见带入联合国的论坛。

我是唯一一个，或者至少是最主要的一个说"你们不能这样做"的人。我不得不如此说，是因为我正在为此通过亨利·莱文与秘书长办公厅进行了八个月的细致谈判。谁将与印度教交流、谁将与谁交流等等。我们也尽了最大的努力试图找到一个人为中国宗教发声。在那时，我们两个彼此还不认识。如果我认识您就好了……唉，我们当时彼此之间尚没有联系。亨利·莱文偏离了他的路线,但这是不应该发生的。

　　他们(印第安人)还是进入了联合国。这是没有先例的。几乎是在最后时刻,我们不得不让他们离开。我们还有其他的代表。这都是象征性的:印度教一人,佛教一人,诸如此类。于是本土美洲人想参与进来。我是与他们谈判的主要人员,并告诉他们这是不可能的等等。我们让他们出现在舞台之上,也采取了很多措施,他们没有发生骚乱。这是关于整个事件的主要关切,他们看起来乐在其中。

　　事情就是这样展开的。一直萦绕在我心头的是这样一幅画面,人类种群的历史从土著时代,经过伟大的文明,再进入到现代性当中。这就是我当时心中所想吧。这或许能与您共鸣。

　　杜:从根本上来讲,当你回应他们的时候,你已经蓄积了文化的、精神的资源,而不是他们突然为你打开了眼睛,看到另外一个维度。

　　柯慎士:您的意思是土著人。

　　杜:土著人。

　　柯慎士:这就回到我们之前谈到的我在苏族保护区的所作所为了。我已有所了解。这也是为什么我有兴趣邀请他们来。当此事来临,我知道我至少能邀请一位苏族代表,因为我与他们早有联系。我们做了,而且这位代表成了论坛嘉宾。然后在这次会议的第一天,我们有三十五位原住民参与者,其中五位是来自全美的土著美洲人领袖。这很好,我为此高兴不已。然后我们不得不解决大量的外交问题。故事就是这样。

　　我想试图说明的是,让我对本土人民在文化历史中的角色有更深的了解的是美利坚合众国是这种回应的中心,特别是在联合国。就是在那里,我的理解超越了轴心时代。我知道雅思贝尔斯没有研究过土著人民,至少没有深入研究,但是你不得不研究他们,因为他们就在身边。这是我当时的感受。从我自己与他们接触的过程中,我对他们无比崇敬。

　　在那一周,这些事情整合到了一起。就在那时,我产生了自己的第二轴心时代的想法。我的理解是第二轴心时代是轴心时代宗教对其以前的精神传统的返本、觉悟和开新，这些是雅思贝尔斯从未做过的。我也曾想过，当我构想出第二轴心时代这一观念的时候，我也认为土著人民所拥有的智慧正是这个世界非常急需的。这也是那时他们自己对自己的期许。这也是为什么他们来到了联合国，在全国载歌载舞，尽情表演，期待被听到。

总是有一个预言，您也许有所耳闻，就是霍皮人[1]预言。霍皮人是伟大的、充满良知的预言家。有一个霍皮人预言，就是土著美洲人会被邀请进入一个云母建造的房间。他们会给世界带来一个消息。他们一直在努力做到这一点。当他们在 2000 年相遇在联合国的时候，有一场规模很大的会议。您当时也在场。他们迄今仍然有兴趣把消息传递出去。您那天晚上也许就在那里。他们所有的人都聚集在舞台上，来自四面八方，来自北极地区，等等。站出来的是领袖奥伦·里昂（Oren Lyons）。他是易洛魁人[2]。那天晚上在台上肯定有 100—150 个印第安人。

他们有一种把"消息"传递给人类社会的紧迫感。通常情况下，预言都有其困境，因为如果预言不被衡定，那么事情将会每况愈下。这是我理解第二轴心时代的一个主要因素。就是这些人还在世上。我曾经求教于罗伯特·穆勒（Robert Muller），并得到关于这些人的数据。

---

[1]　霍皮人（Hopi），普韦布洛印第安人的最西部居民集团，住在亚利桑那东北部、纳瓦霍（Navajo）居留地中部和多色沙漠（Painted Desert）边缘。霍皮人原名莫基人（Moki 或 Moqui），操属于犹他—阿兹特克语族的肖肖尼语（Shoshoni）。

[2]　易洛魁人（Iroquois），是一群居住于今日美国纽约上州、宾州、俄亥俄州和加拿大魁北克的印第安人，在 16 世纪末，由五大部族莫霍克人、奥奈达人、奥农达加人、瑟内萨人和卡尤加人在纽约地区北部组成联盟，塔斯卡洛拉族人于后来加入成为第六个部族。易洛魁联盟是美国东北部和加拿大东部最强大的原住民势力。

他认为在地球上至少有 3 亿这样的人。他应该有这些数据。而且这些人口在增长。事情就是这样。他们已经度过了黯然消逝的时刻。不仅如此，他们发声了，他们拥有我们没有的智慧、良知和思维方式，以及如如展开的整体生活方式。

我对第二轴心时代的理解是，时光之劫没有严酷到让他们消失。从这一点讲，当全人类都被生态灾难所威胁的时候，确实需要来自人类社群的声音，真正地涉及意识转化的声音。这是我所理解的第二轴心时代的本质所在，良知能够复明觉之性，良知能够以某种方式被觉醒。

我有时候喜欢用这个观念，就是土著人民是先知，是觉他者，正是因为他们拥有这种良知。我早就认为回溯到公元前八百年的轴心文明并没有这种良知（可谓礼崩乐坏）。我真的认为他们没有这个（良知）。我对第二轴心时代的理解是……嗯，我真切地认为就是这种转化的意识，尽管我们对此尚无感觉，但是它内在吾心，若隐若现，而不是全然遮蔽。而且，这个感觉是，如果忧患是如此之大，那么潜在的良知就会豁显，转识成智，一并打开。地球上只有少数人在保任良知，此乃此时此刻为全人类所急需的。

他们经常参加会议，扩散他们的消息（预言）。通过各种不同的方式，他们吸引了一批人进入他们的社群。我在世界各地总能听到这些消息。不管怎样，这是我对第二轴心时代的理解。

杜：从 20 世纪 70 年代直到今天，与其说是受到轴心时代文明的影响，我想如果回顾过去的三百年，还不如说我们是受到其中某一特定的轴心文明的影响，那就是横跨大西洋的那种心智，将人类历史简单地划分为一个从宗教到形而上学再到科学的进程。在科学领域，甚至形而上学也由此背景而纡尊降贵，宗教当然就变得无足轻重，虽然有时候还被认为是一种古旧的思维模式。这种观念很强大，而且大行其道，就是把现代化简化为理性化的观念。理性化的一个独特之处是世俗化。在一个世俗的世界，所有人类经验的其他维度都不重要，除了经济、政治、社会科学等。

我想我们不得不接受这样一个现实，我们正在服务的主要机构，以及与大学和研究院所相关的各种不同的组织，所有这些机构和组织，包括一些对神学贡献颇丰的大学，您所在的福德汉姆大学也不例外，都可以被认为是启蒙理性运动的一部分。

在这样特定的语境中，我知道一些人，他们对文化遗产情有独钟，而不仅仅是简单地以科学和技术为导向的工具理性运动。比如您也认识的米尔恰·伊利亚德[①]。

柯慎士：是的，我认得他，不是很熟。

杜：我想他显然为士林所重，因为他对率性之谓道的人类古典精神推崇备至。我把永恒哲学（perennial philosophy）考虑在内的话，比如……

柯慎士：顺便说一下，理查德·潘恩（Richard Paine）和我去拜访过他，并准备邀请他担任系列丛书原住民卷的编辑。他说他在忙于麦克米兰的一个庞大项目——《宗教百科全书》。他说："不过我向你们推荐恰克·劳曼（Chuck Lawman）。"

杜：他当时在芝加哥大学。

柯慎士：是，他当时在芝加哥。我必须说恰克是一个好的人选，但是在另外一方面，他却不是。我们与恰克有一大堆问题。我本来想先

---

① 米尔恰·伊利亚德（Mircea Eliade, 1907—1986），出生于罗马尼亚首都布加勒斯特的一个军人家庭。1925 年高中毕业，就读于布加勒斯特大学文学和哲学系。1928 年到 1931 年在印度学习印度瑜伽和奥义书，同时刻苦学习梵文，印度的三年经历成为他学术生涯中极其厚重的一笔。伊利亚德在文学创作方面数量颇丰，作为学院派小说家，其学术重心始终在宗教研究上。二战结束后到 1955 年，伊利亚德一直居住在法国巴黎，这一期间他的宗教研究达到了一个顶峰，以法文的形式出版了一系列宗教著作：《神圣的存在：比较宗教的范型》《宇宙和历史》《永恒回归的神话》《瑜伽：不死与自由》以及《萨满教：古老的昏迷术》。这几本著作几乎涵盖了 20 世纪所有宗教研究的重要领域，使他迅速崛起成为一名蜚声国际学术界的宗教史家。

把最初两卷出版了，不说了，这是另外一个与恰克的完整的故事了。

杜：还有雷蒙·潘尼卡。我不清楚您是什么时候第一次见到他的。

柯慎士：我在 1960 年见到他。我们这些年一直有来往。

杜：也许我们也谈论一下他吧。休斯顿·史密斯 (Huston Smith) 怎么样？您认识他吗？

柯慎士：我和他也非常熟。我邀请他参与这个项目，因为我认为他应该在这个项目里面。但是，他不是一个合格的编辑。这很有趣，我想我们的准则太严格了，也很恰当。我有时候说，当他们组织会议的时候，如果他们在街头找到一个印度教的人呢，他们就会把他带进来（与会）。但是我们没有给休斯顿一个参会名额。我请他来参加福特汉姆大学的第一次会议，因为我认为他是一个主要人物。

杜：您自己是否认为自己多少是一个永恒派哲学家？

柯慎士：这个嘛，永恒派人士有一个整体的组织。我不是，在这个意义上我不是。但是我想我接受他们的所作所为。他（史密斯）不符合我们的议程的理由是他是一个"西方人"。我们的编辑必须来自传统。就算他不是很符合议程要求，但是他是一个主要人物。这就是我所想。他是一个杰出的人。任何时候只要有机会我都会请他来并参加会议。

杜：回到您的有关第二轴心时代或者轴心时代的观念之感觉，由于世俗化、理性化，当下的风尚基本上是完全反对这一点的。现在我们提到了几个人，不过您一定要了解还有相当数量的其他的人，您或许可以考虑他们作为您的对话伙伴。

柯慎士：也许有很多人在撰写不同的卷本，但是我不做选择，因为选择权在编辑们手中。这样说是安全的，萨义德·侯赛因·那萨[1] 是

---

[1]　萨义德·侯赛因·那萨 (Seyyed Hossein Nasr)，1933 年出生于伊朗德黑兰，乔治·华盛顿大学"大学教授" (University Professor)，这是美国大学的最高等级的教授。

一个好的例子,因为他显然是一位全球性人物。而且,他在德黑兰建立了那个中心。据我个人浅见,这是一个主要现象。我从未亲往那里,但是时有耳闻。理查德和我找到他来参与《西方精神的经典》伊斯兰卷的工作。

由于他与苏菲派的关系,导致在部分伊斯兰世界他的思想不是完全普遍化的,但是,从另外一方面来讲,他不是很苏菲,这样人们对他就不会太严厉。

我想与那萨共事是可以的,因为我们处理的是精神和苏菲传统,而他们撰写了这部分内容。他的工作相当出色,对伊斯兰文献进行了相应的编撰。我认为他做得若合符节。另外,他是第一位做吉福德讲座的(伊斯兰学者)。

杜:他也许是第一位被纳入当下主流哲学研究序列的非西方的哲学家。

柯慎士:当20世纪90年代末在波士顿举办国际哲学大会的时候,他出现在报纸上。我不清楚您是否记得,大约五个人吧。我想您当时不在?我记不清了。我想不是这样吧。但是那萨当时在,并且那萨代表所有的伊斯兰经典传统和任何其他传统,他站在那里代表一切。任何其他的人都与之完全不同。把他们看作是一些可怜的小人物的人认为自己很伟大,但是他们没有传统。

杜:哦,您指的是哲学家对话环节吧?

柯慎士:是,您记得那次吗?

杜:当然,当然。

柯慎士:不管怎样,那萨是唯一一位代表一种也许在过去200年都没有人思考过的传统。对此他不忧不惧。他一往直前,躬身入局,而且他从传统学派那里得到了大量的支持。传统学派是一件特殊的事情,您知道这个学派的人物,而且,当然,休斯顿·史密斯是其中一员。对这些不同的领域,您能博雅会通之,不过您刚刚提到的这些名字,对于我们世界精神之目标是合适的,因为他们所传之道亦如是。所有这些人都将被纳入其中。

杜:您对世俗精神的感觉是什么?

柯慎士:我们有一卷是关于世俗精神的,而且已经付梓。您是让那萨继续前行的贵人之一。记得我们那次的讨论吧。那萨对于那一卷并不满意,但是理查德和我认为这卷应该保留。我记忆犹新啊。他最终被说服应该有这一卷。是您挽救了这一卷。

杜:您已经听到过土著人民的预言,但是您认为他们是预言家吗?

柯慎士:是,我是这样认为的。我想他们是我们这个时代的预言家,如果您的意思是这样的话。

杜:是的,我想世俗精神的问题是这样的,自从托马斯·库恩提出有关人类历程的观念以来,卡尔·马克思、马克斯·韦伯以及现代主义者,在世俗主义的风尚中,所有这些学者都认为情况是非常不同的。我确信您很清楚,包括我在内,我们的立场本身只能代表少数人的立场,属于少数派。

柯慎士:哦,是啊。完全正确。

杜:德日进①是否是您最重要的启迪源泉之一?

柯慎士:是啊。他是的。我想他打破了这个僵局。这也是我为什么被他迷住的原因之一吧。实际上,当我阅读《人的现象》的时候,那是在 20 世纪 50 年代后期,我就兴趣盎然。我真的为其进化总论等观点而激动并感动。我需要指出的事实是,我最欣赏其为土著美国人和原住民开辟了一个空间。德日进对于土著人民的研究少有人知,只是

---

① 皮埃尔·泰亚尔·德·夏尔丹(法语:Pierre Teilhard de Chardin,1881—1955),汉名德日进,生于法国多姆山省(法语:Puy-de-Dôme),哲学家、神学家、古生物学家、天主教耶稣会神父。德日进在中国工作多年,是中国旧石器时代考古学的开拓者和奠基人之一。

接触他们的遗骸,研究他们的文化,不过时至今日,我对于我建立的这些联系并不感到困惑。我想那是本真的,但当时也还只是直觉的。我没有能力合二为一。

当我现在回顾德日进和我人生中与土著人民之联系,从当年阅读《人的现象》到时至今日,我会说这是一个颠扑不破的洞见。德日进的整个回溯人类意识之根源的过程确实具有向前推进的连续性。我也倾向于认为,人心有能力超越(flow over),或可称之为,一些特殊的认知,就是正如您刚刚描述的世俗化、社会化等等。换而言之,我想人有更向良知而不是向世俗化的趋势。这是我的总体看法。

我被牵涉进良知状态的研究还有一个理由。我不知道我是否与您提及此事。您知道让·休斯敦(Jean Houston)吗?

杜:嗯……

柯慎士:我想她是研究意识的先锋。意识的多个层面被她探究出来了,而我为这个研究提供了一个话题。

杜:一个哪方面的话题呢?

柯慎士:她要探究我正在进入到意识的不同形态。其他人也是。她发现我是一个关于此话题的适合的研究对象。长达15到20年的时间,我都参与到这项研究中。

杜:这是一个精神分析的话题还是……

柯慎士:哦,是的。它涉及现代精神分析学。我建议把弗洛伊德、荣格还有从威廉·詹姆斯到20世纪60年代初期发展起来的超个人心理学放在一起,那时候人们开始与哈佛大学的LSD^①和麻省理工学院进行更多的研究。

---

① LSD (Lysergic acid diethylamido)麦角酸二乙酰胺,是一种致幻剂。

杜：蒂莫西·利里[①]。

柯慎士：是啊。休斯顿·史密斯也参与其中。事实上，我一直认为麻省理工和哈佛的研究是稀奇古怪的。我们正在进入这个研究的另外一面，这是让·休斯敦做过的。她出版了第一本关于这一方面的书——《迷幻体验之不同》，但是后来她放弃使用药物，因为真的不是必须通过用药来做这种研究。实际上，也许最好不要这样做。在任何程度上，我都发现这是很有用的。我想到这是激动人心的。而且，这给我一个感觉，在不同的心理维度，我们真的与很多土著人民产生了共鸣，不仅仅是我自己。实际上，我希望说的是，我热爱现代性，这是一个激动人心的成就，但是我想它还没有触及心理的所有层面。

这就是为什么我倾向于认为，当我们进行如"世界精神系列"这种类型的工作时，如果将这些预言通过现代性的棱镜进行过滤，这不会是正确的，因为有"天地之间比你的哲学梦想更多的事务"，正如《哈姆雷特》所说。我刚刚才对人的领域有所感悟，不仅仅是个人意识的，还是集体意识。我的大部分乐观情绪，以及我感到我自己是一个乐观主义者，真的是与那些能力、那些广博的能力相关联。而且我深感土著人民给我的恩惠，他们已经为我敞开了胸怀。

我确实感觉到在联合国大会的那个时间点，我或许可以做点什么以作为回报之礼物，正如他们给予我的那样。这就是为什么我有强大的动力去给他们合适的位置。不管怎么样，这还只是一个天边蓝图，是我看待这些事情的态度。我想我确实拥抱现代性，但是我不相信现代性的某些形式，以及这些形式相比于良知的有限性可以足够宽广、足够深刻地承续良知的力量。换而言之，我认为良知是非常强大的。

---

① 蒂莫西·利里（Timothy Leary，1920—1996），美国著名心理学家、作家，因其宣扬 LSD 对人类精神成长与治疗病态人格的效果并提出"激发热情、向内探索、脱离体制"的口号，成为 20 世纪六七十年代一个颇受争论的人物，同时也对当时的反主流文化产生了重要影响。

现在，我有许多风趣的说法，比如说，"你不能把一个好的心智沉沦，它正在自寻归途。""对于你扔掉的东西要小心待之，因为它会回到您的梦境。"这都是您的一部分。您看，对于把我们作为一个全球共同体所处何处的理解，部分的意思是我们正处在一系列的绝境中，而且在大变革的边缘，包括社会变革，所有的这些变革和转型，构建了一个全球共同体。

我想要说明的是，全球共同体面临的一大问题就是民族国家。因为民族国家本身就是一个问题。您如何解决这个问题？就像我所说的，当只有一个民族国家的时候，才会有一个全球共同体。这些都仅仅是头脑风暴的事情，但是我们处在这些绝境中。通常地，在大绝境中，一切事情都将爆发，而且也有爆发的自身理由，这是由于人类潜在的资源导致的。我认为我们参加的那个会议因为有了那些非洲黑人而显得意义非凡。我想这是一个重大的跨越。不管怎样，我在此只是做头脑风暴。

杜：如果轴心时代的文明自身是走在一种工具化的道路上，并且将古老的、原初的、乡土的良知边缘化，让我们假设如此，犹如卡尔·雅思贝尔斯和与他一样的人所理解的那样，那么这意味着人类文明是一种健忘的形式。我想您用了这个术语（轴心时代）。

柯慎士：是的，我曾经用过这个术语。

杜：于是第二轴心时代的明显特征就是试图去挽回……

柯慎士：不见得完全是"试图"，因为我认为意识是在意识之外运作的。您知道我的意思是什么吗？

杜：嗯。

柯慎士：我想这在某种意义上不是基于我们的知识而发生的。无论如何，这是一种特有的、明确的面向，然而我同意那是我所持的观点之一。

杜：意识本身没有自我意识。

柯慎士：是的。换言之，我们所谈论的不是意识而是潜意识。我太习惯于精神分析的方法。我想具有创造性的人不总是从意识中进行行动，但他们知道如何协调，把这些更深层次的东西带到表面，由幽微到明显。我想那些伟大的知识分子可能也是如此。我对于意识充满好奇，也许您已经了解到，它一直是我的主要关切。谈论这些并不容易。

杜：沉潜其中的一条道是去明确轴心时代的良知，明确它以先进之道超越前轴心时代的特殊面向。当然非理性、自我意识、反身性或者……

柯慎士：我发现很有趣的一点是——这不仅仅是直觉的——在对意识的层次进行了多年研究之后，我想人在良知王国里的能力比我们日常的意识有着更丰富的层次。我们拥有这些能力。但是，我当然对现代性怀有最高的敬意，因为我认为它是人类的永恒成就。

杜：您能说这个成就是轴心时代的结果吗？

柯慎士：是的，这是我坚持的态度。对此有不同的视角，但是我想我知道您（为什么）提出这个问题。我（过去）认为从轴心时代文明的特殊视角来看的话，现代性是一个顶峰。现代性其来有自，除了从卡尔·雅思贝尔斯提出的轴心时代产生以外，它不会来源于其他途径，因为没有这些你就不能拥有现代性。

杜：我明白这点。但是，我想更吸引人的问题是，作为从轴心时代意识生发出来的现代性，是一个自然的、必然发生的结果呢，还是一种奇怪的发展形态。换言之，现代性是任何人都没有预先期待过的东西。

柯慎士：我的回应，而且不是简单轻薄的回应是，所有以上都涵盖，因为我想这就是意识运作的方式。人有个体的和集体的意识。它倾向于通过那些极富创造力的人和在方法上更理性的人去呈现。他们总是天才，代表了这些不同的现代性。我想，我对于人类能力的理解的特点之一就是对土著人民的极大敬意。他们在某种意义上是良知规则的保任者，这种规则存在于人类意识中是如此久远，乃至可以回溯至拉斯科岩洞里（法国）。这些东西都不会消逝；他们总是存在的。他们从伟大的创造性的能量的爆裂中蓬勃而出，就如现代性那样。

杜：如果我们聚焦在现代性的规则中，我们既是受益者也还是牺牲品。

柯慎士：我们是牺牲品啊。

杜：问题是如果我们能从不同的路径来考虑轴心时代的文明，将其作为全体的精神事物来考虑，那么现代性的升起就是人类意识的一种表达，而且这种表达可能是完全超出人类理解的某些事物的结果。历史学家现在已经深刻地卷入到对于现代性是否关联其他文明的整体辩论中。例如，罗伯特·贝拉在他早期关于宗教取向的工作中有所表述，但是我想他改变了他自己的观点。

柯慎士：哦，我没有意识到这个。我与他不是很熟悉。

杜：问题是如果在所有的轴心时代的文明当中，只有一种成功地从历史时期进入到前现代时期，再从前现代时期进入到现代，这不仅仅是贝拉博士的观点，同时也是塔尔科特·帕森斯、马克斯·韦伯和其他很多人的观点，但是从您的观点出发的问题关切是，为什么基督教或者西方文明可以成为经历这个过程的最后一个文明。

柯慎士：哦，我想伊斯兰是最后一个。

杜：伊斯兰是最后的？

柯慎士：是的，历史地看。

杜：问题是这样，现代性是如何被定义为早期所谓西方化的结果的？

柯慎士：我知道他们这样说，但是我从未彻底地被说服。

杜：在轴心文明的语境中，您将如何观察和理解现代性？

柯慎士：我对印度颇为尊敬。我大多数研究与印度有关，如是在昨晚我建议的时候，我有一个比我已有的日程更多的议程安排。我说，我认为如果我们的项目有印度人参与会很好，并且我推荐了一个我认识的人，克什米尔最后一个王公。

杜：卡兰·辛格（Karan Singh）？

柯慎士：卡兰，是的。他是一位重要的政治家，您也许知道他的部分职业。我说这些是因为我想我们应该让印度和它的传统呈现在我们的事业中。这就是我所想的全部。

杜：我完全同意。

柯慎士：这没有问题吧？我不会粗暴吧？

杜：没有。

柯慎士：我的观点是，我在印度的经历使我认为，印度，在我现在表述的路线中，也许拥有人类有史以来最广博的意识。这种意识为卡兰·辛格这类人所拥有。他曾经参与联合国活动。他不仅很有学问，还是一位非常出色的政治家，从好的方面来说，而且他非常具有创造性。我想他代表了一个维度，我很难称之为现代性。在某种意义上，他的眼界，我想在一定程度上描述并塑造了作为原初轴心时代的印度文明的版本，在某种程度上可以用一种丰富的路径来处理意识的维度。

印度教对我真的有强烈的吸引力。我研究得越多，与人们共事越久，我就越会不断意识到似乎可以以某种方式了解意识的范围。它的出现并没有像我们在西方所知道的那样带来现代性。我现在说的是，西方意识的出现是一种独特的现象。在其中的某些部分，它与印度教传统的思维方式是相通互享的。

现在，为什么印度传统不能在现代性的面向有所突破？这是一件值得深思的很有趣的事情。当然，如果在这里聚集一些伟大的印度思想家，即便他们承受着殖民主义的重负，也能从中获益良多。他们现在拥有了他们自己的认同。这也是我建议卡兰的理由之一吧，因为他的意识很有趣。

杜：您提到印度人的意识特别地广博。

柯慎士：印度教。

杜：印度教，对的。西方模式是例外的，是独一无二的。实际发生的事情是，西方模式的独特性，我们有时候称其为西方特殊主义，历史地成为最具主导性也最强大的力量。

柯慎士：再声明一下，我是这样来理解现代性的。是的，我想我们已经说得很清楚了。我认为意识比西方现代性所认知的要广阔得多。您也许会说，"其余的维度是哪些?"可以说是印度的精神意识或者土著人民的特殊意识。您想把他们放进展柜，我将感觉到这些都很好，因为我有探索意识的感觉。而且，我觉得在任何时刻，重大的突破都是出现在意识上，它可以贯穿整个历史周期。对此进行证明有点难度。

杜：我想以西方为例（进行证明）。这就是一种突破的形式。

柯慎士：我想是一种突破。

杜：很多人说这是唯一一种对历史模式进行突破，从而进入到前现代和现代的方法。

柯慎士：可以这样说吧，但是对我来说意义不大。很显然他们抛弃了很多。这里我说个笑话，"你不能让一个好的心智沉沦。你不能抛弃你弃之脑后的，它会抓住你。"我想我们在全世界所见皆如是。你想说，"现在世界上发生了什么?"当我们谈论政治和管理的时候，某些最荒诞的事情就会出现。要把所有这些都弄清楚很困难。

我的意思是，即便是突破本身也不完全是正面的，即便这些突破——比如现代性——给现在和未来带来了福祉，但是这些意识的突破是如此强大，如此能量充沛，以至于吞没了这些突破的承载者。这些人可能会失去其他维度的意识，会失去与他们本有的意识的其他维度的感通。我想这是一种权衡（tradeoff）吧。我对意识的基本理解是以下这个傻傻的称述，"你不能让良知沉沦。"良知不断地、不断地出现，即便轴心时代的人们恰恰忘记了他们全部的过去。我所知有限，然而古今一心。

（翻译：王建宝　校对：邱楚媛）

关于亚洲价值观

——对话塞缪尔·李

　　塞缪尔·李（Lee Samuel,1941—　），联合国教科文组织韩国国家委员会的秘书长。李在德国哥廷根大学获得社会科学博士学位，并在韩国崇实大学教授哲学超过20年。从哈佛大学神学院作为访问学者回国后，他被任命为亚太国际理解教育中心（APCEIU）首任主任，任期为2000年至2004年。在此期间，李为亚太地区的国际理解教育制定了年度教师培训计划。塞缪尔·李先生曾任世界基督教会联合会中央执委会委员,目前是大韩民国可持续发展总统委员会的成员以及韩国基督教社会公认的领袖人物。他著有《尤尔根·哈贝马斯的哲学思想》《和平哲学与统一实践》等多部著作。

对话时间:2009 年 11 月 19 日

杜维明（以下简称"杜"）：李教授，我知道您对亚洲价值观很感兴趣，但据我所知，您是最具世界性的哲学家之一，因为您在德国度过了13年的岁月。同时，我认为您是一名公共哲学家，因为您关心政治，参与社会活动，对国内外的学生抗议活动都非常敏感。您在促进哲学研究方面也担任了非常重要的职位。我非常荣幸能参加由您和您的同事组织的2008年世界哲学大会，这是自1900年以来第一次在亚洲举行。显然，即便哲学不是一个亚洲术语，但在亚洲，人们对它有着非常深厚的兴趣。20世纪80年代，日本和所谓的"四小龙"曾就亚洲价值观问题展开过辩论，但现在，您带着对未来的展望，让这种讨论重新焕发活力。我想了解一点有关这件事的情况。

塞缪尔·李（以下简称"李"）：是的，杜维明教授，我很高兴也很荣幸在这里见到您。我们都是国际哲学学会联合会（FISP）的执行委员，并且都是与西方哲学家以及非洲和拉丁美洲的哲学家有良好对话的东亚人。

杜：是的。

李：他们经常谈论跨文化对话。我认为了解其他文化是很重要的，但是为了与其他文化进行有效的对话，一个人必须先了解自己的文化。对于亚洲人来说，我们有许多优良的亚洲传统哲学和价值观，但是我们对自己的认同非常迷茫，因为我们在西方的影响和殖民主义下遭受了很多痛苦，因此产生了相当的自卑情结。然而，到了20世纪八九十年代，特别是在新加坡、韩国和中国的台湾、香港地区等实现了一定工业化和经济发展，人们开始谈论与工业化和经济发展有关的亚洲价值观。我记得在 90 年代，您来到韩国，谈论儒家思想的复兴，讨论亚洲价值观与儒家民主甚至儒家资本主义的关系。

但在 1997—1998 年亚洲金融危机之后，这些亚洲价值观再次贬值。人们把这种所谓的残忍的腐败和其他社会的失败归咎于这些（亚洲价值观），因此有一段时间，我们很少谈论亚洲价值观。如今，我再次发现，在韩国，这些讨论的复兴不仅仅与民主或资本主义经济有关。包括中国在内的亚洲国家在经历工业化和与西方国家的竞争后，面临着一种经济、环境以及社会的危机。我们需要找到一个真正的替代价值体系来克服这种危机，所以为什么不从一些道教或佛教的来源、一些自然主义的意识形态或一些精神思想中汲取我们的亚洲哲学和价值观呢？我们有足够的资源，但它们还没有被很好地理解或解释。现在我们必须再次发现这些资源。在这方面，杜教授，您已经做了很多工作，我知道您还在深入挖掘这些资源。

杜：好的，谢谢您。我认为，从 1919 年的五四（运动）那一代人开始——当然这在韩国是 3 月 1 日——很长一段时间里，人们一直在努力尝试向西方学习，主要是为了加强东亚富强之目标，这个过程甚至一直持续到今天。如何实现现代化，是长期以来人们关心的全部问题。这意味着我们如何向美国和欧洲国家等先进的工业社会学习。

我想现在一个新的视野或一个新的话题正在出现。我们向西方学习，但当我们开始开发自己的文化资源时，正如您所指出的，我们必须问，这些文化资源是否只会为了模仿西方而被调动起来。换句话说，这些文化资源的价值只能参照西方按照富强（财富和权力）定义的现代化进程的效用来进行判断吗？以中国为例，自 30 年前的改革开放以来（2009 年的对话），中国在经济上取得了成功，因此世界听到了中国的声音。但是什么是文化认同呢？文化元素仅仅是对西方一些重要理念的模仿呢？还是这种认同能在所谓的亚洲价值观和西方价值观之间形成某种融合？

我只想说，具有普遍意义的价值应该被理解为在地理学上源自某些特定地区的（地方价值）。一些价值观，如人权，在西方文明中根深蒂固，但这种本土文化现在已经具有全球意义。与此同时，亚洲的一些价值观，如恻隐和同情，最初根植于佛教或儒教，现在也具有全球意义。因此，我们面临的新挑战可能是核心价值观之间的对话，在平等的基础上分享想法，而不是一种不对称的局面，这种局面下，亚洲只是（单向地）向西方学习，来获得西方的认可。

李：亚洲人，特别是东亚人，已经经历了现代化和民主化的进程。我们曾经学习西方和欧洲的民主模式，一直非常认真地批评我们自己的传统和习俗。当然，我们必须克服我们的封建主义、传统的权威统治、对妇女的压制，以及在我们的社会中仍然存在的各种非理性和不民主的传统残余。

杜：绝对要这样。

李：所以通过这个现代化和西方化的过程，我们已经对我们的传统价值观有了批判的看法，尤其是儒家思想，因为儒家思想曾经统治过我们的国家。在朝鲜的朝鲜王朝（李朝）时代的至少600年的时间里，儒教是压制佛教、道教和萨满教的国教，并与基督教和天主教进行斗争，这些宗教在儒教的统治下被彻底摧毁。从某种意义上说，这是一种相当反动的意识形态。

杜：绝对地没有容忍性。

李：是的。在我们的学术讨论中，许多人说我们必须克服儒家的礼仪和习俗。甚至有人说："为了我们的人民和国家的生存，儒家思想必须灭亡。"这些都是非常具有挑衅性的言论，尽管仍有一些非常符合儒家思想。问题是我们真的正确地理解了我们的传统价值观吗？这就是问题所在。这其中有很多很多的扭曲。在政治统治者之下，意识形态往往是消极的，即使是基督教国家和基督教一直非常保守和压制，但基督教也有很多积极的价值观,我们必须对基督教给予尊重。在这方面,完全贬低我们的传统价值是很不公平的。我认为在这方面,您为恢复亚洲传统和哲学中失去的价值做了很多工作。那么,您现在的反思是什么?很长时间以来,您在哈佛教授西方人和美国人有关中国和亚洲的价值观。我希望您能继续(从事这方面的工作),但我想从您的经历中学到更多。

杜:嗯,我想到了所有的东亚国家(中国、韩国、日本、越南)——包括遍布世界各地的离散中国侨民、离散韩国侨民(文化上的朝鲜),离散日本侨民——韩国或文化朝鲜可以被认为是所有社会中最儒家的社会。这是毫无疑问的,韩国当仁不让。

我第一次访问韩国是在 1967 年,我遇到了李相殷(Yee Sangen)教授。我得到了一本《栗谷全集》,也就是从那时起,我开始阅读栗谷的作品。1978 年,我受国际退溪(李滉号退溪,朝鲜时代著名学者)研究学会的邀请访问了韩国。从那以后,我又多次回到韩国。我对韩国儒学的研究,尤其是对栗谷(李珥号栗谷)和退溪(李滉号退溪,朝鲜李朝时代著名学者)的研究,对我自己对儒家历史的理解至关重要,因为韩国儒学与中国和日本的儒学有很大的不同。我也认为儒家思想在韩国的发展对于理解儒家思想的现代性转化是最发人深省的。第一次"儒家伦理与东亚现代化"会议在釜山召开。实际上是由李相殷(Yee Sangen)教授组织的,甚至早于日本的"箱根"会议(位于日本箱根町)。

对于以下事实是毫无疑问的,那就是人们可以批判性地欣然接受儒家思想的负面特征——缺乏透明度、政府和公司之间的某种勾结、裙带关系、派系冲突、专制的控制机制,以及男性对女性的统治。但我认为从 19 世纪末开始,中国、韩国和日本的儒家学者开始批判性地反思他们自己的传统。他们采用西方的标准——自由、理性和平等、法律的正当程序、权利、运行理念、科学技术等西方价值观——来试图改造儒家的理论和实践,以适应新的形势。韩国在这方面做了大量工作。

为了把自己的祖国建成一个独立、自治和面向未来的国家，为了对抗西方的殖民主义和帝国主义，以及更严重的日本的殖民主义和帝国主义，韩国人的道德情操非常强大。当然，中国也有同样的命运。在这个过程中，儒家传统被彻底改变了。

现在我们谈论的是 20 世纪的儒家思想，而不是 21 世纪的儒家思想。无论是男权统治还是威权主义等等，现代儒家不可能接受专制的控制机制，但在"心灵积习"方面，这些负面的特征仍然存在。所以我完全理解"孔子必须死，国家才能活"的理念。当然还有另一种观点——"孔子必须存在或者必须活，这样国家才能繁荣昌盛"。这是两种截然不同的态度。

在近代很长一段时间里，中国真的认为，如果不消除儒家传统，中国就不可能现代化，不可能进步，不可能建立一个民主的制度。最近，由于对文化认同的追求，许多学者和大众，当然包括学生，开始质疑和重新评价儒家遗产。在过去的 30 年里，我的立场基本上是努力做同情的理解。我的目的不是推广（儒家）。推广、宣传或传福音，我认为这是消极的。我需要的是理解，但是理解是建立在这样一种信念之上的，一方面批判地意识到（儒家的）局限性，但是同时需要恢复核心价值观，尤其是那些在现代仍然有意义的并能够被转化的价值观。

批判负面特征的恰当方法是恢复一些积极的价值观。如果使用的思想资源来自完全陌生的、外在的传统，并且如果认为可以简单地消除自己的文化传统，那就太简单，太天真了。如果这样做，"心灵积习"，那些不经反思的习惯，将继续困扰自己。我们需要做的是找回文化价值并对其进行批判。这将是理解西方的基础，同时也将是拒绝和阻止西方的负面特点的基础。我认为我们现在是在一个新的"（东西方）合资企业"共同展望未来，韩国可能是最重要的例子。中国远远落后，中国正试图迎头赶上。

李：我不知道……

杜：我经常用这个例子，一千韩元（正面）印了退溪，这是一种文化象征。这在中国文化语境中是无法想象的，需要相当长一段时间。

儒家价值观，无论是积极的还是消极的，都是韩国人日常生活中不可分割的一部分。就领导能力而言，就人际关系而言，就人与世界的关系而言，皆如是。即使是现在，韩国也是非常多元化的：在信仰方面，30% 到 40% 的人是基督徒，可能甚至更多的是大乘佛教徒，萨满教仍然很重要，儒家思想与所有这些都交织在一起。韩国的基督徒和美国的基督徒很不一样。很多韩国基督徒现在去美国传教，因为他们不相信美国人是真正的基督徒。

李：韩国银行发行了 5 万韩元的新货币，这是最高面额的货币。上面印着栗谷的母亲师任堂的肖像。

杜：是的，她是一位著名的诗人。

李：是的，她是一位非常重要和受欢迎的诗人，同时也是一位对栗谷影响很深的教育家。她是第一个出现在纸币上的（韩国）女性。

杜：但是，栗谷？也许 5000 韩元上有栗谷。

李：是的。我自己不是儒家哲学家，也不是任何类型的哲学家。我对西方哲学更感兴趣。我是朝鲜从日本独立后长大的，我需要知道我们国家应该往哪个方向走。当时，朝鲜被分为资本主义和社会主义，这是主要的意识形态冲突。因此，民主、社会改革和统一就是我们这一代人从小就追求的目标和努力的方向。

我不得不去外面学习，去德国学习康德、黑格尔和马克思的哲学传统，以及法兰克福学派和哈贝马斯的批判理论。但现在，由于我们在寻找自己的认同，我开始反思我从老师那里学到的哲学知识。当我还是首尔国立大学的学生时，我深受朴钟鸿教授的影响。我不知道您是否认识他。他是我的老师，他既是西方哲学也是东方哲学的专家。他认真研究了韩国传统哲学。我听了他三年多关于韩国哲学史的讲座，那时他刚刚开始教学。他教授退溪和栗谷两位学者的哲学思想，并将他们与康德和黑格尔进行比较。他解释说，传统上韩国也有理性主义、经验主义和实证主义。他比较了两种观点，并质疑为什么我们只能学习康德或黑格尔。他对《易经》特别感兴趣。他打算根据从《易经》中学到的辩证哲学写一本关于辩证哲学的书，"易"的哲学是一种东方的辩证方法论。那时他还没有完成它。

我们现在只是在慢慢地学习这些资源，但是我们可以从韩国传统哲学中找到足够的资源来思考这些现代的、辩证的问题，冲突的解决和共同的生活，以及生态的可持续性。虽晚不迟，还是让我们学点东西吧！

杜：您花了13年时间在德国？

李：是的，在伟大的哥廷根大学。

杜：您是接受了最全面的教育的亚洲学者之一。因为您熟悉德国唯心主义和它的巨人们，而且在批判理论方面兴趣盎然，追踪西方哲学发展之路直到目前的情况。当我们开始反思自己的文化认同和亚洲价值观的问题的时候，您的洞见是卓尔不同，而且价值斐然。因此，我们设法提出新的问题，并对整个过程提供新的见解。我的感觉是，绝大多数东亚的哲学家都熟悉西方世界所发生的事情，尽管不一定像您一样受过完备的训练。然而，一些最杰出的西方思想家，包括哈贝马斯、德里达、福柯，以及许多同时代的学者，如列维纳斯，对世界的其他方面基本一无所知。

当然，这是一场难以改变的历史性运动。我不得不说，他们有能力深入挖掘自己的文化传统，无论他们多么激进地反对自己的哲学传统，比如海德格尔，他们中的每一个人都在整个从柏拉图和亚里士多德一直到现代的西方哲学的传统中受过完备的训练，经验丰富，这是他们（学术）谱系的一部分。这就是为什么他们的哲学如此感人、发人深省、鼓舞人心。然而，东亚的许多学者被西方所压倒，对自己的传统所呈现的东西毫无信心，并以一种非常骄傲和傲慢的方式拒绝这些传统。如果发生的情况是这样的，一方面他们从西方接受了一些只是二手的智慧，因为从柏拉图一直到现代的伟大的西方传统对于他们来说是缺失的；另外一方面，雪上加霜的是，他们也抛弃了自己的传统。在这种情况下，很难有创造力。

我认为哲学上的创造力并不是无中生有地创造出来的（ex nihilo）；它不是凭空而来的。所以我认为我们学到的一个教训就是我们不能为了自己传统的命运而回归传统。我们有一个不同的问题意识。我们知道，为了丰富我们的精神生活，我们必须更多地了解西方。与此同时，我们知道我们有资源，不管我们学不学，它们都是我们生活的一部分。这些资源现在需要提升到意识层面。我认为您所做的正是这样，这都得益于您对西方哲学的深刻参与以及您如何开始思考这些核心的亚洲价值观。您对东亚研究学者提出了发人深省的问题，同时也对西方学者提出了挑战。我相信儒家传统中的地方知识，东亚的地方知识或区域知识，可以通过努力变得具有全球意义。如果在这个过程中没有足够的哲学投入，它就不会成功。绝大多数具有全球意义的地方知识形态起源于西方的部分原因是因为那些在巴黎、在伦敦或在马萨诸塞州剑桥发展起来的知名学校。它们已经变得具有普遍性。

我认为，现在是一些亚洲学者开始思考的时候了，他们的一些在一定程度上根植于自然的当地知识形态，可以不仅仅是中国的、韩国的或东亚的，而是可以与更大的世界社群共享。我的感觉是，他们（西方）现在已经准备好倾听了。哈贝马斯就是一个很好的例子。他说："好吧，我们有很多很多的共同点。"他还说："我知道您是在新儒家的世界，但仍然有不同。"例如，他认为我们熟悉的理学使儒家传统难以发展本土的民主思想，或将人的尊严与人权联系起来的思想。基于（文化）基因的理由，我同意他的观点，因为历史上就是这样的。然而，我不相信这就是全部的叙事。这个叙事的另一部分是，如果传统就像变动不居的溪流，那么其他的可能性就会打开。我们面对的是完全不同的事物,所以面对完全不同的他者就会产生完全不同的差异性的观念,对我们来说将是一种解放的体验。我认为我们或多或少会两种或三种语言,我们需要以不是任何爱国主义或民族主义的方式利用这一点。我想我同意许多人的观点,我们必须超越以中国为中心或以儒家为中心的工作。我们仍然需要带着这样一种心态进入我们的对话模式,一方面是自己没有自信,但另一方面也要有一种应对这种对立面情绪(即自负)的准备。

李:特别是通过我在联合国教科文组织的工作,我受到激励去了解更多这方面的知识。在过去的 8 年里,我一直在联合国教科文组织工作,最初是亚太促进国际理解教育中心的创始主任。我们请来了来自 45 个亚太国家的教师和社会组织代表来培训师资,并讨论国际理解和跨文化理解。在过去的四年里,我一直担任联合国教科文组织韩国国家委员会的秘书长,参与到很多项目。

杜:顺便提一下,我们必须祝贺您,因为这是联合国教科文组织在世界上最具活力、最全面的项目之一,而不仅仅是在东亚。

李:噢,是的。在文化多样性和哲学普及问题上尤其如此。我到过亚洲的许多国家,谈及文化的多样性,我觉得东亚人,特别是中国人、韩国人和日本人……我一直对我们的祖先感到非常自豪和感谢,他们保持了这些良好的传统。您知道,我们有自己的文字、语言和文学。在亚洲的许多国家,他们失去了他们的语言,他们的文字,以及他们的哲学传统。没有这些,他们很难发展和理解自己的认同。他们被外国思想所垄断,实际上是被推翻了,而没有自我反省的能力。

在这方面,在这个全球化的新世界中如何应对这些垄断的全球化,我认为东亚的传统包括我们的儒教、道教和佛教的悠久传统可以成为一个很好的榜样。我们要通过合作,寻找亚洲宗教和哲学的共同点和共同传统。

去年,第 22 届世界哲学大会在韩国首尔举行,这是第一次在亚洲举办，我很高兴有这么多来自中国、日本和其他亚洲国家的哲学家来到这里。800 多人来自东亚国家。我们还在包括中国台湾在内的东亚地区举行了特别会议和研讨会。我们决定每年举行一次会议，但我们尚未就此采取后续行动。我希望我们能够加强我们之间的网络和对话。即使在中国、日本和韩国之间，虽然相互影响，但对共同传统的不同表现形式的跨国研究却不多。

我认为现在可以通过国际哲学学会联合会（FISP）或者通过学术合作，是时候加强这些网络和合作了。我认为我们真的可以找到我们以前没有认识到的好的价值和传统。

杜：第二次世界大战之后，美国崛起为世界上最强大的军事和政治体系，文化上也相当活跃（人们说美国是罗马和希腊文明的结合体）。这段历史的结果之一是所有东亚社会，也许是所有亚洲社会，开始与美国进行双边交流，包括韩国、中国大陆和台湾地区、新加坡和印度。在某种程度上，所有这些国家和地区的横向交流，即使包括我们称为儒家文化的一部分的国家和地区之间，都是不够好的。现在是采取更多行动的时候了。

几年前，北京大学、首尔大学、东京大学和河内大学四所大学的校长曾尝试召开四位校长会议，他们使用自己的四种语言进行翻译，不包括英语。在这个过程中，每个人都说自己的母语，试图形成一些联合项目，这是您所说的"网络"的开始。当然，日本的一些学者，如岛园进教授，正在尝试建立一种类似东亚宗教研究的网络。

所以我想我不仅希望看到更多的交流，而且希望看到一个新的问题意识——我们为什么要这样做？我们这样做不仅仅是为了应对西方法律的挑战，这只是部分原因。我们这样做是为了展望未来，并希望形成一个"合资企业"。我们希望作出一些积极的贡献，使这个"合资企业"变得具有普遍意义。阿马蒂亚·森出版了一本名为《惯于争论的印度人》的书。如果我要做一些类似的事情，我会称之为《对话式的东亚》，并讨论两个重要的特征。一个是所有这些社会都是学习型社会。这深深植根于儒家传统，正如您所知道的，《论语》的开场白是"学而"。第二，这些社会也珍惜对话而不是辩证法。辩证法意味着必须克服这（正反）两个方面，以达到一个更高的水平。对话的意思是我不仅承认你存在的完整性，而且我尊重你作为一个可以相互学习的垂范，我不想克服你或试图改变你本来的样子。所以我越了解你，我就越会反躬自省，我越能拓展我的视野，我就希望你也能这样做。您知道的，就是这种彼此互动。

一些学者认为，我认为也被历史所证明，在东亚曾经有一个通过海路接触而建立的国际社群，这是一个通过所谓的礼仪建立的（朝贡）体系。当然，现在日本已经开始谈论我们所谓的东亚共同体。他们曾经非常担心这个在东亚实现共同繁荣的区域。现在他们愿意这么做了。我认为如果以正确的方式进行，就像东盟一样，而不仅仅是东盟加一、加二或者加三，而是东亚共同体的经济合作，这样可以缓解紧张局势。当然，中国与日本、韩国和日本之间的紧张仍然存在。我认为，在文化上，东亚共同体是一个非常重要的机制，我希望儒家思想能够成为一种扎根于东亚的新的伦理观念。这不仅仅是指植根于东亚的亚洲价值观，而是作为具有普遍意义的价值观加以应用，就像植根于西方的一些价值观现在已经成为具有普遍意义的价值观一样。

我有这样的愿景，也许是一厢情愿的想法，通过各种各样的文明之间的对话，一个新的对话文明将会出现。这种文明的特点不仅是被不可避免的竞争、冲突和伤亡所描述，而且还被双方期望对话的意愿，以及在个人、国家、地区和文明的各个层面进行对话的实际经验所塑造。所以，我认为这是一个值得高度关注的新情况。

李：我们有非常丰富的有关善与和谐的传统。

杜：是的。最后一点，您知道，我对您最近决定参与中国一项非常重要的生态工程感到非常感动。也许您想跟美国的一个大型非政府组织谈谈这个尝试。

李：是的，所以我参与了一项被称为"生态和平亚洲"的工作，这一项目源于防沙治沙的工作。我们计划在夏天带来数百名学生在中国内蒙古的盐碱地种植树木和蔬菜。这很有意义。但我想跟您说的是，我听说您要回北京大学了。

杜：是的。

李：在西方国家待了这么长时间之后，您回到自己的国家去寻找自己的传统哲学思想，我认为这是非常具有象征意义的。我祝愿您一切顺利，也非常希望您能够在亚洲，特别是东亚建立一个真正好的联系网络，与其他国家的联系网络。也许我们可以希望在东亚，特别是在中国、日本和韩国，在这些我们确实有一些共同的优良传统和哲学基础的地方，我们可以相遇并建立一些良好的亚洲价值观传统。

杜：让我感到惊喜的是，从北京到首尔只有大约两个小时的飞行时间。我们还可以飞到东京吃午饭，然后回来。所以从地理上来说，这对我来说是一个新的认识。我的决定是在 1981 年在哈佛教书之后就做出的，我们为此讨论了差不多 30 年了，我也意识到我快 70 岁了。在这段时间里，我真的想要一种新的自我教育。我知道我可以在很多事情上尽心尽力，或可付诸实施，但我认为真正的重点是自我教育。现在是时候以一种更综合的、更有希望的、更深入的方式来思考如何将我所参与的许多事情以一种新的思维模式整合起来了。我期待一种新的哲学方式，去做哲学，不仅仅是研究哲学或研究儒家，而是带着对未来的展望去做哲学。我想把人类的生存，人类的繁荣作为一种深切的关注，个人的关注，而不仅仅是考虑人类物种的抽象概念。这样做，就有可能从我熟知的传统中发掘精神资源。但我想以一种开放的、多元的、自我反思的方式来做。我会说，"我正在做这个"。这意味着一个基督徒、一个犹太人、一个佛教徒、一个道教的人、一个信奉萨满教传统的人，甚至一个来自土著传统的人都可以这样做。(人类) 将会有真正的跨文化交流。这现在是可行的，我确信这是可行的。但是，我知道如果我不做，也会有其他人来做。如果我决心做这件事，就没有保证，尽管总是有希望，希望它能完全实现。无论如何，我想做这件事。这就是动机。

是否会有重大或有效的结果，那是可以希望的，但我们不能预期或期待的。你能期待的就是你能够做到的。在某种程度上，您是知道的，我十几岁的时候就开始研究这个，所以我已经做了很长时间了，现在是时候反省一下了。在哈佛读书的时候，我就意识到，如果我不了解中国大陆发生的事情，无论我如何努力学习研究台湾、香港地区以及新加坡的学术，那都是不够的，这些仍然是非常边缘的。我在1978年第一次回到大陆，然后在1980年我在北京住了一年。也是在那一年，我去韩国学习退溪，并意识到儒家文化比中国文化更广泛。

当然，它是中国文化的一部分，就像道教和其他元素一样，但与此同时，无论如何拓宽文化中国的概念，它都不足以容纳整个儒家传统，因为还有韩国、日本和越南的表现形式。我开始意识到，如果我不学习韩国儒学，我的学习就会非常肤浅。如果我忽视了日本或越南的传统，我的教育就不会完整。我认为这仍然是旅程的一部分。至少我知道我们这一代人对儒学的看法要宽泛得多，因为尽管我的老师们对儒学的一些重要人物非常了解，但他们中没有一个人认真地对待退溪。他们都没有在日本和越南做过重要的工作。

如果我们说儒家传统是从当地的"曲阜"文化，发展成为中国的主流文化，然后在11世纪到19世纪从中国传播到东亚，那么现在是时候让它跨出东亚了。然而，要迈出这最后一步，您必须扎根于"曲阜"、中国和东亚，同时要超越所有这些根基。我对此深信不疑。

我和很多很多杰出的西方哲学家对谈过。我甚至有机会和伽达默尔交谈，也很了解保罗·利科。弗莱德·多勒米尔是一位杰出的政治哲学学者，我认识他已有几十年了。我在美国认识不少这样的人，我相信现在是时候建立真正的对话关系了。但是，前提是必须做与他们在自己文化中所做的工作相当的工作。所以不仅需要和研究儒家的同事交流，还需要和研究基督教神学的人交流，要知道基督教神学的深度，或者德国的唯心主义，或者海德格尔和哈贝马斯的思想。确实需要了解自己的局限性，以及自己的优势。

这将是某种复兴的开始，这种复兴基本上是非常个人化的。我在个人和私人之间做了区分。它不是私人的，因为它是可问责的，它是开放的，它是公开辩论的。到目前为止，我一直在通过发展论域来研究哲学，比如"文化中国""东亚现代""文明对话""启蒙心态反思"等，但是现在要发展的不仅仅是简单的论域，要有一个焦点，尝试做一些西方最杰出的思想家所做过的哲学。这并不是要效仿他们的做法，而是要将其作为一种参考和精神资源。

李：也许耶稣在《圣经》中说的"先知在他们的家乡是不受欢迎的"是对的。孔子在中国和其他国家曾产生了不好的影响，在他的家乡，他受到了很多的批评和漠视。甚至在"文化大革命"中我们看到他们摧毁了孔子的陵墓。这在韩国、日本甚至朝鲜都不可能发生。从这个意义上说，我们保留了儒家思想的一些优良传统。每年我们都有庆祝孔子诞辰的活动，音乐和乐器都是本源的。现在中国人向我们学习，因为他们已经失去了很多。这也成了联合国教科文组织的遗产。所以，我认为我们必须在中国、日本和韩国之间彼此分享。儒教和佛教从中国和韩国传到日本，得到了很好的系统的保存和维护。我们还需要向日本人学习他们是如何处理和发展这种意识形态的。所以我认为这种相互关系的发展是非常重要的。

杜：我编辑了一本名为《东亚现代性中的儒家传统》的书。我希望东亚现代性的形式也能为想象中的东南亚现代性，或南亚现代性，或伊斯兰现代性，或非洲现代性等等提供参考。这就是为什么我谈论多重现代性的原因。无论如何，我相信一种人文主义的新视野，一种理解人类或重新思考人类的新浪潮,现在是我们必须面对的主要哲学任务之一。儒家传统或可提供一种精神人文主义。在某种程度上,它比世俗人文主义更适合这种新的挑战,世俗人文主义一方面无视自然,另一方面又无视精神领域。这项工作非常艰苦的,不仅要有系统地完成,而且要有想象力和说服力。

李:嗯,我们可以彻夜畅谈,但我想我们得回去开会了!

杜:好的,非常感谢。

李:非常感谢。

(译者:戴瑜玥　校对:王建宝　吴蕊寒)

哲学人类学的回归与超越

——对话弗莱德·多勒米尔

　　弗莱德·多勒米尔（Fred Dallmayr, 1928—　），政治哲学家，美国圣母大学哲学系"PACKEY JDEE"荣休教授，研究领域主要为现当代欧洲思想，除此之外，他还对跨文化哲学比较抱有浓厚兴趣。曾任纽约新学院和德国汉堡大学的客座教授、牛津奈菲尔德学院的高级研究员、亚洲比较哲学协会（SACP）会长，现任

"世界公共论坛：跨文化交流"活动国际协调委员会成员及"重启：文明对话"活动科学委员会成员。最近出版的作品有《另一个海德格尔》《超越东方主义：跨文化交流随笔》《实现我们的世界：走向全球化与多元民主》《文明间对话：一些值得听到的声音》《黑格尔：现代性与政治（新版）》《追寻美好生活：动荡时期的教育学》等。

对话时间：2009 年 11 月 18 日

杜维明（以下简称"杜"）：弗莱德，你试图重新开始哲学人类学研究的努力，让我印象深刻，备受启发。有段时间，人们认为我关于儒家传统的文章具有哲学人类学的精神，但我以前完全没注意到，自舍勒之后，西方出现了如此强大的运动。

弗莱德·多勒米尔（以下简称"多勒米尔"）：没错。19 世纪及 20 世纪早期，哲学人类学对西方哲学颇具影响。马克斯·舍勒是重要人物之一。他师从胡塞尔和普莱斯纳。他们是哲学人类学领域的重要人物，打破了将人的思想与身体分隔看待的笛卡尔式学术传统，提出了关于"人"的新概念。

杜：对。

多勒米尔：这一努力非常重要，一直持续到 20 世纪中叶。但由于种种原因，影响逐步减小。正如我曾试图指出的，其中一个原因是后现代主义和人的终结、人的死亡、主体的死亡这些观念的兴起。法国哲学中曾有很多反人道主义的内容。这在雅克·德里达和米歇尔·福柯的早期作品中尤为明显，但他们后期发生了转变。

杜：例如，在福柯晚年他变得非常关注自我关怀。

多勒米尔：准确地说，他写了关于自我关怀的文章。

杜：对。

多勒米尔：但我认为自那之后发生了一些改变：哲学人类学开始复兴，或者说更多人开始关心人类的意义及"何为人"问题。有很多因素在其中起作用，主要是现象学和人本主义心理学的复苏。

杜：是的，甚至埃里克·埃里克森也在其中。

多勒米尔：埃里克森啊，是的。

杜：你曾与他共事。

多勒米尔：没错。

杜：还有整个身份认同问题。

多勒米尔：是的。

杜：也涉及人类自我实现的不同阶段。马斯洛可能是另一个例子。

多勒米尔：是啊，马斯洛。所以，一部分19世纪和20世纪早期人文主义传统和心理学、神经心理学及神经科学的部分新发展会相互影响，融合产生一个新的人类概念。这个概念不再单纯地基于心灵主义或自然主义，它将是二者的结合，将从两个视角剖析人类。

杜：对。

多勒米尔：这很有趣。我本人也深受梅洛－庞蒂的影响。

杜：身体的重要性。

多勒米尔：具象化，是的。

杜：没错。

多勒米尔：我并没有忽视思想或精神，但是精神总是需要被具象化的。这一点非常重要。梅洛－庞蒂去世得非常早，我目前的主要工作是研究他离世前夕的一些重要手稿，包括关于自然和人类本质的讲稿。他非常依赖黑格尔、谢林之类德国传统哲学思想，但是后来更偏向更近代的亨利·柏格森和威廉·詹姆斯，之后又关注了神经科学的最新发展。我发现这个过程非常有趣。

杜：确实。我曾试图详细说明中国"体"的概念。中文中"体"可以用作动词，包括"体知"。

多勒米尔：我明白了。

杜：因此"体"不仅仅是一个。你并不拥有你的身体。

多勒米尔：的确如此。

杜：你成为你的身体。

多勒米尔：没错。

杜：从某个角度说，"体"是需要通过努力实现的一个目标。年轻时候，你需要逐步学习如何完美使用你的身体。我认为对于心理或思想也是这样，甚至灵魂和精神都是身体不可分割的一部分。在这个语境里，"体"是个整体概念。我认为在这个时代，我们必须重新思考和构建"人"的概念，以超越笛卡尔将身体与灵魂彻底二分的思想。

多勒米尔：是的。

杜：举个例子，在《大学》中也有二分法，但是这更像互补的阴阳。对精神和物质、神圣和世俗及思想和身体进行（对立）区分的做法完全是过时的。

多勒米尔：是的，我完全同意你的说法。我认为现在仍然有人进行这种区分，但是新产生了一种互补的思想。

杜：是的。

多勒米尔：（这种思想认为）这些东西是互补的。它们并不是相互矛盾、相互冲突的关系，而是以互补的方式相互支寺。因此，所有的这些东西——思想与身体、灵魂与精神，不一定是同一种东西，但它们相互关联、相互作用。这是一种思考人类这一概念的新方式。

杜：我的观点可能更激进一些。在最初的"人'这一概念中，这种区分方法，如柏格森讨论过的关键能量的基础概念，本身就是有问题的。不过一些中国哲学家认为柏格森主要是从生物学（而不是哲学）角度讨论这一问题。如笛卡尔主义者认为的那样不涉及身体、情感、观点，进行纯粹的思考几乎不可想象。它们不是丰此即彼，而是相互作用。

多勒米尔：没错，应该是一种相互作用的关系。我就是这样想的。它们以相互作用的形式互补。当然，身体是每次思考、精神活动的前提；而任何思考都最终反映到身体上，通过身体表现。

杜：对，你完全理解了我的意思。

多勒米尔：因此，(精神与身体)必然是这种相互作用的关系。我们也用同样的方式讨论那三个维度的存在——宇宙、神明和人类。它们不一定完全相同，但必定联系紧密到难以用任何方式进行分割。

杜：是的。

多勒米尔：它们只有相互联系时才有意义，我将会在这种前提下进行研究。此外，神圣与世俗等等概念间的联系也非常紧密，单独讨论其中一个没有意义。

杜：芬格莱特在《孔子——即凡而圣》中写道，我们那些普通的日常经历、人际关系、自我认识乃至于走路、喝水、吃饭都不只是"俗事"。它们也是神圣的，因为有时生命的终极意义应该通过普遍人类存在实现。顺着这个思路，我觉得可能会推出应该有四个维度的存在，当然我也同意你关于三个维度的观点。首先是关于自我的问题。我认为某些二分法思维方式的不足在于忽视了自我认识、自我实现的问题。

多勒米尔：是的。

杜：真实的自我，即主体，与虚假的自我有根本性的不同；彻底二分法区分了真实的自我和主观主义。真实的自我与客观世界或超验世界完全不冲突。我认为自我已经几乎将自己完全具象化了，与许多不同共同体——从家庭到国家，甚至世界——有着持续并很可能富有成效的互动。因此，共同体不是霍布斯式的契约。在此宇宙就是自然，最后天堂就是超然的。它是精神世界的中心。

问题在于，人在与共同体的各种想法互动时，如何成为人际关系的中心而不是孤立的个体？人类如何与自然或地球保持可持续的关系？人类的心灵和头脑如何才能在人与超然存在间发展出某种感通(mutuality)或相互呼应(mutual resposnsiveness)与和谐理解？

多勒米尔：我完全同意你的观点。并且我特别喜欢这种对在与世界和神性相连的过程中自我学习的强调。现在你也写了自我转变的过程：我们如何从一个世俗自我发展成为一个能与世界其他维度建立恰当关系的成熟自我。我认为这至关重要。如你所知，我最近写了一本书，副标题是"困难时期的教学法"。

杜：对。

多勒米尔：但这是一种学习的经历。

杜：对美好生活的追求。

多勒米尔：是的。关于美好生活的概念也与你所说的共同体产生了共鸣，我们应该从社区概念开始，而不是从社会契约开始。美好生活的理念是与整个现代政治哲学相对立的，后者是建立在个人自我利益的基础上。这种自我利益产生了社会契约和政治共同体，是一个纯粹的人造物或机器。美好生活的理念与根植于社会契约中的、以自我为中心的现代性观念相对立。共同体的理念，对旨在实现更美好生活的政治共同体的关注，目标不是为个人，而是为整个社区的美好生活。这个概念起源于亚里士多德。这是亚里士多德传统，而不是霍布斯传统。

杜：当然。我认为美好的生活是一个持续的学习过程，这意味着修身，唤起了一种超然的感觉。换句话说，这不是查尔斯·泰勒所说的世俗时代，而是超越了世俗时代。这可能就是为什么你认为人类不是人类学的原因，因为人类学的世界太局限了。这是不是海德格尔的概念？完整的人类概念必须超越人类中心主义，同时包括人类学和宇宙学。这就是人类的宇宙观。你用了一个类似的术语？

多勒米尔：是的。海德格尔认为人或"此在"是一种狂热的生物。狂喜意味着从自我中脱离，从人类学中脱离，从世界、自然中脱离，也从神性中脱离。所以，这是人和所有其他维度间的一种狂热关系，人类只是其中一个部分，一个粒子。是一个重要的部分，但也只是其中的一部分。对我来说，海德格尔精确地阐述了这种多维度的世界观。在这种世界观中，神圣的、世俗的、迫在眉睫的和超验的事物紧密地联系在一起，而不是彼此完全融合。紧密地联系在一起，并且相互依存。就像你说的，以一种对话的方式。

所有这些都涉及一个不断学习的过程，一种自我改造的教学法。现在我有点犹豫是否要接受这个短语——芬格莱特的短语——"即凡而圣"。我非常欣赏并且同意芬格莱特的想法。然而，在当今世上存在许多无论如何都不能被认为是神圣的事物。例如，种族灭绝、大屠杀、杀戮、战争。世俗世界中有太多丑恶的东西。它们可憎至极，不可能被认为是神圣的。因此，为了使世俗和神圣走到一起，世俗必须改变。必须有一个学习的过程。

杜：被神圣所改变。

多勒米尔：没错。这必须是一次学习的过程。它必须是一种变革性的过程，这样我们才能真正把世俗世界看作一种神圣的仪式。

杜：这让我想起了天堂或者超越的整个概念。我认为从儒家的观点来看，修身的最高表现是天人合一。这意味着超越维度将人从世俗世界的消极特征中分离出来。然而，此处"天"的概念是无所不在、无所不知的，但它不太可能是无所不能的。部分原因是因为人的因素，除了许多哲学家提及的自由的因素外，还有责任的因素。

曾经有一种观念，认为"天"产生或创造万物，但人类完善万物。这几乎就像是一种合作关系。一个人是观察者、鉴赏者，但也是参与者。当然，一神论传统的人很难接受这个概念——一个共同创造者。

言下之意，这个如此强大或者可以变得强大的生物，也可能是一个潜在的破坏者。所以，在这个概念中，所有这些暴行不一定与本体论意义上的邪恶有关，而是人类的失败导致的。既然你也深切关注政治哲学，你如何将这个社会化过程与政治联系起来？在自由主义传统的影响下，人们过于强调程序和过程，导致宗教和对精神性的关注通常被放在心灵的背景中，而政治，自从马基雅维利以来，则是另一种。

多勒米尔：你的著作对我也有很大的影响，我也深受儒家传统吸引。它与我学过的许多东西产生了共鸣。但是西方的现代性在很大程度上已经被遗忘了。我的基础知识来自于亚里士多德在《尼各马可伦理学》和他的《政治学》。

杜:德性伦理学。

多勒米尔:确实是德性伦理学。政治（对亚里士多德来说）基本上是一种以美好生活为导向的善行。在中世纪，人们以更神学的方式描述这个问题。在现代性中，它被个性和社会契约的概念，特别是极具破坏性的托马斯·霍布斯哲学，推到了一边。

但后来，从亚里士多德开始，我建立了一个与黑格尔的联系或桥梁。我认为黑格尔是伟大的现代哲学家，他拯救了希腊人，特别是亚里士多德的思想——政治共同体由"德性"主导。这意味着有伦理生活。伦理生活是黑格尔政治生活的核心。

因此，从亚里士多德到黑格尔，再到现当代哲学，我再次发现了与海德格尔、伽达默尔和梅洛-庞蒂的联系。他们也概括了政治和政治生活作为一种伦理生活、一种伦理共同体的观点。对我来说，这与儒家传统有很大的共鸣。

所有这一切也让我对亚伯拉罕宗教传统的某些前提提出了质疑。我自己有着基督教背景：天主教—新教，但我仍然会质疑一些前提。我特别怀疑造物主、上帝的概念，即他一开始完全脱离于世界存在，世界纯粹依据造物主、上帝的意志产生，造物主、上帝也可以脱离世界存在。我想看到上帝和世界之间的关系解读，但却只能付之阙如。

杜:这就是所谓的相互响应。

多勒米尔:是的。我更倾向于认为上帝只能通过世界变成上帝，世界也只能通过神圣变成世界。因此，这种相互关系让我对一种完全外在超越的极端观念进行了批判……

杜:绝对意义的"他者"。

多勒米尔:绝对他者，完全脱离所有的关系。我已经开始对这种观念持批判态度。我认为人们可以用不同的方式重新阐述基督教传统。

杜：我认为，随着我们开始关心地球，任何传统文化，无论是佛教还是基督传统，都必须在两个方向上对他们的角色作出改变。首先，在他们的信仰团体中需要一种特定的语言。其次，还需要全球公民意识。

多勒米尔：对。

杜：现在，一些佛教徒称自己信奉佛教。

多勒米尔：啊，是这样的。

杜：我认为有两个挑战。一个来自自由主义传统，认为政治与道德、宗教、私人事务或心灵事务太过不同。另一个来自福柯和其他人，他们太过痴迷于关于权力、影响力以及象征性控制的问题。这些不仅是主观性的对抗，也与亚里士多德的德性伦理学或儒家传统的修身间存在实际联系。当然，你提到了整个主观性的问题，我们先搁置它。我认为哲学人类学的回归是一种以展望未来的方式重拾西方一些伟大的人文主义传统的尝试。我非常赞同这种方法。我从你的跨学科实践中学到了很多。你实际上已经实践哲学人类学思想很长时间了，并且把它和政治秩序的概念联系起来。在儒家传统中，修身、齐家以及平天下都是人生中相互关联的重要事业。与这种必须超越哲学人类学的人类中心主义相关的是一种新的人文主义。印度学者巴拉苏布拉马尼安（R. Balasubramanian）认为这是一种精神人文主义。这确实是心灵的和精神上的人文主义，而不是精神的变异。

多勒米尔：对，没错。因为我在印度待了很长时间，我深受印度传统、印度思想的影响。我一直将甘地看作我的导师之一，并学习他的精神人文主义、伦理人文主义和非暴力政治。

杜：没错。

多勒米尔：在过去的十年或二十年里，我开始批判所谓的自由主义，以及你们所说的，对个人利益和人类自由的强调。现在人类自由精神有很大的价值，但是自由主义的问题是他们误解了自由的概念。

杜：对。

多勒米尔：当然，自由是非常有价值的，但对人类自由有一种误解，认为它只是意味着我可以做我喜欢的事情。自由实际上意味着做正确的事情，是一种做正确的事情的能力。这就是自由的本质概念，德国伟大的理想（唯心）主义传统，特别是康德和黑格尔学派，尤其仍然充分认识到这一事实。自由，可以，但是自由必须植根于善的概念，根植于正确的概念。所以，如果自由主义没有被由解，如果自由被视为真正的正义自由，那么它就是正确的。除此之外，我开始批判地看待你提到的福柯，不是之前关心自我的福柯，而是只关心权力的福柯。

我最近写了一些强硬的文章，反对权力政治认同论的主要支持者之一，德国法律理论家卡尔·施密特。施密特最近变得很受欢迎，尤其是年轻人——认为一切都与权力有关的年轻政治哲学家欢迎。他们认为政府里有一些权势人物，而我们唯一能做的就是进行一场革命，让我们自己掌权。这只是将一种力量转换为另一种力量。

把政治和权力等同起来是完全错误的，因为政治——这是亚里士多德的传统——意味着在一个共同体中寻求良好的伦理生活。我们怎么在一起生活？我认为政治就是解决这个问题。这就是政治问题。我们怎样才能在一起生活得体面并关心彼此？这就是政治问题。但施密特和他的支持者们完全消除了这个。政治完全是为了权力斗争。朋友？敌人？这是他们的口头禅。

杜：是的。在儒家传统中，政治，或"政"被另一个发音相同的词"正"注释，意思是纠正。换句话说，这是一种在社会中寻找合适位置的方式；然而合适位置并不是固定的，而是流动的。每个人分担一部分责任。亨利·罗斯蒙特（罗思文）和其他人把这当作角色伦理，从这个角度出发，这是为人类的繁荣提供最低限度的条件、安全和食物。这就是矫正的目的，矫正父亲、儿子、朋友、兄弟姐妹甚至统治者和大臣的"名分"。这个纠正的过程是一个寻找美好生活的过程,它不是植根于个人主义,而是植根于集体参与。然而,我不同意角色伦理论的一点,就是认为儒家肯定存在主体性的概念。换句话说,你成就自己是为了你自己,而不是为了别人。

多勒米尔:没错。

杜:作为一种活生生的实在,一旦以自身为基,人的尊严和人权就成为这个话语的一部分。这不是个人隐私,而是一种深刻的个人之躬身入局,意味着个体的事上磨炼。

多勒米尔:以及责任感。

杜:是的。责任和斯文都被包含在这个构想里。从这个意义上说,我现在可以看到政治不仅是人类社会不可分割的一部分,更包含于宇宙和天地之间。我提到了瑞士有人(Ralph Weber)在他的博士论文中将我的工作作为政治哲学的一种形式来谈论,我感到非常惊讶,也很高兴。首先,我很惊讶。我虽然从来没有这样做过,但我知道你一直在参与哲学人类学,现在有一个非常清晰和有意识的感觉:你想把它带回来。

多勒米尔:嗯,我一直把你的作品看作是儒家哲学的一种形式,也是政治哲学。它在政治上是卓越的,与我们这个时代相关,因为它可以纠正西方政治的一些错误……

杜:这是儒家思想的基本前提。

多勒米尔:是的。它可以纠正我们在西方政治中所犯的错误,即过分强调一些完全误导我们的东西,而不强调应该强调的东西。所以,我一直认为你作品中之正人心的意义,与当代政治哲学非常相关。我想补充的一点是,我完全同意你的观点,即自我仍然重要,同时强调社群。然而,只有当自我有意义地参与到这个社群并自由地参与到这个社群中,这个社群才有意义。

杜:对。

多勒米尔：所以，正如你所说的，这不仅仅是一个角色概念：我扮演的角色，仅仅是因为这个角色是分配给我的。没有。我自由地，发自内心地，参与到这个社群中，这是一种共享的自由。社群是自由的分享。我完全同意你的观点，因为否则它就变成了一个社会学的概念。伦理学沦落为社会学，这不是我想看到的……

杜：这不够好。

多勒米尔：一个人不仅要关心自己，还要关心社会，如果我不关心自己，我就不能很好地关心社会。

杜：我认为理查德·罗蒂（Richard Rorty）对修身和社会服务的尖锐区分基本上是行不通的。它患有一种精神分裂症。

多勒米尔：是的。

杜：我想起了威廉·詹姆斯的观点："没有个人的冲动，社会就会停滞；没有社会的同情，冲动就会消失。"我认为这种感通（mutuality）是绝对重要的。

多勒米尔：是的。

杜：我们谈了半个小时。

多勒米尔：对我来说足够了。很高兴和你谈话。[大笑]

杜：未来我们会再次谈话的。

多勒米尔：但愿如此。

（译者：王胤莹　校对：史少秦）

学 以 成 人

——对话杰罗姆·凯根

　　杰罗姆·凯根（Jerome Kagan, 1929—2021），美国心理学家，哈佛大学心理学荣誉教授，二十世纪发展心理学（developmental psychology）的引领者之一。他以跨文化和纵向研究的形式探究儿童内在气质和外在文化环境对儿童发展的影响。其中他对婴儿和儿童认知与情绪发展，特别是对气质形成根源的研究产生了广泛的影响。凯根于 1987 年获得美国心理学会颁布的杰出科学贡献奖,1994 年获美国心理学会 G.S. 霍尔奖。他出版的学术著作包括《个体发展》《儿童的天性》《喜怒无常的线:基因、文化、时间和运气如何造就我们》等。

对话时间:2010 年 4 月 9 日

杜维明（以下简称"杜"）：杰瑞，你的德性发展论对我影响很大，在我看来你的德性发展论并不仅仅适用于个体，还可以适用于人类整体。不仅仅作为人，是学以成人（learning to be human）这一理念，一直是我灵感的源泉。我发现我们之间有许多共同点和非常具有兼容性的想法。因此这是一个难得的机会，让我有机会同尔交流、学习，也可以就这一至关重要的问题提出一些我的个人意见。

杰罗姆·凯根（以下简称"凯根"）：谢谢，维明。是的，我认为我们都认同道德感是伴随人类发展在人类身上的诸多独特进程之一。我们有语言，我们有对称的手指和拇指，我们身上没有皮毛。在智人进化的五万年间发生了许许多多独特的事情，道德就是其中之一。并且我认为，我所要描述的人类道德在其他任何种类的人猿中都不存在。之所以不存在，是因为道德是一个非常复杂的认知和情感过程。

杜：是的。

凯根：所以简要来说我的观点如下。首先，我认为我们必须区分古人所理解的两个相关观念，其一是共同体的共识，即群体的大多数认为哪些行为对共同体是有益的，例如强调友善、合作、繁荣和诚信的"亚洲"式价值观，这些价值之所以是价值，原因正在于它们为共同体所重视。这种价值观并不关心你的个体想法；你可以拥有你的私人情感，只要你能保证共同体的和谐。所以，认为撒谎是道德的这种实用主义想法在以共同体利益为前提的基础上是可以理解的。因为道德不同于"良心"，后者关于每个个体行善的意图，显然有些时候良善的意图并不意味着它就会导向好的行为。

杜: 是的。

凯根: 即使他的意图本来是好的。

杜: 是的。

凯根: 举一个最明显的例子,一个人看到一个孩子在湖里快要溺死了,于是他跳进湖里去救那个孩子——他的意图显然是道德的,但是由于他的能力不足,他们都淹死了。他的道德意愿并没有带来好的结果。

杜: 是的。

凯根: 我认为这是一个有用的区分。现在我的第二个观点是,道德是由发展的时序中出现的诸多过程构成的。我将之分为五个阶段。第一阶段是幼儿的0—1岁,这一阶段当幼儿做了父母不赞成的事情,例如把东西弄得一团糟或弄坏而父母惩罚他时,他会对父母的惩罚作出反应。但这种反应是条件反射,与道德无关,这就是你训练小狗的方法。但到了第二年,随着人类大脑的成熟,不同于任何猿类而独属于人类的事情发生了。现在我们进入第二阶段。在第二阶段,儿童能够推断出他人的想法和感受,没有猿类能做到这一点。当儿童因为过去所经历的痛苦可以推断出他人正在受到伤害,经历痛苦和疼痛,就拥有了移情能力。有许多实验表明,两岁的儿童拥有移情能力而一岁的幼儿没有。如果一个成年人(例如母亲)假装自己受伤了——"哦我的手指受伤了",一岁的幼儿会毫无反应,但两岁的儿童会走过去,并且表示关心或者试图帮助受伤的人。移情能力不是人类道德的唯一基础,但它是其至关重要的基础。因为移情能力意味着人类受其生物本能影响,不想伤害他人。尽管我们知道伤害往往会发生,但是他们最初的生理倾向是因其移情能力而不去伤害他人。

杜: 你的理论让我想起公元前3世纪儒家典籍《性自命出》中的重要论述。其中谈到了人类的演进,提出一切都是由"气"所构成——

"气"这一概念同时包含物质和精神两个层面，"气"赋予植物以生命，赋予动物以意识，但只赋予人以道德感。不过《性自命出》的作者认为道德必须通过学习才能获得，道德是从外部内化而来的。但是更早期的思想家，如孔子最重要的追随者孟子，就认为，人类的本性中存在某种倾向——他使用的说法是"端"，这些倾向是定义何者为人的决定性特征。其中最重要的倾向就是"恻隐之心"，即同理心或同情。抱歉打断了你的论述。

凯根：不，这很对。毫无疑问移情是我们人类与生俱来的。现在你提出了一个有趣的问题：道德感是必须通过学习才能获得的吗？实际上，当儿童三岁时——这世界上生活过的任何一个三岁的孩子，都拥有关于好和坏的概念，不论这些概念用他们所在共同体的语言如何表达。如果说就语言而言，孩子的语言能力是一个空的容器，然后社会将或者汉语，或者法语、英语灌入其中，那么就道德而言，移情能力就是这样一个空的容器。而有争议的部分在于：剩下的部分必须通过学习才能获得吗？人是否像学习语言一样，通过自己的文化将道德的其他内容装入这个容器？我们今天下午可以讨论下这个问题，因为它非常有趣。一个孩子的道德感的形成从哪些要素开始？我们都知道他或她两岁时就具有了移情能力。那么移情能力又是否是从别的什么东西那儿得出的呢？这是争议之处。

杜：我认为可以说同理心或者同情心是人类本性固有之物，人类不仅仅是理性的生物或者理性的动物——或者是工具的使用者，或者就此而言——仅仅是被赋予了语言潜能或能力，而且是有感情的生物，对他者怀有基本感情的生物。这就是我们现在所说的同理心，这对我们将要展开的任何一种伦理或道德推理都有着深远的影响。我希望我们有机会探讨这个点。

凯根：是的。

杜：因为有相当多的理论和思想都与这一关于人的境况的绝对关

键问题紧密相关。

凯根：但在这次讨论的后面，我们还必须解释——既然我们都认为移情能力是最基本的——那么为什么种族屠杀会如此轻易发生。

杜：确实。

凯根：为什么人能够轻易地从不忍伤害人的同理心中脱出而进行残忍的屠杀？让我们回到我的五阶段理论，这样我们才能……

杜：对。

凯根：好的，那么在两岁时人在获得同理心的同时获得了他的自我意识。一岁的儿童不能清晰认识到他们具有意图，但两岁的儿童能够意识到。所以在第二阶段，我们具有的是同理心、推理能力及自我意识——我，是具有意图的。现在我们进入三岁。在三岁时，儿童开始学习语义概念——对和错、好与坏，并且开始使用它们，不仅仅是应用于行为和他人，而且也应用于自己身上。儿童根据自己的行为给自己贴上好或坏的标签。在我的研究中一位母亲发现她三岁的儿子在掐自己。母亲问："你为什么要这么做？"孩子回答说："我不喜欢我自己。"那是因为他前一天欺负了另一个孩子。这是一个非常重要的阶段。四岁的时候——现在我们回到你之前的评述——人具有了罪恶感。在第二阶段，人能够推断出他人的想法，比如如果我推想出你正想着如何批评我，我会觉得尴尬、羞愧，但我不会觉得有罪恶感。因为罪恶感只会发生在四岁或者五岁时候。为什么？因为罪恶感意味着人有以下能力：能够把过去和现在联系起来（我做了这个，我打翻了那个，等等），我必须记住我做过什么事，然后才有可能意识到我本可以阻止它。一个两岁的孩子不会意识到他本可以不去打翻杯子。而一个四岁的孩子则知道他或她本可以有别的选择。这里有两个要素：我是一个负责任的个体，以及我能够抑制自己的行为。现在我们拥有了罪恶感，以及自责和悔恨。所以到了五岁，我们已经具备了组成良知的大部分重要元素。在此之上我们再加上一件事，即我所属的类别。当儿童五、六、七岁时，他就知道了自己所属的类别，即是男孩还是女孩，是中国人、德国人还是芬兰人，等等。

杜：个体身份，社会……

凯根：你的社会身份，你是穷人还是富人？你是天主教徒还是穆斯林？到七岁的时候，儿童就知道这些类别的特征了；如果那是你的身份类别，你就会试着匹配它们。如果做不到，你就会经历一种身份罪恶感，这就完成了道德发展的基本阶段。

杜：我发现一件对我来说非常迷人的事情，就是这个。回到我提到过的孟子的性善论，这个观点通常被认为过于乐观。但是这其实是对孟子所谓人性本善的一种误读。首先，他观察到人类和动物王国其他成员之间的差别微乎其微。我们的许多特征和欲望都和其他动物有着共同点，如繁殖欲、表达欲等等。但是只有那个将人和其他动物区别开来的东西、微乎其微的东西，定义了什么是人。

孟子识别出了所谓"四端"，即道德的四种开端、萌芽，之后人们开始扩展这个理论。第一"端"是恻隐之心，即人对他人有着同情的理解，并且能够推扩这份同情，不过这种推扩也需要后天的培养。这种被先天赋予的端倪如果没有得到适当的后天培养，就可能被压制甚至被扭曲。另一"端"是是非之心——是的不仅仅是对何谓正义，是非之心同合宜的概念紧密相关，这种概念某种程度上已与羞恶之心或者说羞耻感有关。

如果我知道什么是对什么是错，如果我不能做我认为正确的事情，那么我就会产生一种羞耻感，进而拥有一种做出改变的能力，即意识到自身拥有同情的天性的同时意识到自己能够行事合宜，能够区别善恶。接下来是最后一端，也是格外构成人们困扰的一个问题，我认为就是你所说的个体身份认同问题。我们将之称为礼仪，或者说是人为了成为某个特定的人而被培育的方式。它在不同的文化中是不同的。

所以这四端：恻隐之心，羞恶之心，是非之心——知道何者为善何者为恶，辞让之心——知道什么是适宜的行为、何者属于自己的文化。这是作为人最最根本的四个要素。当然这很大程度上是以人的道德来定义的。正是因为每个人都拥有这些能力，我们才说人性本善：不是在经验层面上说人性本来是好的，而是说它是人之为人最基础的东西，必须承认这就是人之为人区别于其他动物的特征所在。这种对人性的认知可能从未存在于其他哲学体系中。人性本善并不意味着人在通常意义上或者实际层面上或者经验意义上是善的，而是说人能够培育这四个善端。四端能够使人变得具有道德，因此我们能够说每个人潜在地都是一个好人。我认为，在某种程度上这与你的观察正好一致。

凯根：我非常同意你所说的。不过你知道，过去有人说大自然给人类关于正确和错误的概念也许是跟人类开了个玩笑，因为如果人类没有关于善恶的概念，他们就会像动物一样看上去快乐而愉悦。正如你所知道的，在《创世纪》中，上帝将善恶的观念作为惩罚给予了亚当和夏娃。而孟子所说的善在基督教的上帝这里恰恰是一种惩罚，所以……

杜：这就是堕落的根源和原罪的原因所在。这也导致了人类无法与上帝合一的观念。

凯根：是的。

杜：它并不意味着什么邪恶的东西，比如某种拥有独立地位的魔鬼之类，而仅仅意味着脱离了上帝的爱与关怀的状态。

凯根：没错。你知道，关于究竟何谓"善"我进行了漫长而艰难的思考，我想你会同意我的观点：善是如此抽象以至于我们难以分辨它究竟是一种感觉、一种意愿，还是一种行动。因为它会视具体情境而不同——现在你应该微笑，因为这是特别亚洲化的。也就是说，在一种情境下的善在另一情境下可能就不是善。所以"善"是一个难以捉摸的词，几乎就像美一样，而不是像西兰花一样指示明确（我们一会儿可能还会谈到这个问题)。你看，所以我认为亚洲人明白一些西方人不明白的东西。西方人似乎认为善是绝对的——你总是知道什么是好什么是坏，而中国哲学家，当他们说"等一下！这种行为可能对这个人有好处但不一定对别的人也有好处"的时候，他们距离真理更近一些。

杜：确实，你知道，许多西方学者同样强调语境化的重要性，强调人应该依据具体的情境行事，并且试着摆脱抽象的普遍原则。他们重新审视了《创世纪》中这个非常非常重要的故事。至少在表面上，你显然也对这样的观念感到不安，即认识好与坏的能力与人类的堕落有关，而不是相反，我们人类有能力知道……

凯根：那么让我们继续讨论这个问题，因为这真的是一个非常重要的问题。没有什么比一个婴儿更仁慈的了：一个婴儿不会伤害任何东西。他没有好与坏、对与错的概念，他完全是一个零。后来在三四岁的时候，他就有了这个概念。现在他有能力进行伤害的行为，因为他变得更强大了。每个四岁的孩子看到他或她的母亲把一个新的婴儿带回家时都会嫉妒那个婴儿，进而想要伤害他。然而孩子一般来说并不会顺从这种伤害的冲动，因为正如你所说，他拥有了羞耻感、是非感。这样就能保护孩子免受愤怒、嫉妒的伤害。我个人认为，这体现了人类进化过程中的适应性：四岁的孩子能更好地分辨是非，因为他们很强壮，他们可能伤害他人。

最重要的是，与猿类不同，人类可以长时间地怀恨在心。你知道动物会忘记它曾经生过气。而一个人可以长时间地保持嫉妒和愤怒，因此拥有个体的道德感不就是保护群体吗？我想是的。

杜：是的。从这个意义上来说，对我来说最大的问题是婴儿一岁的时候，在移情和同情甚至还未表现出来之前。我们知道婴儿是完全"无辜的"，他不会伤害任何人或任何东西，并且他还有一种依恋的感情，例如对母亲的依恋。这种依恋感可能是普遍存在的，许多其他动物也是如此。但是从经验的角度来说，人类社会中的新生婴儿与他或她的母亲之间的关系与其他动物有什么不同呢？或者是否必须要到两岁时人类才有同情心？如果你的观察结果确实表明，在第一年里，婴儿不能思考别人的感受和想法并对其作出反应，那么问题就是，在这个阶段婴儿身上是否有任何将人类区别于动物的特征。

凯根：我认为到目前为止的研究——记住，新的研究总能证明我是错的——表明在最初的八个月（注意：不是十二个月，而是八个月），人类婴儿99%的时间都像黑猩猩幼崽。从感知能力和认知能力的角度来说，很难把它们区分开来（甚至从运动机能的角度来看，黑猩猩实际上更敏捷）。直到大约八到九个月的时候，人类开始有所不同。九个月大的人类婴儿比猿类更容易记起15秒前发生的事情。注意，这对以后的内疚感的出现非常重要。并且，大约十个月大的时候，婴儿较之黑猩猩表现出了更强大的模仿能力。甚至他们会自发地模仿一些事情；他们会抱起一个洋娃娃，因为他们看到他们的母亲抱起一个婴儿或抱起他们。这里我们开始获得第一次差异化——最早八个月的时候，但我认为，在最初的六七个月里，很难看出人和动物之间有什么不同。

杜：现在，从行为的角度，我们不能……

凯根：感知，感知的角度。

杜：是的，感知。

凯根：我们还能学到什么？

杜：对，当然是这样的。但是，如果我们再次提出这样一个问题，如果我们相信，人类的独特性体现这些两岁、三岁、四岁、五岁出现的品质中，而且可能到了七岁左右，一个完全成熟和有道德的人的许多基本要素已经存在，那么问题就是，从进化的角度来看——我认为我们之前已经涉及这个问题，即出现（emergence）和起源（origin）之间的区别在哪里。

凯根：是的。

杜：在许多传统中，人们对宇宙的起源、人类的起源都深感忧虑——无论是从神创论者还是进化论者的角度。但我认为中国哲学家特别感兴趣的是另一个问题，即我们所理解的人类，我们此时此地所理解的人类。当然，它是如何产生的，它是如何演变成这样一种状态的——所有这一切——对我们来说仍然意义重大，需要我们去理解，但是我们更应该理解的是已经出现在我们面前的人类，而不仅仅是从进化过程的角度来理解。这里我认为，如果有什么东西已经出现了——比如说，生命出现了（毫无疑问，从进化的角度来看，生命与无生命物种的其他各种渐进过程有关），那么它一旦存在，就不可能再被还原为那些过程。对于意识来说是这样，对于道德来说也是这样，比如说正确这一概念。如果是这样的话，我们应该如何理解人类的独特性呢？你是否基本接受这样的观点，即一切都可以归结为人类的大脑？即所谓人类的大脑某种程度上是如此地与众不同，以至于……

凯根：我从没想过你会这么说，不是一切……

杜：这正是我想反对的。不过如果假设……

凯根：哦，如果你是假设的话，那么是的。

杜：我的问题是，你是否认为人类大脑的出现是不可能被还原为在它出现之前的其他事物。

凯根：是的。

杜：有人认为，人类和其他事物的区别在于大脑，我对这个观点感到非常不安。

凯根：但是人类的大脑不同于猿类的大脑。这不应该威胁到你的理论。人类的大脑与我们在进化上源自的猿类的大脑在本质上是不同的。非常不同。

杜：没错，但问题是，如果，其他动物具有意识……

凯根：如果……

杜：是的，让我们假设动物有意识，根据那个可能完全过时的早期立场。那么人类有一种正义感，这意味着人类有道德感。其中一种方法是说，"看，人类的大脑与猿类的大脑和其他的大脑是如此地不同"，因此，人类的分化因素是可以定位在大脑的。

凯根：只就起源而言，是的，你我所拥有的人类道德、同情、同理心的起源。如果没有人类大脑的独特结构，这一切都是不可能的。但是大脑所能做的就是说："我会给你同情，我会给你善恶的理念，但是我所能做的仅限于此。你们，社会，必须告诉我，你们会同情谁，你们认为什么是对的，什么是错的。"换句话说，大脑就像接力赛中的一棒，大脑说："我会停在这里，因为我不能告诉你道德的具体内容。"

杜：那么你如何……？这是一件我认为很有趣的事情，一件我并不完全理解的事情。也就是说，我们拥有了——按你的说法是结构或框架，但是内容必须来自其他地方。

凯根：是的。

杜：问题在于，这个结构或者形式与黑猩猩和其他动物有很大的不同吗？如果是这样，那么这个形式一定有一些内在的不同。

凯根：有的。

杜：未来的生理学家可以研究、分析这个问题，他们也许可以告诉我们到底发生了什么……

凯根：嗯，他们可能会告诉我们更多的信息。但毫无疑问，我们已经知道人类大脑与猿类大脑有着本质上的区别。

杜：这和道德有什么关系？

凯根：嗯，我们不知道，如果知道就能赢得诺贝尔奖。如果有人说"你知道为什么我们有人类道德，是因为大脑的这种结构"，他就会上每一本杂志的封面。但是我们还不知道。

杜：是的，我知道我们还不知道，但这是个问题。

凯根：是的，这是一个很重要的问题。

杜：是的，但是我觉得这个问题有很多种表达方式。一种方法是这样描述它的。许多讨论都试图在大脑中找到同理心的根源所在，例如在一个两岁的孩子的大脑中寻找它。根据你的观察，能力是存在的，但是内容还没有被填满。

凯根：是的。

杜：现在我的问题是，这两者能否清楚地区分开来？

凯根：当然。

杜：好吧，也许这不构成一个论点，但是如果形式和内容是可区分的，那么内容必然来自某种社会环境。

凯根：非常依赖于共同体和共同体所倡导的东西，是的，是的。

杜：还有社会的标准。

凯根：是的。

杜：这么说吧，社会的标准是如此地重要，以至于即使在我们两岁的时候，我们的道德观也是被这种特殊的标准所塑造的……

凯根：是的，我应该提醒你一件事。有一小群犯罪分子，在他们的共同体中从别人那里偷东西被认为是正确的，这就是他们的道德。约翰·戴维森·洛克菲勒曾经告诉记者："是的，我赚钱，因为这是上帝要我做的。"所以，这就是为什么我要说内容……进行种族屠杀的人——我肯定他们中有些人绝对认为他们在做什么神圣的工作……

杜：正义的事情。

凯根：……（像）11 世纪在耶路撒冷进行杀戮的十字军战士。所以我们必须从这个角度理解。你可能会做出暴力行为，并认为自己的行为符合道德。

杜：那么，就社会形态而言，我们不能避免相对主义。换句话说，什么是暴力的，什么是仁慈的，什么是尊重生命的，什么是反自然的，等等，决定了人们最终会成为什么样……

凯根：嗯，是的，但是他们会将之当作道德。我的意思是，我们是否同意，当中国父母给他们年轻的女儿裹脚时（这种行为不知为何甚至持续了 5 个世纪），女孩和父母都认为他们在做道德行为？

　　杜：是的。这是，你知道，就像（我想可能是伊丽莎白时代的）紧身胸衣的一样？为了某种特殊的习俗毁掉她们的身体……

　　凯根：是的，公元6世纪的玛雅祭司会把年轻的处女扔到井里，作为给他们带来雨水的道德牺牲。我的意思是，人类做过的一些事情，在21世纪的我们看来会问，"你为什么要这么做"，但在那种情境下，这些都是道德行为。

　　杜：但是如果人类在进步，就有可能对年轻的男性女性更为宽宥。换句话说，各种社会环境本身都有某种惯性，它们是经过长期的积累而形成的。

　　凯根：我知道你可能不同意我的观点，但我认为，在全世界范围内，18世纪比21世纪的道德水平更高，在你我理解的意义上，今天的道德水平比18世纪的要低。你知道，西方喜欢线性发展的概念。但我不相信线性进步观，我相信某种周期，就像希腊人和中国人一样。道德水平的波动其实处于某种循环之中，在某个普遍道德水平较高的阶段之后伴随的就是黑暗时代。我认为我们正处在一个黑暗时代。不过这会让我们在另一个话题上走得太远。尽管如此，我并不认为我们所处的时代比任何其他世纪更有道德。我一点也不相信。哦，不。

　　杜：我同意你的说法。但问题在于，个人和他们所处的社会环境之间总是相互作用。我不相信——我认为你也不相信——社会环境是塑造人的道德品质的唯一要素。但是你持有的某种互动模型，即……首先，让我们假设大脑的结构是这样的，它能够产生同情的理解，并且能够产生某种道德感——在某种程度上，道德感是这样形成的。道德的内容是由不同的社会塑造的。我们已经给出了各种各样的例子。从我们的观点来看，有些社会可能是极其残酷的。但是那些受到这种环境作用的人相信他们这样做不仅是道德的，而且是有义务如此做的。一个解决办法就是说："事情就是这样，我们应该接受。"另一种看待这个问题的方式是看到人的发展与影响着人的发展的社会道德之间更为复杂的相互作用。我们可以得出这样的结论：个体的力量不足以克服社会的一些行为，一些在我们现在看来非常不人道或不道德或残忍的行为。

凯根：好吧，你看，我认为这是推测。

杜：当然可以。

凯根：我认为在过去的50年里，互联网、媒体、手机等等几乎渗透到了世界的每一个角落，改变了一切。因为如果我们回到18世纪，你处在婆罗洲的一个村庄，西藏的一个村庄，你会了解你所处的社群，你不会离开那个社群，你有80%的时间一直在那里……

杜：你一直住在那里。

凯根：所以决定这个共同体和它的成员的道德水平的，是共同体成员之间有多少相互信任。成员间财产和权力上的差距如何？它是大还是小？这种差距是公正的吗？这两个事物……使事情变得简单了，因为如果我有一个社区，那里最富有的10%的成员和最贫穷的10%之间的差距很小，而且我们彼此了解，那就是一个相当道德的社区。但是突然间，今天，在婆罗洲的这个村子里，20岁的年轻人知道了洛杉矶、巴黎。他们说："等一下，我以为事情是公平的，但是那些人拥有的太多了。他们得到的太多了。"突然间，我开始嫉妒我的祖父不能拥有那么多。我相信所有人都能在两分钟内知道世界上发生了什么，这改变了一切。我们有了新的忌恨来源、新的嫉妒来源、新的愤怒来源，这些都是我们以前没有的。这些都腐蚀了人类的道德。

杜：这可能就是你觉得21世纪变得更糟了的原因。

凯根：是的，还有我们从两次世界大战和其他事情中知道的所有事情……

杜：那么，如果我们回到更早的观点，我们就不能——我不知道我们是否应该——采取相对主义的立场，即认为不同的社会（特别是在传统世界中）以及受到社会环境制约的人们几乎不可能自主做任何事情。那不是决定性的……

凯根：是的，它不是决定性的，因为总会有一些人不同意。我的意思是，你永远不可能找到一个道德信仰或价值观完全一致的共同体，永远不可能。共同体中总会有反叛者。但问题是，在过去社会自治是可能的，而现在则完全不可能了。

我们称之为历史的叙事是一部书；它永无止境，我们正处在一个独特的篇章中。我相信，当今世界的状况与以往任何时候都不同（部分原因是一切事物在全球层面相互联系），所以我们必须看看会发生什么。现在，我们将从目前这个状态循环而出——我相信有好的循环和坏的循环，并且现在是一个糟糕的时期——下一代人会来修复它。让我再说一件事。这是历史上人类第一次尝试为地球整体作出贡献。他们以前从没这么做过。因此，突然之间，一种新的道德关切必须渗透到人类的内心，而人类在过去的 15 万年里对此无动于衷：环境污染、空气污染、全球变暖。因为它们构成了威胁。海平面将会上升，数百万人将会因此失去家园或者死亡，即使这并非人类有意所为。它将会像地震一样自然发生。所以我们人类必须意识到："等一下，我可能应该把这当作我的道德责任之一。我的所作所为是否加速了这场灾难的到来呢？"人类过去从未担心过这个问题。我相信每个社会都会迎来新的一代人——不仅仅是西方，那里的年轻人会说："是的，这是一种道德责任。我不会做任何让这个星球变得更糟的事情。"这有可能发生。那会非常有趣。

杜：你知道，这个想法很有意思。我认为这就是为什么我们去年参加了重新思考何以为人的整个项目，无论是从物种的角度还是从个体的角度，重新思考我们的状况，我们与地球的关系，人类与其自身的关系以及我们自己的自我理解，以及我们与超验者的关系，不管上帝是否存在。我想提出两个问题。其中之一是，我认为你提出了充满希望的新一代形象，他们清楚地知道应该做什么，应该采取什么样的行动；如果不是这样，那么人类的生存能力将不仅成问题，而且将不再可持续。这种新意识可能会同这样一个问题一起出现，即在广义上，累积的智慧，或累积的经验，或累积的关注和意识，它使我们在这里拥有——不一定是命运，但是……你有一个强烈的信念，某些东西将会出现……

凯根：你不会喜欢我的回答的。

杜：好吧。

凯根：这不是那么原创性的，但也不是什么普遍的信条。我认为到目前为止的历史叙事已经撕裂了很多人，尤其是那些受过一点点教育的人……诗人华莱士·史蒂文斯（Wallace Stevens）是对的（我认为雅典人不会这样想，孟子也不会这样想，蒙田也不会这样说）。史蒂文斯说的是："我们必须弥补。"人类因其本性而无法选择；他们必须创造道德的意义。否则，他们会变得抑郁，而抑郁是一种痛苦的状态。每个人都知道，如果我没有道德目的，那么我就没有理由早上起床。你必须拥有一些意义上的追求，你必须相信你的选择是值得的。伏尔泰的情人，18世纪的沙特莱侯爵夫人（the Marquise du Châtelet）说过：幻象就是一切，没有幻象你就会迷失。她是一位非常聪明的女性。史蒂文斯在20世纪说的是："你必须发明一些东西。"但是在清楚这是你的发明、别人也可以发明别的东西的情况下，你仍然需要带着感情投入其中，你将体验到的快感就是你在追求你的道德目的，并且知道它是你的发明。现在，如果你能做到这一点，你就成功了。侯爵夫人也是这么说的：幻象之外一无所有。我女儿十岁的时候，我常常告诉她："充斥着你的是诸多泡沫。每个泡沫都是一个幻象，所以你要么朝着它们努力，要么在它们错了的时候把它们戳破。你必须在活到九十岁的时候还剩下一些泡沫。如果没有泡沫剩下，你就会迷失。"侯爵夫人就是这么说的。现在我认为这个想法——史蒂文斯漂亮地描述了它——是新的，所以当你问我"我们取得了什么进步？"的时候，我会觉得这个想法是一种有趣的进步,因为它表明大自然并不打算给我们任何特定的道德目的。大自然唯一关心的就是:生存下去,开始下一代。之后,就看你的了。这是致命的,我是说,这对人类来说很困难。因此,这是一种有趣的进步,但至少去认识真相、察觉真相……还记得贝克特《等待戈多》最后几行的精彩对话,它发生在那两个等待戈多的流浪汉之间。其中一个流浪汉说:"说你很幸福。"他说:"我很幸福。"而他说:"我也很幸福。"我们都很幸福。然后另一个流浪汉说:"那我们现在怎么办?"然后那流浪汉说:"我们等着开门。"这句台词很精彩,看看华莱士·史蒂文斯是怎么说的。

杜:但是,新的发明、想象或者幻象有混同于某种绝望的境况的危险。让我们假设,没有其他哲学家曾经遇到过像我们今天这样的情况。它为一些相对新的甚至是革命性的东西提供了可能。我之前提到的问题是,多少世纪以来,人类一直在与这类问题作斗争,做出了各式各样的努力。现在有一种观点认为,人类将永远无法以一种全体论的方式思考人类这一种群,因为他们分属独立的共同体,诸如此类。但是在人类历史的早期,我们可以说,所有主要的历史或伦理传统——所有这些——似乎都形成了某种关于人类的普遍概念。即使我们知道它们每个都受到社会力量或文化力量的制约。从约公元前 10 世纪到公元前 6 世纪,一些伟大的文明出现了,虽然它们之间很少直接联系(上次我也提到了这个轴心时代)。当然,它们内部持续不断地进行交流。但是每个传统都形成了一种关于何以为人或者学以成人的愿景。

我想,直到 1948 年,德国哲学家卡尔·雅斯贝尔斯仍然在谈论人类的境况,以及它是如何被这些主要传统以非常重要的方式所塑造的。一些共同体崛起并最终消亡;另一些共同体发展出了特定的习俗。然而在我们看来,有些是完全行不通的,例如洛克菲勒的贪婪的概念……但其他种类的道德标准和思想不仅存活了下来,而且蓬勃发展,并促进了我们的自我理解,不管现在来看这种理解是多么有限。当然,所有这些，与我们现在所面临的人类境况的严峻程度相比相形见绌，因为我们这一物种的生存能力已经存在危机。但我的问题是，人类一定积累了大量的资源去应对这一问题。

凯根：什么样的资源？

杜：人类为了应对他们所处的境况而积累的道德和精神资源。让我们假设——如果世界正要经历不同的周期，那么在这种特定情况下，进步的理念肯定行不通。但是，现在当然有一个大问题——人类历史上第一次认识到这一问题，那就是我们不仅仅是进化过程的产物，我们还是诸多负面事物的贡献者，这是我们之前没有意识到的。现在我们开始意识到这个问题。在你看来，现在的问题是——当然这也对我构成问题——各智慧传统是否已经准备好了……累积下来的智慧对于思考能力绝对至关重要，尤其是在我们面临这种极其严重的威胁时。

凯根：是的，我明白。我认为最重要的洞见可以追溯到狩猎采集时代，那就是10万年前的人类认识到他们是一个群体的一部分，他们不能单独生存，不可能以狩猎采集者的身份生存。那些（较小的）群体将无法独自生存，他们将会死亡。所以需要一个更大的群体，因此作为一个人类，你会认识到更大的共同体的完整、健康对我的福祉来说非常重要，因此我们必须与群体保持和谐，必须注意遏制自己的私欲，重视所有我们称之为道德的东西。今天我们确信依然如此。我认为这并没有太大的改变。改变的是环境的复杂程度。我们不再生活在三十人规模的共同体之中。

杜：我们生活在……

凯根：没错。但是最基本的特性——基本的精神资源——我认为这并没有改变。我意识到，如果我生活在一个共同体中，我必须确保这个共同体不会有不可预测的暴力、不可预测的私欲、不可预测的恶意；否则我会一直紧张，无法享受我的生活。我们对此有所洞见，而且我认为我们一直都认同这一点。我不认为我们现在对此有比过去更深刻的认识。只是我们生活的共同体……我们生活在太多的共同体中。你和我生活在这个大学共同体中，我们生活在我们的国家中，生活在世界上。我们试图平衡所有这些共同体，但它们不能很好地平衡。这不再像是作为三十人规模共同体中的一员那样。

杜：但是如果我们回到所谓的轴心时代文明，他们的处理方式是不同的。他们有不同的方式组织这些共同体。我认为你提到的 10 万年前的社会，三十人规模的群体，这是任何社会或共同体生存的最低条件……但是，生存能力只是故事的一部分。你知道，人类努力奋斗，他们的志向远远超过生存。

凯根：对。

杜：否则我们今天就会一无所有。因此，有许多途径实现——我不会在狭义上使用"实现"这个词，而是——幸福（我认为这是希腊的概念）。幸福（eudaimonia）可能是个好词。生存的智慧或本能是一回事（也许这就是我们在处理这种危机时所拥有的），但是这个故事的另一面不仅仅是关于生命的意义，而是关于人类之幸福，我们如何解释这些不同类型的人类之幸福？

凯根：因为生存环境不同。亚当·斯密（Adam Smith）在 18 世纪的英国说过："这就是你幸福的方式：把个人利益放在第一位，你的社会就会幸福。"这在今天行不通。所以我把这个问题还给你。考虑到我们所拥有的知识——也就是你和我所共有的（对当今世界境况的相同知识）——我不确定答案是什么。什么样的道德责任能够使人类幸福？我要问你。

杜：一个真正的问题。我认为，即使在亚当·斯密时代，国家的财富依赖于个人利益——累积起来的个人利益可能会导向整个社会的获益——这一观点也并不被他当作他的主要贡献。他认为自己首先是一个道德哲学家，是《道德情操论》的作者。显然，这位经济学之父并不认为经济问题是人类幸福最根本的问题。

当然，为了人类的生存，也许你必须有那种本能才能生存。但这是最低条件，所以我们需要更多的东西。因此，生命意义的问题不能简单地归结为物种的生存能力，尽管那是一个大问题。你知道，人们的各种各样的行为，从表面上看可能对他们的生存没有什么帮助。

但所有这些伟大的牺牲，我们都应赞美其为伟大的贡献。所以现在，在这种特殊的情况下，我们知道人类这个物种的生存处于危机之中。有两种方式来看待这个问题：一种是非常单薄的描述，即"让我们找出那些帮助我们生存的可能性"。你还提到，新一代人开始认真思考，无论是作为个人还是作为一个群体，"我们都不会对人类生活的可持续性作出负面贡献"。这只是一个简单的描述。但是这里也有一个更厚重的描述。什么是美好的生活？做这件事的意义是什么？这是建立在实现我们能够生存的基础上的，但生存只是最小的前提条件。仅仅生存并不足够。

凯根：我们都同意这一点。但是我对你问题的回答是：美好的生活……一个能够在生命的终点说"我过了很好的一生"的人，是一个设定了一系列道德目的，并且被允许追求这些目标——如华莱士·史蒂文斯所说。而今天的问题——不是你和我的问题，因为你和我设定了道德目的，你和我被允许追求这些目标，你和我对我们的生活感觉良好——但是今天的年轻一代，他们中的许多人没有设定这些道德目的，这些泡沫。因此他们并不高兴，因为他们没有乘上追求某种为他们所认可的理想的列车。这是一个真正的问题。

我认为，修复这个问题可能需要几代人的努力。请让我提醒你，亚当·斯密在《道德情操论》一书中说"人类永远会为邻人可能的言论感到羞耻"，但这是错误的。这在现代美国已经绝迹了。伯尼·麦道夫（Bernie Madoff）不在乎别人说了什么。出售抵押贷款的银行家也不在乎。对两岁的孩子和孟子早期的著作来说羞耻感是至关重要的。而现在羞耻感是病态的：它已经被稀释了，因为人们挤在一起彼此却不认识。亚当·斯密不明白的是，在 250 年后的时代，很多人都不会感到羞耻。他无法想象这样一个社会。正如你前面所说，羞耻感是人类道德的一个非常重要的组成部分——不是唯一的一个，但是如果你失去了它，你就失去了一个重要的工具。

杜：如果年轻一代开始意识到人类的生存是个问题，他们决定不对这个过程作出任何负面的贡献，这是羞耻文化的重建吗？

凯根：一个开始，仅仅是一个开始。我的意思是，我们不会孤军奋战，这是一个开始。我们必须发明更多的东西。你问对了，维明。你说："那么什么是幸福呢？"我认为我们都同意什么是幸福，我已经建立了这些道德理想，并且感觉我正在接近它。我甚至不需要去那里，但我正在接近那里。如果你可以一辈子这样做，你会很快乐。这是一种美好的生活，是幸福。正如你所知道的，维特根斯坦（Wittgenstein）是一个脾气暴躁的抑郁症患者。他总是焦虑不安。在他三十岁的时候，他在日记中写道："我永远不会有任何快乐，永远。"他的三个兄弟都自杀了。我是说，他是个抑郁症患者。但他知道自己是 20 世纪最伟大的哲学家之一。上个月我读到，在他临终前他和他的朋友在一起，他在临终前几个小时对朋友说："告诉他们我过了很好的一生。"因为——如果他确实这样想——他所说的其实是："我树立了关于知识和思想的道德理想，并且我被允许追求它。"你不能要求更多了，即使他一生的基本情感基调是忧郁的。

杜：比如说，如果是个人决定为自己设定这些道德目的，并努力奋斗，如果这就是新发明的想法……

凯根：不是新的。请记住希腊人就说过幸福（eudaimonia）。他们就是这么做的……

杜：幸福，是的。

凯根：所以这不是一个新的想法……

杜：不，不。但是，个人抱负（你设定了一个目标）和这个事实（如我们前面所说,道德目的的具体内容来自社会)之间存在着相互作用。因此,这个为我们自己重新设定的目标,即使没有得到"批准",至少也要得到社会的认可。

凯根:是的,当然。

杜:但是当我们面对如今这种不可思议的情况时,我们面临的问题似乎表明,一定有什么新的东西出现了,不同于我们走到这一步的人类共同体的惯性。我还有一个更宽泛的问题。我认为,也许我们可能面临的最悲惨的情况之一是——正如你已经指出的那样,我们越是意识到我们应该做些什么来摆脱这种难以置信的局面,我们就越是深刻地意识到这些制约因素,不仅是制度上的、社会上的、习惯上的,而且还有这些力量——当我们观察世界上正在发生什么,谁是强大的、有影响力的,谁可以获得那些正表现出的信息和思想、观念,我们知道得越多,我们就越敏锐地意识到我们没有能力改变它——至少从我的角度来看是这样。因此,我们对人类境况的不安定状态既有理性的清晰认识又有所洞见,然而整个过程仍在延续。

凯根:没错。你看,这就是问题所在(你可以在欧洲的问题中看到这一点):人类——大多数人类——很难说,"我属于所有人类……我是所有人类的兄弟",这非常难。通常情况下,你所属的类别要小得多,而这正是麻烦之处。上周,我在塔夫茨大学的国际事务专业为一小群研究生举办了一个研讨会,听众中有一位非常聪明且相当富有的四十多岁的赞比亚人,他希望赞比亚继续前进。我对他说:"看,我们必须关心地球。"然后他恰如其分地说:"现在来看,我关心的是赞比亚。你们西方人抓住了发展的机会,制造了所有这些污染。你们的工厂在冒烟,现在轮到我们的了。"他并不是出于愤怒才这么说的。他说:"我很担心赞比亚,那是我归属的地方。我希望赞比亚有更多的医院、更多的工业和更多的财富。我要建立工业,拥有汽车。当然,因为我是赞比亚人,我更关心赞比亚人。"但是美国更关心美国人。再看看欧盟面临的问题。他们不能合为一体，而这只是世界上很小的一部分。问题在于，我们所讨论的这些分类正在分化我们。每个群体对自己所属的族群类别都更具有忠诚度。如果我们能给这个世界一个道德评分，那我刚刚所说的就正是削弱我们的东西。

杜： 我认为这涉及我一直深入关注的一个主要问题。赞比亚人的反应很大程度上是中国人的反应。

凯根： 没错。

杜： 不过不是那么直白的说法。这个想法并不是说轮到我们污染空气，或者轮到我们获取最大利润。不，不是那个。但也有一种心态，一种科学主义心态，带有现代主义、唯物主义、商业主义和经济主义的色彩。这个想法就是认为，现代化程度就是要用数字来衡量，用你的物质财富等等来衡量。相比之下，虽然中国整体经济规模很大，但人均收入却非常少。因此，发展是我们的权利；现代化是我们的权利。我们永远无法模仿美国的标准，但是，我们应该努力达到其他东亚国家的水平——不一定是日本，也可以是其他国家。所以从你之前的观点来看，这是对一种完全不利于人类物种的生存的路径的难以置信的依赖。

因此，我有一个假说，我相信人类有超越那些定义我们是谁的族群的思考能力。这是在人类历史的早期，而不是一万年前发展起来的。但至少在轴心时代文明时期，人们开始以普遍的方式思考——不仅仅是一个特定的部落、一个特定的社会，甚至是一个特定的民族（当时还没有民族国家）。当基督徒说话的时候，他们说的是每个人都可以成为基督徒。这就是博爱。当佛教徒谈论成为一名佛教徒时，也有这样一种观念，认为每个人都可以成为一名佛教徒。而自我实现的最高表现——让我们从儒家传统来说——就是天人合一。早在 11 世纪，一位名叫张载的思想家就对这一境界做出了一个很美的描述。在《西铭》中，他说："天是我的父亲，地是我的母亲。即使是我，这么渺小的一个人，也能在天地之中找到亲密的感觉。一切对宇宙的感知就是我的身体。一切指向宇宙的都是我的本性。所有的人都是我的兄弟姐妹。万物都是我的伴侣。"（乾称父，坤称母；予兹藐焉，乃混然中处。故天地之塞，吾其体；天地之帅，吾其性。民，吾同胞；物，吾与也）

你可以说——你知道，这是在 11 世纪——这是一个不仅超越家庭主义，而且超越家庭，超越地方主义，超越狭隘主义，超越种族，超越国家，甚至超越人类中心主义的愿景，因为你把所有的事情都当作你的同伴来谈论。现在，我并不是说这种观点已经被广泛接受——当然情况并非如此——但对我来说，人类超越自己族群的思考能力，即超越定义你是谁的社会族群，这对我们（允许我们）去面对这场新危机尤其重要。

那么，在一个完全不同的（因此也是歧视性的）世界里（在其中存在富有者和无产者等等），这种特殊的愿景如何能够被分享呢？换句话说，我们都是不同的。你知道，有些国家要强大得多，不是吗？但是，面对新的形势，思考作为人类的特殊性和独特性，这对我来说是一个非常非常严肃的问题。你知道，有些人会说，无论是从生物学的角度还是从其他角度来看，我们人类的生存能力对比于昆虫、病毒等都是不值一提的；人类无法自救是很自然的。但是如果我们仍然沿着你之前建议的思路思考，关于新的人类现实的新思想，那么一定有很多的教训或者说想法，仍然是相关的和重要的。

凯根：嗯，但我认为直到在基本生活必需品上的差异更小、更为平等时，才有可能接近你的理想愿景。饮用水、卫生设施、良好的医疗条件，为每个人提供学校。你看，我们离那个目标太远了，你不可能接近这个理想。所以现在，让我们来想象一下，如果所有的人都能说，"我是人类的一员"——正如约翰·多恩所言："不要问丧钟为谁而鸣，它就为你而鸣！"那该多好。现在让我们进行一次假想中的两分钟对话。

现在是 1000 年后的未来，我刚才所说的都已经实现了。世界上所有的人都拥有了卫生设施和干净的水。所有的孩子都去上学,每个人都有一个高中毕业典礼,每个人都能用上电。每个人都至少能活到75岁。那是一千年以后的事了。你认为那个时候人们会说"是的,首先我是一个人"而不是说"首先我是一个挪威人"或"首先我是一个穆斯林"吗?我不知道。看,这就是我不知道的。人类有这样一种强烈的倾向,会说"嗯,我所属的族群是不同的"。你是怎么想的?不要太理想主义的话——你认为我们那时候拥有了那个新的世界了吗?每个人都得到了他们物质上所需要的一切,或者说过上了舒适的生活。你认为到那时人类会说"是的,我的主要身份是'我是一个人'"吗?我不知道。

杜:不过现在,可能和你的观点很不一样——我的观点是我们没有1000年的时间来等待。甚至,你知道,如果你能想象的话。我们甚至可能没有100年或200年。我是说,时间……

凯根:我们不可能在100年内实现这一切!

杜:对,是的。好的,有两种看法。一个是这可能需要1000年,或者类似的时间,但是如果赞比亚人和中国人等等不同意这一理念的话我们没有那么多时间,因为局势会迅速恶化。假设我们没有1000年的时间。我们知道在100年内我们不可能实现它。但是我们也不应该假设需要的时间过长以至于长到根本不现实。所以比如说50年。我们只有50年的时间来思考这些问题。

假设世界仍然存在很大的分歧。许多人——也许是10亿人——将无法享有我们认为理所当然的清洁空气或清洁水。情况大致保持不变。因此那个千年计划——希望在2020年之前改善贫困国家的状况,或者其他什么,是不可能实现的。情况正在变得更糟。所有这些都是常识。你——或者新一代人,可能是我们的孩子——可能会做些什么?他们需要做什么?

现在,我看到了一些有趣的发展。首先,任何宗教领袖都不可能在不解决问题的情况下得到尊重。例如，在基督教传统中，那种说法已经站不住脚了，即认为我们等待上帝的王国尚未到来，现世不过是凯撒的世界，充满亵渎和污秽（因此你不介意这个世界变成什么样子）。佛教领袖同样不可能说：我们会坚持等待净土的到来……

一个基督徒为了成为一个基督徒，会通过许多伟大的想法来定义自己。佛教徒也是如此。但是佛教和基督教的思想，某种程度上是不可通约的。你不可能同时是基督徒和佛教徒。它们非常不同。所以我认为，对新一代人来说，认同感的影响依然强大。但是这个另外的、新的身份必须出现：这就是全球公民意识的问题。换句话说，毫无疑问，我是一个基督徒，但同时也是一个生活在 21 世纪的人，所以我有义务不去污染环境，尽管作为一个基督徒，上帝的国度可能比此时此地的世界更加珍贵。对佛教徒和其他人来说也是如此。你知道这种感觉，尽管不是定言令式的责任，那么至少我认为这种道德义务感正在浮现。

凯根：我希望你是对的。

杜：我认为我基本上是对的……我不是说，你知道……回答你更广义上的问题，我同意你所说的，除非有一个公平的经济形势，否则全球努力改变这种形势的可能性是有限的。但是我们没有那么多时间，我们必须做出一些改变。然而，在我们对人类未来的重新思考中，比如说 50 年，我们真的必须足够大胆地去想象每个人都需要的东西。

凯根：但是我在这些 25 岁的特权一代身上看不到任何迹象，即使在美国也是如此。我很少看到人们鼓励他们减少汽车的使用，你知道，减少他们的碳足迹（carbon imprint）或其他什么。也就是说，我在他们的行为中看不到足够的证据证明这一代人能作出重大贡献。我并不认为已经进展到了这一步。我认为他们还没有作出承诺。我们可能不得不等待下一代。你看，再过 100 年，海平面就会上升。我们不知道——假设它上升了一英尺。这种情况下人类会生存下去，它只会危及沿海地区。人们可能只是离开。所以我们仍然有 65 亿人口。这个物种不会灭亡，但是这会给一些人带来痛苦和悲伤。但当瘟疫袭击欧洲时，在 17 世纪……

　　杜：30% 的人死了……

　　凯根：是的，但是瘟疫没有袭击印度尼西亚。所以，你知道，事情发生了，有些人受到了伤害。所以气候变化会伤害到一些人。但我认为这个物种会幸存下来。你和我都不担心生存——我们会生存下去。你我所担心的是那些幸存者：我们能让他们的生活变得更加充实吗？我们如何使他们的生活在道德上更加充实，以便他们在最后能够像维特根斯坦那样说……

　　杜：说自己过了很好的一生。

　　凯根：告诉他们我的生活很美好。这就是我们所谈论的，而不是生存。

　　杜：是的，但是除了生存之外，这种美好生活的感觉和我们开始的谈论有什么联系呢？人类物种的出现？……

　　凯根：我们一个小时前就达成一致，那就是在你五六岁的时候，你会情不自禁地树立起这些道德理想。你这样做，它就出现了，它就像语言、歌唱、爬树一样通用。这些都是伴随我们这个物种出现的特性。

　　杜：但是我们所知道的这些新兴属性是特定环境的一个组成部分，特别是我们所处的社会环境。

　　凯根：是的。

　　杜：很多这样的社会环境对人类的幸福来说是适得其反的。

　　凯根：没错，但是现在回到我们刚才所说的：如果世界的某些部分是不平等的。我的意思是如果一所宗教学校的孩子们正在学习一种道德理想，这种道德理想告诉他只有一种真正的宗教，而任何不信奉这种宗教的人都是次等的人类，那么对于孩子们来说这就不是一个很好的道德理想，如果他们生活在一个全球化的地方，如果我们所有人都必须宽容并试图互相帮助。听着，这不仅仅是……我的意思是，对于本雅明·内塔尼亚胡的组织来说，他将在耶路撒冷建造更多的房屋，但这不会有任何帮助，也不会带来和平。所以我的意思是，我并不是想……没有……每个人都有责任，每个人都是自私的。这是加勒特·哈丁（Garrett Hardin）所说的公地悲剧，对吗？

所以最后每个人的牛吃的都是公地的草，没有草能剩下了。我们很难让人类超越他们的家庭和他们直接所属的族群（宗教、种族、民族关系）进到下一个层次。这就像你在与地心引力作斗争，我们不可能到达那样一个阶段，即每个人都意识到："等等，我已经在这个阶梯上迈出了一步，因为让生活幸福的唯一方式就是我们都认识到我们是同一个家庭的一部分，人类大家庭。"我们不处在那个阶段。有一种阻力，有一种力量，使得这种跳跃变得困难。

杜：有一个问题，我认为和这个有关，就是如果经济组织或者科技方面的全球化帮助发展出了一个更加同质化的世界，那么人们就会普遍认识到某种相互联系或者团结的可能性。但是，文化全球化——这是人们使用的术语——清楚地表明，本土化（localization），甚至本国化（indigenization）将在21世纪变得非常强大。

凯根：对。

杜：他们在寻找我称为原初关联的东西，比如种族、性别、年龄、出生地、语言，更不用说宗教了。每种关联都非常强大，身份政治一如既往地无处不在。我们已经提到了很多这样的关联。现在，让我们再次回到我们早先的观察，一种新发明的伦理，不仅是为了人类的生存，也是为了追求美好生活的个人。这取决于一种认同感的出现，这种认同感不来源于特定的族群或共同体，而是来自于整个人类：首先，我是人类共同体的一员。因此，在这两种力量之间——一种是我们从属于人类这一共同体的普遍化，另一种是特殊化——存在着这样的张力。我的感觉是，"非此即彼"的选择是行不通的。抽象的普遍主义——"我们每个人都应该遵守某些一般行为规则"——是有问题的（你的赞比亚朋友立即会对需要什么规则有完全不同的看法）；另一方面，如果我们让这些特殊主义的关注占据主导地位，那么那种可能被证明极具攻击性的封闭的特殊主义将会是极为强大的。所以我想问问你对此的看法。可能存在某种交流：我们不可能放弃我们的原初关联，那种把我们塑造成具体生命的类属，但同时，我们知道我们必须超越我们自己、我们的家庭、我们的共同体，甚至超越仅仅是人类的世界。

你对此有什么看法？我想——我不知道我对你的理解是否正确——你更关心的是打破所有这些分类，以达到更高的人类意识，而不是局限于认识到这些分类在塑造具体的活着的人方面的丰富性和成果。

凯根：嗯，这就是张力；我认为你已经很好地描述了它。人类必须有一个让自己相信自己是好人的基础。现在大多数人都……

杜：基本信念还是……？

凯根：还记得我在第三阶段说过的话吗？

杜：记得。

凯根：现在你把它应用到自我身上，然后你会问：我是个好人吗？人类无法回避这个问题，他们真的无法回避。这个问题从三岁开始。现在，在历史的大部分时间里，大多数人都用它来把自己与他人比较，对吗？我的意思是佛教哲学的美妙之处在于你不会那样做。但不幸的是，佛教并不受大多数人的欢迎。因此，如果贫穷国家……因为贫穷国家知道富裕国家的存在。他们会说："好吧，等一下，我的国家不能，我的国家没有……"正如赞比亚人所说："我的国家必须和你们的国家一样好，否则我就不能自我感觉良好。"我们怎样才能让人们不再用外在属性来判断好，而是用内在属性来定义好："我是在走向智慧吗？我是在走向知识吗？我是否在发现，我是否遵循了自己的道德准则？"如果在一天结束的时候，我可以说"是的"，那么这一天做得很好，与你可能做什么无关，因为你可能做的是同样的事情。你甚至可能比我做得更多。但我不在乎这些。我们能做到吗？我不知道，因为人类是如此沉迷于将自己的群体与另一个群体进行比较，而不是像维特根斯坦所做的那样，由每个人自己决定，"告诉他们我过得很好"。佛教徒认为这是可能的。理论上应该是可行的，但是我们很难做到。我们正在经历一段非常艰难的时期，让人们从外在的比较转向仅仅是判断"我是否正在朝着更好的理解、智慧、追求我的道德理想的方向前进？我今天比昨天做得好吗？"

杜：那种遵从内在标准而不是外在标准的观念。

凯根：正是如此。

杜：我想，我的假设是，这种观点植根于人类的理性能力。

凯根：是的，但是它很脆弱。它与强烈地将自己与他人相比的倾向相反。这是人类的两种能力，它们相互作用，互相争斗。

杜：让我们回到两岁的时候。两岁时的同情心和感同身受的能力——你知道，一种内在产生的力量——是如何受到内向认知真我倾向和向外与他者比较倾向之间的协调的影响的？

凯根：我不知道，但是赞比亚人会对我说："看吧，如果我发展赞比亚的经济，我不会伤害你。"所以他不必感到内疚；他没有伤害我，他只是想发展赞比亚。但这是外部的，你知道，他希望赞比亚和西方一样好。

杜：是的，所以，同情或者说同理心……

凯根：没有发生作用。

杜：在那个层面上，而且……

凯根：没用。

杜：是说，对于我来说，难以想象询唤自己成为人类共同体的一员？

凯根：是的。

杜：这个观念植根于同理心和同情心。问题是，培养——你知道，认真培养——移情和同情能够达到那种特定的心理状态吗?

凯根:理论上是的,但是经济学家也有很多理论!

杜:没错,没错。但是,看,这是一个事实,即我们认同我们自身正在这一困境之中。摆脱困境是极其困难的,我们并不乐观地认为我们的新一代能够做到这一点。但是,与其说这是一个理论问题,不如说这是一个教育问题(pedagogical),它是一个关于人类幸福的问题。同理心或同情心的培养是出发点,是起点,而不是终点。

凯根:我认为我们需要一场灾难来实现我们想要的。我不认为人类会主动这样做,除非他们不得不这样做。换句话说,在未来的100年里,我们需要像下面这样的东西:世界上大片地区遭受干旱,庄稼歉收,人们死亡,台风和飓风频率增加——你知道,灾难降临时人们说"天哪,我们必须做点什么"。我认为,目前需要一种来自外部的威胁,这种威胁说:"如果你不改变你的道德优先项,你就会陷入深深的麻烦;我们将对你进行更严厉的惩罚。"我认为也许只有一些严重灾难的发生才有可能改变一切。战争期间,当英国遭到德国人的轰炸时,人们彼此之间非常友好,他们团结在一起。威胁让他们走到了一起。在"9·11"之后的几个星期里,美国人竖起了国旗。还有爱国主义,你记得吗?人类在采取行动之前必须受到威胁,这是可耻的,但是,我怀疑你和我想要实现的目标……除非发生灾难性的事情,否则它们不会发生。

杜:不过,我认为在个人层面上,这是毫无疑问的:它们是可以实现的。

凯根:对。

杜:你谈及爱因斯坦。

凯根:对。

杜:所以说到一个人的发展……我是个好人,我试着按照我为自己设定的一些标准来发展自己。每个人都可以得到。它可以被证明具有某种完全内在的价值。但从更广泛的角度来看, 从社会冲突的角度来看——更不用说文化冲突了, 这些问题是不容易解决的, 除非出现一些极其危险的情况……

凯根: 是的, 举个例子, 我们都知道, 德国战胜纳粹后的年轻一代是如此具有平等主义思想, 如此富有同情心……我的意思是, 每次我访问德国, 我都被深深打动。但他们需要那个创伤来说: "不, 先生。"大学涌现, 马克斯·普朗克研究所成立。但这是因为那一场灾难促使他们不得不这么做。如果没有那场灾难, 德国永远不会朝着年轻一代的方向前进: 这就是我的意思。这就是灾难的后果……我们现在谈论的是气候变暖、干旱和台风, 我想事情应该也是这样的。我们做了很多思考——比我想象的要好。我认为这很好……你不这么认为吗?

杜: 是的, 我非常喜欢。

凯根: 这就是你想要的吗?

杜: 恩, 很多惊喜。

凯根: 真的?

杜: 结果是一个惊喜。

凯根: 快乐的惊喜是好事。

杜: 是啊, 尤其是你最后那部分……你知道, 当然那是很压抑的。去理解……

凯根: 我很沮丧。

杜: ……人的境况。但是, 我想我会描述一下什么是理想的生命形式。然后, 你知道, 我提到了一点点关于天人合一的可能性, 可以这么说。尽管对形势作出了各种现实层面的评估, 但我们现在设想的是——我认为我们两人仍然希望有一种新的心态, 尽管这种心态可能不够强大到具有普遍性。但是它可以开始……

凯根: 哦, 是的。

杜: 用一种新的心态。

凯根：我们同意这一点。

杜：是的。

凯根：毫无疑问，按照事情的发展方向，一种新的思维模式将会被创造出来。毫无疑问……

杜：是的。

凯根：65 亿人。

杜：所以我认为，对于人类此时此地的状况，我有一个为我所珍视的愿景，这个愿景非常符合你那非常生动、非常具有挑战性且对我来说非常具有穿透力的想法，你对我们所处的位置和将要面临的危险进行了极为敏锐的描述。人类的境况是如此不安定。这种不安定性是如此明显。我认为一个新的、广义的人文主义愿景的出现对于人类社会处理这个重大危机是绝对必要的。这是绝对必要的。我认为我们应该能够想象的事情之一，就是你所说的"泡沫"。好吧，我不会在这个特定的意义上使用"幻象"这个词，但是这是一种想象行为，它不仅仅是虚幻的。

每个人都面临着四个极其重要的问题。一个是关于自我的问题，即希望身心的和谐融合。第二个是社会或共同体中的个人，关于共同体可以有不同的理解：家庭、社区、国家、种族、文化和整个全球作为一个共同体。第三个问题是人类与自然关系的问题。最后一个问题——一些传统认为很重要，而另一些传统如世俗的人文主义传统认为无关紧要，那就是关于人或人的心灵和思想的问题，这与天道 (the Way of Heaven) 或生命的终极意义有关。对于基督教传统而言是上帝，对其他传统来说则是安拉或婆罗门或逻各斯。一个未能考虑到所有四个方面的人道主义愿景将难以应对我们面临的危机。

那么问题就在于：在 21 世纪成为人 (to be human) 意味着什么？现在，按照我的这种思路，即使我们认为"天"无所不在，无所不知，我们也无法想象"天"或者说上帝是全能的。而从某种意义上说，人文主义的出现使得情况完全不同：我们所做的——甚至在我们家庭的隐私中——不仅会对社会和文化产生影响，甚至会对宇宙产生影响。在这种特殊的情况下，作为一种愿望，能够实现天、地、人的统一意味着什么？

地球将是我们的地球。比如说，"天"是某些传统的意义之源。对于世俗的人文主义者来说，情况可能并非如此，但我所说的人文主义者将不仅要对自己负责，对自己的共同体负责，对整个人类世界负责，还要对整个宇宙过程负责。因为我们如此强大，如此有影响力——我们有能力做如此多的事——正是因为我们有能力做如此多的事——登上月球，发展出令人难以置信的破坏力，从这个角度来看，地球可能非常脆弱。

所以人类有着难以置信的能力去改变，去塑造，去破坏。我们开始的问题是人类在两岁时作为一个富有同情心的存在出现，到了七岁时，我们逐渐具备了成为一个完全发展的道德人的所有主要要素。面对这一令人难以置信的严重问题——鉴于人类生存和人类幸福的人道主义愿景的必要性——你提到了一种观点，即在进行了所有这些讨论之后，灾难可能是迫使人类深入思考我们处境的必要条件。我想知道你是否可以对我关于发展一个完整的、全面的人文主义的愿景做出一些回应？关于如何在 21 世纪学以成人（learn to be human）？

凯根：嗯，我认为自我与共同体的关系——你的第一个问题——是可以实现的。虽然我们还没能实现自我与共同体的完全和谐，但是如果人们能够理解，且具有合适的条件，那么意味着它是可以实现的。另一方面，我们与自然的关系——在那里我们似乎退步了。我的意思是，我们正在毁灭非洲大陆的动物。人们似乎对此漠不关心，在刚刚过去的 40 分钟里，我们一直在讨论我们如何提升这一全球意识。我认为这是可行的，但似乎有很多的阻力。你必须详细说明的一个点是如何让人们思考他们与你所谓的"天"之间的关系……我认为这个时代非常……

杜：过时的。

凯根：现在的主流是反对这种观点的。所以你必须从抽象的阶梯上下来一点，然后说更多。它是什么意思？一个人要怎么做才能把自己和你所谓的"天"联系起来呢？

杜：我想，首先，我会说人……把人定义为理性动物，或者工具使用者，或者被赋予语言能力……这些都是正确的，但只是部分正确。在追求意义的过程中，人也是美学的、历史的、社会的、政治的，甚至是形而上学的。所以人是非常非常复杂的，我们是观察者。关于"天"的概念，我们是观察者。我们观察自然，我们观察自己、我们的社会、我们的共同体。我们欣赏自然——我认为这也许是人类的特点——这种对自然、对山川、对河流的审美感受。用基督教的话来说，我们欣赏这个在我们面前被创造和展开的世界。但我们也是参与者。现在，在进化过程中我们显然是所谓宇宙进程的参与者。因此，我们或多或少是我们所处环境的共同创造者，这就引出了人类责任的问题。你知道，我们不仅要对自己和共同体负责，而且现在，不仅要对我们自己的生存负责，还要对我们生存于其中的环境负责。

凯根：是的。其实我们不需要"天"的概念来解释这一切。我同意你说的一切，但是"天"的概念在这一描述中似乎没有必要。意义是……人类创造的意义。现在，如果你说的"天"是指意义，那么我们是一致的，……我们是创造意义的造物（meaning-creator creatures）：这就是我们所做的。

杜：对。

凯根：蜜蜂酿蜜，我们创造意义。我认为我们不需要"天"的概念。我们可以发明"天"的概念，但那是一个发明。

杜：那么自我、共同体和自然的概念就足够我们应付现在的情况了吗？

凯根：只要我们有一些道德理想，比如"你最好处理一下，对吧？"我们现在还没有。

杜：没错，但是这些道德观念必须普遍化……

凯根：没错，它们必须如此。

杜：好吧，我们之前假设我们谈论的道德形式与人类的大脑尤其有关，而道德的内容必须来自社会，现在在这个新发明中……新发明是想象一种从未被社会提供的内容，因为自然环境整体受到了威胁。部分原因在于地球面临的威胁，当然还有地球是我们家园的观念，我们甚至可以认为地球是神圣的。它不仅仅是一堆物的集合，还是我们自己共同体的一部分——因此，这个概念认为，不仅所有的人都是我的兄弟姐妹，而且所有的东西都是我的同伴，你知道，这种人类与自然之间新的关系的感觉。现在，必须存在某种——比如说，为了清晰起见——想象中的人类自我实现的想象性内核，它是完全内在的，是人类本性的内在属性。它不取决于外部条件。我知道这是一个很难回答的问题，因为大自然在其缺乏价值性的层面上并不是完全中立的。但是由于人类的价值观，这就是我们现在对自然的理解：它好像没有目的，没有其他的可能性。

所以现在，在这种情况下，我们人类不仅要对自己的生命负责，还要对地球的生命等等负责，我们必须彻底改变对待自然的态度。早些时候，我们试图处理自然灾害：我们试图控制，我们试图操纵，最终我们试图征服。但现在我们知道，我们必须建立一种新的关系。在之前我们所有的伟大发明、聪明才智中，我们知道有些东西缺失了。我们没有能力与自然建立一种可持续的和谐的关系。

在这样的背景下——不管你是否称之为想象——"天"的概念在以下层面具有意义：我们作为人类的本性，并不仅仅是中性的或者仅仅是进化过程的偶然结果。我并不是说这里存在某种病理学或者有目的的智能设计要素。我根本不是在说这个。我说的是一种力量——比如说,宇宙中的一种力量(也许自然就是一种力量)。换句话说,人类的出现造就了整个宇宙过程中根本性的不同,因为人类是有意识的,不仅仅是对自己,而且能够创造价值并为一切事物命名。简而言之,他们能够自我实现。这一自我实现在社会上和政治上都具有重要意义。意义不是简单地取决于特定的环境,因为现在我们知道整个局势是如此地严峻。我们必须能够思考——以一种共同的同时也至关重要的自我意识思考——人的境况到底是怎样的。因此,在这种背景下,我想问你一个问题:我们一直在处理的三个组成部分——自我、共同体和自然——是否足够。

凯根:我想是的。不是你说的那样。我当然承认,有些人通过加入你的"天"的概念,在他们的自我实现过程和道德之旅中得到了帮助。但是我认为没有这个概念也可以实现你我想要的。这是我个人的观点。每个物种都有自己的一套特征,就像蜜蜂酿蜜一样。

杜:人类创造意义。

凯根:没错,人类创造意义。并不是说一个比另一个好。就是这样,一些突变发生了,人类创造了意义。

杜:我认为酿蜜和创造意义的主要区别在于,当你进入意义的问题域时,先验是不可避免的。这就是为什么我认为对美好生活的某些描述——你知道,终极意义的问题,或者终极意义实际上意味着什么,真正的内在意义——不同于塑造了人类的力量的原因。换句话说,这就是伊曼努尔·康德的自律道德和他律道德的区别。现在我们知道一个孩子,一个普通的孩子,会被塑造成……其道德的具体内容会被社会所填满。然而,我们一直在努力坚持这样一个观点:我认为真正有意义的价值是内在的。这是无条件的。这是无条件的。

凯根:生命的内在意义是什么?人类生命的内在意义是什么?

杜:正如我前面提到的,人生的内在价值之一就是天人合一。但是现在我们假设"天"这个概念是有问题的,它不仅仅意味着人类做事、创造事物的能力，而且意味着人类作为观察者、鉴赏者、参与者和共同创造者在——比如说——宇宙过程中充分实现自我的能力。

凯根：是的，我明白，没错，但是我想说，这并不比照顾一个婴儿、照顾一个孩子、担心年迈的祖母更本质。我的意思是，我们做的很多事情——绘画、作曲——都是人类独有的。我不想……我不会认为我们可以想象自己是自然和"天"的一部分是某种作为人类的特权。那只是我们的特性之一。

杜：是的，杰瑞。我想提出的是，我们有不同的品味。我们有不同的价值观。是的。正如你刚才概述的那样，许多这些都是内在的，它们不是外在强加给我们的。但是你对人类的处境作了如此生动而有力的描述，这不是一个选择的问题，也不是说"好吧，你可能想这么做，你喜欢中国菜，我喜欢德国菜。你喜欢运动，喜欢篮球……"它关乎——我想用一个词，我想你可能会接受——人类的命运。

凯根：是的。

杜：这是一个关乎人类命运的问题。这个问题很重要。你知道，这个问题非常重要。

凯根：我同意。

杜：你知道，你无法回避这个问题："我们是谁？'你也不能回避另一个问题："我们为什么存在于此？"现在我想你可能会认为第二个问题是一个诡辩或什么的。但它不是。德国现任总统组织了一次会议……是的，无论如何，他想在家里组织一次会议。但他没有做到。这是他想要解决的两个问题："作为人意味着什么？""我们为什么存在于此？"现在，"我们为什么存在于此？"可能只是一个神学问题：我们的出现是因为整个进化过程。让我们假设情况是这样的。让我们假设我没有怀疑你；我根本没有信奉神创论。让我们假设我们正处在人类活动的这个紧要关头，那么问题就来了，为什么我们应该继续生存下去。为什么人类物种的继续存在具有价值？从自然主义的角度来看，它可能没有任何价值,但从我们人文主义的角度来看,它可能具有极其强大的价值。那么问题是……

凯根:我想说我的答案是,当我们说"作为人的目的是什么?"我认为这个问题的答案在超过千年的历史进程中不断改变。在刚刚的一个小时里,我们一致认为,今天的目的——不是狩猎采集者的目的,也不是文艺复兴时期公民的目的,而是今天的目的——是拯救地球。新的目标,历史创造了一个新的目标,因为我们污染了我们的家园。但是,你知道,两千年前,希腊人不必担心这个问题;希腊人还有其他问题。

我们进行发明。我们回来了,看到了吗?——我不知道我们是否认同华莱士·史蒂文斯。但是是的,目的是人发明的。在我看来没有什么内在的目的。我只代表我自己发言;会有很多人听到或读到这些,他们会不同意我的观点。但这是我的观点。作为人类并没有什么特殊的目的,就像作为蚊子没有特殊的目的一样。我们已经进化了……我很高兴我们已经进化了。你和我正在进行一次愉快的谈话,我真的很享受这个过程。我们已经进化到了如今这个程度。但是我不相信大自然为我们安排了什么特殊的目的。而我们需要某种目的是因为我们独特的基因和我们发达的大脑。所以我们需要意义。所以我想说,有一个来自道德感的核心意义,然后剩下的则来自历史了。如果历史告诉我们最好注意这一点,那么这最好是一个道德目标。

杜:不,不,不。我认为你可能有点自相矛盾——嗯,我的意思是,你可能偏离了你最初的基本想法。假设我们是创造意义的动物,假设我们面对的是一个前所未有的情况。那么,历史可以给我们各种各样的累积来的智慧,但历史不能给我们这种重新思考、发明的能力。所以这是我们必须做的事情。这就是……所谓时代精神或时代挑战。对我们而言今天的意义创造与文艺复兴或轴心时代的意义创造有着根本的不同。但是作为人类,正如我所说的,我们不仅仅是社会、政治和经济的存在;我们也是有记忆的历史存在。我们也是形而上学的存在,因为我们追求意义。我们是审美的存在……所以在这个特殊的背景下，我们面临着这种新的情况，(比如说) 我们的任务就是拯救地球。我们的历史，我们的社会性，我们的政治意识，丰富了我们拯救地球的使命感。所有这些都变得特别重要。

凯根：对。

杜：现在如果我们都同意这一点，而你仍然从自然主义的角度来肯定人类的无意义，那么，你没有看到这两种立场之间的任何矛盾吗？好吧，请再多解释一下。

凯根：因为我们创造了意义——你说得很美妙，历史是一部电视剧的编剧，在这部电视剧中，演员就是现在存在于世的我们——而历史说，"哦，是的，我要给你一个问题"，这会给你很多意义，因为你最好解决这个问题。这就是你所谓在那个时期的意思。你编造它，因为你必须面对它。如果历史在向你扔石头，那么在那一刻，你的意义之一，你的目的之一，就是处理那块大石头。这个星球的状态恰好是一块巨石，它是上个世纪突然出现的。一个新问题，这是一个新问题。

杜：但是，你知道，历史意味着延续。所以当我们思考这个问题，这个新的巨石，或者这个新的条件，我们都有我们的集体记忆……

凯根：是的。

杜：以此去抓住它。

凯根：是的。

杜：这是人类的特点，对吧？

凯根：是的。

杜：所以我们发明历史，创造历史。我们发明和创造社会、共同体和所有其他的东西……我的立场不是说生命的终极意义与此时此地的人类世界完全不同，也不是说它是由某种来自外界的神秘力量所支配——我的意思是，这根本不是我的立场。我的立场就是我所谓的存在的连续性 (continuity of being)。你知道，所有这些事物都是相互关联的,所有这些相互关联的事物赋予人类想象的能力,想象一个共同的——也许是一个共同的命运,特别是当它在当前的形势中变得越来越清晰时。但是在这个共同的命运中,显然我们发明了目的性。

凯根:是的。

杜:为了解决这个极具挑战性的问题。

凯根:是的。

杜:从我的角度来看,这一发明就像历史一样,包含了过去的各种贡献。这一发明本身也提供了丰富的资源……

凯根:是的。

杜:为了人类社会。

凯根:是的。

杜:那是我的立场。

凯根:我完全同意。

杜:那么,你怎么解释人的无意义呢?

凯根:不,不。但我们同意,维明。我们都同意我们创造了意义——你刚刚很优雅地描述了它——我是说,在历史的这个时刻,我们创造了一个重要的意义……

杜:并且你同意……

凯根:什么?

杜:你同意吗? 那是……

凯根:也就是说,这是我们发明的意义,而不是文艺复兴时期的公民发明的。没错。

杜:从某种意义上来说……有一些微妙的不同:我们创造的这种意义,虽然我们面对的是一种截然不同的新情况,但是这种创造——我们创造意义的能力——是深深植根于……

凯根:是的。

杜:……历史中的,在所有其他对人类境况有贡献的因素中。

凯根：我希望今天 20 岁的年轻人对历史的欣赏能有你们的一半。你和一些 20 多岁的人聊天，甚至是哈佛的本科生……我的意思是，他们中的很多人对过去 8000 年里发生的事情一无所知。真的，他们没有。

杜：或者说过去的 80 年。

凯根：对，所以这是一个非常严重的问题。在我们的头脑中，你，以及在一定程度上我，可以看到从人类第一次出现开始，历史的叙事就一直在持续。但事实并非如此。它们没有。这是一个非常严重的问题。但在其他方面，我们确实达成了一致。而且，我想，我同意你的观点。是的，我们也有理想的概念。我觉得荷马的《奥德赛》很棒。奥德修斯有一种天赋：他知道自己要去哪里。他想回到伊塔卡的佩内洛普身边。但是他面临一些问题。他必须战胜锡拉和卡律布狄斯这些海怪，战胜喀耳刻……当代的奥德修斯来自一个特定的族群，他们同样面临问题。现在，他们认为有某种理想——如果你想称之为"天"，或者如果你将你关于理想世界的概念称为"天"，我没意见。奥德修斯想回到佩内洛普身边，于是他回到了家。他回家了。至于我们是否能达到理想状态，就不那么确定了。

杜：我认为最后一个问题是，中国的情况完全不同，也许更接近那个提出这个问题的赞比亚学生。考虑到形势的复杂性，以及面临的挑战——如果不能拯救地球，至少也要努力做点什么来减轻威胁人类生存能力的危险……我不想用"建议"这个词，但有什么想法吗？利用我们的同情理解能力，什么是最好的方式去促进他们自己的利益以及世界的利益？

凯根：我们该怎么办？

杜：他们该怎么办？

凯根：他们？

杜：比如说中国人，或者赞比亚人。但是我们假设中国人。这么说吧……也许我们对正在发生的事情了解得还不够，所以我们不能妄言。但是现在我们有如此庞大的人口，并且至少在表面上非常致力于发展化和现代性的理念，正如这位赞比亚人所描述的那样。

凯根：我认为要求那些对当前问题责任小于西方的人去牺牲自己的利益是不公平的。因此，富裕国家（它们不会这样做）必须说："现在，如果我们与你们分享一些资源，也许我们可以帮助你们应对这一新的挑战。"那会有很大的帮助。

但是你知道西方国家不会这么做，因为当前对道德的理解是如此地自私。你看，在某种意义上，经济学和进化生物学领域正在与我们作斗争，因为它们说："瞧，人类自私自利是很自然的。你得先照顾好自己。"每一次会议，每一个学院，每一个大厅都弥漫着这种情绪。这简直是在谋杀我们。这简直要了我们的命。因为它们说得好像这是一个已经发现的科学真理。每当你跟经济学家谈论时。这是一个伦理学的立场，它不是一个已发现的科学真理，为什么人类能够如此与非亲属关系的人合作并表现出利他主义的精神？这给他们带来了一个问题。

但是，他们不仅说服了公民，也说服了当权者，让他们相信自利是一条自然法则。如果你在公共电视台上看自然节目，90%的动物都在杀害动物而非与其他动物合作。实际上动物也会和动物合作，但是电视台从来不表现这一面。总是动物之间的拼杀。所以你看，现在这整个思维模式是："为你自己和你的家人着想，然后是你的国家。"所以这场你我都觉得必须进行的斗争，这个你我都相信的目标……反对它的力量非常强大。

杜：假设这也是中国政治和经济精英们根深蒂固的心态，那就没有出路了。这已经变得根深蒂固。这就是问题所在。当然，这很可能对他们是不公平的。但是，比如说如果我们处于那种情况，如果我们是中国人，或者赞比亚人，在那种情况下我们肯定知道这不仅仅是我们的责任……我们是在因为错误的理由而受到惩罚，并且被要求为我们尚未做的事情承担责任等等,然而全球局势就是这样的,如果我们不做一些事情,整个世界都将无法生存。

凯根:不,不,世界……

杜:是啊,世界会存在下去的。

凯根:世界会存在下去,但我们不知道谁会受到伤害,所以这是一场掷骰子的游戏,中国人和赞比亚人会说:"可能不是我们!"

杜:我知道,但是让我试着表述清楚。一方面是很有可能发生的事情(我认为你所描述的境况和现在正在发生的事情)。另一方面是道德立场。这种道德立场——也就是我们为之奋斗的立场——与另一种占主导地位的话语相对立,这种话语主要集中在社会达尔文式的竞争、经济选择等等方面。现在让我们假设这种"道德立场"有其内在价值。它不仅需要推广,还需要论证。这可能是我的一个幻想——也可能是一种错觉——说我们愿意参与关于核心价值观的对话,不管你如何定义它们……有人说当代的核心价值观是自利,有人认为核心价值观是正义,也有人认为是同情。我们参与这次讨论的目的是为了人类的生存或保护地球。首先,这样一个对话——我不知道它是否会发生,但这是一个属于这种性质的对话——在我们所谈论的意义上是否有意义,这是一个问题。

凯根:是的,我可以想象你所说的……我第一次有了一个想法:萧伯纳会写一个剧本,就像《人与超人》,里面中国、赞比亚、美国、英国的领导人在对话……就像这样探讨我们该怎么做?你知道,这将是一出精彩的戏剧……舞台上的六个人试图解决我们社会的利益和更大群体的利益之间的矛盾。我的意思是,这就是问题所在。

杜:这还不够,因为这就是事实……而且,我认为,在某种程度上它已经失败了……

凯根:是的,没错。

杜:现在他们聚在一起争论……不过是讨价还价。但这不是讨价还价的问题……

凯根：那么问题是什么呢？

杜：这个问题可不止于此。如果说人类是创造意义的存在，那么我们为塑造我们的生活而创造的意义现在正被许多人用作各种行为的理由。在这个层面上，我们可以交谈。例如，利己主义对理解世界有多重要？当然，有很多强有力的论据支持这一观点。你知道，我们提出的问题可能会被证明是非常无力的，或者换句话说，被主流观点所淹没。但是，如果再一次——也许这只是一厢情愿的想法——如果一场对话开始于一些最优秀的哲学家，比如说，所有那些对推进人类社会愿景有责任的人，他们愿意与持有截然不同观点的人讨论这个问题。但是我想你和我可能都同意，这样的对话不太可能发生。另一个可能是如果它发生了，它也将会被普遍存在的心态压倒性地支配。问题是，值得这么做吗？

凯根：哦，我确信这是值得做的……我认为这是值得做的。正如我之前所说的，我认为灾难的发生将是最有效的。我们必须等待。有些关于人类的事情……上帝并没有完成这项工作……长期的忧虑不会激起大多数人的兴趣，只有强迫症患者才会担心长期的未来，这才是真正的问题。这就是为什么年轻人不会担心他们因为吃错东西或吸烟或其他什么而死亡。如果你对一个 20 岁的孩子这么说他会回答："什么？担心我在 70 岁的时候得癌症吗？算了吧。"我们从研究中知道，当它是一场长期的灾难——当时间太长的时候你不会担心它。因此，我们必须战斗……我们必须与我们的本性战斗，以便达到我们想要的理想目标。我们必须继续战斗。我们有这个能力。

看，我们是一种不同寻常的动物。我们是唯一可以抑制我们本性的动物。例如，婴儿讨厌苦味，但成年人喜欢马提尼酒。婴儿讨厌辛辣食物，但成年墨西哥人喜欢辛辣食物。我们可以抑制我们的本性。人类婴儿讨厌不和谐的音乐，但数百万人喜欢斯特拉文斯基。所以我们是强大的。没有任何动物能够真正放下自己的生物本性，我们是唯一能够做到这一点的物种。这应该会给你希望。如果我们尝试，如果我们有意愿，我们可以说："我们能够为所有人类的遥远未来担忧。"我甚至不知道我们是否有能力做到，我们是否能做到。

杜：好的，我再补充一件事。我不知道你是否会接受。这不仅仅是一个改变或压抑天性的问题。从一个非常深刻的意义上来说，也正是对人类——作为人类物种——深深植根于我们大自然的某种东西的实现，正是这种东西使我们得以蓬勃发展。例如，如果两岁孩子的同情心——比如说道德的开端——不再被扭曲、消灭、退居幕后，而是通过各种机制，通过教育流动起来……

当然，这是许许多多伦理学家的梦想：促成这样的事情发生。因此，你刚才谈到的——人类在危机、灾难发生之前应对这场危机的能力——需要一种强烈的同理心倾向——佛教徒称之为"慈悲"——来处理人类此时此地的处境。

凯根：是的。

杜：我认为，你知道，人类理解未来计划的能力——比如说，100年后，甚至50年后——与对其他事物的同情或感同身受的倾向有关。

凯根：是的。

杜：是的。所以我的感觉是，你关于辛辣食物或马提尼酒的想法……这是培养某些人类能力的一种方式，通常不是我们的本性所固有的，但是同理心和同情心的想法不仅能用于应对挑战，而且它本身也是人类内在本性的深度发展。

凯根：我希望你是对的。我祈祷你是对的。

杜：有一句话我觉得很有意思——我知道这是不可能的，但是我不得不这么做。

凯根：是的，那很好。

杜：这个想法很有意思。

凯根：对。

杜：很像塞万提斯。

凯根：没错……我喜欢这个说法。

杜：最后，非常感谢你的参与。

凯根：这真是太棒了……太棒了，维明，你非常深刻。

（翻译：郝颖婷　校对：王建宝）

超越后现代主义

——对话霍米·巴巴

　　霍米·哈尔舍得偈·巴巴（Homi Kharshedji Bhabha，1949—　）印度帕西族，牛津大学文学博士，哈佛大学马欣德拉人文中心主任、安妮·F.罗柔伯格人文教授、英美文学与语言教授。当代著名的后殖民理论家，与萨义德（Edward Said）和斯皮瓦克（Gayatri C. Spivak）一起被誉为后殖民理论的"圣三位一体"。巴巴著有大量探索殖民和后殖民理论、文化变迁与权力,以及世界主义和其他主题的序列著作,他创造了许多该领域的新词和关键概念,如混杂性(hybridity)、拟态(mimicry)、差异(difference)和矛盾(ambiralence)等。巴巴的后殖民批评理论代表了当代西方后殖民主义批评理论发展的最新阶段,即全球化时代的后殖民批评。2012年,他获得了印度政府颁发的莲花装勋章。著作主要有《民族与叙事》(1990)、《文化的位置》(1994)、《论文化选择》(2000)、《创造差异:文化战争的遗产》(2003)等。

对话时间:2010 年 5 月 19 日

杜维明（以下简称"杜"）：我很高兴，也很荣幸能有这个难得的机会来分享一系列对于后现代主义的关注，分享我们在对现代性的理解中的智识发展，以及其他一些问题。霍米是我的好友，我们讨论这些问题已经有一段时间了。我想以爱德华·赛义德对霍米·巴巴的评论开始。赛义德说："巴巴是个难得的人物，他是一位极其敏锐和机智的读者，一位拥有非凡力量的理论家。他的作品是在年龄、性别和文化之间、在殖民主义与后殖民主义之间、在现代主义与后现代主义之间进行交流的里程碑。"霍米，我知道在最近几年，你已经超越了早期你探索的一些问题，特别是在1994年出版的《文化的定位》中。

霍米·巴巴（以下简称"巴巴"）：有一个2004年的新版本。

杜：是的，有很多新版本。你提出了一些你仍在探索的主题和问题，其中一个你一直在探索的有趣问题是过渡（transition）的问题。

巴巴：是的。

杜：你关注的不是转型（transformation），而是过渡（transition）的概念。这和刚才提到的你感兴趣的主题有关，但我觉得你已经超越了这些二分法。有些人认为你是后现代主义者，但我认为你想超越简单的后现代主义。我认为你的作品给我的印象不仅是对过去的反思，尤其是对西方启蒙遗产的反思，更是对未来的展望。当我们试图找回一些过去的精神价值时，不仅要理解过去，更要理解现代和未来。

巴巴：首先，我要对杜维明教授深表谢意。你知道，在朋友之间我们可以公开表达对对方的喜爱，但重要的是在朋友面前能够说一些你对他的欣赏，即使你不了解他。我非常钦佩杜维明教授，今天能与他交谈，我感到非常荣幸，因为尽管他名声显赫，学识渊博，但他对这个世界的态度却是非常谦逊和开放的。这种情况很难得，因为对世界保持开放就是把这个世界融入你的生活，接受这个世界并通过取代你自己而重新定位，不是把自己视为世界的中心，而是把自己放在另一个位置，然后回头看看自己是谁，自己知道些什么。我非常真诚地说，这是难能可贵的事情。当人们在生活和事业中成长时，他们希望保留自己所做的一切。你在这种情况下，并没有保存它的意思，而是修正了它，并将它传递给其他人去进行转型，你已经允许其他人在你的语言中找到他们的声音。所以，我要非常诚挚地感谢你在这方面成为我的良师益友和榜样。

杜：我非常感谢你的评论，但我认为对观众来说，最吸引人的是你的自传式反思（autobiographical reflection）。我们都知道你在学术方面的诸多卓越成就。如大家所知，霍米是当今世界上最灵活、开放和多元化的思想家之一。在德里达和赛义德之后，他现在被认为是这些传统的伟大继承者，但他也得益于法农，得益于分析传统、心理分析传统，更不用说他对殖民主义和后殖民主义的深入参与。我想如果你能在五到十分钟内，和我们分享一下你的自传式反思，那就太好了。

巴巴：非常感谢！为了快速回答你最初的问题，我非常同意你的观点，那就是现在既是超越后现代主义的时刻，也要回到 18 或 19 世纪现代性的最初时刻，观察这些时刻和全球化的时刻之间的联系。几天前我讲过这个问题，我说在殖民主义之前和殖民主义时期，没有国家，或者说很少有国家。那是一个原初民族主义（proto-nationalist）的世界。我们期待着民族国家出现。现在以民族国家存在的方式，她们的权力得以存在，她们的主权和权威相互妥协，我们在某种程度上处于世界民族之林。这两个时刻彼此结合得很好。我们从过去学习，因为我们重塑了过去，我认为从这个角度来说，现代性是极其重要的，因为当西方正在进行现代化，当自由主义、民族主义、公民权和自由在西方被建构起来的过程中，在世界的许多地方，人民正在失去他们的自由，人民正在臣服于帝国，人民正在失去现代性的意义。所以我认为我们需要做的是修正它，不仅仅是超越现代性，还要质疑现代性的基础到底是什么，看看我们现在在哪里，以及我们将如何推进自由、平等、具有普遍性的计划。就在今天下午，当我们商讨如何进行这段对话的时候，维明问我是否可以谈谈我的生活和工作，为此实际上我写了几页，五六页吧，我想和大家分享一下，如果篇幅太长，请向我提一个问题，我就会停下来的。

你们很多人都知道，印度在 1947 年的午夜获得了自由，尼赫鲁总理在 8 月 15 日发表了一篇非常著名的演讲，这篇演讲是关于在午夜获得自由的，这就是为什么萨尔曼·鲁西迪① 把他的书叫做《午夜之子》。这就是我的出发点。我不是"午夜之子"的一员，因为我出生在印度独立后的几年。我出生在 1947 年那个标志着印度与自由幽会的午夜之后的 1949 年，姗姗来迟，未能躬逢其盛。我只是在那里见证印度和巴基斯坦的崛起，这两个国家从一个分裂的子宫中诞生，至今仍像当时彼此之间的关系那样，动荡不安。但是在孟买长大，作为帕西社群的一员，作为一个小小的琐罗亚斯德教② 少数民族成员，既不是印度教徒也不是穆斯林，生活在印度教—英国的中产阶级世界，我的日

---

① 萨尔曼·鲁西迪（Sir Salman Rushdie），英美双籍作家，1947 年出生于印度孟买，中文名又译为萨尔曼·拉什迪，十四岁移居英国读书。其作品风格往往被归类为魔幻写实主义，作品显示出东西方文化的双重影响。1981 年发表的《午夜之子》被视为他的代表作，获得当年的布克奖，并且在 2008 年被评为"布克奖 40 周年最佳作品"。2007 年，他因在文学上的成就，被英女王册封为爵士。2008 年他入选《泰晤士报》评选的"1945 年以来 50 位最伟大的英国作家"榜单，排名第十三。

② 琐罗亚斯德教（Zoroastrianism, 波斯文：زرتشتیان）是在基督教诞生之前在中东最有影响的宗教，是古代波斯帝国的国教，也是中亚等地的宗教，是摩尼教之源，在中国称为"祆（xiān）教"。

常生活为我提供了完全不同的遗产。我生活在语言和生活方式都非常丰富的文化混合体中，这是大多数印度大城市所庆幸的人伦日用中的流风遗俗。正是通过领会孟买在我成长过程中非常混杂、多元、多样的性质，我后来决定致力于一个我称之为"本土大同思想"（vernacular cosmopolitism）的概念，这种大同思想既有成为世界公民的愿望，同时也有将世界理解为由分殊的（partial）、特定的地方组成的愿望。没有一种颜色相同的画笔来描绘世界风景（landscape）。世界风景是多样的。这是一个地方性的景色（scenery），同时也具有更多的互通性。

现在，我既不是印度教徒，也不是穆斯林，而是作为一个非常小的帕西少数民族的一部分，这是一种解放，虽然有些令人不安。在世界上，帕西人不足 10 万，而且他们人数在缩减。即使在我年轻的时候，我也意识到我的传承永远不会是一个伟大的整体文化。因为我当时在世界上的位置，所以我总是意识到，我是通过从不同文化中汲取分殊（partial）元素和传统而与世界建立联系的。

现在，我作为一个帕西少数民族的例子，用许多不同的线编织一幅文化马赛克或绣一幅挂毯，没有一个拥有完整的视野，所有的这些都是分殊的（partial），但所有这些都是非常有效的，这是当代世界图景的很大一部分。萨尔曼·鲁西迪最近将当代世界文学描述为记录，我引用他的话："文化和政治史上的移民现象，流离失所现象，少数群体的生活，一个伟大的文学创造了文化移植现象，实际上是文化翻译。"

现在，我们最大的愿望，我们伟大的计划是能够把其他文化翻译成我们自己的语言。当我们翻译其他文化的时候，我们意识到这同翻译其他"人"的文化一样重要，这意味着让另一种文化用自己的语言说话，使另一种文化成为自己生活世界的一部分。然而，我们也知道有些东西是无法翻译的。人类文明，人类的教养（civility）取决于我们如何处理那些无法翻译的东西。那些无法翻译的东西，如果我们用侵略态度来对待它们，用焦虑态度来对待它们，那么我们就在文化之间制造了紧张。如果对于那些无法翻译的东西，我们慢慢学会与之共存，并逐渐理解它们的含义，那么我们就会在更大的和谐中与之共同成长。当今世界很大程度上依赖于对人类的信仰，以及对我们无法立即理解的感觉事物的信仰。对于我们能立即理解的事物，当然没有问题，但我们的道德和伦理力量在于人类有信仰，这使得我们对于不能立即理解的事物，我们将学会用慷慨、爱心和好奇心去理解诠释它们。

我想谈一下我个人成长时候的印度和今天的印度，以此来结束我的开场白。我在印度长大的时候，我们总是被称为第三世界国家，我们总是被认为是一个发展中社会。这在很大程度上是真实的。我们处在发展的过程中，但是当人们说我们是第三世界或发展中社会的一员时，他们通常不是说我们的社会条件，而是他们的声音中带有文化和道德的优越性。他们这样说，是要表明我们还没有达到他们现在的历史阶段，我们必须在权威的前厅里等待，直到我们兴起为止。

当然，今天的印度情况有所不同，但最重要的是，人们对印度的看法发生了很大变化。是的，印度发生了巨大的变化。在某些精英性质的教育机构中，印度培养出的知识分子与世界上任何地方的人相比都有竞争力。在技术层面，或者在某些金融市场层面，印度可以与世界上任何一个国家竞争。今天的印度有很大的优势，因为印度人从根本上相信，如果我们想在未来走下去的话，过去是不能抛弃的，而是必须与现在一起产生合力。这些都是非常积极的因素，当然还有其他因素。

但印度仍有重大的基础设施工作要做。举凡公共教育、水资源、电力、交通、污水处理、人类安全等所有这些重要问题上，这些对人们的日常生活和生存方式都起到了决定性的作用，印度还有大量工作要做。正因为如此，因为我们热爱我们正在发展中的国家，当我们听到印度发展的伟大叙事时，我们也必须维护怀疑的权利和质疑的权利。

所以当人们对我说，"哦，你们国家过去15年经济增长了8%"，我会说，"那只是一个统计数据，但请告诉我政府对基础教育的支持到底发生了什么"。当你意识到文化水平并没有多大提高时，就会开始明白，当你质疑你的国家的进步时，你这么做是因为你爱你的国家，而不是因为你对她不忠。我认为这是我们的同事、诺贝尔经济学奖获得者阿马蒂亚·森教授①提出的最重要的问题之一。他说："全球质疑是绝对重要的。"

最后，我要说的是，印度总理曼莫汉·辛格（Manmohan Singh）几年前在孟买亚洲协会（Asia Society）的一次演讲中表达了他本人对这种想法的支持。他说，我们可以在印度建立许多经济特区，我支持这一点，我支持全球化，我支持它的许多市场举措，但我们需要做两件重要的事情。第一，我们必须认识到，在我们拥有为全国提供机遇的基础设施之前，我们不能仅仅满足于有进步的小岛或成功的小岛。我们必须提升国家以提供机会和自由，或者阿马蒂亚·森教授所说的"能力"（capabilities），让每个人都能够发展自己的能力或者扩展他们所希求的能力。总理说，除非这点令人满意，否则全球发展只是一个非常片面的事情。他提出的第二个问题是他对所谓"向东看政策"的信念。他说，我们东方的许多人都经历过贫困问题，我们中的许多人都经历过城市和农村之间的巨大差异，我们总体上还是一个农村国家。我们中的许多人都背负了统治的枷锁，要么是经济上的统治，要么是政治上的统治。在考虑大同世界或全球世界时，全球世界将产生这样的公民，当他们想到自己的国家时，也会想到国际责任。他说，我们必须明白，我们不能只着眼于西方及其进步或普遍主义的概念，我们必

---

① 1998年，阿马蒂亚·森因为在福利经济学方面的贡献获得诺贝尔经济学奖。在印度，他被人们称为"经济学界的特蕾莎修女""经济学良心的肩负者""穷人的经济学家"。他为经济学问题注入了人性的一面，将社会正义、民主、自由、哲学、医疗、性别不平等、识字率等话题引入经济学的范畴。被《时代》周刊评为2010年世界最具影响力的100人时，他说："作为经济学家，我的任务就是发现不公正，我关心人类自由和可行能力的发展。"

须与那些和我们命运相同、将与我们共享未来的发展世界中的人一起，我们为自己界定这些东西。非常感谢大家！

杜：鉴于你那引人注目的自传体式的观点，我忍不住想让你继续往下说。你应该继续这个传神的陈述。我想你提到了一些很有启发性、很重要的词，比如"本土大同思想"（vernacular cosmopolitans）这个词。从表面上看，我们认为"本土"非常地方化，而"大同主义"是非常普遍的。这种本土的大同主义让我想起了这样一个想法，即地方知识可以具有全球性的意义，特别是如果地方知识是活生生的，并且是我们日常存在的一种体验。

你用的第二个词是"分殊"（partiality）或"分殊的"（partial）。这是对一种包容的整体观的拒绝，这种整体观是一种抽象的普遍主义之普遍或者普遍化。抽象的普遍主义应该被拒绝，但我们也应该拒绝封闭的特殊主义，并在两者之间进行中和（negotiate）。我认为本土大同思想理念适用于今天的中国，但我认为也适用于拉丁美洲国家、伊斯兰世界和非洲。

你用的第三个词是"少数"（minority）或"边缘"（marginality）。我认为，作为少数群体的想法不应该被视为可悲的事情。它可以提供一种自我延伸和自我反思的力量。你说帕西人是少数民族，我知道世界上只有大约 1300 万犹太人。台湾地区的人口大约是犹太人人口总和的两倍，台湾在中国只是一个很小的省。我的情况是，我们中国人属于大多数，所以我们有时无法理解作为少数人的力量和创造力。因此，我认为你所说的"边缘化"和"少数化"这个术语对我们大多数人来说都是一个需要理解的洞见。因为重要的是，我们不仅要了解我们自己，还要了解中国其他 55 个少数民族。北京大学伟大的人类学家费孝通谈到了民族的多元一体（one unity with a plurality），以及研究和理解少数民族对于占多数的民族（汉族）的重要性。

你也提到了翻译的问题。翻译不是指那种比如说把英语翻译成中文的过程,而是一种智力的努力、精神的锻炼,甚至是一种生活的过程。当我们进行翻译的时候,翻译失去了很多东西,但与此同时,我们又有了新的开放的可能性,在你看来,翻译成为一种创造性的行为,翻译不仅仅是非原创事物之表达(rendering)。

同时,我认为焦虑(anxiety)的问题是非常重要的。无论从个人意识还是社会意识,甚至是全球意识来看,关于全球质疑的整个问题与焦虑感有关。我认为今天的世界是这样的,甚至人类物种的生存能力与生存本身都处于危险之中。所以焦虑是一种感同身受的现实,但我认为与这种焦虑相关的还有明辨面向未来的志向。所以我非常喜欢"找回传统"(retrieving traditions)这个概念。我自己多年来一直在努力做到这一点,但它经常被描述和误解为一种复古主义,即简单地回到过去,为你的今天寻找参考,准确地说,正是因为你对你的现在感到非常紧张,你试图退回到你的过去,并试图把过去理解为一种"穿越"(displacement),作为你现在处境的替代品。

然而,在你卓越的"找回"的思想中,过去不仅仅是一个必须克服的负担,过去也是帮助我们理解现在、展望未来的方式。所以我认为我对你的大作中之卓见深表赞赏,那就是你强调时间和当下(temporality)而不仅仅是简单的空间,它是一个动态的过程,而不是一个静态的结构。这真的很吸引人。另外,作为对你最后一个关于印度的观点的回应,我想分享一些关于中国的想法。

我很幸运地在清华遇到了我们共同的朋友阿希什·南迪①,南迪给我们讲了一个故事,他可能你讲过一遍又一遍,关于每当他访问马萨诸塞的剑桥或英国的剑桥时从来都感到不舒服的故事,是因为当

---

① 阿希什·南迪(Ashis Nandy,又译:亚西斯·南地)早前是一位社会学家和临床心理学家,之后投身于不为社会科学及学术研究正式关注的领域。南迪任职于德里的发展社会研究中心,他还是墨尔本后殖民研究所的杰出学者,以及高等教育全球科学委员会成员。

他和他的一些朋友交谈时——我们假设是像塞缪尔·亨廷顿这样的人——他们非常开放，非常友善，但在他们内心深处或者在他们的意识里，甚至在他们无意识的时候，有一种感觉就是我们的现在就是你们的未来，你们的现在就是我们的过去。

这就影响了你和某人对话时的情景。例如，假设霍米以美国哈佛大学人文中心主任的身份代表美国，如果霍米认为目前的中国就是过去的美国，这个意义上，它不仅是一个不对称的对话，而且也有一个关于问题意识的态度，你必须设法赶上我们所做的，我们已经做了一切你想实现的目标。这种问题意识的场景是我们想要拒绝的。

巴巴：的确如此。

杜：为了开辟新的可能性，我们要拒绝这种意识，所以我想表达我对过去 50 年或 100 年尤其是在美国学术界发生的事情的赞赏。我们都认为我们需要反思 17 世纪到 18 世纪和 19 世纪的启蒙运动。我们需要同情地理解它，但我们也需要批判地反思它。事实上，一些最鼓舞人心的发人深省的对启蒙的反思，是由美国和欧洲的学者成就的。女权主义是一个很好的例子，这在哈佛是一股非常强大的力量，尤其是在神学院。还有环保主义之感恩地球、关爱地球、将地球作为一个家的思想。还有社群主义，我们共同的朋友迈克尔·桑德尔，他不想被定义为社群主义者，但他仍然提倡某种社群主义。还有宗教多元主义和文化多样性。这些不仅是对现代西方的伟大反思，也是对启蒙运动的伟大反思。我认为这打开了一种可能性，后现代主义可以被视为其中的一部分。然而，我们还想做更多的事情。如果我们只是停留在这个水平，那还不够好。

这就是为什么 20 多年前我就提倡中国要以印度为参照的重要性。我不是说中国将不得不模仿印度。这不是我的重点。我的观点是把印度作为相互学习、相互欣赏的参照。为什么？除了政治经济方面，我们能发现的印度文化或印度精神最感人和最重要的方面，是现在和过去的关系,以及印度知识分子和印度文化传统之间的关系。具体地说,我指的是印度舞蹈、印度音乐、印度哲学、印度文学,当然还有印度人的虔诚、印度宗教等等。

由于这一传统,人们对艺术家、文化人和音乐家有着令人难以置信的尊敬。我举个例子,我想我以前没有告诉过你这个。我应印度最大部委之一的资源部长的邀请,去印度参加联合国教科文组织举办的文明对话。行程结束的时候,有一次盛大的宴会。宴会是为欢送学者、使臣、高官而设的。宴席上坐的都是贵宾,有学者、大使和官员,但部长旁边最突出的位置是给当晚为我们演奏的音乐家预留的。他刚从伦敦回来,演奏之后他就被请落座。所有的印度学者、印度知识分子、印度官员都理所当然地认为他应该得到这样的荣誉。这是很不寻常的。

最后,我想建议您进一步探讨这个问题,不仅仅是关于转型(transformation),还有过渡(transition)。我们讲过创造性转型,我们喜欢转型这个想法。中国正由农业社会向工业社会转型,由发展中国家向发达国家转型,由前现代国家向现代国家转型。你强调了过渡的重要性,而不仅仅是简单的转型。我想分享一下你关于"过渡"的一些想法,这会很好。

巴巴:非常感谢,维明。我之所以强调"过渡",是因为我观察到,很多罪恶都是以转型的名义犯下的。每个人都说这是我们的目标,我们要在 10 年内做到这个,我们要在 15 年内做到这个,或者我们要在 20 年内做到这个。但是,在做出转型承诺的同时,人们却在受苦,社群失去了根基,其他人也做出了巨大的牺牲。所以我使用"过渡"这个词是为了表达伦理、道德和社会意义。让我们永远怀有对未来的伟大目标或伟大希望,但让我们不要忘记现在以伟大未来的名义正在发生到一定程度的事情,我们可以对此进行观察。

因为人们有伟大的想法导致发生了太多的罪恶;因为人们告诉你们现在不再重要了,重要的是未来,而导致太多的人因此而死。这种事在世界生活中发生过太多次了。这些想法被灌输的次数太多了，那些在过渡过程中牺牲和死亡的人被遗忘了。这就是为什么我把过渡的概念，作为一个特殊的时间或历史的概念，在这个概念中，我们可以带着一些道德责任，审视我们在这个世界上所做的事情，我们试图对它进行塑造，以朝向一个更伟大的结局。

杜：是的。

巴巴：现在有很多关于时间概念的哲学争论，我不想在这里深入讨论，但我强调过渡的意义，因为它给了我们责任。事情可能发生在我们无法控制的世界市场、资源、证券方面，但由于我们处在社会转型的过程中，如果我们看到我们在过渡的过程中的每一天所蕴含的意义，那么我们可以对当下负责，对我们引领的生活负责，对我们的需求负责，这种需求是希望他者参与我们草拟的未来的蓝图。这就是为什么我认为关注过渡时刻而非转型时刻极其重要的原因。

杜：让我尽力对此做进一步的解释。我认为你反对转型的论点可能是建立在手段和目的的概念之上的。你有一个目标，这是对未来的渴望，这个未来有时是由领导人决定的。这是我们对未来的愿景，我们必须做一些事情来实现它，在社会规划或社会工程中没有考虑到非预期的负面后果。因此，这意味着过程的结束可能会是一场灾难，尤其是对普通民众而言。

巴巴：是的，让我举个例子把。这是我试图与政府的人以及比我更有见识的人辩论的问题。我们知道，某些印度经济部门，特别是金融部门，已经取得了转型的进展。但是农村地区发生了什么呢？一种说法是，我们首先需要在工业层面、金融层面和经济层面工作，然后再回到农业层面。在我看来，这似乎是一种非常短视的政策。我仍然认为这是目光短浅的做法。

在印度，在每一份报纸和期刊上都提到过农民自杀事件。我们有很多农民自杀了，你知道印度的媒体是绝对开放的，他们为此发起了运动。我没有添加任何新的东西。印度媒体和知识分子发现了这个问题。当农民失败时，就会有农民自杀。农业领域在很大程度上被忽视了，他们自杀了。所以错误总是会犯的。伟大的想法和抱负会导致犯错误，但如果我们采取更小的措施，那么我们就能理解将会发生什么。我们将更加小心地对待其他人的生活和其他人的社群，在这种情况下，我们也将承担更大的伦理责任。这只是一个非常具体的例子。

杜：好的。我也可以分享一个例子，但可能不够充分，因为我对此的了解非常有限。中国现在被认为是一个主要的经济大国。毫无疑问，我们不仅在贸易和出口能力方面超过了德国，而且还超过了日本，不久就能与美国的经济实力相媲美。如果我们看一下历史进程，即使是在鸦片战争前夕的 1839 年，从全球来看，中国经济估计与今天的美国经济相当，在全球占比是 24% 到 27%。中英两国的双边贸易对中国完全是顺差。英国想要中国茶叶、中国丝绸、中国瓷器、中国手工艺品，甚至一些中国农产品，但是中国不想要任何来自英国的东西。这可能是鸦片被使用的一个关键原因。

然而，中国在与英国的对抗中崩溃了，而崩溃的原因是中国的傲慢和无知。中国不知道 19 世纪西方的重大制度变化，中国不知道工业化，科学的、技术的创新，以及西方所有这些伟大的发展。中国不仅不知道这一点，而且中国最终的帝国（eventual empire）非常傲慢。当马嘎尔尼作为英国的代表出现时，他们马上认为他的人是来朝贡的，他们要求马嘎尔尼向帝国下跪朝贡。因此这是一个大问题。

我担心的是，即使中国经济在整体上成为惊人的角色，人均收入仍然非常低，这其实与你的实际经历相关。在联合国的 195 或 196 个国家中，中国的人均收入可能排在第 104 位以下。这种情况意味着我们还有很长的路要走。因此，它与你的观念产生关联。这不是一个转型的问题，也不是一种我们只是努力朝这个方向前进就可以达到的、在十年或二十年后会发生什么的先入之见。这是一个理解我们正在经历的过渡的问题，因为这种过渡与此时此地的共同经验密切相关。所以我们需要理解的不仅仅是时间的问题，还有当下（temporality）。

巴巴：是的。

杜：当下是一种时间意识。此时此刻，作为具体的人，我们能做些什么呢？作为北京大学的学生，我们能做些什么呢？在中国，作为大学教师，我们可以做什么？作为官员我们能做些什么呢？作为企业家或大众媒体的一员，在这个过渡中我们能做些什么呢？因为过渡意味着不可预测性，意味着模糊性，有时甚至是富有成具的模糊性，在这种情况下，我们需要特别注意并关切我们的生存状况。

我认为从这个意义上说，我们正在超越后现代主义，因为后现代主义是对实际发生的事情的批判，尤其是对现代西方发生的事情的批判。这不仅是对帝国主义的强烈反应，也是对殖民主义及其霸权控制的强烈反应。当然，我们仍然应该这样做，但我们也应该意识到启蒙的遗产。我想我们对此心有戚戚焉。

巴巴：是的。

杜：启蒙的遗产是人类历史上最宝贵的财富之一。启蒙意味着我们通过理性思考，通过科学和技术来打开心灵，对世界有更好的欣赏，但与此同时，我们需要展望未来。如果我们展望未来，我们会意识到，这种傲慢的理性观念是不够的，仅仅依靠我们的技术是不够的。很多人说，包括环境恶化在内的所有问题，最终都可以通过科学来解决，但我认为我们也需要提出关于伦理和人类自我理解的问题。事实上，最近，哈佛大学公共卫生学院院长巴里·布鲁姆给我看了一个相关的简短声明。我阐释如下：

许多事情不能用经济的作用来衡量。什么是幸福，什么是友谊，什么是为孩子保存的，什么是对长辈的尊敬，什么是社群意识，什么是共同的方向和趋势？所有这些都不是量化的，这一切都不能被测量。所有这些都对人类的存在和尊严的发展至关重要。不仅是人类的繁荣，人类的生存也依赖于这些无法量化的公共事物（public goods）。

巴巴：我能谈谈这些问题吗？我希望你看到我们就像一个即兴爵士乐队。你演奏，然后我从你演奏的曲子中得到回音，我演奏我的小曲子，你演奏你的曲子。我希望你喜欢这场爵士音乐会。

杜：一个二重唱。

巴巴：对，二重唱。让我就你谈到的问题继续，即我们如何尊重启蒙的传统，不过是从我们自己的角度来看待启蒙的，就像曼莫汉·辛格（Manmohan Singh）将"东向政策"作为全球化过程的"中场"，他说："我们不要只看西方，而是向东看，找出自己的社群和团结。"

请允许我谈一谈我们一直在说的话的含义，因为你已经毫无保留地向观众介绍了我们在过去两天里的论点和讨论。我只是想补充一点。

首先，我认为你自己全身投入的工作，对话的概念，是当今最重要的议题之一。对话绝对是民主理念的核心。事实上，有很多人认为，如果民主只取决于投票，每个人都有自由投票这一非常重要的事情，这是不够的。民主和选举取决于个人、家庭、团体和政党之间自由交换思想的可能性。对话是非常重要的，因为对话可以存在于非常不对称的成员之间，一个社会必须建立制度，让有权有势的人和无权无势的人能够真正地走到一起进行对话。这不能仅仅是个人的责任，也必须是机构的责任。

我现在正在参加世界经济论坛，我是全球价值观委员会的副主席，我认为这是绝对前沿和核心的问题之一。现在，大学就是这样的机构。我们很幸运，在大学里有招生政策，允许人们在很大程度上凭才能入学。当然，在美国，如果你是一个9英尺高的篮球明星，没有大学会说，"不，谢谢你"。他们会说，"好的，请到这里来"。因为他们有非常强大的体育文化。但我想建议的是，大学的教学大纲变得越跨学科，就会有越多的学科为特定的知识种类作出贡献，大学的更多的院系和部门就会走到一起。然后大学就变成了一个十字路口或者一座桥梁，人们在这里来来往往，进进出出。跨学科研究在生物科学中非常重要，在人文学科中也非常重要，它极大地促进了国际、国家和个人的对话和交流（conversations）。所以我认为这是一个非常乐观的时机，让世界各地的大学成为社会成员应该成为的典范，因为随着研究变得越来越跨学科，对话的性质也变得越来越重要。

我的下一个观点是关于人文学科的。人们说，在人文学科中，没有多少统计数字。它不是一门定量科学。我们如何评价人文学科？一个人有一个解释来阐述某些东西，另一个人可以用不同的方式解释同一个文本。我经常说的一件事是，人文学科不是建立模型的，人文学科是建立社群的。我们创造观念共同体，我们创造解释共同体，因此人文学科鼓励人文学科内部和人文学科之外的对话。

举个例子，在干细胞研究的所有工作完成之后，科学家们现在要求对这一科学进展进行哲学和伦理反思。如果科学进程没有伦理和道德对话，它可能会变成一个怪物，吞噬创造它的人。因此，我认为，抵制数量人文主义的观念，开始把人文学科看作是社群的建构是极为重要的。

但是人们会说，如果人文不是定量的，如何理解人文的客观价值？什么是客观价值？人文只是主观的吗？所以你可以有一种观点，我可以有另一种观点，世界上有一种疯狂的无政府主义的相对主义吗？我的回答是，人文既不是简单的定量，也不是定性的，而是综合的。它们融合了不同的观点和不同的知识。这就是人文的伟大力量。

最后，我想谈谈维明的重要观点，即启蒙的一大贡献就是让我们思考理性。它表明，非理性的反应，无论是个人的、机构的还是政府的，都无助于你提出自己的观点，也无助于你推进自己的项目，理性的理解能让你更清楚地看到你行动和说话的内在条件。这绝对是至关重要的。

然而，那些饱受统治、贫穷、不平等之苦的国家，那些被人看了几百年并处于世界舞台边缘的国家,都对理性思维有所补充,而这种对理性思维的补充并非非理性。我们必须作出的贡献是说理性是极其重要的,但当我们想到社会变革和社会转型时,同样重要的是机制化地理解变革和变革的情感成本。在公共领域,我们所有人都相信真理、劳动、尊严,但政府和机构应该同样意识到人们的恐惧、对变革的恐惧、人们的焦虑感、人们的面子感或尊重感以及人们的信任感。随着世界的变化,情绪和理性的视角一样重要。这在"9·11"之后变得更加重要。"9·11"事件后,华盛顿、纽约和伦敦的智囊团在许多事情上意见不一致,但有一点他们都说,那些蒙羞受辱的人更有可能对各种形式的恐怖主义产生吸引力。

现在我们不能为所有的事情负责,因为有时人们可能会被羞辱,但他们实际上并没有被羞辱,这种羞辱或羞耻的感觉可能是因为你生活在一个有大量失业的地区。你可能生活在无法分享全球化优势的地区。你觉得这个世界把你抛开了。没人说到你的情况。你不得不总是解决取得成功的前提条件。在这种情况下,我们必须认识到,在思考宪法改革和法律改革时,我们必须认识到,每一项法律改革的背后,都是一个人、一群人或者一个群体。当我们重新思考事物的结构时,我们也不能忘记想象的安顿、伦理的安顿和情感的安顿。情感和理性一样都是社会物质世界的一部分,只有把情感和理性结合起来,我们才能对我们想要达到的目标有更深刻的道德的和政治的理解。我觉得这些问题仍然被相当程度地忽视了。

杜:我想以相反的顺序来回应霍米的观点:首先关注理性和情感问题,然后是人文学科问题,最后是对话问题。

我记得罗伯特·贝拉曾经说过,人类的状态之一就是情感过剩和认知缺失。换句话说,我们的情绪总是在我们对关系意义的理性理解之外流动。所以在这个特殊的联系中,情感不仅不是非理性(irrational)或无理性(non-rational)的,它可以被多重地理解为一方面是互补的,另一方面也是对理性的批判性反思。我们知道，哈贝马斯有些被理性的傲慢所压倒，决定超越工具理性，强调交往理性的重要性。所以我完全同意我们需要对无理性的因素保持敏感，无论是就我们的个人经验而言，还是就社会—政治互动而言。

这个关于理性的问题很重要，尤其是如果它表现为一种过时的科学主义。我想要明确区分科学主义和科学精神。科学精神是一种发现精神，是一种追求真理的精神，是一种人类自我理解的精神。但科学主义作为一种意识形态，是一种过时的观念，即你可以通过社会工程或其他手段来控制或理解世界。今天在中国的表现之一就是宣布中医是伪科学。这是一种强加某些过时标准的想法——印度医学也会被认为是伪科学。它是用一个简单的标准，以定量的方式来理解人类经验的所有维度，这是非常有限的。因此，对同情和共情的理解、公平感、幸福感等所有这些想法不仅不是不科学的，也不是非理性的，无论是在个人层面还是在公共层面，这些都是重要的善。

第二，就人文学科而言，我同意他们提供了创造社群的可能性，但他们也参与了创造意义，生命的意义。这种意义的概念是不容易量化的，也许永远也无法量化。然而，人们都想在事业上取得成功，成功地利用自己的能力赚到一大笔钱，扩大自己的影响力，所有这些对我们每个人都很重要。但是如果我们没有意识到存在的意义，生活的意义，事业的意义，没有意识到我们的身份认同的意义，即使非常成功，你也不会满足。人们对生命的意义存在着极大的忧虑。我认为人文学科将有助于创建社群，产生意义，整合各种学科，并努力发展仁（humanity），使人能够充分实现自己。"整全之人"（a total person）这个概念现在在中国已经得到了广泛的认可，这是一种培养博雅教育理想的观念。

我想简单地指出，霍米是哈佛人文中心的主任。我必须说，这个中心是所有中心中最具活力的。该中心不仅每天与来自大学和世界各地的人们进行午餐会议。大约一个月前，我很荣幸在那里发表我对启蒙反思的报告。而且它还举办许多重大活动，比如"20个问题"，换句话说，就是试图通过提出具体的、具有挑战性的问题来关注某个特定话题，而且人们都参与到这种提问模式中。我最近参加的一次活动是迈克尔·桑德尔关于正义的演讲。他简短地阐述了自己的立场，然后五位来自法律、政治科学、文学、哲学等不同领域的评论家，对他的立场进行了反思。他对这些立场作了简短的回应，然后公开讨论，同时许多人都提出了具有挑战性的问题。

我加入北京大学的一个关切是，我希望对话能够继续，我希望能够有多种形式的对话。北京大学不仅仅是一所以专业知识著称的大学。我们所有的教员都是文学、哲学、化学、物理、工程、大众传媒等领域的专家，但我们作为大学成员，都参与其中，进行一位哲学家称之为具有启迪意义的对话。换句话说，交谈不仅能启发我们自己，也能启发我们的同事，甚至是那些与我们的专业有一点点关联的人。如果在咖啡馆和茶室里不断进行对话，大学社区的动力和活力将会大大增强。

第三点是关于对话。我认为对话是一种生活方式。它不是一种技术。这不是一个简单地试图皈依的过程。举个例子，一个基督徒和一个穆斯林之间的对话，如果对话双方的基督徒一方想要使穆斯林皈依基督教，而穆斯林又想要使基督徒皈依基督教，那么就会有喊叫，就会有争斗，最终会是对抗。

对话不是为了皈依。因此，对话的基本原则是"己所不欲，勿施于人"。因为我认为对我最好的或我认为对我最重要的东西，我的对话伙伴可能不会分享。如果我认为我已经收到了福音，那么我必须与你分享福音，我不在乎你是否愿意被要求接受它。如果你说不想让我分享，那我的责任感反而更强了。我要帮你认识到什么是对你有益的。这种对话关系实际上是一种虚假的关系。这不是对话。对话不是为了皈依。对话不是简单的陈述，不是独白而是交流。这甚至不是试图纠正因我立场而感知出的误解的时候,因为对话始于宽容。

宽容是最起码的条件。你必须认识到你的对话伙伴不仅是你必须面对的现实,而且是一个有尊严、有价值、有对意义进行重要追求的人。只有宽容和承认,你才会对你的对话伙伴产生极大的尊重,才有可能相互借鉴和相互学习。最困难的一面是我所谓的对差异(difference)的庆幸,甚至是对异类(otherness)的庆幸。文化人类学家克利福德·格尔茨是伟大的人文主义者之一。他曾经提到过,一个人面对极端不同事物时被解放的体验,面对极端异类(radical otherness)时被解放的体验。

那么对话的真正目的是什么呢?首先,我认为很重要的一点是培养倾听的艺术。如果想要参与一场对话,我们必须培养倾听的艺术。只有这样,它才能帮助我们拓宽我们的视野,最后才能帮助我们提高我们的自我反思能力。因此,我非常欣赏你提出的关于理性、人文和对话这三点。

巴巴:非常感谢你精彩的"对话"。我现在知道,我们所谈论的翻译概念是对话的根本。你必须对另一个人的解释和另一个人的语言持开放态度,你必须试着以某种方式让它成为你自己的,而不是把你的规范强加给它。你必须允许它和你对峙呈现。我认为对话的行动有刹那的一来一回,这是时间上的来回互动,也有空间上的相辅相成(side by side)。能和你在一起相辅相成,我感到非常荣幸。

杜:我也是。

巴巴:非常感谢。我想我们要把此交给主持人吗?

杜:是的。我认为现在是我们的主持人开始讨论的时候了,但我可以再最后说一点吗?我认为对话模式比辩证模式更重要。原因很简单,在辩证关系中存在着某种暴力,某种张力:正、反和合。当你拿到论题后,你就克服了对立,达到了一个更高的水平。从这个意义上说,对话是两个人或两个群体之间的交流,两个人或两个群体会因为这种交流而变得更加觉悟 (enlightened)。不是因为我战胜了 (overcome) 霍米，也不是因为霍米战胜了我，我们才达到了某种更高的水平。相反，我认为水平式的互相交流 (horizontal interchange) 对于对话模式是绝对重要的。

巴巴：非常感谢。

（译者：王玥瑜　校对：王雨珩　王建宝）

重 新 思 考 人

——对话贾格迪什·卡普尔

  贾格迪什·钱德拉·卡普尔(Jagdish Chandra Kapur，1920—2010)，印度社会学家和企业家，Kapur Surya 基金会和 Kapur 太阳能发电厂的创始人。印度政府 2010 年授予他"帕德玛·布珊〔Padma Bhushan〕奖"，表彰其对科学技术领域的贡献。他也是《世界事务杂志》的编辑，该杂志旨在为发达国家和发展中国家提供一个更好的互动平台。他是世界公共论坛的创始人之一。世界公共论坛是一个咨询机构,借助这个平台,各种民间组织、公众以及学术、文化、精神、社会和商业机构在全球问题上交换意见和想法,并进行文明对话,也被称为罗兹论坛。他的主要作品包括《2000年的印度》、《印度,一个未承诺的社会》(1982)、《当今人类状况:一些新的视角》(1988)和《我们的未来:消费主义或人文主义》(2005)。

对话时间:2010 年 7 月 11 日

杜维明（以下简称"杜"）：很高兴认识你，我感到十分荣幸。

贾格迪什·卡普尔（以下简称"卡普尔"）：很高兴和你交谈。我一直在谈论你和你的工作。

杜：是的，作为一个未来主义者和科学家。

卡普尔：我很期待你作品中的中国的故事、中国的未来以及儒家思想，因为在我看来，中国的历史是由三种力量构成的——道教、佛教和儒家思想。皇权到来以后，中国的文化一直在变化，他们厚此而薄彼（独尊儒术、魏晋玄学、隋唐佛教、宋明理学等）。然而，到了现代，人们对传统文化越来越缺乏了解，更多的年轻人转向消费主义。

杜：是的，没错。

卡普尔：这就是人们的所作所为，而且情况还在继续。

杜：所以你提出的主要问题之一是消费主义对峙人文主义。

卡普尔：确实。这就是问题所在。你们会在我写的书中看到，也是我一直在努力理解的，印度的不同之处在于印度的绵延不绝5000年，在寺庙里和庙宇周围，人们背诵着和2000年前他们的曾曾曾祖父一样的诗句。

杜：这是一种具有深刻情感的延续性。

卡普尔：这就是印度的深刻差异：文化的延续性。在中国的可取之处是文化发生了很多变化，但所有的变化都发生在这三者之间……

杜：（三个）主要的传统。

卡普尔：这是中国唯一的延续。如果这些传统不在了，没有人会知道中国将走向何方。有人强调一个，另一个强调这个，第三个强调那个。比如在印度，当外来者到来，这种连续性就会延续下来。他们建了清真寺，印度人说："我们有 5000 个神，可能更多，那又有什么区别呢？"基督教徒来了，帕西人来了，犹太人来了，每次印度都不干涉。它的影响，包括印度的指标，印度一直在历史上，直到最近，你明白吗？不存在我们所说的"权力结构"。他们的文化不是权力的延续，不像任何形式的权力，这是文化的延续。它被称为"文化共和国"，因为印度的每一个村庄和每一个地区都是一个我们称之为"自治共和国"（ruler republic）的共和国，而这些"自治共和国"在各个方面都是独立的。

印度发生了多少次入侵？他们来了，洗劫了这个国家，然后又走了。印度的连续性再一次劫后余生。直到 16 世纪，印度一直是世界上最富有的国家之一。那时，加上中国，他们的财富占世界财富的 37%。即便在 16 世纪亦如是。现在情况改变了。由于这种持续的连续性，印度没有创造出快速的消费主义。然而，中国之所以成功，是因为中国的很多年轻人，在革命战争后，在建设经济时期，逐渐成了消费主义的一部分。中国建立了 4 万到 5 万个新工厂，千百万人就业，他们生产的产品销往美国。为了生产这些产品，他们得到了很多现金，现在这些钱已经积累成了 2 万亿美元甚至更多的储备。中国目前最大的问题是，在这 2 万亿美元中，有 1.5 万亿美元投资于美国政府债券。当这一切发生的时候，它将会影响中国的稳定。你明白我的意思吗？这是中国今天的钱。

杜：我认为您可以把这放在实际情况中。从鸦片战争到中华人民共和国成立，每 10 年都有一个重大的变化或者一次重大的决裂。从 1949 年中华人民共和国成立到我们称之为"改革开放"的 1978 年，这段时期，每五年都有一个重大的变化。所以中国和印度一样，在受到西方的影响之前，有着漫长而持续的历史。然而，在过去的 150 年里，中国经历了重大的破裂。特别是在"文化大革命"时期，中国文化不仅被抛在后面，而且彻底瓦解了。结果是出现了真空。中国人有巨大的能量，有创造的能量，也有破坏的能量。在"文化大革命"时期，这种能量主要集中在政治上，为了革命精神改变人们的思维方式，但是后来，当人们感到中国经济非常落后时，就把能量投入到经济发展中，投入到市场经济中。结果，正如您所指出的，某种程度上社会被消费主义淹没了。

卡普尔：这就是你今天看到的？

杜：是的。在中国，由于市场经济是创造财富的动力，市场经济转变或退化为市场社会，社会的各个方面，不仅是商界，还有大众媒体，甚至是学术和宗教团体，都在某种程度上变得商业化。

卡普尔：所有这些都变成了消费主义的一部分用来支持这个体系。但你知道对此会发生什么吗？把消费文化向前推进的最重要的一件事就是所有其他的体系，包括文化体系，都必须服从于消费文化。

杜：不久前，也许是20年前，我向我在中国的同事和知识分子们主张，我们必须以印度为参照。

卡普尔：我看到了。

杜：印度应该是一个参考社会，其理由有很多。原因之一是印度有一个很大的中产阶级，大概有两千万人。印度知识分子的英语很流利，所以他们非常国际化。现在印度，以及他们所说的"金砖四国——巴西、印度、俄罗斯和中国"已经崛起。所以经济上有共同之处，尤其是在软件领域。但对中国来说最重要的教训是今天印度知识分子或受过教育的人与存在了很长一段时间的印度文明之间的关系。你提到的不只是寺庙和神，还有舞蹈、音乐、哲学……

卡普尔：舞蹈、音乐，所有的文化事物在多少世纪以来都是一样的，因为它们都是精神上的。

杜：对，非常非常精神性的。

卡普尔：因此，印度的稳定来自于此。现在很多人不知道的最重要的事情是,在过去的 7 到 10 年里,我一直在强调,在印度有一种精神革命。

杜:精神革命?

卡普尔:每天有 3000 万的人去看灵性节目。

杜:3000 万?

卡普尔:各种各样的瑜伽修行者,有些是骗人的,但大多数都很好。他们上一堂又一堂的课,把他们与印度文化联系起来。课程关于《罗摩衍那》《摩诃婆罗多》《奥义书》的故事,以及印度是怎样的,他们对印度做了什么,教导知止,否则将无所得。今天,我的观点是印度将义不容辞地放弃消费(主义)体系。我一直在提醒。我还有一种感觉,除非印度、中国走到一起,否则它们各自都会被摧毁。

杜:我感觉,如果您看看精神力量和精神权力,印度是向世界输出各种精神形式的伟大国家之一。近年来,俄罗斯在东正教中恢复了自己的精神传统,东正教在文学、艺术和舞蹈等许多领域都有丰富的传统。中国需要以极其紧迫的方式振兴自己的精神传统。

卡普尔:我给你解释原因。我认为人的发展有三个阶段——物质的、心智的、超心智的以及精神的。

杜:哦,你是说四个阶段?

卡普尔:你可以达到心理层面,超心理层面和精神层面。这些是人类未来发展的力量。现在的情况是,欧洲已经止步于第一阶段。他们放弃了第二阶段,这就是他们现在的处境。美国把一切都拉向物质,他们没有留下任何东西可以考虑我们将去哪里。这就是 IT 产业出现的时候。印度年轻人则把它捡起来。事实上,我问过一个在美国工作的印度人,他后来成了亿万富翁。我说,你做了什么?他说我离开印度时口袋里有 100 美元,当我去那里时,有人帮我找了份工作。我去了那家公司,那里有大约 30—40 人在做电脑实习生。当每个人都在工作的时候,我在一个小时内完成了我的工作,然后我去看看他们在做什么，最后我学到了所有。几年后，我走了出来，从银行借了几千美元，开始了自己的事业，这就是我现在的处境。那么到底是什么起作用了呢？是心智。

杜：我认为在信息和通信技术以及软件领域，脑力劳动变得尤为突出……

卡普尔：因此，我还要告诉你，文化是文明赖以建立的软件。除非我们有坚实的文化，否则就不可能创造一个伟大的文明。若没有一种文化的连续性则一定有一种文化的毁灭。它必须包含物质、心智、超心智和精神这三要素。如果一个国家不能做到这一点，不能保持这种文化，就像美国一样被消费主义文化所席卷，那么你就会看到这会导致什么结果。

杜：我认为世界各地的人都非常担心现代化的概念被定义为西方化。

卡普尔：而且除了物质发展，别无其他。印度的现代化应该采取我所说的人文主义的部分，也就是增加人的潜力的部分。我想从货币经济转向人文经济。这把人置于事物的中心，而不是金钱。当这种情况发生时，当人实现了它的潜力，将有一个不同的世界。美国或欧洲的哪些地方会发生这种情况？可能唯一的希望是印度。在参访了96个国家后，我的感觉就是这样。现在我想说，应该是印度和中国，因为他们不会让你从内部做。这些外部力量正在从内部摧毁印度。我一直在警告他们，不管他们会不会听我的，但他们会的。他们离得更近了：印度和中国的贸易额，从330亿美元，到5年后的500亿—600亿美元。中国也是如此。我想说的是，我们必须摆脱把金钱看作是权力的象征的想法，我们必须把人看作是权力的象征。我们不能把外在的财富看作人的伟大，我们必须考虑其他的精神成就。这就是我们必须做的。除非文化允许这样做，否则一种文化不可能成为一种伟大的文化，也不可能成为21、22世纪的伟大国家。

杜：我们已经参加了两场关于印度和中国关于知识、智慧和灵性的哲学观点的会议，一次在德里，一次在北京。自 20 世纪 60 年代的边境冲突以来，这是一场严肃的精神价值和核心价值交流的开始，我确实希望这种情况能够继续下去。我知道你已经深入参与了文明对话，也了解了世界各地和谐社会的重要性。在北京大学，有一种我们称之为"北京论坛"的活动，是由学校、市政府和其他组织共同举办的。每年 11 月都会举行一次会议，讨论文明对话和和谐社会的问题。这是总的主题，但还有很多不同的话题。我意识到如果你用物质方面定义的线性发展来看待这个世界，使用我们所谓的工具理性，那么我们就会意识到有很多事情是 GDP 无法衡量的，比如幸福、友谊、智慧、知识、人类的交流、人类发展和人类繁荣。所以，我同意你的观点，这是我们这个时代的核心问题。

在 1923 年，中国一位伟大的学者梁漱溟谈到了西方的、中国的和印度的三种不同的价值取向。西方的做法非常激进。这是一种浮士德式的动力，不仅要去理解，还要去征服和控制。

卡普尔：即使现在也是。

杜：即使现在也是。中国人正试图寻求某种平衡。印度传统非常强调精神，也就是你所说的"超心智"。梁漱溟当时说，那是 1922 年，为了生存，中国别无选择，只能尝试向西方学习。它需要科学、技术和所有这些物质上的东西。但是，他最终预言，当这种消费主义和物质主义得到充分发展时，人们就会开始意识到，这不仅仅是对自身意义的追求的空虚，而且会给世界带来严重的问题。当然，当时的他对环境问题还不是很清楚。我想现在我们可以看到，这个预言是关于环境问题的。我的感觉是，也许在 21 世纪，先知就是地球，而所有传统中的长老，包括本土传统，可能会成为这个新文明的老师。我想这可能和你关于人文主义对峙消费主义的观点有关。

卡普尔：我必须把我明天要去的世界公共论坛的最后一次演讲连

同论文一起寄给你。

杜：这是你组织的论坛？

卡普尔：不，不，我没有。这是一项联合努力，弗拉基米尔·亚库宁先生发挥了重要作用，你可能会对他感兴趣。

杜：他来自俄罗斯吗？

卡普尔：在俄罗斯，他是一位非常重要的人物，非常接近权力。我曾提议建立一个对太阳能有影响的基金会，并于2000年在印度各地发表演讲。不知怎么的，当他来到印度时，我们见了面，他提出了建立论坛的相关想法，我也支持将这个世界公共论坛作为文明对话的主意。所以就组织起来了。从那时起，我一直是论坛的联合主席。

杜：这是什么时候的事？有多少……

卡普尔：大约七八年前。

杜：7或8年前，这是第7或8次会议，与会者来自世界各地？

卡普尔：他们来自世界各地。事实上，上次会议有来自62个国家的752人参加。你知道为什么吗？一个很简单的原因，我提升了不同意见者的声音。

杜：不同意见的声音？

卡普尔：是的，不同意见。我觉得有点不对劲，这是怎么了呢？我说，"这必须纠正。"我说："西方国家和美国应该对此负责。""你知道，全世界90%的人持不同意见，所以我们所有人都是为了这个发展的利益。论坛是通过努力创立的，在很大程度上是弗拉基米尔·亚库宁先生通过努力达成今日的成就。这是一个比世界上任何其他地方都更好的地方来实现我们所说的。"

杜：现在我们也看到了同样的情况，不同意见的声音。

卡普尔：在我看来，这是完全不同的声音。然而，我们不可能知道一切。你不能把任何你喜欢的都说出来。尽管如此，最终它将以不同意见的声音结束。你明白我的意思吗？

杜：是的，有一种强烈的感觉，人类的生存能力是不确定的，我们还能活多久，我们不知道。所以在这种特殊的情况下，我的感觉是所有的精神传统，印度教、穆斯林、犹太教、基督教以及所有的精神传统都必须经历一场变革。这个转变就是认识到地球是神圣的，或者地球被赋予了灵性价值。人与地球之间有了一种新的关系，所以我们不能从佛教的角度说要等待彼岸或等待净土。或者对基督徒来说，等待上帝的国度到来。我们必须关心地球。我喜欢人文主义的概念，但它与现代西方启蒙时期的人文主义非常不同，因为人文主义是世俗的人文主义。

卡普尔：没错。我为什么要提高嗓门呢？因为整个西方的消费主义已经成了金钱的象征，也成了权力的象征。如果你是个好作家，你能赚多少钱？如果你是一个好的艺术家，你的画在什么地方卖？换句话说，把所有的思考方向都放在消费主义上。去赚钱，那就是你所处的境地。他们把世界带到这条道路上，并把世界缩小到今天这样的地位。我们必须纠正这一立场，事实上，我的下一步行动是谈谈挑战，实现这一转变的主要挑战。治标不治本是没有用的。它需要彻底的改变。那么我们需要带来什么以实现这种改变呢？

杜：我认为在这个关键时刻，最重要的问题之一就是"重新思考人"。你必须重新思考，"作为人意味着什么？"

卡普尔：这正是我正在做的。

杜：我认为，按照现代西方的启蒙思想，人类是征服者，是侵略者，人类拥有支配一切的权力。知识就是力量（权力）。

卡普尔：你控制它，整个事情就开始了。

杜：我认为人既是观察者，也是欣赏者。

卡普尔：也是受害者。

杜：人也是一个受害者，但同时，从积极的意义上说，人也是这个创造性转变的参与者。人可以成为我们宇宙的共同创造者。

卡普尔: 事实上,整个人文主义的结构就是围绕着这个建立起来的。

杜: 围绕着参与的理念?

卡普尔: 参与。首先,塑造每个人。我是说,这是唯一能把人文主义世界结合起来的方法。

杜: 从这个意义上说,人也是最糟糕的破坏者。中国古代有句老话,"天生人成","所有的自然灾害都不能消灭人类,除了人为的灾害。"(天作孽,犹可违;自作孽,不可活)人为的灾难是我们无法逃避的。现在,我们所面临的困境是人为造成的。因此,至少有一点希望或乐观是既然我们让自己陷入了这种混乱,我们也应该能够通过团结一致的方式来摆脱它。这是关于人文主义的问题。有一位学者,我不知道你见过他没有,他现在是印度哲学委员会的主席,名叫巴拉苏布拉马尼安。他曾说过:"我们需要所谓的儒学,它是一种人文主义。它不是世俗的人文主义,它应该是精神的人文主义。"

卡普尔: 这正是我要说的。人文主义使人具有完全的潜能,人可以从物质出发,到心智和超心智,再到精神。每个人都必须有这样的机会。如果你让他们成为消费者,他们只适合成为消费者。整个社会将变得现代化,他们将失去在未来做任何事情的力量。事情就是这样的!现在你证明了人只有人才能改变。这正是我要说的。在个人层面上的人文主义运动被定义为人上升到精神层面的潜力。现在越来越多的人意识到了压力。压力从何而来?不是我也不是你。压力来自人民。他们会说,"到底发生了什么?"因此,我的意思是,这就是答案,我们必须找到方法和途径,以任何可能的形式来实施它。在我看来,当今最好的选择是,当我们团结在一起时,地球上没有任何力量可以阻止我们。如果明天他们在一起,你知道会发生什么吗?每个人都可以被告知"停止它",但没有人敢挑战这一点。每个国家单独做不到,如果中国做了,他们会毁了中国。如果印度这么做,他们会摧毁印度。但一旦他们走到一起，他们（西方）就会尽最大努力故意用武力，用一切手段阻止他们聚集在一起。我们必须看到，我们都应该从中走出来，我们应该坐在一起，解决世界上的问题，拯救世界。这是可以做到的。

杜：但是我有一个想法，那就是我们不应该重复其他国家的统治心理，或者心理上的统治意识。所以这种联盟必须是开放的。换句话说，它更吸引人，而不是封闭。现在在中国，我担心人们变得如此骄傲，以至于他们想要单独与一些大国较量。这将会很不顺利的。

卡普尔：现在所有的事情都证实了，甚至在报纸和媒体上，这一切都在发生。几年后，中国将是"第一"，美国将是"第二"，印度将是"第三"。即使在美国，他们也接受这一点。那么会发生什么呢？他们不希望中国成为"第一"，把美国甩在后面。他们不希望看到印度迎头赶上，因此所有欧洲国家都将变得更接近美国。

你领会到我的意思了吗？这就是正在发生的事情，我们应该鼓励它发生。我一直在这样做，我已经做到了。他们甚至在《人民日报》《中国日报》等媒体上发表了我的评论。他们知道我的观点。上次参加世界公共论坛的中国代表团有 20 人。有人在会上问了关于佛陀的问题。诸如此类。然后，会议结束后，他们中的许多人一个接一个地来找我，和我合影。我说："你为什么要这样做？"他们说："我们喜欢你说的话！"所以，很多中国人也在考虑这个问题。但是，更大的问题是上层的更大压力是消费主义，特别是现在，挑战消费主义、削弱消费主义、失业等等。

杜：但是，印度、中国现在也正全力走向商业主义。

卡普尔：我要告诉你一件正在发生的事。我同意你的观点，但最大的问题是他们正朝着你所说的商业主义的方向发展。印度也在朝着这个方向发展。但有一点不同，他们有强大的宗教和精神力量，在幕后，在电视上。有个人他周游了世界，他有 8000 万粉丝。他是瑜伽老师！从瑜伽开始，他……

杜：这也非常普遍，以寻求新形式的精神性。但我想另一件事是您作为未来主义者的观点。如果世界要成为有精神性的，那么我们可以说是精神性的国家，印度、中国必须团结起来，他们可以有一个很强的力量扭转形势。

卡普尔：保护自己，他们必须保护自己。

杜：首先要从商业主义转变为人文精神主义或精神人文主义。我认为 21 世纪的精神人文主义的形态至少包括 4 个维度。一个是自我的问题，自我的整合，不仅仅是物质上的，还有心智上的，超心智上的，精神上的。但自我始终是与许多其他自我相关的中心关系。所以，这里有一个关于自我和社群的问题。接下来的问题是人类如何能够以一种可持续的方式与地球和自然重新建立联系。最后，还有一个问题，我认为印度是一个典型的例子，关于人的心灵（heart and mind）与"天道"（Way of Heaven）或精神之源之间的关系。现在我的问题是，还有很多很多其他的精神传统，包括伊斯兰教和犹太教，那么从未来的角度来看，你会如何联系……

卡普尔：这个问题很简单。对于犹太教，基督教和伊斯兰教，最根本的问题是印度教认为他们认为人本身就是神。人本身就是神，他可以将自己转化为神，与那个世界自觉的精神相融合。我们称之为上帝的东西，有些人称之为别的东西。然后人类必须提升自己到那个精神层面，然后这种良知传播给大量的人。现在，这并不是在挑战更大的良知。这将像河流开始，然后走向大海。它成为那个良知的一部分，但不能成就那个良知本身。这意味着他们也说他不会成为神，但他们说的是另一件事。

现在，西方和这些宗教挑战这一点，他们说"不"。他们说只有一个上帝，因为他们的一切都是建立在那之上的。除非他们用我所谓的"科学和宗教的挑战"来改变这一点，这就是冲突。除非这个问题得到解决，否则就不会有和平。现在，他们不愿意接受这一点。他们说他们不能接受我们印度人说的话。现在,印度的文化、传统和精神正在兴起,他们永远不会接受这一点。于是,他们的问题是印度哲学,印度文明是唯一一个随着科学而改变的,从牛顿科学到爱因斯坦和海森堡的科学以及测不准原理。现在正在发生的这种演变,将在很多方面,定义未来。因此,我认为这些因素决定着印度和中国的未来。他们可以应对这些科学挑战。

杜：它们可以既合适又兼容,但我认为这也是科学思维的一个重大转变。这是因为旧的实证科学,任何你能感觉到的,你能量化的东西——科学主义——已经过时了。我们对什么是科学有了更广阔的视野,因为我们知道得越多,我们知道我们不知道的就越多。有一种谦卑感,这种谦卑感将帮助世界认识到人的局限性。也许我可以回到这个问题,如果人潜在地可能是上帝,那就是阿特曼和婆罗门之间的关系。

卡普尔：完全意识到了。

杜：无论我们个人或人类如何努力,总会有更广阔的视野。所以我们需要对某些事情保持谦逊和欣赏。我们不是征服者。我们是观察者,是鉴赏者,是参与者。我想我非常赞同您对未来主义的看法,只是有一点需要说明,那就是,我认为伟大的精神传统的统一应该是开放的、多元的、自我反省的和自我批判的。

卡普尔：印度会调整。印度在宗教、文化和灵性方面有很大的灵活性。如果他们明天发现中国人更好,儒家和道教比印度传统更好,他们就会说那是我们的传统,那是神。然后它就变成了上帝,他们把它画出来供每个人崇拜。所以这里有 5000 个神萦绕周围。有些代表智慧,有些代表法律权力,有些代表保护角色。所以每个神都代表着自然的力量和那个良知。

杜：您知道,这是一个既全面又综合的愿景,而这种全面和综合将会让人文主义蓬勃发展。这可能是克服难以置信的商业力量的巨大希望。

卡普尔：对话也是如此。两种对话。这是我的立场。

杜：两个对话吗？

卡普尔：两种对话。这就是正在发生的事情，有两种对话，我们正在努力做到这一点。

杜：再说一遍这两种对话是什么？

卡普尔：第二是消费主义。保护消费主义的武器是我所不能接受的。没有武器，你就无法保护这种消费主义。你无法保护它。第一种是文化。没有文化的转变，其他一切都不会改变。

杜：对，我完全同意您的观点。

卡普尔：嗯，能互相交谈真是太好了。

杜：非常感谢您的对话。

（译者：王珏瑜　校对：王建宝）

超越容忍，走向欣赏

——对话弗莱德·多勒米尔

弗莱德·多勒米尔（Fred Dallmayr, 1928— ），政治哲学家，美国圣母大学哲学系"PACKEY JDEE"荣休教授，研究领域主要为现当代欧洲思想，除此之外，他还对跨文化哲学比较抱有浓厚兴趣。曾任纽约新学院和德国汉堡大学的客座教授、牛津奈菲尔德学院的高级研究员、亚洲比较哲学协会（SACP）会长，现任

"世界公共论坛:跨文化交流"活动国际协调委员会成员及"重启:文明对话"活动科学委员会成员。最近出版的作品有《另一个海德格尔》《超越东方主义:跨文化交流随笔》《实现我们的世界:走向全球化与多元民主》《文明间对话:一些值得听到的声音》《黑格尔:现代性与政治(新版)》《追寻美好生活:动荡时期的教育学》等。

对话时间:2011 年 6 月 10 日

　　杜维明（以下简称"杜"）：也许我们应该从对话的问题开始。我记得你曾告诉我你和雷蒙·潘尼卡关系很好。事实上在巴塞罗那宗教议会大会前，我们也一起进行了一次采访、一次对话。像尤尔特·柯慎士，潘尼卡所指出的"辩证式对话"和"对话式对话"之间的区别让人印象深刻。在他的预想中，应该用对话的术语来理解新的人类互动模式。我知道你在 2002 年还出版了《文明对话》（*Dialogue Among Civilziations*）一书，所以你对对话的看法对我来说非常重要。

　　弗莱德·多勒米尔（以下简称"多勒米尔"）：这个概念在最近大约 50 年的时间里变得越来越重要，因为人们试图重新思考人类关系的特性。在思考中，人类关系不再仅看作是两个被割裂开的自我（ego）之相遇，而是看作双方真正的相遇：没有支配，没有趋同（converging），而是相互尊重对方及每个人的完整性。通过对话式互动，我们逐渐理解了对方想要说什么、对方表达了什么，并接受这些内容、理解对方，然后以对方能够互动（reciprocate）的方式进行回应。这种发展对世界上许多地方至关重要，尤其对西方世界很重要，因为我们有很长一段时间忘记了这种对话式互动。

　　如你所说，我们在很大程度上被辩证法或纯逻辑（pure logic）所支配。这种完全排斥矛盾的逻辑法本身有两个因素相互矛盾。辩证关系的情况与之类似，它基于一种对立的关系，并通过某种形式的辩证方法来克服对立。这就是黑格尔的立场：正、反、合。这是处理对立的一种方法，但我们应对"真正的相遇"，"真正的相互理解"需要的不是这种方法。为了代替辩证法，对话的概念应运而生，并产生了 20 世纪一些主要的对话思想家，如马丁·布伯①，他非常重要。

杜：是的，写了《我与你》。

多勒米尔：是的，《我与你》。但非常重要的是，有一位哲学家，汉斯－格奥尔格·伽达默尔②，对我的思想有很大的影响。这些年来，我逐渐接触他的工作、他的作品，并在很多地方对他的作品进行了评论，我们关系非常友好。因此，我开始真正理解对话的重要性。对话在德语中被称为"Gespräch"。伽达默尔的基本观点是我们一直处于 Gespräch 中，我们一直在进行对话。我们时刻在与自己对话。为了认识自我，我必须（像面对他人一样）对自己提出问题，并回答这些问题。因此我时刻在与自己对话。我们也与其他人：我们的家人、朋友进行对话；我们与他们进行对话，同时也与文本、文学进行对话。所以对伽达默尔来说，阅读文本就是开始与文本的对话。举个例子，如果我想要理解柏拉图的一段经文，我走近柏拉图，向他提出一个问题："你想表达什么？这些文字是什么意思？"作为回应，文字通过某种方式给了我一些句子，但我可能不能完全理解这些句子。虽然这个文本可能不完全符合我的参照系，我仍然会依据自己的背景、自己的参照系理解这个文本。所以我必须提出问题并接收文本的回应。为了更准确地理解文本的意义，我必须拓宽自己的参照系。这就是对文本意义的探索——对象也可以是诗歌、文学、音乐——通过提问和回答，我敞开心扉，去理解接触到的事物的意义。但伽达默尔进一步扩展了这个概念，尤其让我感到兴奋的是，他把这个概念扩展到了跨文化对话、跨文化

---

① 马丁·布伯（Martin Buber, 1878—1965），奥地利—以色列—犹太人哲学家、翻译家、教育家，代表作《我与你》，研究工作集中于宗教有神论、人际关系和团体。

② 汉斯－格奥尔格·伽达默尔（Hans-Georg Gadamer, 1900—2002），德国哲学家，以《真理与方法》闻名于世。

关系中。

我认为伽达默尔是少数真正具有对话性的哲学家之一，他也对国际性的、全球性的、跨文化的对话感兴趣。我和他进行过很多次关于印度和亚洲的谈话，他对这些话题非常感兴趣。他非常反对单一价值体系，即一个占主导地位的大国支配着世界上的参照系和话语论域。他非常反对帝国主义，反对单方面的统治。他的基本观点是通过对话，通过文化之间、宗教之间和传统之间的对话，来防止只有一方输出观点。单边主义本质上是一种自我中心主义，或种族中心主义。要克服这种单边主义，我们必须敞开心扉。我认为这一思想对于西方世界目前的情况非常关键，因为在很大程度上，西方世界现在已经或者之前就已经成为一种霸道的文化，试图单方面地主宰世界，不听取别人的意见，也不与对方进行真正的对话。

这就是西方文明的诅咒。西方文明有许多优点，但西方文明这种支配的冲动：支配其他文化、支配其他宗教的冲动——这种冲动后来被称为"东方主义"——是个诅咒。我们将其他人异化，把他们当作可以利用的对象。这种统治冲动也与"文化对抗自然"的概念相关。我们试图支配自然、控制自然，为我们自己的利益开发自然。这是一种控制形式，非常具有破坏性。所以我们必须通过对话来克服这种支配他人、支配其他文化的倾向。

还有一种支配自然的倾向深深植根于现代西方文明。它深深植根于整个来自于中世纪晚期的传统，来自弗朗西斯·培根、牛顿和笛卡尔。那就是笛卡尔式的将自我抗衡另一个世界、凌驾外部世界之上的观点。既然存在内在的自我，那么自我应该做什么呢？它将主宰这个外部世界。这是单边主宰的根源，我们看到它对现代技术和对自然进行现代开发的影响。对自然的现代开发可能真的导致自然灾害，因为资源不可再生，这整个过程不可长期持续。

因此，（为了对抗这种支配倾向）也产生了对话的想法。我们需要与自然对话,倾听自然在告诉我们什么,而不是支配自然。现在,我们不能与自然对话,但是自然确实在向我们诉说。它也许不是用人类的声音说话,但是大自然通过某些事件、通过某些现象向我们说话。这些现象是我们发现的,或是由我们开发自然的方式引发的。自然界用某些灾难——海啸、一些势不可挡的自然灾难——做出回应。大自然在告诉我们一些事情。这些是它与我们的对话,我们必须对这些自然灾害作出反应。无论如何,对话有很多很多方向,对于伽达默尔来说,最终对话是和被称为"神",或者中国的"天"的对话,对我来说也是如此。克服单边主义、真正成为宇宙的一部分,都是对话的基本主题。这是我的看法。

杜:太好了。是的,我认为,这种对话模式是基于认为人类社会,我称之为"信赖社群"(fiduciary community),它将产生一种对话文明的期望,因为文明间对话对产生和平文化是绝对必要的。现在,很多人都怀疑两个站在一起却不平等的人之间是否有可能进行对话。例如,中美之间一系列所谓的关于贸易、人民币汇率评估甚至军事战略的对话,严格来说都不是真正的对话。他们只是在讨价还价、施加压力、运用策略使自己的利益最大化。

通常对话模式,即使是马丁·布伯的《我和你》中的对话方式,是两个志同道合的人之间致力于寻求人类繁荣的共同方式。因此,人们怀疑在 21 世纪是否能够实现潘尼卡定义中的"对话式对话",因为全球化实际上引起了地区化和本土化的冲突和紧张关系。我不知道是否只能持一种乐观态度来欣赏它,或者它对人类社会重要到可以作为一种技能专门培养。

多勒米尔:好吧,我完全同意你的看法,而且我以前没有提到这个你现在引入我们讨论的名字——雷蒙·潘尼卡。我主要提到了布伯和伽达默尔。现在,潘尼卡引入了一个非常重要的对话维度,即一个文化间、语言间、不同习惯用语间的维度。潘尼卡深受西方哲学和印度哲学传统的影响。在印度的哲学传统中，他发现了一种非常适宜的媒介表达自己的观点，这种媒介被称为"吠檀多不等式"（Advaita Vedanta），非二元论的"吠檀多不等式"与笛卡尔将思想与身体、内在与外在、思想与物质二分完全相反。吠檀多恰恰是笛卡尔主义的对立面，而潘尼卡用"Advaita"（非二元论）的思想很好地发展了这一观点：我们皆以宇宙为一体（we are all involved in a cosm_c unity），这个一体不能分裂成彼此分开的元素。

现在，对于你所说的关于所有形式的对话所涉及的困难，有许多对对话保持怀疑的论点。一个有争议的论点是：对话根本不可能。如果人们说的不是完全相同的语言，不是来自相同的背景，那么不同的观点、不同的语言之间，基本上就是不相容的。你听不懂他们的语言，就不能在他们之间进行对话。这通常被称为"不可通约性"。不同语言相互间是不可通约的，所以不可能实现对话。我认为这是一个重要的观点，但事实证明这是错误的。因为不同语言间在很大程度上是可以进行翻译的。我们已经通过翻译展示了这点。这些翻译从来都不是完美的，但是至少陈述、观点、传统的一些本质可以被大致翻译出来，并且让其他人清楚地理解。因此，不可通约性理论可以遭到驳斥，也可以克服。

然后是你提到的问题：对话是否可以在不同层次的人之间进行，换句话说，参与者之间基本"不平等"。经常有这样的异议出现，尤其是那些声称自己是现实主义者而不是乌托邦主义者的人。他们说："对话是不能实现的，因为不平等总是存在，强者总是支配弱者。"这是所谓的"政治现实主义者"经常提出的论点。但关键是，对话有一定的前提条件，因此，如果我们想要进行真正或真诚的对话，必须努力消除可能阻碍真正对话的不平等现象。所以，第一个先决条件是，我们在对话参与者之间建立某种共性——大致平等，而不是绝对的或数量上的平等，这样任何一方都不会感到优越或自卑。因为如果一方感到自卑，就会立刻感到被支配或被利用。因此,在参与者之间建立平等很重要。如果你能做到这一点,那么至少满足了对话的一个前提条件。

我还要强调的对话的第二个先决条件是:对话的所有各方都必须有进行对话的良好意愿。如果没有良好的对话意愿,那么你只是对着墙说话,而不能在对话中取得进展。因此,我们必须培养对话的良好意愿。这是伽达默尔提出的一个非常重要的观点。对话是有伦理基础的;对话不是凭空产生的,你必须有一个伦理前提,这个伦理前提是善意的。这基本上意味着我愿意向你学习,我愿意与你交流。当然,有些人是固执的,他们不想参与,他们没有好的意愿,所以问题是我们如何克服坏意愿,或者在没有良好意愿的情况下如何展开对话。

所有这些都意味着对话并不容易。有可通约性的问题,不是所有的东西都可以翻译;还有不平等的问题;还有对话的良好意愿的问题。在伽达默尔和德里达之间那场著名的争论中,德里达反对这种对话的想法,因为他说没有善意这回事。他说那是过于康德式的想法。无论如何,伽达默尔坚持认为,任何一般性对话都需要伦理基础,这让我认为,诸如美德伦理之类的东西,实际上是对话的必要条件。没有美德就没有对话,这使我对儒学及儒家美德伦理有一定的赞同。我认为,儒家思想恰好也是一个很好的对话之基础。在这一点上,我们有一致的看法。

杜:我认为可以把儒家传统看作一种开放的形式:它不是普适的或者说它不是抽象的普遍主义,当然也不是封闭的特殊主义。它是一种以多元性为前提的开放。问题是,开放通常存在排他的开放和包容的开放,但两种方式都不是特别令人满意。排他性的方法是一种封闭的特殊主义,有时甚至是侵略性的。它不仅是自行选择的孤立,也是对他人的侵略和敌对,其他人常常被误认为是敌人。然而抽象的普遍主义会让人在任何形式的相遇中寻找最小的共同点,这会把人引向单薄的境地,而失去了具体的人之为人的丰富性。

对于那种必要的对话,我认为最基本的伦理原则是将心比心(reciprocity)(的恕道),这通常以否定形式在黄金法则里出现:"己所不欲,勿施于人。"现在,汉斯·昆(孔汉思)①,大概是十多年前,坚持认为以肯定形式表述的黄金法则与以否定形式表述的黄金法则差不多相同。在我看来,"己所不欲,勿施于人",作为一种将心比心的精神(恕道),可能比你必须对别人做你希望别人对你做的事情更基本。我不知道你是否反思过这种差异,特别是这与你对转换的看法有关?

多勒米尔: 是的,我已经考虑过了。这些黄金法则的不同表述在某种程度上是相同的,但是我们可以用某种方式区分它们。我觉得"己所不欲,勿施于人"这种否定形式的表达很有吸引力,但也有些局限性,因为它只是强调不能做什么事情。"己所不欲,勿施于人"这种观念几乎可以说是在完全退出关系。"我什么都不做,所以你也不用为我做任何事。""我不为你做任何事情,你不为我做任何事情。"这几乎就像是在拒绝互动。

这就是为什么"按照你希望别人对你做的去做"这个表述更积极。它迫使我参与其中。我必须做点什么,我不能只是等待,什么都不做。它迫使我与他人交往,希望他人能够将心比心,他们也会像我对待他们那样对待我。但是,当然,对我来说,来自基督教背景,我不能忘记我们在福音中得到的指示,即就算是黄金法则,我们也要更进一步,加倍努力,向别人付出超过你希望通过将心比心得到的。例如,耶稣要求我们,如果一边脸颊上被打了一巴掌,我们就应该把另一边脸颊给他。这已经超越了纯粹的将心比心。这就是我们应该做的总是比预期的多,比期望的多得多。这是一种积极的伦理观,它邀请我们,甚至要

---

① 汉斯·昆(Hans Küng,1928—2021),又译名孔汉思,瑞士天主教神父、神学家、作家,自1995年起担任全球伦理学基金会(Stiftung Weltethos)主席。他以质疑教皇无误论(Infallability of Pope)而闻名。虽然汉斯·昆不被官方允许教授天主教神学,但他的神父职务并未被撤销。

求我们，特别投入，做好事而不期待回报，不一定有将心比心之必要。这是一种非常纯粹的伦理学，可能超出了普通人的期望，但这是一个好的乌托邦目标。

无论如何，我喜欢肯定表达的黄金法则，因为它要求我参与其中，做一些好事，它永远不对这里的"好"做限制。在许多人际关系中，我们发现我们需要做出更多努力。以母亲和孩子为例，母亲总是做很多，很多，很多，很多，比她期望孩子所回报的多得多。孩子不能回报母亲给孩子的所有付出。友谊也是如此。如果你真的是某人的朋友，你想做的比你期望的朋友回报的要多得多。有时他们称之为"给予的伦理"，在这方面，伊曼努尔·列维纳斯①特别强调礼物的伦理，即给予礼物不应求回报。你提出了一个黄金法则，它结合了所有的文化；我认为在所有的文化中，人们都可以找到类似黄金法则的东西。

杜：如果我们想表述得更准确，那么不仅只有儒家有否定式表述的黄金法则，犹太教也有。我记得有一次，希列拉比的一个学生要求他总结一下整个犹太法典传统的核心。他说，"不要对别人做那些你不希望他对你做的事情（己所不欲，勿施于人）"，因此（我在提到这句话时）会在表述上作出微小改变以区分。这么说吧，在对话的情况下，肯定表述的方式当然是一种鼓励参与的表述方式，甚至可能带有一种对他人的责任感。假设我得到了一个"福音"，我有义务与其他人分享。如果对方拒绝分享，我会觉得自己更有义务去参与。

现在，如果对方是一个与我生活方式不同和超越观不同的穆斯林，那么冲突几乎是不可避免的。因此，我们应该思考避免交流中冲突的

---

① 伊曼努尔·列维纳斯（Emmanuel Levinas, 1906—1995），法国著名哲学家、伦理学家。他为西方哲学提供了思考异质、差异、他性的重要路径，从而揭示了从伦理的维度重建形而上学的可能性。他彻底地反对自古希腊以来的整个西方哲学传统，并在此基础上提出了最激进的真正意义上的"他者"理论，成为当下几乎所有激进思潮的一个主要的理论资源。

最基础前提。但是有时也需要一个肯定式的表达，否则这个最基础前提，就像你指出的那样，会显得太过被动，缺乏吸引力。因此，儒家传统中比较积极的表述可以与积极的黄金法则相媲美："己欲立而立人，己欲达而达人。"

多勒米尔：美哉，斯言！

杜：将心比心问题与宽容精神有关。此处的宽容指不将他人的差异视为威胁。不仅不视为威胁，而且还应该接受它以丰富自己对世界的理解。如果这不是个适合使对方皈依的时机，那么即使我觉得有义务传播这个真理，我也必须保持某种克制。我的感觉是，对话的最低条件是宽容。这与将心比心的思想有关，但是宽容是最基础的条件。如果没有认识到对方的独特性（不仅是对方的独特性，也是我们遇到对方时，对方的不变特性），如果没有约束传播"福音"的欲望，如果没有理解其他人想要什么，由自身责任感所推动的参与可能会适得其反。

为了保护相互参照和相互学习的可能性，就很有必要尊重他人和维护他人的完整性，甚至有时要相信与自己完全不同的观点。因此必须在对话一开始就避免掺杂转化对方的意图。当然，如果他人欣赏我们自己的思想，我们会很高兴，但是我们必须克服一些有意无意的使他人皈依的欲望。交流也不是一个力图阐述我们自己信仰的场合。如果我们一味地大谈特谈自己的信仰，就会在一定程度上破坏对话的氛围。此外，这甚至不是一个试图纠正别人对我立场预先存有误解的场合。

综上所述，在对话中，你不试图使对方皈依，你不做自我阐述，你不尝试纠正某种误解。对话似乎变得过于被动，但我认为这种对话态度的一个很大的好处是能够让人倾听他人并培养一种倾听的艺术。此处的倾听与普通的倾听不同，我认为他们使用的术语是"深度倾听"，它不仅是专注的，而且是开放的和接受的。这是某种东西，也许是一种美德，应该要培养。这也是一个拓宽我们自己的知识视野（horizon）

的机会,就像克利福德·格尔茨[①]的理念:对抗激进的他者是自我解放的一种方式。在我们试图把自认为合理正确的观点强加于他人之前,换句话说,在我们评判他人之前,我们需要问问自己,我们自己的参照系是否足够广泛。我认为伽达默尔试图理解事物时明晰背景中的偏见和局限性是非常现实和明智的。

我认为另一件对于对话情况非常有益的事情是提高一个人的批判性自我意识:他人不仅不会被视为一个威胁,还可以被视为一个值得赞扬的理由。我自己的个人经历就是这种态度的证明。我认为自己是基督教神学的受益者,因为我的一些受人尊敬的朋友是神学家,他们帮助我理解我自己的传统。我的一个同事牟复礼(Fritz Mote),实际上是最受尊敬的汉学家之一,对儒家立场中隐含的基督教化很感兴趣。

然而,我强调了宗教信仰的重要性。儒家思想可能不是一种宗教,但宗教信仰是非常重要的。有一种超越的存在,即使你可以将这种超越形式看作一种内在的超越。如果没有超越的东西,它就只能被简单归为一种人文主义,这就是邂逅各种神学观点的好处。

我深刻意识到:历史上,孔子的追随者从未真正意识到超越这个特殊问题,尤其是激进的超越这个问题对发展出关于人类繁荣的终极关怀是必要的。他们觉得人生在世,必须修身以改变这个世界,即使没有激进的他者或完全的他者,精神的神性也会通过我们自己的具体存在而影响世界。在这种特殊情况下,转换必须通过与其他人的对话交流来完成。我认为两个对话伙伴的相互反应是建立在最初的某种自我约束之上的。

我的建议是,我们必须同时使用两种截然不同的工作方式或参与

---

① 克利福德·格尔茨(Clifford Geertz,1926—2006),美国人类学家,解释人类学的提出者,曾先后担任斯坦福大学行为科学高等研究中心的研究员、加利福尼亚大学巴凯学院人类学系副教授、芝加哥大学新兴国家比较研究会人类学副教授、普林斯顿高等科学研究所社会科学教授。

模式。一个是审慎地意识到我自己视野的局限性。意识到自己可能没有深入倾听，也可能自我反省得不够。这几乎就像是一种自身责任感、积极参与意识完全不冲突的修身的形式。但是还有出发点的问题。我认为，对话的出发点最好用否定形式来表述，因为向他人强加我所珍视的东西可能具有危险性，并可能表现出某种偏见。在这种多元化的背景下，任何宗教传统都是某些伟大价值观的具体化，但同时也损害了其他价值观。因此，把自觉作为一个先决条件，更积极的参与就会变得有益。我们首先避免危险，然后尝试强调更积极的表述。

多勒米尔：是的，我明白你的意思，而且我认为整个事情上我们是一致的。首先，正如你指出的，我们总是接近他人，我们接近世界，我们带着某些成见接近文本，或者伽达默尔所说的"先入之见"。

杜："先入之见"，而且有时只是"偏见"。

多勒米尔：他的论证中承认"先入之见"的存在，必然反对某种启蒙理性主义。在这种理性主义中，我们能够完全摒弃我们自己之前的任何一种假设，让我们像新生婴儿一样进入这个世界，不带任何我们原本用于接近他人的参照系。针对这一点——他称之为"对偏见的偏见"或"对先入之见的先入之见"——他批判性地回应了某种启蒙普遍主义，这种普遍主义完全忽视了我们所有人都来自某种背景。我们都扎根在某个地方。我们是有限的生命。我们不是自由流动的智慧生物。我们是有限的生命，来自一定的背景。接下来的任务是，如果我们发现先入之见或偏见站不住脚、如果我们发现它们被误导产生的、单纯错误的，或者被证伪的，我们该如何纠正它们。我们怎样才能克服它们？这是一个缓慢的过程，因为我们不能直接认为这个理性具有普遍性。我们必须克服自己的偏见，慢慢地通过对话来学会更好地思考对方或者我们遇到的文本。

所以，这是一种缓慢进行的过程，我们需要纠正自己、更多更好地倾听对方、提出新的问题来慢慢克服这些局限，同时我们不认为自己已经在相信的内容（beliefs）或存在的方式（existence）上达到了完全一致。我们都来自有限的地点、有限的背景、有限的语言，所以最终总会有多元化的认知。接下来的问题是，我们如何能够从我们的角度、从我们的背景、从我们的先入之见开始，最终与他人达成某种共识，或者某种与他人的交流互动（engagement）。在这一点上，你是绝对正确的，我们必须克制自己支配他人、试图操纵他人的冲动，这是一种根深蒂固的自我主义冲动，至少在现代西方人中似乎是根深蒂固的。如何抑制这种情况？伦理准确地说是限制、控制、克制这种冲动的主要方式之一。现在，其中一个冲动可能是强行让他人接受我的观点、我的参照系。你的是错误的，而我的是正确的参照系，所以我试着转化你。

现在我认为任何一种对话立场都必然要拒绝转化。我完全反对任何形式的皈依，传教活动，所有这些事情。在过去的几个世纪里，我们已经做了太多这样的事情。殖民主义基本上与传教活动联系在一起，与异教徒和原住民被基督教化联系在一起。这种形式的传教活动最可怕的例子发生在拉丁美洲。

杜：十字军东征。

多勒米尔：十字军东征和屠杀原住民。为了使他们基督教化，对他们展开屠杀。在许多地方都有可怕的例子，这种情况屡见不鲜。所以我不相信皈依。现在，这难道与耶稣给门徒传福音的要求或诫命相符吗？正如他所说："走进世界，传播福音。"但这是什么意思呢？这是否意味着皈依？我反对这个想法。我认为你可以在不使任何人皈依的情况下传播好消息。你应该通过友善的对待相遇的人来传播福音。你们平等地对待他们，把他们当作高尚的、有尊严的人来对待。这就是所谓的传播福音。我传播福音不是通过让你皈依成为一个基督徒，而是通过向你展示作为一个基督徒的意义，即作为一个好人对待其他人。所以，以这种态度（传播福音）绝对没有使他人皈依的必要性和可能性。这种做法必须抵制。

　　这并不意味着一个人不能实践自己的宗教,不能实践自己的信仰。如果有人对我的信仰和礼仪感兴趣,我可以告诉他们我来自哪里。但我总是明确表示,我根本不想使你皈依。例如,我在印度度过了相当长的一段时间,有一些年轻的印度朋友。我去了一些寺庙,和他们一起在寺庙里做礼拜。然后他们说:"好吧,我想和你一起去基督教堂。"我说:"好吧,我接受你,条件是你必须意识到我不是在试图使你皈依。你只需要去看一看,或许你会在那里发现什么,然后你就可以随心所欲了。"在这个基础上,我们去了一个基督教堂,一个天主教堂,我们一起做礼拜。对他们来说,这是一次学习的经历,就像我去他们的寺庙学习一样。但是当我去那些寺庙的时候,他们从来没有说过,"你必须皈依印度教"。因此,任何一种与他人的真正对话关系中都不能有使他人皈依的想法。

　　甘地,我的一个伟大的榜样,总是说:"这是错误的,皈依是错误的。它总是不必要的,因为归根结底我们都相信同一个神。"无论我们崇拜什么,都只是尊重那伟大存在的方式,或允许我们存在的伟大存在的方式。行此之道,多种多样,所以没有必要从一个宗教转向另一个宗教,因为这就像为那一个旋律而改变这一个旋律。不管怎样,我同意你的观点。不应该有皈依,但应该对其他人抱有开放的态度。现在,我会稍微超越宽容或容忍的概念,因为宽容可能意味着我真的不喜欢你,但我容忍你。你可以说,"我真的不支持你,但是我能包容你。"这是个问题。有人会说我超越了容忍,走向欣赏。

　　杜:认可、欣赏和尊重。

　　多勒米尔:认可和尊重,是的。而且,伟大的诗人歌德说过,"Toleranz ist nicht genug, Anerkennung ist erfordert",意思是"仅仅容忍是不够的,需要认可。"这是非常重要的。如果我承认某人是一个与我平等的人,他或她具有正直的品格和神圣的火花,正如我相信所有人类那样都具有神圣的火花,那么显然我不能试图改变和支配那个人。

杜：回到你刚开展的对"我"和文本之间关系的观察，某种程度上，两个具体的活着的人之间的对话，与读者和文本之间的对话之间存在着质的区别。关于这一点，我同意你的看法，即你有可能排除所有的先入之见——你使用"像婴儿一样"这个词——或者持有一种完全价值中立、无私的立场，去试图达到某种客观条件，这种假定不仅不可能实现，甚至可能是不可取的。有些人采取非常实证主义的观点，认为因为文本由冷冰冰的字母组成，你必须去感受它的某种生命力。但是，我理解这种对话关系是以一种先入之见为前提的。因此，我越是能批判性地意识到我的先入之见越好，即使我永远无法完全意识到。你可以以一个完全中立的角度来看待它的想法是一个许多语言学家或文本分析家在所谓的"汉学传统"中持有的观点。他们相信，你与文本的距离越远，或者你越能中和它的价值，你就越能理解文本是如何客观地呈现自己的。我认为那没什么用。

这让我想起保罗·利科[1]的"自我"概念，作为主观主义中更为消极的特征，自我可以向某些文本开放。这意味着我们不是简单地读到它（read about），而是读懂它（read from）。因此，阅读本身成为一个动态的行动过程（doing），在某种意义上，阅读是在试图产生一种体知（embodied knowing），或对文本富含的意义或文本本身意义的经验性理解。文本是有生命的，它以一种不仅仅是想象的方式对我们说话；文本是伟大的精神导师或精神力量的化身，这将给予我们启迪。

我认为启蒙思想不仅仅是以人类为中心的，它还认为启蒙的过程就是光明之源战胜所有黑暗的过程。换句话说，知识和光明之源的延伸越多，无知就越会被驱逐。但是我认为在更现代的理解中，我知道的越多，我不知道的就越多，我意识到我需要知道的东西就越多。某

---

① 保罗·利科（Paul Ricoeur, 1913—2005），法国哲学家，现象学、诠释学的重要代表，文艺理论家。

种光照射到世界的黑暗中，常常会带来意想不到的负面后果，使无知变得更严重，因此我们永远无法完全克服它。我们必须认识到，有不止一种解释，有多种解释。

现在，我经常参与一个与本科生一起进行会读的小组。我们阅读一些非常基础的文本，并不是要解释什么是文本的最可接受的方法，而是允许那些与文本进行交流并持续对话的学生解释文本。他们会分享自己的一些见解，会有冲突和紧张，但也有共同点。我们有多元性，但它并没有恶化成相对主义。在读者和文本之间总是有不断的接触，这是有活力的和转化力的。阅读本身几乎就被认为是把知作为一种转化行动，而不是对此完全不感兴趣的科学头脑的认知反应。这种情况，正如你所指出的，如果不是截然相反，也与启蒙思想大相径庭。在后启蒙时代的西方，存在着女性主义解读、生态关怀、宗教多元主义、文化多样性等，甚至包括解构主义和后现代主义思潮，这些都是对启蒙思想局限性甚至扭曲处的批判性反思。

具有讽刺意味的是，在西方之外，那些还没有经历过这种批判性反思的地方，他们仍然致力于现代化进程，这在很大程度上是启蒙思想支配下的西方化、现代化和全球化的结果。如果你看看今天的中国，也许最强大的意识形态是科学主义。西方已经超越了启蒙运动，进入了后现代思潮或者说后现代心态中，而发展中国家的许多人，尤其是中国，仍然致力于现代化进程，将其视为进步。这也是基于库恩的观点，即人类的历史从宗教发展到形而上学，然后发展到科学；一旦你达到科学和理性，那么形而上学和宗教可以很容易地降级为背景。

这种情况使我有能力并且有义务开展一个项目，我简单地把它描述为儒家对启蒙心态的反思，它平衡了同情的理解和批判性的分析。这不是关于传统如何能够达到启蒙运动的标准，而是关于反思启蒙运动的长处和局限性。为了做到这一点，首先要简单地理解东西方之间开始接触时中国的思想世界，可能是 17 或 18 世纪。在那个时期，许多东方思想或儒家思想在启蒙运动开始时颇有影响。伏尔泰、莱布尼茨、卢梭、蒙田、狄德罗和魁奈① 等人都受到这一传统的影响。

　　普林斯顿高等研究院历史学教授乔纳森·伊斯雷尔在他的著作《启蒙运动之争》中重点指出，西方不仅受到儒家思想的影响，也受印度教和伊斯兰教影响。因此，可以从历史或经验上证实，现代西方的启蒙运动，尤其是理性主义的出现等等，至少是受到了儒家人文主义的启发，即使不是完全由儒家思想塑造或影响。然而，在 18 世纪到 19 世纪的百年间，当中国和西方因为中国礼仪之争而不再能够相互交流时，西方发生了非常戏剧性的变化。

　　要理解中国的思想世界，并说明在当时有什么样的宇宙或思想活动；这不仅包括利玛窦和他的同事，也包括一些穆斯林思想家、哲学家、文学和艺术界人士，他们都作为这个象征性宇宙的丰富内容的一部分而存在。与此相对的是现当代哲学家，包括你本人，大多数前瞻性的哲学家将启蒙运动视为现代哲学家的遗产。然后是理解为什么早期受儒家思想影响的启蒙心态现在已经如此深地根植于现代中国的意识中，以至于即使西方已经超越了它，不再致力于现代化、进步，以及我所谓的过时的实证主义的理解，它在中国仍然具有强大的说服力和阐述能力。我认为理解了这样的背景后，我们可以开始讨论 21 世纪的儒家人文主义。这是一种历史性的叙述，加上对中国强大的科学主义现状的批判性、社会性、政治性和哲学性分析，也为真正的儒家对启

---

① 　重农主义译自 Physiocracy 一词，原意为自然的主宰，有服从自然法以求最高福利的意思。魁奈及重农学派深为赞同儒家重农的思想，他们认为只有农业才是国家财富的源泉，魁奈所说的“农人穷困，则国家穷困；国家穷困，则国王穷困”，几乎是《论语》所载的“百姓足，君孰与不足，百姓不足，君孰与足”的翻版。由于他的提倡，1756 年，法国国王路易十五也举行了亲耕籍田的仪式。魁奈对孔子文化的推崇使他获得了“欧洲孔夫子”的称号。后来亚当·斯密在《国民财富的性质和原因的研究》中把它和重商主义并列起来说明，把重商主义称为商业制度，重农主义称为农业制度。

蒙运动的反思打开了可能的空间。

多勒米尔：是的，关于启蒙，反启蒙以及后启蒙的问题，我想我完全同意你的观点。我在访问印度时也经历过类似的现象，那里也突然出现一种试图赶上西方的趋势，有现代性、现代化、科学还有启蒙。这频繁地导致对伟大的印度传统的彻底侵蚀、忽视或遗忘。因为现代西方启蒙优于或被认为优于所有这些传统，所以它们被彻底抹杀了。所以这一切都被抹去了，在年轻一代中，他们去西方学习；他们去牛津、剑桥或者哈佛。当他们回到家时，他们完全鄙视或者蔑视他们自己的传统。只是重复他们在西方听到的东西，特别是从分析哲学家那里听到的观点。

这是一个非常不幸的情况，因为，正如你所说，在西方已经有一段时间努力超越这种启蒙心态，比如绝对的或普遍的理性主义。我们已经采取了一些措施，但这并不意味着我们要拒绝启蒙运动，或者我们要拒绝理性或理性主义。问题是我们该如何定位启蒙，以及如何重新解释理性和理性主义。

我们在这方面已经采取了许多重要措施。对我来说，早期一个非常重要的影响来自现象学和解释学，当时我对西方现代性和西方启蒙的价值有些怀疑或不确定。认为启蒙是一次彻底的启蒙的观点，即每一处黑暗都被消除并且我们是完全理性的，这一观点已经被海德格尔、梅洛－庞蒂和伽达默尔们所驳斥。海德格尔在他的主要著作《存在与时间》一开始就提出了这样一个观点："人类，那是什么？'存在本身'（Das Sein）是这个世界中的'存在'。"这意味着我们在某个地方扎根。他强调人的有限性，即我们永远不能完全克服我们的局限性，这使他谈到我们"走向死亡的存在（向死而存 [生]）"。死亡不仅仅是一个意外，而是我们人类的特征，是我们人类的组成部分。我们正在走向死亡，死亡构成了我们作为人的有限性的一部分。所以这已经超越了启蒙的概念，启蒙概念中你可以摆脱所有的黑暗、所有的有限性、所有的限制。

这已经是一条全新的道路了。对我来说，关于人类的有限性、关于在此世中存在、关于"走向死亡的存在"的观点是一个伟大的启示。这其中大部分也是存在主义，它超越了启蒙绝对主义。

现在，强调人类的有限性和局限性，并不意味着我们拒绝人的无限性或无限本身。我们是有限的，但这并不意味着我们赞美自身的有限性或特殊性，而完全忽视了无限和绝对的概念。问题是"我们如何谈论这些事情？"这让我想起了我们在维也纳会议上的一次讨论。当时整个对话概念首次作为处理超越性和内在性问题的一种方式提出。有限性与无限性的关系与内在性与超越性的关系相对应，所以有时人们说海德格尔和存在主义者只是强调有限性，也就是说他们强调只存在内在性。这常常是一种批判，认为他们忽视了超越或无限。

在我们的会议上，我试图指出，这些（有限性和无限性、内在性和超越性）并不是二元观念，也不是对立的，相反，有限性恰恰是我们朝向无限努力的前提。这也是这个对话的想法产生的原因及意义所在。作为有限的生物，我们渴望无限；在我们的内在，我们渴望超越。但是，这两者以对话关系紧密地联系在一起，而不是辩证关系。这种对话关系被潘尼卡称为"不二论吠檀多""advaita"，或者非二元关系。

启蒙哲学家经常提出这样的指责，"所有这些人，如海德格尔、伽达默尔和梅洛－庞蒂，都只强调了人的有限性和迫切性，他们完全忽视了普遍性。"这是一种误读。他们只是指出，每一束光都预先假定了一抹阴影，每一处光明都预先假定了一片黑暗，所有理性都预先假定了非理性。所以，内在性和超越性，或者说有限性和无限性之间也是这种关系，是以一个对话的关系联系在一起。这就是我们在会议上讨论的内容，这就是我们如何引入对话关系的概念的。我认为这是超越启蒙理性主义的关键一步。

杜：我认为，我最关注的问题是如何重新思考人类。这种抽象的普遍主义集中在原始状态、普遍的（非具体）自我和一个人完全脱离身体的想法，不涉及历史、社会，没有被历史化或语境化。我认为人们越来越担心这种特定的哲学风格。相反，我们应该把具体的人性（humanity），或具体的、活生生的人，作为出发点。如果我们采取这种特定的方法，就有变得非常狭隘、非常局限的危险。但我并不那么担心。我认为问题在于地方知识的全球意义。现实中，在学术界和整个知识界，大多数具有全球意义的地方知识都来自西方：巴黎、伦敦和纽约。现代化理论、构建和解构，他们都来自欧洲。

我记得很多很多年前，大概是 20 世纪 60 年代，我与罗伯特·贝拉进行了一次对话，我们一致认为，下一代真正的全球思想家，或者当时我们所说的"世界思想家"，至少应该承认，他们愿意与非西方世界接触交流。我们不可能想象一个所谓的世界哲学家故意将自己局限于欧洲中心主义的世界观。然而，实际上一些非常有影响力的哲学家，比如福柯、德里达、哈贝马斯也许还有梅洛-庞蒂，他们只关注现代西方，对外面的世界有些漠不经心。换句话说，（他们与外部思想的关系）就像西方和其他国家的关系。如果你能够面对西方的挑战，那么其他事就能步入正轨。我想这让我想起了阿希什·南迪。他来自印度，非常有创造力。他说，他在（美国麻省）剑桥（哈佛大学所在地）从来不觉得舒服，因为坐在他旁边的亲密朋友似乎认为"你们的现在是我们遥远的过去，我们的现在是你遥远的未来。你们现在才开始这种单线性的发展……"

多勒米尔：这是种侮辱。

杜：这是一种侮辱，但是很多人都这么认为。这就像德里达在中国说不存在中国哲学一样。在中国，一个主要的争论是我们是否有中国哲学，或者简而言之，我们在中国只是做哲学。这对我来说很奇怪。我们需要从特定的欧洲中心主义转为更广阔的世界视野。我认为你展示了在印度和中国的这种接触。罗伯特·贝拉也完成了关于德川宗教的博士论文。当然，他转入研究了那些美式场景、心灵的幸福和美好的社会。但是现在他的宗教理论是全球性的。拥有了更广阔的视野后，他又回到了宗教理论。我认为如果他的书出版，那将是非常了不起的。我认为在某种程度上查尔斯·泰勒可以被包括在内，但他的整体取向与《世俗时代》一书有关。然而，我不会直接和他谈及，因为这本书还是非常关注现代西方的经验。

大多数具有全球重要意义的地方知识形式都来自西方，但是展望未来，东方的地方知识也将日益具有全球意义。我一直在从事的工作就是其中的一个例子。在孔子时代根植于山东半岛的儒家地方知识，逐步扩展至中国和东亚，现在有发展成具有全球意义的可能性，此过程正在发生。这是一种新的形式，肯定会挑战我们对正在发生的事情的看法。

引起我兴趣的是，在第一次世界大战之后，随着斯宾格勒《西方的衰落》一书的出版，在法兰克福有了中国哲学研究所。它由奥托·弗兰克组织，他最初是汉堡汉学研究的创始人。许多重要人物都与这个中心关系紧密（affiliated），包括马丁·布伯和卡尔·荣格。那些年轻一些的学者也因此接触了佛教和日本哲学。我确信海德格尔受到了影响。在他晚期写的《关于人道主义的信》一节的开篇，是一种不同的写作风格，体现出了开放性。

然而，在第二次世界大战和美国崛起为超级大国之后——一方面是马歇尔计划，另一方面是同盟国军事占领日本，或者把日本变成小弟——美国从一个伟大的学习型文明，一个从法国学到启蒙运动传统、从德国学到科学技术、从英国学到文学和语言的文明，变成一个有时非常傲慢的传道型文明。

在这种新情况下，如果我们重新思考人类对未来的看法，我的感觉是，人类的生存能力在这场讨论中非常突出。在我们目前关于政治和宗教的讨论中，有一个超然的维度。但是大自然似乎从画面中消失了，然而它也许是所有人类反思的基础。如果我们想要开始重新思考人类,那么地球在这个意识中尤为重要。几乎所有主流宗教传统都因为这种新的现实情况或这种新的认识而发生了转变。我认为,建立在相互关系基础上的对话模式,而不是总是涉及暴力或者克服暴力的辩证法,可能是人类不同文明和文化培育文化和平的唯一途径。

多勒米尔:没错。

杜:你做个结语吧。

多勒米尔:碰巧我写的上一本书——这本书现在尚未出版,但将在今年秋天出版——是关于自然的。书名叫《回归自然?》。在那本书里,我提出了一种我称之为"生态学式颠倒历史"的东西,一种与西方占主导地位的哲学叙事相反的历史。这是一部关于那些认真投身于自然的人的颠倒历史。换句话说,他们试图发展一种关于整体性、统一性和宇宙性的思想,而不是现代西方二元论的主导形式,比如关于身心、自我和外在自然的笛卡尔二元论。我从斯宾诺莎开始谈到莱布尼茨,从莱布尼茨到谢林,从谢林到伟大的浪漫主义者,然后是约翰·杜威,最后是海德格尔。最后一章提到了亚洲哲学,以及所有这些是如何结合在一起的。

所有这些都是为了克服二分法或二元论,它是西方文明的重要特征。这些单边或单一的二元论被强加给世界其他地方。自然作为另一个我们必须与之互动的对话伙伴,可能会变得非常重要。我们必须非常仔细地聆听大自然的声音。关于我们对它所做的暴行,大自然试图告诉我们的是,"我们不喜欢这种暴行"。因此,我们必须非常投入地与自然对话,以便恢复一种完整感,也就是世界的健康感。这将克服现代西方思想中普遍存在的所有这些深深困扰我的二元论。

有了这个新的方向,我试图超越现代西方思想的二元框架,即笛卡尔框架。许多当代思想家仍坚守着这个框架,包括以不同方式坚持的哈贝马斯、理查德·罗蒂,以及米歇尔·福柯。遗憾的是,尽管在许多方面我与我们的朋友查尔斯·泰勒志同道合,但我不得不得出结论,至少在他最近的作品中,他正滑回到这种两分法之中。这种二分法分裂整体并让它不可能恢复统一。这一点尤为明显,在他的……

杜:关于超越的《世俗时代》。

多勒米尔:……内在与超越之间的对立或分裂,(他)声称这是两个不同的领域。

杜:你必须把超越性再魅化或再神圣化。

多勒米尔:是的,我们需要展示内在和超越之间的对话关系,展示它们相互作用、互相回应的关系。内在回应超越,而超越也回应内在。这就是我给了查尔斯·泰勒一张照片的原因,照片上是一位母亲和一个孩子,我尖锐地问他:"你告诉我哪里是内在的,哪里是超越? 内在到何处终止和超越从何处开始?"你不能这么做。你不能把它们分开,因为它们是相互联系的。它们之间有着不可分割的联系,相互影响,并以对话的方式互相回应。这就是关键所在。但在其他方面,当然,我觉得查尔斯·泰勒已经做出了巨大的努力,他在一定程度上克服了种族中心主义、西方中心主义和欧洲中心主义。例如,他现在已经在印度待了一段时间。所以,我完全认可这一点,但还有一些……

杜:我认为从"非此即彼"的思维模式转变到"既是又是"的思维模式是非常痛苦的。

多勒米尔:是的,就是这么回事。

杜:作为一个作家,艾贝她提供了一个非常有趣的关于满月问题的图像。现在只有半个满月,所以是半月。但是月亮还有另外一面,不管你用我们的专业术语称之为"缺席政治"还是使用"缺乏"的概念。认为我们没有民主,我们没有科学,我们没有批判性的理性主义思考,等等。现在是时候让月球的另一面展现自己了。所以你提到的人类良知的完整性,必须是两者的融合,两者健康的融合。我认为地球(对人类)的挑战可能为这种特殊的思考提供了最后的机会。尽管考虑到制度、思考习惯、政治等等的限制,我对我们是否会致力于此感到相当悲观，但我认为每个人都应意识到，如果没有这种新的融合，没有这种新的整体感，没有真正的对话——我对"真正的对话"的定义是"对话文明之兴起"——（出现特殊思考的）可能性会非常有限。从这个意义上说，在 21 世纪，一种精神人文主义将不得不蓬勃而出，成为各种不同信仰团体进行哲学和宗教反思的出发点。

换句话说，在我们成为基督徒、佛教徒、穆斯林、儒教徒等等之前，我们必须首先承认我们是人。这种从进化角度对人类的反思表明，人类的出现是个非常重要的一般性事件。有些事情发生了戏剧性的变化。我们不再是进化的结果；我们现在已经在塑造进化的方向。儒家的"伙伴关系"或"共同创造者"的概念可能会被扭曲或者完全被颠覆，（人）不仅变成人类社会的主要破坏者，也变成自然的主要破坏者。

我们现在肯定有这样做的可能，这就是浮士德精神或普罗米修斯精神——以牺牲我们自己的幸福为代价，无限地追求知识，以及财富、权力和影响力。在这种特殊情况下，我想到尤尔特·柯慎士的观点：也许 21 世纪的先知就是地球。地球将告诉我们什么是被允许的，什么是不被允许的。因此能帮助我们走出乱局的老师们，可能是有着倾听地球声音的想法的那些原住民中的长者。无论是夏威夷还是这里的原住民传统，似乎都拥有丰富的资源，而现代人却在不经意间失去了，所以……

多勒米尔：（我们）迷失主要是因为我们完全脱离了自然。我们已经被驱逐出自然。我们必须再次认识到，我们也是自然：自然存在于我们之中，不仅仅是在我们之外，也不仅仅是我们观察到的东西。我们是自然的一部分。

杜：在 11 世纪或 12 世纪，有一位非常伟大的新儒家思想家名叫张载。他的《西铭》以一句美丽的话语开头："乾称父，坤称母；予兹藐焉，乃混然中处。故天地之塞，吾其体；天地之帅，吾其性。民，吾同胞；物，吾与也。"这种认为自然是我们的一部分的观念不是一种想象的可能性,实际上是存在的现实。我们能感觉到。

这与海德格尔的观点大不相同,因为海德格尔,或许还有存在主义者,认为我们被抛向世界,却没有意识到这一点。存在就是为了自我证明不断做出选择。这种有限性,也是祁克果(索伦·克尔凯郭尔)的生病直至死亡的观念,有一种巨大的疏离感。这种疏离感尤其存在于科学技术中,它们隔绝了我们和存在的声音。现在出现的新人文主义,即精神人文主义,必须要有一种非常全面的、包容一切的整体感,而这种整体感建立在一种能帮助我们超越内在疏离感的自我修养的基础上。所以,正如你所指出,有限性是无限的可能性。换句话说,有限性就是人类必须认识到人类工程的局限性和走向死亡的必然性。但对于儒家来说,这是人类自身的具体化。不像柏拉图理念认为所有具体化都是一种扭曲,对儒家而言,具体化或践形(incarnation)① 都是一种实现过程。是让潜在的或具体的人类不仅仅成为观察者和鉴赏者,更是合作者和共同创造者。这种不可思议的人性力量,尤其是作为一个社群,不得不培养出人不仅仅是要谦逊更是人之絜矩之道② (proper niche for the human)观的批判意识。因此在 21 世纪,即使是一个高中生也好像是一个全球性的思想家,而在黑格尔时代,一些最聪明的头脑也无法切合实际地理解地球的整体性。

我认为所有的精神传统都是我们思考这类问题的丰富资源。儒家传统的长处和局限性似乎都表明,在轴心时代没有彻底的超越性可能并不是缺陷。如果这是一个有意识的选择,那么它可能是一个非常意蕴丰富的选择。因此,被分割的内在性和超越性,以及你所指出的所有其他二元论或排他性二分法,并不一定是被克服了,而是被有意地拒绝了。现在的新情况是在这种对人的反思中,儒家传统有可能明确

---

① 《孟子·尽心上》"形色,天性也;惟圣人然后可以践形。"

② 《四书章句集注·大学集注》"所谓平天下在治其国者,上老老,而民兴孝;上长长,而民兴弟;上恤孤,而民不倍。是以君子有絜矩之道也。"

表达了人之为人的基石 (stratum)。也许这就是为什么我们可以谈论儒家式基督徒、儒家式犹太人、儒家式穆斯林,等等。

多年前,当我第一次在香港参与儒家与基督教的对话时,我发现代表儒教的合作伙伴,如秦嘉懿、狄百瑞、白诗朗和南乐山都是基督徒。这不仅是儒家与基督教的对话,也是基督教间的对话。我花了一段时间才分辨出儒家式基督徒和非儒家式基督徒的区别。我现在的答案是,如果你是具有儒家思想的人,你必然关心政治,会参与社会事务并且具有文化敏感性或者了解文化知识;但是对于一个基督徒来说,拒绝政治、否认凯撒式世界的合法性并且认为文化相对信仰而言是多余的也是完全正常的。对佛教徒或其他宗教信徒来说也是如此。然而,作为一个儒家式基督徒,你就是不能不参与。这就是为什么有左翼佛教 (人间佛教) 和整体佛教势力。尽管儒家学说不是一种宗教,但儒家传统的宗教性或精神性也能够作为人类事业的一部分共享。所以,虽然这个观察结果有太多的假设,但是我确信此处存在一些意涵丰富的东西。

多勒米尔: 我可以就此做个简短的补充吗? 我想说,那些不参与世界、不与邻居相处、不帮助他人以及不去看望孤儿和寡妇的基督徒,不是一个好的基督徒。

杜: 这种对基督教事业的描述与亚伯拉罕神话完全不同,在亚伯拉罕神话中,信仰太重要了。祁克果会称其为"信仰之夜"。其中荒诞被认为是神迹,从社会学的角度来看,被认为可以检验一个人的信仰。

多勒米尔: 但是,完全脱离这个世界仍然不算一个好基督徒的行为。另一个补充是关于海德格尔的。那种认为我们是孤儿,我们被抛出①、"扔到世界上"的想法,恰恰是对启蒙运动普遍性的批判。我们

---

① 此处"抛出"原文为德语"geworfen"。

同时被扔到同一个地方。

杜: 在一个特定的时间在一个特定的地点, 所以我们注定是一个具体的活着的人。

多勒米尔: 确实。

杜: 但是这种宿命感可以是非常积极的。

多勒米尔: 只有在这样的命运中, 在这样的有限中, 才能有所作为。此处存在两个难以翻译的术语间的关系: "geworfen" 和 "triff"①。我们被扔到某个有限的情境中, 在那里我们有我们的观点, 我们有我们的愿望, 我们有所作为。这个事业只进行到 (把我们) 抛出, 所以它并不绝对。在海德格尔的著作中总是有这样的关系。海德格尔后期还有一些其他元素, 与你从 11 世纪儒家大师那里引用的儒家言论非常接近, 因为海德格尔后来强调了所谓的 "四重": 地、天、凡人、不朽之人。这就是海德格尔所说的四重。非常相似。不完全一样但仍然类似于整体观念, 这个概念包含一切: 地与天, 凡人 (有限的存在) 与不朽 (神或上帝)。海德格尔对世界的理解更接近于亚洲, 所以他一度试图翻译《道德经》也就不足为奇了。

杜: 他曾和萧师毅一起工作: 这位中国学者实际上是唯一一个在他自我放逐到瑞士黑森林时陪伴他的人。我想说, 海德格尔的 "四重", 从儒家角度来看, 实际上只有两个: 天与地。我认为的四重是自我、社群、地与天。相对于孤立的个体, 自我更该是人际关系的中心, 它与社会有联系, 但也与天地有联系。可能这样表述更好。这种连通性的感觉是非常不同的。这比哈贝马斯关于修复个人及其与社会和社群的关系的观点要复杂得多。罗蒂的思想最突出的一点是非常的 "非此即彼"。要么你培养和实现你自己, 要么你提供社会服务。这两者是不相容的。此外, 既然哲学是陶冶性情的对话, 那么即使我们不能为社

---

① "抛出" 和 "击打"。

会服务，我们也该实事求是、修身养性。因此，道德义务有时被降为讨论的基础背景。

我认为，在 21 世纪的新人文主义中，我们至少要将这四个方面作为一个整体认真考虑。在理解一个人时，除了身体意义上的理解，不可避免地会有对心（mind and heart）、灵和神的理解。此外，还有社区，它必须是高度差异化的，但也是完全综合性的。我们可以把它从个人扩展到家庭、社区和自然界、世界，甚至更远。地球或自然维度表达了重建和谐的、可持续的关系之需要。在这个概念中，虽然天不再是那个不可言喻的、有着绝对的力量他者，但是，我们却永远不能通过理性的推理来理解之。因为我们是伙伴，天或神是内在于人的。人不仅仅只有内在性，因为没有超越性做参照，人就不可能实现全面的发展。

祁克果有三个非常独特的领域：美学、伦理学和宗教学。在这种新视野中，伦理或道德必须植根于人类的基本情感。因此，美学与伦理学完全没有冲突，伦理学也不是简单的受规则支配的行为。伦理学不仅要延伸到社会之外，还要延伸到人类世界之外，这样才能与天相通。所以美学、伦理学和宗教是一个连续体，并不是完全分离的。我承认，分析作为一种自我训练方式以及一种启发式设备，绝对是重要的，但人类应该完全舒展开来，与现实融为一体。

多勒米尔：我不得不说这是一次美妙的对话式对话。

杜：我不知道，也许现在庆祝还为时过早，但我相信这是对话式的。当然，这不是一场对抗。我认为我们甚至可以使用罗蒂关于启发性谈话的概念（描述这次对话）。

多勒米尔：这场对话不仅仅具有启发性，也具有真正的教育意义。这不仅仅是场互相启发之旅，也是件乐事。

杜：我赞同。这个（启发）观念可能有些局限。

多勒米尔：今天这场对话，说明像我这样基本上来自西方背景、有欧洲哲学背景的人，是可以与来自非常不同背景的人交流的。虽然我们有时使用不同的术语，但我们感受到这些不同术语间的相似。我们感觉到一种相似性，以及我们对某种事物的相似追求，我们暂且称之为完整性，即宇宙的某种形式。

杜：或者"拥抱完满"，使用满月的概念。好吧，非常感谢。

多勒米尔：谢谢。

（翻译：王胤莹　校对：王建宝）

通往共融的交流

——对话查尔斯·泰勒

查尔斯·马格雷夫·泰勒 (Charles Margrave Taylor, 1931—　) ，哲学博士，师从以赛亚·伯林 (Isaiah Berlin) 和安斯库姆 (G. E. M. Anscombe) ，麦吉尔大学荣休教授。泰勒是当代最有影响力的哲学家之一，在政治哲学、社会科学哲学、哲学史和思想史方面的贡献最为世人瞩目，这些工作为他赢得了京都奖 (Kyoto

Prize)、邓普顿奖 (Templeton Prize)、博古睿奖 (Berggruen Prize) 和克鲁格奖 (Kluge Prize) 等学术大奖。他的代表作包括《自我的根源：现代认同的形成》(1989)、《多元文化主义：对承认政治的考察》(1994)、《天主教的现代性》(1999)、《世俗时代》(2007)、《语言动物：人类语言能力的全貌》(2016)。

对话时间：2011 年 6 月 11 日

杜维明（以下简称"杜"）：首先，我想谈一个想法，我知道这或许是一个非常一厢情愿的想法。基本上在思想界，甚至在专业哲学研究的圈子里，已经出现了一个变化——我不会像称呼语言学转向或认识论转向那样去称呼它为精神性转向——它涉及对广义的宗教，尤其是精神的重要性的认识。我自身的经验是存在局限的，但我观察到，即使是德里达，在他还健在的时候，也回归到犹太教传统中去谈论宽恕的议题。另一位你熟悉的学者普特南（Hilary Putnam），在他退休之前，也开设了一系列课程来讲述四位犹太裔思想家：迈蒙尼德、罗森茨威格、马丁·布伯和列维纳斯。我想就连瓦蒂莫①……

查尔斯·泰勒（以下简称"泰勒"）：是的，他是个非常好的人。

杜：他是一位后现代思想家，但同时他又回归了天主教，虽然不是梵蒂冈的版本。这一切都表明，理查德·罗蒂阐述的那种解构主义只是现代性的一种可能，甚至可能不是最有说服力的。现在你的作品《世俗时代》似乎给出了一个非常有力的论点，即世俗时代应当以某种方式结束，尽管人们可能不接受你关于超越（transcendence）的重要性再

①　指吉安尼·瓦蒂莫（Gianni Vattimo，1936—　），意大利哲学家、文化评论家和政治活动家。他在意大利都灵大学师从路易吉·帕雷森（Luigi Pareyson），在海德堡师从汉斯－格奥尔格·伽达默尔。瓦蒂莫的哲学思想受到来自尼采、海德格尔、伽达默尔和库恩的存在主义和后现代主义前期哲学的影响。他还广泛参与社会活动，他的思想在女权主义、神学、性别研究和全球化等领域产生了广泛的影响。

度出现的观点。我想听听你对此的见解。

泰勒：是的，我认为有几个方面。你看到的变化，我也看到了。过去排斥宗教的人，或者是不愿意谈论宗教和精神性的人，这些人很多都转变了，或者是他们不再那么听别人的话了。但是在这个意义上，这是一种很特殊的变化。我想很多没有信仰的人，甚至对有信仰的人不屑一顾的人，他们已经意识到，如果你排除了对宗教的思考和谈论，你就排除了人类生活的很多东西，排除了人类生活中很多好的和坏的东西（道德的和极其糟糕的事物）的根源，从而导致你对人类生活的理解残缺不全。

杜：至少排斥宗教和精神性的人减少了。

泰勒：是的，减少了，非常正确。当然，当你从但丁的《神曲》和巴赫的《圣歌》等作品所呈现的西方传统来思考时，显然这里有一些被信仰传统所滋养的东西，有一些极其重要的东西要对我们诉说。我认为这些人对强硬的世俗主义者失去了耐心，世俗主义者们不想谈论这个问题，结果就是把它边缘化了。这并不是说他们自己在寻找一条精神性的道路。有些人或许是，但因为……

杜：他们开始担心……

泰勒：他们开始担心我们对人类的理解正在日益变得狭隘。

杜：但即便你询问他们信奉什么宗教，他们可能会说："我没有信仰。"然而，也有很多人会说："我是有宗教信仰的，尽管我不属于任何有组织的宗教流派。"

泰勒：是的。而且有的人会说他们有精神信仰，但没有宗教信仰。有的人甚至不说精神信仰，但他们……

杜：他们有终极关怀。

泰勒：是的，但他们并不认为研究宗教传统、研究有宗教信仰的人们做了什么、思考了什么已经没有意义。因为尽管他们可能会有不同的解释，但他们也认为宗教以某种方式探索和揭示了人类生活中一些非常重要的东西。所以我认为我们已经进入了一个新的时期，但我们处在两极分化的状态。奇怪的是，就在同一时期，西方也有一些非常愤怒的无神论者，他们真的想要彻底摧毁或驱逐宗教。也许这些情形是这种变化的一个组成部分。也许这种极端终于催生了一种反应，其他人说："我同意他们的观点，宗教也许不是一条正确的道路。然而，他们（一些非常愤怒的无神论者）正在以一种可笑的、矫枉过正的方式行事，这将使我们的生活变得贫乏。"所以，极端无神论者得到了负面的反应，我认为正是他们的侵略性和狭隘性帮助人们明确了这种共识。

杜：或许我还不够资格，但我被美国人文主义协会（American Humanist Association，AHA）授予了终身成就奖。也许是埃德・威尔逊（Ed Wilson）提议的，阿马蒂亚・森（Amartya Sen）也是那个组织的成员，他们还碰巧邀请了萨尔曼・拉什迪（Salman Rushdie）来做演讲。当我做演讲的时候，艾蓓也在，我说的第一件事就是："你看，儒家肯定是人文主义的一种形式，但它绝对不是一种世俗的人文主义。你可以说它是一种整全的、综合的人文主义。"后来，一位非常杰出的印度哲学家巴拉苏布拉马尼安（R.Balasubramanian），在我和一位印度同事联席主持的会议上发表了一篇论文，题目是《印度与中国关于知识、智慧和精神性的哲学洞见》。这篇论文不仅反对了一些人认为儒家只是简单的社会伦理或一种社会哲学的观点，而且非常有说服力地论证了这一主张，即我们应该把儒家定性为精神人文主义。这在我看来真是很了不起的洞见。我觉得那种对唯物主义的强烈信念——不是马克思主义意义上的，而是更像史蒂文・温伯格（Steve Weinberg）的那种观点，他认为世界没有意义，只是一种物理主义，你可以触摸它，可以量化它——的立场已经不为最杰出的科学家所采纳，尤其是那些在量子力学和混沌理论影响下的科学家。我想，你获得邓普顿奖的原因之一是，它本来就是关注科学和宗教的，正如我确信的，你的立场不仅在人文社会科学界人士中具有说服力，在科学界也是如此。

泰勒：很多方面，是的。

杜：越来越多。我想，即使是我第一次接触到你关于自我的根源和本真性的工作时，我也觉得那里有很强的精神性或宗教性的成分。现在我想提出一个个人问题。作为职业哲学家，大多数人都会把他们的个人信仰与其哲学工作明确区分开来。就我个人而言，我一直对儒家传统怀有认同，所以人们显然认为完全无利害关系的立场对我来说已经不适用了。你的情况是怎样呢？很早的时候，你就自觉地表明过："我是一个天主教徒。"

泰勒：是的，这就是我在哲学上对这种情况的看法。我认为我们提出的哲学论点必须是在原则上可以说服任何人的。所以如果我提出的论证是基于上帝存在这一前提，那就不是一个哲学论证，因为我无法从其他人、从另一个立场开启我的论证。所以，我们必须和所有人交流，即使我们不能说服所有人。我认为如果一个人持一种立场，他就会有某种直觉，如果一个人持另一种立场，他就会有另一种直觉。在某种程度上，完全的敞明在哲学中是一件非常好的事情。你应当让人们知道你来自哪里，你的直觉的来源是什么。事情就是这样，但这并不意味着我不会和每个人争论。

杜：你可以通过严谨的分析哲学的考验。

泰勒：是的，在某种意义上，我们正在处理的这些哲学或人类的问题其实是解释的问题。谁能最大程度地理解文本、理解人类生活和历史以及其他事项呢？

杜：的确如此。

泰勒：所以当你有一个观点，而我有另一个观点时，我对你说："你的观点还不错，只是太狭隘了。你真的能理解吗？我有一个看法，我认为可以涵盖这一点。"类似这样的争论循环往复。所以我得努力说服你，依据是历史上发生过这类事情，而你就是这么解释的。尽管如此，我对这个问题的理解还是和我的整个生活密不可分。

杜：当然，我完全赞同。

泰勒：所以让我们开诚布公，我来自这个传统，你来自那个传统，我很钦佩也很尊重你的工作，每个人都知道你思想的根源，但你并没有提出在原则上不能说服每个人的论点，（你没有说）这就是一种好的存在方式，或者说是一种好的操作方式。

杜：是的。我们可以从更哲学的角度来描述它，可以用伽达默尔关于前理解或偏见的观点来描述。然而，用日常语言来说，我个人的经验是这样的。这是在最近三四年才发展起来的，我试图在私人（private）和个人（personal）之间做出区分。你追随约翰·斯图亚特·密尔（John Stuart Mill）的传统，因此你必须培养一种隐私意识，这在政治哲学中绝对是至关重要的。如果你没有这个意识，那么言论自由等也会受到影响。所以当我说这是我的"私"（private）事，比如我的日记等等，意味着我不想和任何人分享。但是"个人的"（personal）这个词可能会有完全不同的含义。当我说"这是我的个人观点"时，可能会说这是主观的、私密的，但这也很可能意味着我对这个观点持有生存论上的认同。

泰勒：确实如此。

杜：如果说，在后一种意义上，正因为是个人的问题，我有不同的看法想与你探讨，它不仅是可问责的、公开透明的，而且还可以被证伪。这源于自然科学领域的重要讨论，比如迈克尔·波兰尼（Michael Polanyi）的个人知识概念。这种感觉是个人的。在这个意义上，当杰出的儒家学者唐君毅以香港中文大学新任教授的身份发表就职演说时——当然，这发生在 20 世纪六七十年代，当时分析哲学占据哲学的主流——他说："作为哲学家，我们真应该对我们所读的书、所做的事产生一种敬畏感、一种尊重感。"现在看来，这话很有道理，大家都接受了，但当时他受到一些分析哲学家的攻击，他们说："这家伙还不够哲学。"如果你说："我有一种敬畏感"，那就意味着你在谈论宗教。这就是宗教和哲学的区别。

在当时，如果一个哲学家说他在做宗教研究，那无异于死亡之吻。那意味着他没有论据，没有推理的能力。因此，我现在的感觉是完全表明自己的价值立场有时是不可能的。自己愿意在个人的立场上去分享为什么这件事对你而言是有意义的，是我很早就冒着一定风险采取的立场。我说："好，我是一个儒家。"他们说："既然如此，那你对儒家思想的讨论是有偏见的。因为你对它有偏好。"

事实上，我曾被一位声名卓著的历史学家非常严厉地批评过。他说："杜维明的问题在于，他对自己的研究有个人情感上的偏好。他现在做的事情，就是把一些可能是过时的、封建的东西，变成人们觉得有吸引力的美好的事物。这就是他在美国，或者说在英语世界广获赞誉的原因。他似乎在向人们传达这样一种印象，即这是一件应该去学习的美好事物。"我说："不是这样的，如果你和一位神学家交谈，神学家由于沉浸在基督教的话语中，会对一些基本的概念——诸如复活或三位一体——提供最好的论证。如果你与佛教的上师交谈，他们对于佛教中的因果报应观念也会给出通透的见解。我作为一个儒家，为什么不能给出我所坚信的关于仁（humanity）、义（rightness）、礼（civility）等等概念的论点呢？"在这方面我遇到过很多麻烦。

泰勒：我想他们没有看到的是，理性的一个重要部分可以是阐明新的愿景。换言之，这很像托马斯·库恩（Thomas Sammual Kuhn）关于范式转换的观点。在科学上，如果你只是一遍又一遍地重复研究证据，是不会有任何进展的。只有当有人产生新范式的想法时，才能以新的方式使证据之间形成相关性。然后，哇，它们开始结合到一起。所以，得到这些洞见是非常重要的。你获得关于儒家思想的洞见，是出于你对儒学的热爱，如果你不爱它，你就不会获得这些洞见。想要使富有创造力的人为讨论作出贡献，我们必须允许对讨论对象有偏好的人参与其中，否则讨论将无法产生新意。

我觉得这种观点（排斥情感偏好）就好像所有的问题都已经事先提出，我们不需要再去做进一步创造。我们只需要对它们进行严格的检验就可以知晓一切。这就是那种老式的实证主义观点。

杜：但这种观点还是非常强大，无处不在。

泰勒：极其强大。

杜：是的，特别是在中国。

泰勒：真的吗？

杜：是的。中国总体上深受一种科学主义和过时的实证主义影响。即使是在斯坦福大学任教的非常受人尊敬的中国哲学研究者、培养了不止一代杰出学者的倪德卫（David S. Nivison）先生，也曾对我坦言："我正在摆脱哲学。我想做一些与以往不同的事情。"这让我大吃一惊，因为他是儒家传统，尤其是儒家美德伦理最好的诠释者之一。我说："什么？"他说："我想做一些不同于以往的研究。比如，我想去考证……"

泰勒：（考证）每一篇文献？

杜：不，不，不是文献。倪德卫说，"我只想简单地争论一下周朝，孔子所钟爱的周朝，是在某一年份完成了对殷商的征服。根据我的研究，这大概发生在公元前1045年。"我说"为什么？这并不是哲学家感兴趣的问题。"他说："我从事哲学工作已经很久了。我提出的任何观点都会有反对观点，以及更多的不同观点。我现在做的研究确定性如此之强，以至于没有其他人能够提出反驳。"

泰勒：确定性。

杜：他花了十年时间研究这个问题，他被它迷住了。这让我十分惊讶。当他的一个十分出色的学生，以公元前1047年或类似的时间来质疑他所考证的公元前1045年时，他拒绝再做这个学生的导师，并且态度非常不友好。他给我写了一封信谴责这个学生,他变得偏执。我不明白他的转变,对我来说这很奇怪。

我有一个很要好的历史学家朋友,他的立场是这样的:"我们历史学家应该如兰克史学所主张的那样如实记录所有发生过的事件。我们不做任何判断,并保持价值中立。我们将所有材料提供给你们哲学家和思想史家去解释,我们所做的只是收集事实。"我说:"上帝啊,这个家伙在扮演上帝。"他的意思是:"好的,我们掌握了(事实)。这就是中立的立场。"人们就是这样做的。

因此,当我投入越多,我越意识到,不仅仅是在哲学或者宗教学领域,甚至在史学,有时甚至在科学领域,还需要更多的东西。按照库恩的说法,科学界是这个样子的。那为什么还会有哥本哈根学派?为什么有尼尔斯·玻尔?为什么认为这个问题很重要?为什么认为那个问题不重要?这不仅仅是知识社会学的问题。在科学探究的结构中,有个人因素的参与。如果你不热爱它,你怎么能成为一流的科学家?

泰勒:的确如此,我想我们都完全赞同这一点。我不明白为什么有人不接受这么显而易见的事实。

杜:但我们仍然是少数派。

泰勒:这是因为旧实证主义的根基很牢。对许多人来说,它就是理性的代名词,人们的思考不能偏离它(实证主义)。如果你要求他们跳出那个框架,那会让他们感到非常不舒服。还有一点就是,当你观察他们时,你知道他们对某些具体的事物确实有所偏爱。他们偏爱某些原则,他们在潜意识中这样去做……

杜:有一件事。你刚才提到这可能是理性的偏离,但我个人的感觉是,这涉及理性问题本身的复杂性。在韦伯的概念中,人有工具理性,但是也存在关于理性的限度的问题。这些问题必须加以解决。

泰勒:是的。

杜:在很多领域中,理性要么是不相关的,要么它并不重要,比如常识性的想法。有时候你没有充分的理由那样去做，但你确实那样做了。我不知道你对理性的限度问题有何看法？

泰勒：嗯，我认为我们需要更多关于理性的自觉意识。比如，正如亚里士多德所说的，在某些主题中你永远无法做到完全正确，而在其他主题中可以做到。你对一个修辞家或演说家的要求，并不会像要求数学家那样精确无误。这只是主题的差异所致。因此，当你谈论常识时，你谈论的是聚合了很多原因的事情，从某种意义上说，你无法一一列举这些原因。我们坐在这里一起谈论证明。你所说的证明是什么意思？你必须给出一个有人怀疑它的背景，这是其一；你还必须对不同的问题有自觉的认识，这是其二。然后另一件事就是我刚才所说的，推理的过程中经常需要有人引入一种新的语言，一种新的表达方式，这实际上可以使我们真正以一种新的方式看待事物，然后可能会变成……

杜：拓展我们的视野。

泰勒：……最好的方式，对吗？所以这也是理性的一部分。因此，你不能把理性简单看作是一种通过正确的演绎就可以做出推理、避免产生矛盾、接受明显成立事实的能力，尽管许多人想将理性限制在推理的范围之内。如果我们真的将理性限制于此，那么我们根本不会想到任何有趣的事情。

杜：的确如此。

泰勒：那样就不会有进步了。

杜：的确如此。

泰勒：我们将不会有牛顿，也不会有伽利略，这就是对理性进行如此狭隘的理解的后果。这有点像某种疾病。

杜：[大笑]

泰勒：我们必须阐明。

杜：我们必须自我救治。

泰勒：我们必须阐明为什么这种意识如此盛行，因为它与某些有关人类状况的明显事实背道而驰。

杜：我再三思考，从儒家的立场来看，合理性未必是严格的理性的表现，毋宁说那是一种生活的现实。它完全不是伪理性的思维。比如在类比思维中，就存在模糊性。人们常常担心模糊性。我想在你的书中，尤其是在《世俗时代》里有很多与此相关的内容。

泰勒：是的。

杜：本杰明·史华慈（Benjamin Schwartz）是著名汉学家，同时也是一位优秀的犹太思想家，他认为丰富的模糊性（fruitful ambiguity）是中国哲学的特征，因为其中存在一种深思熟虑的意图，它有意不去涉及这种还原论模式——这不是一种失败的尝试。你不去定义一个东西，或者试图坚持某个定义，因为这样你就进入了演绎逻辑。你需要做的是拥有一种综合的视野，该视野之中必定存在矛盾，或者有很多模糊性。如此做的原因是你不想过早地将各种想法收束。因此这是一种深思熟虑，你以这种方式将思想向前推进。

我非常欣赏你表达观点的方式。因为英语不是我的母语，有时候我觉得我需要大声读出才能明白其意。而你真的很了不起，表达不仅关乎可读性，还包括你对正在发生的事情的个人感受。但同时，你的作品中推理的严谨性也是毋庸置疑的。

通常，如果某人在写作中投射许多个性化的东西，那么他很可能写出一部自传。我认为文化选集的问题在于，即使是博士后，也在写作一些与自传不同的东西时表达了自己的感受。谁想要了解你的自传呢？这也是一种疾病。例如，后现代主义就是如此。有时，语言本身是如此地不透明，以至于成为某种个人方言（idiolect）——由一群人发展出的某种专门术语。

泰勒：你不禁会想他们是否真的知道他们想要说什么。

杜：不知你是否听说过一件对于后现代主义者来说十分尴尬的事情。有一位科学家，在完全不了解他写作的知识背景的情况下，将各种语汇堆砌到一起,竟然发表了一篇文章。

泰勒:我记得这件事。

杜:哦,你还记得?然后许多著名的后现代主义者对他的文章进行了连篇累牍的评论,以及对评论的再评论。最后这个科学家说:"好吧,我是写了这篇文章,但我甚至不知道我写了什么。"

泰勒:是的,他在进行某种戏仿(a parody)。

杜:是的,绝对是戏仿。我不想对我尊敬的同事做任何负面评价,但他们中的一位居然被评选为最差作家之一。现在我们谈一谈关于欧洲中心主义,在60年代的时候,罗伯特·贝拉——我是他的第一批学生,当时他还是助理教授——表达过一个观点,西方(欧洲和北美)下一代真正杰出的哲学思想家需要对外部世界的知识有所了解,或者至少愿意对外部世界有所了解。如果没有这种自觉意识,就不可能成为世界性的哲学家或世界性的思想家。

泰勒:很有道理。

杜:遗憾的是,已经过去了30年,不仅在西方,而且在中国,一些影响了哲学话语塑造的最重要人物都变得非常狭隘,或者至少流露出欧洲中心主义的倾向,福柯实际上就是其中之一。德里达甚至可以说是傲慢的,他说过"不存在中国哲学"或类似的话。在中国有一个挑衅性的争论,就是:有没有中国哲学,还是只是哲学来到了中国。当然,哈贝马斯也属于这个群体。但我觉得……

泰勒:他或许已经改进了他的观点。但……

杜:不,不。在他到韩国和中国访问之前,他的整个理论系统已经形成了。但是,我认为你代表了一种截然不同的方式,也许因为你是加拿大人,我不确定。[笑]

泰勒:好吧,我来自魁北克。我想确实是这样。我们成长于双语的环境,我们能看到这两种模式。而很多人认为这个世界就像他们的语言所描绘的那样,对于语境之外的事物他们的理解一定是混乱不清的。如果你在这样的家庭里长大，你就会发现他们……

杜：多样性。

泰勒：他们只是彼此擦身而过却没有交集。首先，你意识到他们之间必须互相解释。所以我养成了这个习惯。我也意识到，你必须意识到有不同的方式来看待这个问题。当你开始觉得人们在胡说八道的时候，那只是因为你没有看到一些东西。你最好学会他们的语言。在某种意义上，我的观点是，学习其他思维方式的语言对我的工作来说是至关重要的。我已经落后了，因为我们都不可能掌握每一种语言，但我确实是在很年轻的时候就形成了这种取向。

杜：我认为美国对待多元文化主义的态度不同于加拿大的做法，后者一定是你的哲学理念最重要的灵感来源或影响来源之一。比如多伦多市，在很早的时候就刻意把多元文化作为值得庆祝的事情，那里有了第一个唐人街、第二个唐人街、意大利小镇，现在我想还有印度小镇，在那儿印地语是主要的交流语言。在美国，多元文化主义的推广不是无意间取得的，而是通过斗争得来的。其中存在着竞争和对抗，你几乎必须要喜欢对抗，你必须赢得对抗才能被接受。否则，你就不是这个俱乐部的成员，或者类似性质的"会员"。

我想说，你作为一个哲学家，罗伯特·贝拉作为一个思想家，都提供了一种新的视野。换言之，从现在起，无论是北美还是欧洲的年轻一代哲学家，都不可能自己主张某种全球视野。他们不会被外界认可。我认为这种多元主义正在兴起。在这次会议上，我们意识到，印度学者和东亚学者已经开始对自己的立场变得非常坚定了。

我察觉到——这可能是一个温和的批评——当你谈到中世纪时期上帝的重要性，一切都与神圣信仰的中心地位联系在一起的时候，基本上只有犹太教—基督教和伊斯兰教的一神论立场。然而正如我所指出的，在中国，这种立场甚至不存在被拒绝的可能性，因为从来没有人问过有关一神的问题。

很多人就认为利玛窦（Matteo Ricci）是一个伟大的融通主义者。他花了十三年的时间学习汉语，使自己看上去几乎像一个儒家文人。他也使一些杰出的士大夫学者成为基督徒，但后来他遇到了麻烦，因为方济各会和多明我会不接受他允许中国人进行祖先崇拜或者保留祖先崇拜的想法。一旦梵蒂冈认定耶稣会士的做法是错误的，中国皇帝就生气了。这就是"中国礼仪之争"。

然而，几年前，我的一个博士生张春取得了科学史学位。她和约翰·默多克一起学习拉丁语，她研究了利玛窦写给梵蒂冈教廷的信件。这是很有启发性的研究。利玛窦在当时的确想转变中国人的信仰，他对开拓殖民地的憧憬非常之强。这激起了我的思考，利玛窦的策略是什么？我现在认为他的策略——对我来说是显而易见的，但可能不会被广泛接受——是解构他那个时代的儒家思想，大家称之为理学或新儒学，我称之为儒学的第二期。为了使它失去合法性，你必须回到源头，你必须回到孔子，甚至是孔子之前。因为"天"的观念在利玛窦的时代已经转换为一种非常不同的话语。理学话语下"天"的最终来源不是早期儒家的个人化的天，而是我们称之为"理"或"理则"的基本原则。所以他做了一些非常戏剧性的事情，通过回到理学观念的源头来解构当时的儒学。

如果你想修正你的观念，你会不会认为以上帝为中心的超越只是进入世俗时代的一个版本？还是存在其他的版本？

泰勒：是的，我对此深有所感。我愿意这样去表述，有很多关于人类生活的深刻见解，它们在某种意义上都分散在迥然相异的观点之中，其中也包括无神论的观点——这为我们提供了一些过去我们不曾提出的东西。我们需要进入一个新的时代，这是我们的共识。理想情况下，我们所有人也将共享这个真实的渴望，要从以下意义上去了解其他的立场。这就是爱的历史的由来。

在探寻另一个立场时，我真正感兴趣的是人们为什么爱它，难道不是吗？不要只给我罗列出干枯如尘的神学思想或儒家思想是如何说明这个、这个或者这个。不，我想深入了解人们为什么会对此感到兴致盎然，我相信我们每个人都会因为把握了这一点而变得丰富起来。它可能会改变我们自己的信仰生活方式，也可能不会，但会使我们对人类生活和人类精神的宏大畛域产生更好的理解。这确实值得去追寻。我想现在，让我们回到自身的信仰中去，那是我们被（神）呼召去做的事情。

杜：这是一种自我反省，也可能是一种自我批评的态度。

泰勒：嗯，这也是它的成果的一部分，但真正伟大的是——我用基督教的术语来说——共融（communion）。换句话说，通过彼此相互学习的活动，人们可以发展出一种友谊。他们因此深深地尊重对方，并产生了一种联系。当然，在光谱的另一端，也存在对此不屑一顾的观点——认为他者都是错的，或者认为他者都是僵化的非此即彼——你会因此患上西方的"伊斯兰恐惧症"（Islamophobia）。

杜：伊斯兰恐惧症，我喜欢这个词。

泰勒：如果真的能形成这种通往共融的交流，那么所有因为互不理解而造成的问题都会消失。想象一下，一些有"伊斯兰恐惧症"的朋友真的和穆斯林"巴沙尔"①坐在一起，如果他们能够冷静下来，听一听穆斯林怎么谈论他们的理念，如果他们不再固执己见，闭目塞听，那么对伊斯兰教的敌意和仇恨就会随之消散。如同你介绍儒家思想的方式那样，信仰者实际上可以与非信仰者交流。这就是为什么我说，因为有着发自内心的喜好，你才能够真正深入其中。

杜：但喜好不是一个充分条件，它可能是必要条件。我不确定。

泰勒：这正是我们想去探寻的。为什么人们会抱持特定的立场？为什么他们发自内心地喜好自己的立场？为什么这会使他们振奋？你

---

① 巴沙尔（Bashir），指代穆斯林。如 Uncle Sam 指代美国人。

可以像尘土一样干巴巴地讲授教科书上的孔子，你或许时常必须得这样做，因为你面对的听众许多并不了解儒家思想。但这无法吸引我。而有时候，当你满怀激情地投入工作时，我就会开始想："就该这样。"

杜：还有一点需要注意。这可能会导致人们说"你"是宣传家、传教士或其他类似的说法，这是一种谴责。神学家和神父之间相差甚远。"我"想做一个神学家或是哲学家，以亲身经验的方式来促进反思。"我"不想简单地只是去宣传它。

泰勒：不，不，这是截然不同的另一种活动。这不是那种我们坐下来说"让我们真正尝试理解吧"的关系，就像我和一位高僧以及其他人在某种程度上做过的那样。我发现在天启宗教（Abrahamic）或者说三大一神教信仰中，很容易跨过它们之间的界限，因为它们非常接近。我想佛教或许是令我最兴奋、最沉迷其中、最被深刻打动的另一种观点。我发现每一个参与其中的人都会收获巨大的精神资源。如果我们的世界有更多这样的精神资源的交流，我们就能减少冲突和争斗。

第三点，作为一个基督徒，我认为这是我被（神）呼召去做的事情。这是创造这些共融交流的纽带，我想，这就是基督徒对此的观点。如果你说这只不过是和那些与你想法一模一样的人已经存在的共融，那就不是耶稣在福音书中的举止。他从未以己意要求你通过一个正统性的测试，他只是伸出手来，说："我想和你在一起。"所以你看，这与我自己的信仰有着复杂的联系。这很难用简单的方式来解释。我觉得自己被推到了这个方向上，尽管这个方向涉及解除一些非常狭隘的、排他性的主张，而这些主张通常与基督教相关联。

一个有趣的问题是，在梵蒂冈二世之后，这种理解是如何开始渗透的。随后它产生了相应的反应，就像现在的教皇（按：指本笃十六世教皇，已于2013年退位），他在很多方面都让我钦佩，他是一位伟大的思想家和神学家，但我认为他有时也非常狭隘。他写了一本《耶稣是主》(*Dominus Iesus*),它的目的是通过说"让我们不要走得太远,伙计们",来召唤人们回归到本教义之中。

杜:你认为这是防御性的吗?

泰勒:从某种意义上说,所有像我一样参与这种具有普遍意义对话的人们都在出让自身的立场阵地,进而在一定程度上丢失其信仰的核心价值。这是我的感觉,也许和教皇的感受是一样的。我们需要的是对当下实际情况的全新认识……

杜:你认为孔汉思① 是这样的吗?

泰勒:是的。有趣的是,孔汉思和本笃十六世教宗相交甚笃。

杜:你知道这是因为个人原因……

泰勒:是的,我想你之前也提到了这一点。是你提到的吗?

杜:我提到过。

泰勒:对,是你提到的。尽管本笃十六世教皇在那儿时,教宗办公室把孔汉思训斥一顿,但他们之间还是保持着亲密关系。你会认为他一定会生气。

杜:图宾根大学不允许他继续教授神学。这很荒谬。

泰勒:是啊,虽然如此,但这个拉辛格人(本笃十六世)还是非常有趣的。他比人们能想到的要复杂得多。

杜:一个优秀的学者。

泰勒:他是一个优秀的学者。但我和他没有见过面。我认为我们在这个世界上,必须通过彼此之间的交流找到自己信仰承诺的核心。

---

① 作为 20 世纪最著名和最具争议性的罗马天主教教会论者,孔汉思倡导一种崭新范式的基督教思想,致力于推动神学在所谓后现代处境中的范式转换。孔汉思认同自己是"一个有良好信誉的天主教神父",但圣座已取消了他教授天主教神学的权力。1979 年,他不得不离开了天主教教席。他担任德国图宾根大学天主教神学系基本神学教授、普世宗教研究所所长。不过,孔汉斯没有正式被允许讲授天主教神学。

不管怎么说，我是从基督徒的立场来发声的。我认为这是我信仰承诺最核心的一部分。我所说的不是对信仰的偏离，而是出于我们这个时代的特殊要求。

杜：在前段时间的东西方哲学会议（East West Philosophy Conference）上，我应邀主持了一个小组讨论，一边是吉安尼·瓦蒂莫，一边是理查德·罗蒂。这是一次相当特别的经历。

泰勒：他们是非常要好的朋友。

杜：是的，他们是好朋友。但是你对他的观点有何看法？理查德·罗蒂一定也是你的好朋友吧？

泰勒：是的，我们是。

杜：我有时候接受不了他的观点。他的政治观点实在是非常保守，傲慢，充满着一种美国沙文主义。他说过"中国、儒家，那又怎么样？如果没有民主，我们还有什么值得向他们学习的吗"之类的话。他还说，50 年后，所有的文化差异和身份区别都会消失，只剩下混杂性，一切都会混杂在一起。在他访问中国之前，他曾说，也许 50 年后，只有一种语言是重要的。在访问中国之后，他说也许会有两种语言。我想，他大概很善于说一些很有启发性的话——启发性的谈话是一种很好的谈话。不过，至少在我看来，似乎他的言论还不够认真。我不知道他自己的承诺是什么。

泰勒：我可以理解他自己的承诺，但我认为他有一个很大的劣势，就是他是一个美国人。[笑] 我不是说他们的态度是轻蔑和不屑一顾的，但他们确实倾向只用一种语言。

杜：的确如此。

泰勒：他们没有被训练或要求学习其他语言。如果你陷入一个单语言的泡沫，那么你会想，"好吧，我们都会说英语"或者"他们在中国到底应该说什么"。你所得到的信息都是经过翻译而来的，所以你不会……

杜：这就像去意大利旅游的游客说："哇，这个地方实在是落后，因为这里的人竟然不说英语。"就像一句话所说的那样："如果有人会两种语言，他们是双语者。如果有人会多种语言，他们就是多语者。如果有人只会一种语言，他们一定是美国人。"[笑]

泰勒：这也算是真正遇到了不一样的事物所产生的效果，它既让人感到困惑，但又因为有新鲜的东西而让人印象深刻。我认为那是思想世界进步的必要经验。也许迪克（理查德·罗蒂）从来没有过这种经历。

杜：你认识克利福德·格尔茨（Clifford Geertz）吗？

泰勒：当然，我很熟悉他。

杜：你知道，他提出的面对极端（文化）因素的冲击如何获得解放的经验，我认为正是……

泰勒：没错，这就是为什么我们志同道合。

杜：70年代我还在加州大学伯克利分校任教的时候，曾在柏林举行过一次会议，我提交了一篇论文，他是我的评议人，（他的评议）令我印象深刻。他是一个非常聪明的人，但他从来没有真正研究过中国。他说："好吧，维明面临三个问题。一是他是一个儒家，试图向外人解释儒家思想。二是他从事古典研究，但他想将其介绍给现代世界。三是在学科上，他更多属于哲学传统，但现在他想和我们这些社会科学研究者对话。"这是一种同情的理解。随后，他提出了一个让我非常惊喜的观点，他说："这就是为什么他的语言总是'不是那样的，不是那样的，不是那样的'，似乎生怕被误解。"最终，《东西方哲学》学刊发表了两篇与此相关的文章。我现在的问题是你该如何把自己的想法付诸实践。你在印度待了三个月。你以前有过类似的经历吗？

泰勒：没有。

杜：我想你一定有很强烈的哲学、经验或个人因素方面的动机。

泰勒：我越来越多地参与到拉杰夫·巴尔加瓦和苏迪塔·卡维拉

杰的项目中去，还有迪佩什·查克拉巴蒂、沙希德·阿敏① 也参与其中。他们试图找到复兴印度的政治、理论传统的语言。他们愿意把触角伸得很远，因为它的表达方式并不完全相同。就像弗雷德所说的伊斯兰世界和……

杜:他谈到伊斯兰世界，这让我有些惊讶。

泰勒:迪利普的回应很尖锐，但我认为是正确的，他说"你找错地方了"。迪利普也是印度人，他也参与到这个项目中。我对此很感兴趣。30 年前，我被邀请到发展中社会研究中心 (Center for the Study of Developing Societies, CSDS) ——也就是现在的拉吉夫中心——去做演讲。当时拉伊尼·科瑟里 (Rajni Kothari) 是该中心的负责人。他们过去和现在都致力于寻找适当的语言来理解印度民主和印度社会。

他们对西方社会科学交给他们的东西很不满意，但他们还没有找到可以替代的选项。所以 (我和他们之间的关系) 部分是出于一种共同的关切。他们读了我的一些东西，随后他们邀请我去印度。我马上就意识到，这是我真正关切的事情。我觉得很多西方的政治学研究也没有揭示出许多关于西方社会的事情。[笑] 所以我们需要更新语言。

---

① 　拉杰夫·巴尔加瓦 (Rajeev Bhargava, 1954—)，印度著名政治理论家，曾任德里贾瓦哈拉尔·赫鲁大学政治理论教授。他在政治理论、多元文化、身份政治和世俗主义方面的著作引起了激烈的辩论。

苏迪塔·卡维拉杰 (Sudipta Kaviraj, 1945—)，专研南亚政治和思想史，其研究常与后殖民研究与底层研究相联系，目前在哥伦比亚大学中东、南亚和非洲研究系任教。

迪佩什·查克拉巴蒂 (Dipesh Chakrabarty, 1948—)，历史学家，芝加哥大学历史系杰出服务教授，2014 年汤因比奖获得者，该奖项表彰社会科学家对人类的重大学术和公共贡献。他也为后殖民理论和底层研究作出了贡献。

沙希德·阿敏 (Shahid Amin)，1979 年在牛津大学取得历史学博士学位，目前为德里大学历史系教授。他的研究领域包括经济史、大众民族主义、大众文化与大众文学、历史田野工作、记忆与历史，代表著作为《事件，隐喻，记忆: 乔里乔拉 1922—1992》(*Event, Metaphor, Memory: Chauri Chaura 1922—1992*)。

这种更新语言的想法，以及他们寻找自己文化根源的想法，真的让我很兴奋。所以我一直在参与这个项目。

杜：你的意思是30年前你第一次去那里？

泰勒：30年前，是的，我在那时已经认识拉吉夫了，但我是在那里第一次见到了沙希德和其他人。我现在更了解拉吉夫了。这个世界尽管还没有发展出足够的语言来让你去充分了解它，但实际上已经开始在语言上有所进展了，这真的让我感到振奋。30年后，我看到这个中心在那里确实取得了进展。

杜：还有阿希什·南迪①。

泰勒：南迪也在那里。这是我第一次见他。

杜：哦，你也是30年前第一次认识南迪吗？

泰勒：是的，他是中心人物。

杜：他现在依然是。

泰勒：他现在有点进入退休状态了，不过他也会参与。

杜：他多大年纪了？我印象中他还很年轻，他已经超过70岁了吗？

泰勒：是的，我很确定他已经有70多岁了，非常确定。好吧，我去问问拉吉夫，但我很确定他已经70多岁了。总之他也在那里，还有阿莎尼·科塔（Ashani Kota）和拉伊尼·科瑟里②。我感到很兴奋，因为这意味着什么？这意味着在那里将发出新的声音，它不仅可以帮助

---

① 阿希什·南迪（Ashish Nandy，1937—　），印度政治心理学家、社会理论家和批评家，曾担任发展中社会研究中心（CSDS）高级研究员和主任。作为一名临床心理学家，南迪对欧洲殖民主义、现代性、世俗主义、印度教、科学、技术、核主义、世界主义和乌托邦主义进行了理论批判。

② 拉伊尼·科瑟里（Rajni Kothari，1928—2015），印度政治学家、政治理论家、学者和作家。他于1963年创办了发展中社会研究中心（CSDS），这是一个社会科学和人文研究机构，总部设在德里。拉伊尼于1980年创办的"洛卡扬"（Lokayan，意为"人类对话"）是一个活动家和知识分子互动的论坛。他还是印度社会科学研究理事会、国际发展选择基金会和人民公民自由联盟的成员。

他们解决自己的问题，而且可以向我这样的笨蛋解释。[笑] 为了更加清晰地澄清自己，他们不得不借助他们认为不充分的西方语言来定位自己。

杜：这是一个很艰巨的挑战。

泰勒：是的，这是一个重大挑战，我们将会对这个使我们感到困惑的社会有深刻的洞察。所以我们就有了这样的关系，我就像外来的乱出点子的人一样，向他们介绍西方世界的观点。

杜：我相信很长一段时间以来，这一直是灵感的来源。

泰勒：是的，对我来说是很好的资源。此行最后，拉杰夫说："请您抽出几个月时间来担任我们的拉伊尼·科瑟里客座教授"。我说："好的，我很乐意。"

杜：现在，我觉得阿希什·南迪和我很合得来，尽管我们还不那么了解对方。他曾经和我分享过一个观点，他经常被邀请去哈佛，但他说他从来没有感觉过舒适。如果你去想象你有这样一位对话伙伴，在美国这个伙伴也许只说单语，他认为你的现在是我们遥远的过去，我们的现在是你遥远的未来，那么对话要怎么开展呢？我说："没错，这是个大问题。"我也参与过这种不同文明之间的对话。我觉得最初这并不具有讽刺意味，但自从伊朗总统哈塔米在 1998 年首次向联合国提出将 2001 年作为文明对话年以来，这变得有些自相矛盾。这可能是对亨廷顿《文明的冲突》的有意回应。

泰勒：同时也是哈塔米对他一生辛苦奋斗的回应。

杜：哦，是的，一个新方向。

泰勒：他们在探索那个新方向，并且颇有成效。

杜：这也是为什么我对伯纳德·刘易斯①反应如此消极的原因。

---

① 伯纳德·刘易斯（Bernard Lewis, 1916—2018），英裔美国犹太历史学者、东方研究家及政治评论家。

泰勒：他的做法令我感到难以理解。如此学识渊博的人竟然那样去想……我感到如芒刺在背。[笑] 我不想这样说，但我很反感"伊斯兰恐惧症"，因为我认为这是……

杜：你和他有交情吗？

泰勒：是啊，但我恐怕很难再面对他，因为我不是一个有攻击性的人。我不想……

杜：[笑] 我认为他在《大西洋》杂志上发表的《伊斯兰教的愤怒》确实为亨廷顿发展《文明的冲突》提供了充足的弹药。对伊斯兰教的妖魔化是如此明显。你知道塞缪尔·亨廷顿和我后来成了好朋友。我参加了很多他的研讨会，他的妻子是个非常友好的人，给予他充分的支持和鼓励。

但是这种冷战心态是如此难以摆脱。在他最初的构想中，"西方与其他国家"的观念预设就已经形成。他从主要或潜在对手的角度看待当今世界的地缘政治。所以，伊斯兰国家巍然屹立，因为这是一个迫在眉睫的威胁，但在遥远的地平线上存在的威胁是中国的儒家文化世界。

他没有过多关注印度，因为印度还不构成威胁。并且他完全忽略了非洲。他说："非洲是一个负面的例子。"这种心态在华盛顿的势力非常强大，后来在布什的单边主义下，它被颁布为国家政策。即使到现在，我也不认为奥巴马能够超越它。

泰勒：好吧，我认为奥巴马在个人层面上是有所不同的，但他深陷在层层的限制里，不得施展。

杜：是啊，真是不可思议。

泰勒：是的。对我来说，最严峻的问题是"民主世界"的政治体系失灵。

杜：美国的系统。

泰勒：是的。首先，制衡机制已经完全失控，然后他们有这套荒谬的参议员规则,你需要 60 名参议员。特别是由于众议院成为共和党的反击阵地,我认为他(奥巴马)完完全全被框限住了。然而,我有一种感觉,他们之中有些人确实明白,你必须走出去。[笑]

杜:是的,我想你在他的一些演讲中看到了这一点,例如,在开罗发表的那场演讲。在那次演讲之后,罗伯特·贝拉给我打电话。他说:"多么光荣的一天。第一次,我们有了这样的声音。"当然,这是有其历史背景的。当吉米·卡特(Jimmy Carter)确信自己会输的时候,他问鲍勃·贝拉(指罗伯特·贝拉,鲍勃是罗伯特的昵称)和其他几个顾问,他应该向美国人民传达什么信息?他们告诉他,他必须说,美国的状况很糟糕,有很多事情是错误的。他被说服了。罗莎琳·查特(Rosalyn Charter)出席了会议,也被说服了。他们给了他一份演讲的草稿,这是第一次,一个美国总统要进行自我批评,不仅是对自己的总统任期进行批评,而且是对美国的批评。

他们等了一个星期左右,他在电视上出现了。然而,当他出现在电视上时,他说:"美国就像美国人民一样好,美国人民是了不起的。"他完全抛弃了他们在一周前才达成的共识。他当然是个正直的人,而且……

泰勒:我敢肯定是他的顾问在左右他。

杜:不,不仅仅是顾问,还有他的公关人员,尤其是民主党的成员。他们做了一项调查,然后说:"你可以让你自己放任自流,但你不能拖累整个党派。如果你做了那个演讲,我们就完蛋了。"最近,我得到一个机会提问一个相关的问题。我问蒙代尔①——我认为他不仅是个正人君子,而且是个很有影响力的政治家——"什么时候、以何种方式,

① 沃尔特·蒙代尔(Walter F. Mondale, 1928—　),美国民主党政治人物,第42 任美国副总统,在担任副总统前他代表明尼苏达州担任过两届联邦参议员(1964—1976)。蒙代尔曾参与 1984 年美国总统选举,但最后以悬殊差距败于里根。

美国才能超越国家自身利益的局限?"他平时口才很好,但他在那次会议上停顿了大约 10 秒钟,这是很漫长的 10 秒钟。他回答道:"国家维护其自身利益对我有好处。"换句话说,甚至作为一种想象的可能性,美国领导层都不可能超越国家利益。正是因此,他们并不认为联合国是一个非常重要的论坛,他们总是派二流的大使去出席联合国会议。

泰勒:是的,但是有一件关于自身利益的事情很容易理解。美国没有为全球变暖做任何事情,这不符合他们自身的长期利益。他们正在煽动内塔尼亚胡①,这种政权也不符合他们的长期利益。同时,这也不符合以色列自身的长期利益。

杜:我认为,以色列的生存是个问题。

泰勒:我认为你需要做的不是说:"忘掉自身利益吧,我的同胞们。"那是行不通的。

杜:但是要超越它。

泰勒:相反地,你需要说:"让我们看看我们真正面对的是什么,如果我们不做点什么,我们都会面临灾难,包括你。"你必须改变限制条件。

杜:在《纽约客》杂志上刊登过一幅漫画,在一艘翻了的船上,美国人站在船的最顶端说:"哇,幸好我们和他们不一样!"这对我来说是非常令人沮丧的事情。

泰勒:是的。如果说有人能带领美国稍微超越一点狭隘的利己主义思维,那一定是奥巴马。我们永远找不到这么聪明、这么善于反思的人。这是最后一次白宫由这样的人领导。我不应该说没有……我不能太悲观。

杜:[笑] 在儒家传统中,"四书"是反映儒家思想的一套基础性的

---

① 本雅明·内塔尼亚胡 (Benjamin Netanyahu, 1949—   ),以色列右翼政治家,现任以色列总理和执政党利库德集团的主席。

典籍,其中包括中国最短的经典:《大学》。在《大学》里面有这么一句话:"身修而后家齐,家齐而后国治,国治而后天下平。"在我对儒家传统的现代解释立场中,儒家对人类繁荣的一个基本承诺就包含在这一复杂的过程之中。一个人通过实现自我来超越自我中心主义的局限,通过协调家庭来超越裙带关系的情感,通过发展健康的爱国主义来超越沙文主义式的民族主义,并通过发展一种人类宇宙观的视角来超越人类中心主义。这种活生生的、实实在在的过程意味着,你必须在一个特定的语境中成为一个主体,但你又必须从这个语境中走出来,才能进入更为宏大的语境。这对我来说是极其丰厚的资源。

这就是为什么我称其为精神人文主义。11世纪伟大的儒家思想家张载(1020—1077),在他的著作《西铭》开篇就说:"上天是我的父亲,大地是我的母亲,即使是像我这样的小生灵,我也能在他们中间找到亲密的关系。充满宇宙的是我的身体,指引宇宙的是我的本性。所有的人都是我的兄弟姐妹,所有的事物都是我的伙伴。"(乾称父,坤称母;予兹藐焉,乃混然中处。故天地之塞,吾其体;天地之帅,吾其性。民,吾同胞;物,吾与也)我不认为这是一种浪漫主义的说法。这是一种关于真正的人如何与天地万物合为一体的主张,这是一个很有说服力的立场。

后来,王阳明,我非常崇敬的英雄——我以他为题完成了我的博士论文——指出分化、共融或结合之间存在着相互作用。他说:"是故见孺子之入井,而必有怵惕恻隐之心焉,是其仁之与孺子而为一体也。"但人们对他说:"人类对同类生发同情心是不足为奇的。"(孺子犹同类者也)他接着说:"在《孟子》里,齐宣王不忍心见到牛觳觫哀鸣,这说明人和动物之间存在某种惺惺相惜的关系。"(见鸟兽之哀鸣觳觫,而必有不忍之心焉,是其仁之与鸟兽而为一体也)他们说:"好吧,那是因为人与牛都属于动物。"(鸟兽犹有知觉者也)阳明说:"见草木之摧折而必有悯恤之心焉。"他们说:"那是因为草木和人都是生物。"草木犹

有生意者也。他说，"好吧，那我们甚至可以同情草木瓦石。"（见瓦石之毁坏而必有顾惜之心焉，是其仁之与瓦石而为一体也）

所以王阳明阐述的这个观念是，我们与整个宇宙相互联系，但又是有区别的。关于人性（仁）的问题，往往不是理解为普遍的爱，而是理解为有等差的爱，但它有等差并不意味着自我限制。例如，有人问孔子："以德报怨，何如？"孔子问："何以报德？"他的建议是以恩报恩，以义报义，以恶报恶。以直报怨，以德报德。所以这是有区别的，但同时又是有联系的。

后来，我认为我的一个朋友确实将这个思想阐述成为一个完整的哲学体系，就是原则的统一性及其表现形式的多样性，以及多样性与和谐性之间的协调。这就是为什么我说，当你看一个人文学议题时，你需要考虑它的四个维度：自我、社群、自然和天道。如果你看哈贝马斯的研究，它是启蒙思想的延续，或者说是罗尔斯研究的延续，他们的目的其实只是为了解决个人和社群或国家的关系。

还有理查德·罗蒂的二分法思维，在那里你必须在自我实现和社会服务之间做出选择。这意味着他对自我实现概念的理解存在相当的限制。这几乎像是以一种非常自私的方式寻求内在的灵性。但是在儒家传统中，一个人总是被理解为关系的中心。作为中心，你有个人的尊严和自主权，但在人际关系方面，你不能成为一个孤立的个体。

我正在读你关于威廉·詹姆斯（William James）的书——再次感叹，它的结构是如此精美。哈佛大学的威廉·詹姆斯大会堂（William James Hall）上有一句座右铭："我从不设法去追问它的起源。"也许是塔尔科特·帕森斯辑录了这句话。座右铭说："没有个人的活力，社群将变得停滞不前；没有社群的同情，个人的活力将会消亡。"群己之间彼此互动。当然，也有超验主义者，像爱默生这样的人。我认为这是人之常情。如果你赞成那种排他的二分法，那么儒家的修身哲学就会变成一种很自私的行为，而社会服务就会变得很肤浅。根据你在《自我的根源》一书中的观点，我对于本真性问题的看法你也同意。但是你不想被称为社群主义者，对吗？

泰勒：嗯，它有两个非常不同的含义，所以我总是需要解释一下。

杜：我明白了。

泰勒：我赞同阿米泰·埃齐奥尼①的观点。

杜：埃齐奥尼。

泰勒：是的，这是一种公民人文主义。他持这种主张。

杜：那麦金泰尔②呢？

泰勒：嗯，那是另外一个问题。我也同意麦金泰尔的说法，但是有一个完全不同的问题，那就是你是否能抛开人们的传统、历史等因素去理解他们？那是他所反对的另一种个人主义，一种分析性的个人主义。我也同意他的看法。还有一个问题，就是人们所说的社群主义是强调共和国内不同文化社群的重要性，并希望给予它们同等的重视。这也是一个很有意思的问题，我对此也有细微的看法。只是有人说："哦，你是一个社群主义者"，却没有意识到……

杜：存在各种变体。

泰勒：的确，它们涉及的问题完全不同。"社群主义"这个词已经被束缚、被打压在一个……

杜：是的，但麦金泰尔近年来对儒家思想非常着迷。他的一位同

---

① 阿米泰·埃齐奥尼（Amitai Etzioni）美国著名政治学家，乔治·华盛顿大学国际关系学系教授。

② 阿拉斯代尔·查默斯·麦金泰尔（Alasdair Chalmers MacIntyre，1929—　）。麦金泰尔出生于苏格兰格拉斯哥，哲学家，在道德哲学、政治哲学、哲学史和神学等领域都作出了杰出的贡献。他目前是圣母大学研究哲学的奥布赖恩高级教授（O'Brien Senior Research Professor）。麦金泰尔在道德哲学和伦理学领域有突出的贡献。他认为，当代西方社会的道德危机，来源于一种严重的道德无序状态。道德的立场与原则，变成了纯主观的选择和情感的表达。在他的代表作《德性之后》中，他追溯历史，认为这种状况来源于对亚里士多德哲学中的目的论和德性论的抛弃。

事,事实上是他帮助他进入杜克大学的,王德威,他是一位华裔美国人,尽管他从来没有参与过中国古代典籍方面的研究,但他对儒家思想的洞察力是很深刻的。麦金泰尔一个特点是他几乎永不停歇,他永远不能在一个地方待几年以上。

泰勒:说得很对,不过他已经回到了……

杜:圣母大学。

泰勒:对,圣母大学。并且我想他很有可能一直在那里任教。

杜:我不了解。他的朋友告诉我,这将是他在那儿的第七年,他很可能已经准备好再次搬家。迈克尔·桑德尔怎么样? 你很了解他,是吗?

泰勒:哦,是的,我认识他很多年了。许多年前,他是我在牛津大学的学生。

杜:在牛津吗?

泰勒:是的。很多很多年前。

杜:哦,他的立场与你的非常吻合。

泰勒:确实是。

杜:好吧。但是,由于他对约翰·罗尔斯的研究进行了批判性思考,因此他不介意被描述为一个社群主义者。

泰勒:是的。没错,他在第二维度上。你真的能理解完全超出承诺范围的人吗? 我对这个问题持否定态度。

杜:是的。他是一个真正意义上的公共哲学家。

泰勒:对,而且是一个有强烈关怀的知识分子,在公共事务方面。

杜:你知道他现在在中国的影响吗?

泰勒:不知道,这太好了。

杜:哦,我的一个朋友率先邀请他来中国。然后最近这段时间,正在试图根据他在哈佛成功开设的《公正》课程,将他的工作变成中国大学的教材。

泰勒：哦，太好了。

杜：是的。现在几乎不可能找到任何一个不知道桑德尔的大学生。桑德尔对此很满意。我相信如果你说他是你的学生，他们现在一定会立马认识你。[笑]总之，我和他成了很好的朋友。

泰勒：这很好。

杜：是的。日本NHK电视台根据他的教学制作了一部纪录片。我不知道有没有翻译成中文，但反响非常好。我已经邀请他去北京大学，他已经接受了。我说："我们弄个大厅吧。不一定要来一千人，但可以容纳不少于数百人。你来做一个讲座，然后开始和学生们对话，我们看看会发生什么。"现在你应该休息了。

泰勒：我确实该休息了。

（翻译：邱楚媛　校对：王建宝）

自主、对话与反思的文明意识

——对话罗伯特·贝拉

罗伯特·尼利·贝拉 (Robert Neelly Bellah, 1927—2013) , 美国加州大学伯克利分校社会学"埃利特"荣休教授, 曾任教于哈佛大学、加州六学伯克利分校。被美国前总统克林顿授予"美国国家人文科学奖章"。他撰写的《宗教的演变》(1964)、《美国的公民宗教》(1967)、《人类进化中的宗教: 从旧石器时代到轴心时

代》，以及主持编写的《心灵的习性》(1985) 在思想界
引起广泛反响。

对话时间:2011 年 8 月 14 日

杜维明（以下简称"杜"）：我们组织了两次关于印度和中国对知识、智慧和精神的哲学理解的国际会议。最初我提出知识和智慧，但他们①认为这还不够。我们在新德里开过一次会，两年前在北京又开了第二次会。一些伟大的印度学者，包括巴拉苏布拉马尼安（R.Balasubramanian）这位吠檀多学者，认为这些内容⋯⋯

罗伯特·贝拉（以下简称"贝拉"）：哦，我知道。

杜：简直不可思议。

贝拉：这是非常奇特的。我一个现在在纽约大学教书的以前的学生，名叫阿丁·拉贾戈帕尔（Ardind Rajagopal），他是我认识印度的同道，他是个婆罗门。

杜：婆罗门，是的。

贝拉：他不吃肉，但现在要喝酒了。

杜：好吧。

贝拉：他们遵守一些规则，但不是全部。

杜：你可能认识阿文·夏尔马（Arvind Sharma），他是麦吉尔大学的学者。他编辑了一本名为《我们的宗教》的书。

贝拉：哦，夏尔马。是的，我见过他。

杜：他组织了不少会议。

贝拉：我知道。他很活跃。

---

① 指印度学者。

杜：我记得丸山真男（Masao Maruyama）后来迷上了日本神道教。

贝拉：对。他想深层次地理解日本，尽管他并不真正喜欢日本。

杜：他非常西方化。

贝拉：你当然记得本杰明·史华慈（Benjamin Schwartz）了？

杜：当然。

贝拉：他在丸山真男在哈佛大学的时候组织了一次会议，大家来谈论日本文学等。丸山真男说："我觉得我不喜欢日本文学。"史华慈说："你难道不喜欢松尾芭蕉的诗歌吗？"丸山真男说："我更喜欢歌德的。"

杜：我觉得非常有趣，因为丸山真男在伯克利的时候还专门去西雅图听瓦格纳的"指环"。

贝拉：我知道，我还取笑过他。

杜：是的，他非常生气。你知道他的一个学生渡边浩（Watanabi Hiroshi）也在哈佛大学待了三年。他对丸山真男的朱熹解读提出过非常重要的质疑。他的争辩非常有力。

贝拉：对。

杜：他认为朱熹的思想遗产仍在继续产生影响，并声称……

贝拉：我和丸山真男有过争论。我说："你常会想到德川时期最坏的日本儒家。他们的确很糟糕，因为它被当时那种奴性的、没有创造力的独裁主义玷污了，但你不能由此就无法欣赏理学非凡的创造力。"他确实因此而带有了偏见。

杜：这让我想起了整个"五四"一代人。

贝拉：是啊。

杜：最近我重新审视尤其尝试同情地理解这种现象。他们都被爱国主义淹没了，追求富强成了唯一的目标。

贝拉：对丸山真男来讲不是如此。他基本上是追求自由和民主的。

杜：当然。但你知道，当时人无论是保守还是激进，他们都被爱国主义所淹没，因为他们当时面对的挑战……

贝拉：对。我知道。

杜：有一点非常符合你刚才所说的，那一代人尤其是鲁迅，总是把儒家传统中最坏的东西和西方最好的东西进行比较。

贝拉：对。

杜：所以就有了缠足、独裁控制、等级制度与自由、民主、人的尊严的对比。这让我想起了你曾经非常深入参与过的那本关于东亚和东南亚的书——《传统的转变》。

贝拉：是的。

杜：我认为丸山真男完全忽视了那种创造性的转化。

贝拉：是的。他心目中的伟大人物是明治维新的代表福泽谕吉（Fukuzawa Yukichi）。

杜：你知道艾伯特·克雷格（Albert M. Craig）出版过研究他的书，克雷格花了 20 年甚至更多年的时间来写这本书。

贝拉：我知道，这是一本很小的书。我曾花了 13 年的时间写一本书，不过那是一本大书。

杜：有一次我在檀香山（Honolulu），正好那边的东西中心邀请他给一批儒学研究者做报告，他决定谈谈福泽谕吉的儒学研究。他说福泽谕吉有一句名言："我的许多同仁都夸耀自己在汉学方面的知识，但他们只是引用一些段落。而我读过十三遍《左传》，这是最难的文本之一。"克雷格说他喜欢夸大其词，不过（可以相信）他至少读过《左传》三遍。

贝拉：哈哈。

杜：……这种性质的文本。他其实对儒学了解很深，而这是目前其他很多中国研究和现代日本研究学者所忽视的。我认为克雷格是对的，即他认为个人主义在国家建立中呈现为一种动员群众的力量，而不是那种自由主义意义上的个人主义。

贝拉：是的。维明，我们能谈谈北京的活动吗？

杜：好的，非常乐意。首先，让我简单介绍一下我要建立的研究机构，它的名字是高等人文研究院。尽管这个研究院很小，但它已经发展出了四个研究中心。一个是文化中国——从文化的角度看中国。其中既包括中国的侨民，也包括一批既没有出生在中国也没有与中国人有婚姻关系的外国人，他们有汉学家，甚至有商人等，只要他们对中国持久感兴趣，他们就是文化中国的一部分。然后是不同文明之间的对话。现在我们有一位伊斯兰学者在这边做研究，这个研究席位未来十年都将由土耳其的伊斯兰妇女协会提供资助。也就是说，每年我们至少可以邀请一位伊斯兰学者来驻院研究。

贝拉：非常好。

杜：我们还要请一位佛教学者，我也正在努力寻找一位基督教神学的学者，我还想请你推荐一位犹太学者。当然，我们这边有儒家和道家的学者。由此，我们这个研究院将具有轴心时代的几个文明的代表。这个研究院还有年轻学者、博士后和北京地区的一些学者。

贝拉：你在哈佛大学的时候，认识南乐山（Robert Neville）吗？

杜：是的，关系非常好。他现在在波士顿大学。

贝拉：是啊。我不知道他是否能够成为候选人。

杜：当然。

贝拉：应该有人认可他的观点。

杜：是的。

贝拉：因为现在很多基督教神学家都是非常内向化的，对世界其他地方的文明不感兴趣。

杜：他认为自己是"波士顿儒家"。

贝拉：是的，我知道。

杜：他们真的创造了这一概念。他最初在纽约州立大学帕切斯学院（SUNY-Purchase College），后来包括白诗朗（John Berthrong）在内，他们甚至说波士顿有两个儒家学派。一派在查尔斯河以南，他们自己属于那里，强调的是仪式、礼学和荀子；另一派在查尔斯河以北，这些学者更多强调孟子。

贝拉：是的，我知道。他很多产，你无法把他所有的书都读过，他的书太多了。

杜：至少一年一本书。

贝拉：但他认为自己是一个儒家神学家。

杜：是的。

贝拉：在这方面，他必须得到认真对待。

杜：当然。儒家基督教思想……

贝拉：对。另外，你知道在我那本关于轴心时代的书的每一章结尾，我都感觉到了转变。

杜：不管怎样……

贝拉：你知道我的意思。我想在印度度过余生，因为它对我来说太新鲜了。

杜：简直不可思议。不，这应该是……我以为这是你的习作。

贝拉：我最长的一章是 120 余页的草稿。这边南亚研究的负责人是德国人亚历山大·冯·罗斯帕特（Alexander von Rospatt），他读了我的书稿后和我讨论，因为我需要一些更正。他说，让人惊讶的是，一个不是这个领域专家的人能做到这个程度。他指出了一两处要改正，我也修订了，但主要的是他真的很喜欢我写的这些内容。当我离开他的办公室时，我说："我对印度非常感兴趣，我真的很想写一本关于印度的书。"他对我说："贝拉，你这已经写出一本关于印度的书了。"这是一本小书，但的确是一本书。

杜：太棒了！我们的研究院也期待邀请一位印度教的学者。

贝拉：太好了！

杜：我们对北京论坛的想法是，这是它的第八个年头，这可能是迄今为止中国最大的人文社会科学论坛。它得到了韩国基础教育基金会、韩国 SK 高等教育基金会的支持,也得到了北京大学和北京市政府的支持。所以我们的想法是召集一些人文社会科学领域最杰出的学者,以文化为重点来发表他们的观点。通常每次论坛会有 200 余人到场。在开幕式上,一般有三到四个主旨发言,其中会有一位具有公共实践经验的学者参与其中。例如,乔治·布什来过,不是小布什,而是老布什。主办方为所有这些参会嘉宾感到骄傲。我对他们说:"如果你们给贝拉写邀请信,最好列出所有的参会学者。"

贝拉:哈哈。

杜:他们拟在明年邀请查尔斯·泰勒(Charles Taylor)和一些经济学领域的学者。每位学者仅需要做一个 20 分钟的演讲作为主旨发言。这个环节将在人民大会堂或政府宾馆举办,这是一种对外的展示。然后在那个星期五的上午和下午,将有 7 个分论坛。第二天,也就是星期六的会议将移到北京大学的校园里进行。星期六的下午,你和我将有一个关于轴心时代的文明对话。这是我的建议,但我不知道主办方是否会接受。这次对话将是一个特别的活动,与此同时,所有其他小组会议仍将继续进行。我们仍在讨论的是会议是双语还是仅仅英语。我的建议是进行英语的同声传译,因为很多学生们在这方面的能力已经足够好了。

上一次会议中,我们有一些像肖恩·凯利(Sean Kelly)那样的学者。他是年轻的哲学家,现在是哈佛大学哲学系的主任。他是休伯特·德雷福斯(Hubert Dreyfus)的学生。

贝拉:你读过他的书吗?

杜:我还没读过。

贝拉:太糟糕了。

杜:糟糕?

贝拉:确实太糟糕了!我是德雷福斯的老朋友。但德雷福斯是个不读书的人。他或许读过海德格尔 2.5 万遍,但他其实什么都没读到。

当他说话的时候——我不知道肖恩·凯利的情况——看起来非常地无知。他们言说了一些非常愚蠢的东西；他们处理从荷马到现在的一切事情。加里·威尔茨（Gary Wilts）对此发表了一篇毁灭性的评论。

杜：加里·威尔茨是一位伟大的专栏作家和历史学家。

贝拉：是的，他是个历史学家，而且很博学。

杜：当然。

贝拉：他只是纠正了他们的错误：他们不懂但丁，也不懂埃斯库罗斯。他们是离经叛道的人。所以如果你想要肖恩·凯利来，你可以邀请他。但我不想要邀请他。

杜：抱歉，我邀请他唯一的任务是给学生们做一次英语演讲。

贝拉：我明白了，好吧。

杜：他是个年轻人。

贝拉：我根本不认识他，只知道……我对德雷福斯的学术工作其实非常同情。我发现它还是有用的，但他的这本书很糟糕。在这本书中，他完全丧失了水准。

杜：我最近和德雷福斯有过两次会面。实际上是查尔斯·泰勒组织的。

贝拉：是的，他们一起工作。

杜：会议在加州大学河畔分校（UC Riverside）举行，讨论查尔斯·泰勒的那本《世俗时代》。

贝拉：我也被邀请过。

杜：起初，我认为这个对话是有前景的。因为他们口头上告诉我，他们想做一些关于体知的讨论，也即通过学术语言来探索如何将个人知识内在化。这可以说是对分析哲学的一个非常彻底的背离，所以我觉得它很有发展前途。

是的，我同意你的看法。但我也很感激德雷福斯，因为他说："我读过你的东西，它们完全不是海德格尔式的。"我说："哇，这是一个很好的补充。"然后他说了一些非常有用的话。他说你应该读列维纳斯的书,他就把列维纳斯的书都给了我,让我读。我从中受益匪浅。

贝拉:很抱歉,我从没读过列维纳斯。

杜:按他的假设,儒家思想的一个主要挑战是"他者"。儒家的"推扩"思想是从最近的亲属向外推及他人、他物,所以重点是"包容"。但其中有一个明确的区别性观念。也就是说,它不是一个抽象概念式的"博爱"。我称之为"具体的人性"。

列维纳斯或许是基于犹太人的经验,他认为,"关心他人"是自我理解的先决条件。而孔子讲的是"为己之学"。

贝拉:是啊。

杜:当然,自我是人际关系的中心,而人际关系是我们生活中不可分割的一部分。但我们还是从自我开始,其中至少有关于内在主体性的概念以及我们自己的身份认同。然而,列维纳斯的论点则是"在你拥有它(译者注:自我)之前,你必须关心另一个人。"这对孟子认为人的基本情感是内在的这一观点提出了挑战。

贝拉:好吧,关于同情,我是说……

杜:同情那个孩子……

贝拉:对。那个孟子提到的完全匿名的孩子,他不是亲戚什么的?

杜:不是的。

贝拉:所以孟子有一种认识……

杜:当然。

贝拉:我是说,孟子所讲的同情也许不是墨家的"兼爱"。

杜:当然不是。

贝拉:但是儒家思想中有对他人的某种直觉理解吗?

杜:当然有。我现在正在研究的心学就是关于心灵与意识的学问。心学从孟子开始,一直到王阳明及其后很多学者。这里面包括王阳明"天地万物为一体"的观念,所以它不是以人为中心的。它涵容了植物,甚至是无生命之物。然而，这与墨家、佛教甚至基督教关于爱的观念不同，其中的差异在于，这种爱是像水流动的自然状态那样，不能跳跃、越位。

贝拉：哈哈。

杜：这也就是说，如果你接受墨家的观念，那么你必须像对待父母一样对待陌生人，这也意味着你将像对待陌生人一样对待父母。我现在一直在探索一个问题，它可以称之为"从你所能承受的他人痛苦到你无法承受的"。例如，你可以承受陌生人的痛苦，但不能承受你孩子的痛苦。由这种同情渐渐推扩，你将无法承受其他亲人的痛苦，最后这种同情甚至连你的敌人都扩及了。

关于北京论坛，还有两件事要提醒。一个是主办方会邀请你做一个 20 分钟的大会演讲，这是完全公开的，可能会被直播。另外是第二天下午我们会有一场对话。另外，既然你大约有十天的时间在中国，我建议你这次可以留在北京，而不是去其他地方旅行。因为已经有很多关于你的邀请了。我在其中帮你选择了三所大学：北京师范大学、中国人民大学和清华大学。他们会根据你的想法，举办一个研讨会或一次公开演讲。然后我将为你的书做一个持续性的研讨会，参与者不仅是北京大学的学生，也有其他人。我们可以根据你的日程安排两三次，这是为翻译你的作品做准备的部分工作。所以我要把你的这本书拿回去，让大家先了解一下。这是目前的一些安排情况。当然，我们会为你安排充足的时间参观长城、故宫和其他一些景点。另外，我们也可能安排你到杭州待上一个周末，看看西湖。那里被认为是中国现在最宜居的城市。

贝拉：11 月的天气怎么样？

杜：基本没什么问题。11 月初的时候中国天气应当很好，就像伯克利一样。另外还有两个邀请。一个来自中国的中央电视台，他们想和你讨论一下你想探讨的某一个主题。另一个是一档在中国非常成功的对话节目。你知道,他们有各种各样的节目,而你这次要参加两个:一个是你和主持人之间的对话,另一个是探讨你所关注的想法或观念的节目,听众不会太多的。他们可能会问你你认为合适的主题,如轴心时代的文明等。

贝拉:好的。你能把相关信息发给我么?

杜:没问题。如果你能谈谈你自己在进化论研究工作上的进展,那就太好了。因为你知道,当你作为学生而第一次上进化论课程的时候,你并未探讨心灵的习性。

贝拉:是的,我当时被美国迷住了,直到退休我才回到我真正想研究的东西。我当时之所以沉浸于美国研究,不仅是因为学术上的压力,更是因为我作为一个美国公民所感受到的继续研究美国的责任。我一直想回到宗教与进化论的研究,这是一个更全面的课题,包括深层生物学。所以到了我1997年退休后,就把全部时间都放在这个主题上。这个研究项目其实与美国高等教育的过度专业化背道而驰。它不仅是关于一个社会学的具体领域的,而且是对社会学的诸多领域的研究,甚至有些研究可能在这个世界上只有五个人能理解我的论文。不过他们都说我的研究很好。虽然没什么人能理解它,但论文仍然发表在一个学术评论期刊上。我没有固定的界限,更没有受什么一级学科、二级学科的限制。我把所有的研究领域都包括进去了。

杜:你总是学习新学科。

贝拉:是啊。

杜:不仅仅是生物学。

贝拉:是的。关于这点,有一件非常重要的事情,那就是我可以通过电子邮件交到学术上的朋友,就像孟子说通过读书我们可以交到历史中的朋友。你认识哈佛大学的梵语学家迈克尔·维策尔(Michael Witzel)吗?

杜:我了解他。

贝拉：他真的是个非常好的朋友。他专门研究早期印度，但他是唯一一个真正拥有我所说的社会学想象力的印度学者。其他很多学者只研究文本。

杜：对。

贝拉：但我一直想了解，什么样的社会会产生这样的文本？这其中有什么社会意义？所以，我关于印度这一章的前半部分正是产生于我们之间的亲密电子邮件友谊，尽管我从未见过他。

杜：真的？

贝拉：他给我发了三页单倍行距格式的关于我那章草稿的评论。我还和几位生物学家有过这样的联系。所以即使没有人现场教学，你也可以自学。

杜：这很了不起。因为维策尔通常给人的印象是一个非常专业化的语言学家，对其他许多事情都不感兴趣。

贝拉：是的，但其实他的兴趣非常广泛。他对比较神话很感兴趣。我发现他兴趣宽广。

杜：他来自德国。

贝拉：对。我知道很多人不喜欢他，他显然是个很难相处的人。

杜：我想我很了解他。

贝拉：不管怎样，他是上天赐给我的礼物。好了，让我告诉你我这次北京论坛演讲的主题是什么吧。或许是"变化飞速之物与永恒不变之物——现代性的爆炸性与永恒真理"。我想强调的是，我们生活在一个不因世纪迁移而改变的世界里，它实际上会随着几十年就发生显著性的变化。我84岁了，你多大了？

杜：71。

贝拉：你成长的时候是个不同的世界，对吧？

杜：20年就是一代。

贝拉：对。另一方面，我们可能会想到孔子、孟子、柏拉图、亚里士多德、佛陀或耶稣,他们所说的话我们仍然能够很快理解。所以我们现在必须认真对待这件事。即使在美国哲学这样一个技术性、分析性的领域,亚里士多德的德性伦理学也是一个重要的学术领域。相关领域有义务论者、功利主义者和其他观点,但亚里士多德依旧正确。他生活在 2400 年前,但他又是当代的,因为他所说的于我们而言仍然很重要,对吧?

杜:对。

贝拉:在轴心时代之前,我们有一些很好的神话,但是它们与我们表达的方式不一样。随着轴心时代的到来,我想我们第一次有了"同时代的人"。我们有像孟子这样现在仍可以帮到我们的历史中的朋友。也许亚里士多德的生物学无法做到这点,因为我们已经远远超越了它;但亚里士多德的伦理学在今天仍然和当时一样与我们的生活密切相关。所以我想谈谈我们生活在这样一个世界里:很多人认为过去已经过去,他们与过去没有任何联系;另一些人则认为,"不,过去还活着,我们迫切需要它"。的确,我们正以迅猛的速度进入一个问题巨大的未来,所以我们最好更仔细地审视一下几千年来被证明意义深远的思想资源对我们未来的启示。这就是我的演讲主题。

杜:太好了。

贝拉:这个叫马丁·诺瓦克(Martin Nowak)的现在在哈佛大学(指着一本书)。我不认为你在哈佛的时候他在那儿,你认识他吗?

杜:不,我不认识。

贝拉:我想他是在最近几年到哈佛的。他是一位数学生物学家。你可能会认为他是那个领域的专家,不会对我们的研究有什么意义,但这是一本关于合作性进化论的非常棒的书。在这本书的结尾,他说:我们发现,即使是通过非常复杂的数学所得出的合作性进化论,也将我们引向伟大的宗教所言说的人们需要如何相处,而这是非常困难的。他是奥地利人,在维也纳获得博士学位。他曾先后在牛津大学和普林斯顿高级研究所。他非常杰出。但他其实是一个虔诚的天主教徒，这恐怕不是你能想象的。

不管怎样，这是我想说的另一件事，我需要和你谈谈。我真的认为在接下来的二三十年里，世界的发展会遇到所谓的"鸿沟"，事情很可能会非常糟糕。世界上大多数领导人都在考虑两年后的下一次选举以及国民生产总值之类的问题，却对真正的问题视而不见、束手无策。在我看来，我们正处在一个历史性的时刻，我们需要一个前所未有的全球合作水平。至少在未来几十年里，世界上最大的两个大国显然是美国和中国。如果我们有机会度过这一系列的危机，包括人口危机、生态危机以及整个地球的危机，那么这都取决于美中两国能否携手合作。

可事实上，这两个国家目前可能是世界上民族主义最强烈的，这一点并不令人鼓舞。所以我认为这是对两个国家和他们政治领导层的挑战。如果他们不考虑如何相互成就，那么这种对抗将不可避免地会继续下去。所以我们要考虑如何共同努力来处理那些全球性而不仅仅是国家性的问题。

说实话，维明，我认为实际上中国在这方面比美国做得更多、更好。我认为中国政府更清楚这些危险。而可能赢得下一次选举的共和党一直在否认这些危机：他们相信没有全球变暖，没有其他问题，他们甚至想解散环境保护局。我认为，他们正朝着相反的方向发展，而这些人可能在美国掌权。我对美国发生的事情感到非常不安。

我觉得可以利用应用了博弈论、囚徒困境等理论的数学生物学来分析这一问题。在这种分析中，问题出在叛逆者身上，他们总是追求自己的利益，而不是共同的利益。有合作者和叛逆者……

杜：叛逆者往往组织严密，并且有计划。

贝拉：但可能从长远来看，合作者组织得更好。一旦叛逆者接管了一个社会，它的未来就不好了。而我要说的是，目前共和党是有组织的叛逆者。它关注的是我们如何将一切都留给自己,而不是资助和关怀穷人、他者和这个世界。不管怎么说,我不想让我的演讲太政治化,但我确实认为我需要谈谈合作的必要性。因为这两个国家是世界上最有影响力的两个,我认为目前美国实力在下降、中国实力在上升,但美国拥有如此多的资源,即使它衰落,也仍旧是一个强大的力量。我们真的需要想办法解决这个问题。

还有一件事,这对中国来说可能会比较微妙:我认为"公民领域"这一观念非常重要。它有着悠久的史前史。萨缪尔·艾森施塔特(Shmuel Eisenstadt)谈到了各种原始文明的相关领域。例如,他觉得在古代中国,文人们有一种可以坦诚相见的文明领域,因为只要他们局限在交谈,政府就不关心他们做了什么。另外,由于中国的经济基础在政府官员,所以他们不能利用公民领域进行他们一直认为必要的政治改革,尽管他们总是对现实政治持批评态度。这也就是说,儒家思想从来没有真正在现实上实现过,但至少表明在中国有一个雏形的公民领域。我认为这种情况在很多地方都是存在的,但是它的真正形成要在现代文明的 18 世纪才开始。

实际上,第一个真正的民事领域的法律是美国的《宪法第一修正案》,它明确规定了言论自由、集会自由、宗教自由。宗教自由应该是第一位的,因为这是最重要的。其他的自由紧随其后。但是,这并不意味着美国真的理解了这一点,如我曾遭受过麦卡锡主义的折磨。在美国,公民自由并没有真正实现过,但至少在原则上是这样规定的。

杜:当然。谈论这一点非常重要。

贝拉:对共同问题进行一定程度的公开对话是现代性的一部分,是处理我们面临的问题的一种方法,因为没有人知道答案到底是什么。专家们也没有答案。我们都需要进行自我教育,而通过开放的交流可以做到这一点。现在我们甚至可以在全世界范围内做到这一点。这太棒了。正如我所说,我认为我们显然看到了变化。你认识理查德·麦迪逊（Richard Madison）吗？

杜：是的。他也是一位参会者。

贝拉：是啊。他会在星期二，后天到这里。

杜：是么？我想见他，让我们计划一下。

贝拉：可以。麻烦的是，"心灵的习性"小组总是在一起。

杜：啊？你是说你们还有定期的见面会？

贝拉：是啊。

杜：我知道迪克·麦迪逊（Dick Madison）和比尔……

贝拉：比尔·苏利文（Bill Sullivan）。

杜：对的。

贝拉：戴夫·蒂普顿（Dave Tipton）和安·斯威德（Ann Swidler）。

杜：安还在？

贝拉：嗯，我们都见面。

杜：定期？

贝拉：是啊。每年八月一次，为期两天。我们讨论各自最新的论文。

杜：你要分享这个吗？

贝拉：不。戴夫一章一章地读了它。这次我只是给他们分享一些我正在研究的关于公民领域的东西。

杜：这次的主题是什么？

贝拉：我们就看对方的论文。

杜：你的意思是就在这里举行？

贝拉：是的，在我的退休办公室。

杜：这里容纳得下你们四个人吗？

贝拉：有一张大桌子，我们都可以坐下谈。

杜：记得我参加过好几次，当时正在阅读你的《心灵的习性》。

贝拉：是啊。

杜：当时我遇到了他们，一起读了不少书。我想肯定是托克维尔的。

贝拉：是的，托克维尔。我们仍然相互关心，对彼此的工作感兴趣。安一直在非洲工作，那是一个非常艰难的地方。

（翻译：王正　校对：史少秦）

当代哲学的精神转向与文明间对话

——对话小约翰·柯布

小约翰·博斯维尔·柯布（John Boswell Cobb Jr.,1925— ），后现代思想家、生态经济学家、过程哲学家、建设性后现代主义和有机马克思主义的领军人物，美国国家人文科学院院士。现任美国中美后现代发展研究院院长、美国国家人文科学院院士。柯布是位于加利福尼亚克莱蒙特的过程研究中心的联合创始人和现任联合主任，同时也是中国后现代发展研究院的创始人兼院长。他既是世界第一部生态哲学专著《是否为时太晚？：一种生态神学》的作者，也是西方世界最早提出"绿色 GDP"的思想家之一。代表著作主要有《是否为时太晚？：一种生态神学》(1971)、《一种基督教自然神学》(1974)、《作为政治神学的过程神学》(1982)、《对经济主义的地球主义式挑战：世界银行神学批判》(1999)、《过程视角：过程神学常见问题解答》(2003)等。

对话时间：2012 年 2 月 25 日

杜维明（以下简称"杜"）：我多年来一直关注着您对基督教神学的精彩论述，很荣幸在此与您交谈。我感觉到您目前——在 21 世纪——的基督教阐释工作已经非常开放而多元。您有强烈的自我反身性（self-reflexivity）。您对基督教传统有一种时常极具批判而又确乎极具同情的理解。我得说，我正在尝试对儒家传统做类似的事。

1985 年，我在北京大学讲授一门儒家哲学课程。当时很多人对此感兴趣，但其中许多人，特别是知识分子和研究生，都提到他们之中几乎没有人会认为自己是儒家，或认同自己对儒家传统有所同情。他们大多看到的是负面特征。但是后来，又过了多年，发生了很大变化。有许多证据表明这种变化不仅仅是暂时的。我认为主要原因是中国需要寻找新的文化身份认同。

过去 30 年，中国在经济上取得了成功。因此，它的政治存在得到了更广泛认可。但是它的文化身份又是什么？我认为中国现在在观念形态上、精神上和伦理上都处于十字路口。如果我们以更广阔的语境来看中国，不仅关注经济文化和政治文化，还关注文化本身的话，那么我会使用"文化中国"（Cultural China）一词，把中国大陆、台湾、香港、澳门和新加坡都纳入讨论——这些社会主要由族群华裔和文化华裔所组织，包括了世界各地的离散华人，还包括一群既不因血缘也不因婚姻而与中国有联系、从长远来看仍对中国感兴趣的人们。这群人当然包括汉学家，也还包括商界和政界人士，或也包括像您这样带有自己的哲学立场、伦理立场、神学立场和宗教立场的人们。还有一些曾在中国待过一段时间的人，甚或只是游客，但他们仍然持续关心关注中国事务。另一为人瞩目的例子是一群美国家庭——有人告诉我，波士顿地区及周边地区有一千多户家庭收养了中国女孩。他们也对中国事务变得敏感。

儒家传统在促进现代中国人共同的且具批判性的自我意识方面将能发挥什么样的作用呢？我希望这种作用将是开放的、多元的，并具有您所展示的那种自我反身性。但另一方面，由于中国经历过极其艰难的转型时期，结果，爱国主义或民族主义就成了最强大的力量之一。借用罗伯特·贝拉（Robert Bellah）的思路来说，儒教如何能够成为一种为中国人民和整个"文化中国"给出某种方向、某种意义及某些基本价值的公民宗教（civil religion）？这显然非常不同，如果传统被劫持或被政治化，成为偏狭的沙文主义式民族情绪的某种借口，则可能会发生各种意想不到的后果。这是我深切关注的问题之一。

小约翰·柯布（以下简称"柯布"）：单说这一点，您能告诉我，儒家思想之中有这样的重点或主题，来明确鼓励中国人拥有比国族更宽广的忠诚、承诺和关切吗？

杜：当然。

柯布：就是说关于做人的理解才是主要的……

杜：是的。如果我们想刻画儒家式人生进路，那就是学以成人（learning to be human）的过程。《大学》中有一段非常明确的表述：学以成人应当以修身为根基。不过，从"修身"到"齐家"，再到社区和谐，再到"治国"，再有望到"平天下"，这是一个不断超越封闭的特殊主义诸形式、发展一种公共精神（public spiritedness）的过程。我想说，多年来，某些儒家后学的一大贡献，尤其是那些遵循孟子思想和更早的天人合一观念的儒家后学的一大贡献，就在于学以成人并非人类中心式的（anthropocentric）。学以成人必须超越人类中心主义。这种超越不仅仅达致生者社群，不仅仅达致动物界中的人类，甚至也还包括对

草木山河的关怀 (care)。

例如,11 世纪的儒学思想家张载曾有一非常有力的表述:"乾称父,坤称母。予兹藐焉,乃混然中处。故天地之塞,吾其体。天地之帅,吾其性。民吾同胞,物吾与也。"这甚至包含了这样一种观念:借用托马斯·贝里 (Thomas Berry) 的思想来说,自然万物并非客体的集合 (a collection of objects),而是主体的共融 (a communion of subjects)。张载的陈述中所包含的这一观念不仅关乎"天下"万物,而且关乎作为人类不可或缺的组成部分的宇宙,是个颇强的论断。这不仅可以为批评极端民族主义提供思想资源,甚至可以为批评人类中心主义提供思想资源。

柯布:嗯嗯。是呢。我对人类中心主义的忧虑远未及我对民族主义的忧虑。

杜:是。

柯布:据我了解,许多人同时受到儒家和道家的影响。他们在两者之间感受不到任何真正的对立。儒家更为强调人类社会之内的行为。如果我搞错了,请帮我纠正。

杜:确实。

柯布:我对这些问题只有最外行的了解,但是我的感觉是,儒家往往非常重视传统,非常重视"理"(patterns) 和"礼"(rituals) 的再现 (reenactment)。

杜:确实,礼。

柯布:道家往往更重视"自然"(spontaneity),故而儒道之间可能会有一些张力。不过儒家思想并不是人类中心式的,并不至于就认为道家所强调的就是错的。

杜:并不,并不。

柯布:但,您看,我认为世界各处的人们都有很强的部落主义 (tribalistic) 倾向。这就总是导致很多冲突和斗争。[笑]

杜：确实，确实。

柯布：在我们的世界，我们简直再也承受不起那种倾向的代价了。对于任何关于某文明的提议，我都要问的若干问题之一就是：在该提议之内，有什么东西能够有效抵消对成为共同体一分子等等之类的关切和兴趣，尽管这种关切和兴趣是全然健康的？我在日本长大，想到的是日本的实例，而我认为儒家学说很轻易、很轻松地令自身适应了民族主义语境。

杜：是的，一点不错。

柯布：别误会我。基督教也常常使自身适应种种民族主义语境。不过，西方历史上，教会与国家之间存在着明显的长期紧张关系，这使得对民族主义的反对在西方的种种一神教传统中更为明显，也许，在基督教中也比在另几个一神教传统中还更明显，尽管这问题讨论起来就复杂了。

杜：嗯嗯。

柯布：这并不是要批评儒家，而只是我在追问中国人何以拥有一种文明这个问题时要说的话。因为我认为中国现在已经是世界大国之一，并且在成为大国的道路上仍在前进，而美国在大国角色上正在衰退。

杜：嗯嗯。我认为……

柯布：中国拥有何种文化，对这个星球来说至关重要，是的。

杜：当然。我认为罗伯特·贝拉最近给出了一个观察：两个民族主义特征最强的国家竟然是中国和美国，因为它们不仅认为自己是最好的文化，而且认为自己是唯一能够改造世界的文化。在美国一边，这意味着干预别国政权更迭的观念，也意味着超越国家利益的困难。对中国来说，在国家如此长期地蒙受屈辱和如此戏剧性地发生巨变后，很容易理解为什么中国人不仅变得爱国，而且变得民族主义。但是，就儒家传统的演变以及对未来的看法而言，我们会看到一种真正的内在冲突：不仅是儒家与道家之间的冲突，还有儒家与自身的冲突。儒家与道家的区别在于，道家人物实际上诱惑了孔子。原始道家称世界在恶化；我们毫无办法挽救它；只能逃离它。（"且而与其从辟人之士也，岂若从辟世之士哉"——《论语·微子》）这几乎无异于主张把凯撒之事交给上帝。

柯布：我先前没意识到道家持如此悲观的看法。

杜：是呢。孔子自己回应道："吾非斯人之徒与而谁与。"以一种更戏剧性的回应方式，他说的是："鸟兽不可与同群。……天下有道，丘不与易也。"正是由于文明的此种瓦解，你在道德上有义务成为其中的一分子。从而其中的危险即在于认同现状，此即马克斯·韦伯对儒教的理解——将之理解为对现世的一种屈从。这一现世性（worldliness）理解正是我为何认为很有必要强调儒家传统的宗教维度或伦理—宗教维度的原因。就启蒙运动之后出现在现代西方的那种世俗人文主义来说，儒家传统并不是一种世俗人文主义（secular humanism）。

柯布：不，当然不是。

杜：它是一种精神人文主义（spiritual humanism）。我认为解读它的一种方式即是以孟子为例。他自我认同为士，"士"要么意指儒家文士，要么意指士大夫（又或许可与关于知识分子的现代观念做比），涉及人运用多种不同资源的能力。其一是主体性，或曰修身。孟子进一步相信人性善，因为我们能够感受、意愿、知道及领会合宜之事。这些帮助我们能够自立。三军可夺帅也，匹夫不可夺志也。所以士有意志观。而且，士还能够运用历史资源：我并非孤身一人，我是孔子的继承者，是周公的继承者，甚或是更早之人的继承者。然后也有未来主义前景。我们现在所做的不仅仅是瞬时的。孟子有时使用"百世""百世之下"这样的表达。这使我想起一句非洲谚语："地球并非我们得自祖先的礼物。它是无数未来世代托付给我们的珍宝。"然后有为了"天命"而当下行事的超验知识。天命与君权神授观截然相反，因为必然难免的是"天视自我民视，天听自我民听"。统治者对人民的一般响应性（responsiveness），表征着他是否天命在身。这是一种更广的人文主义语境。

但我们必须承认，在中国历史上，自秦汉之后实行帝国大一统以来，就有强大的政府力量利用或者时而滥用儒家传统来建立社会秩序。儒家既有等级体系，又有和谐的重要性，但和谐有时被混淆为"同"以及服从。孝与服从有关。张力始终存在。我认为我们看到了上述两种力量在儒家传统之内的展开。

我想说的是，中国并非儒法斗争，而是发生在高度法家化的儒家和更相容于道家自由人观念的儒家之间的斗争。但并不真的这样简单，因为儒家知识分子是现实世界的一部分，他们想成为杰出人物以传播自身影响力，这样一来，他们中一些人保持了自己的道德正直，而另一些人则被政权彻底腐化了。而且，中国的政治阶层，包括官僚体制，甚至包括诸般人物（例如皇帝和大臣等），也都一直深受儒家观念影响。

柯布：好吧，对社会的超越性及现状最清晰的一处描述就是借助"天命"概念。我认为这是儒家被西方多数感兴趣者低估了的一个方面。我很好奇在中国的儒学复兴中，这个要点是否也被低估了。

杜：我认为是的。然而也许有个悖论。当利玛窦最初来中国传播天主教时，他敦促当时的儒家学者通过确认"天"作为一种超验他者的重要性而重新回到"古儒"，回到儒家传统的起源，因为"天"在功能上是上帝的等同物。

柯布：正是如此。

杜：他试图破坏或解构所谓"新儒"（宋明理学）的世界观：这是一种更为有机的对世界的看法，上帝是世界不可或缺的一部分，尽管"生"（creativity，创造性）本身也是"天地之化"（cosmic transformation）不可或缺的一部分，人类亦参与其中。

柯布：我显然乐见其为不可或缺的一部分。［笑］

杜：对，对。

柯布：但很明显，这仍是一个超越了任何特定国家、或阶层、或种族、或任何此类事物的部分。

杜：当然。

柯布：这一点对我来说似乎很重要。我这样说时充满犹豫，因为我们西方的记录太不光彩了。然而，人们有种感觉，我们不应陷入部落主义。当然，我们应该爱国，我们应该忠于我们的种种当地社区／社群。我的意思是所有这些忠诚显然都很重要，但所有这些忠诚都应该次要于具有普遍意义的事物。在我们的传统中，我们原则上具有这点特质。我们却一次又一次将之变成偶像崇拜（idolatry）。我绝非认为我们西方有不错的记录，可我仍然不太知道我们如何可能指望拥有强大实力的人将其力量相对化（relativize）。

杜：当然，是的。我认为中国应该吸取的一大教训是，将相对的东西绝对化，结果可能极其危险。

柯布：是的，当然。

杜：在儒家文化的传统中，有“天生人成”（Heaven creates, but humans complete）的观念。遵循天的谋划，人类个体有责任为人类社群实现成效。您可以在很早的讨论中就谈及“天”，的确可以类比于基督教的全在和全知，但绝非……

柯布：但希望并非全能。

杜：……并非全能。

柯布：在这一点上，您看，我喜欢儒家，远甚于……　［笑］

杜：对，对。一个甚至可能积极的后果即是，人类不仅仅是观察者或赞赏者；他们还是参与者。您甚至可以使用“共同创造者”（co-creators）这个更为激进的术语。看待这一点的一种方式是：放弃非此即彼（either/or）的二分法，取而代之以既此又彼（bcth/and）的观念。这意味着在身心之间、精神与物质之间、受造物与造物者之间，甚或在世俗与神圣之间,都并不存在分隔。在这种特定语境中,很难谈论世俗化,因为它原本就起始于此世今世,起始于现世,或以佛教观点说,起始于红尘而非彼岸或净土。以基督教观点说,起始于凯撒的世界。

然而,重要的还不是对日常性(everydayness)的承认,也不是如其所呈现的那样看待世间的权力关系,而是要认识到在世间还有某种更深刻的意义。这种意义必须是超验的,因为人之幸福(human flourishing)的最高层次并非自我实现,而是天人合一。无论就"生"(创造性)的源头而言,还是就意义的源头而言,"天"都意味着最高追求。

由于人类是参与者和协同创造者,他们也就具有巨大的力量和影响力,不仅在人类学意义上如此,甚至在进化和宇宙观意义上也是如此。因此,有一个古老的表述,人类将能度过包括洪水在内的所有自然灾害而存活。中国也有洪水神话,但不同于诺亚方舟解决方案的是,中国版本是努力疏导洪水而为灌溉系统。

柯布:有趣。

杜:圣王禹就被认为非常成功,他的神话是个挺复杂的故事。但与此同时,从长远看,人类永远无法逃脱人为的灾难。这是非常,非常强的断言。因此,伦理责任引入得很早。这里的假定是,那些更强大、更有影响力,并且掌握更多物质和非物质资源的人,应该更有义务促进整个社会的和谐与幸福。

柯布:嗯,我想您知道我喜欢您所讲的一切。这正是我们试图将基督教也转变成的样子。但是,请让我简述(几件)事——我不知道能否充分展开,但它们对我来说挺重要。

杜:请讲。

柯布:怀特海非常重视冒险(adventure)。儒家社会的总体形象是稳定和以共同的方式一直团结在一起的能力。当然,冒险意味着历史变化,又在某种意义上意味着进步,尽管对怀特海来说,这更意味着差异而非进步。

杜：确实，确实。

柯布：我很好奇。您很可能已经考虑过这一点。真有前述区别吗，或者说儒家会鼓励一种激进历史意识吗？

杜：我认为两者区别看起来非常醒目，因为孔子讲"述而不作"，这几乎意味着说，我是个继承者，不是个冒险主义者，或者说不是个创造者。但如果我们检视……

柯布：事实上，他是个冒险者。〔笑〕

杜：当然。话说回来，这就是我要说的历史意识：你此时此刻所做的，并非无中生有的创造，而是某种悠久传统的延续。这让我想到 T. S. 艾略特关于个人才能与传统的观点。一个个别群体的——而不只是一个个体的——才能或创造力，并不单单是要为一个累积性的传统增添内容，而是重新配置传统，或者有时是根本改造传统。我们经常喜欢用"创造性转化"（creative transformation）一词。从这个意义上讲，创造性转化必定伴随着一种未来视角，但并不会向该体系中置入一种单线进步模式。

柯布：我可不想要单线式进步。

杜：我认为我们遇到的麻烦正关乎于此，甚至包括马克思在内，都肇端于奥古斯特·孔德关于人类历史从宗教进化到哲学再进化到科学的看法。但人为因素也很关键，这意味着人在这一过程中的参与。我认为现在很明显的一个危险，恰恰是对稳定的强调，对和谐的强调。如不容许冒险，或者说如不容许某种创造力，对稳定的执着就可能会导致重大破坏。

柯布：让我举个很具体的例子吧。至少从我这个局外人的角度看，孝顺似乎是儒家一个非常基要式的（fundamental）教导，儒家传统之内可否有这样的理解：这种特殊家庭结构是适宜于特定历史文化语境的良好的家庭构设方式，但在时代变迁中其他类型的家庭结构可能会取代这种家庭结构？

杜：确实，关于家庭的关键重要性，儒家有种规范性观念。当然，我们现在可以建立一个常规家庭（normal family），不过我认为实际情况更为复杂。人们可能会有这样的印象：儒家式的家庭进路强调家庭的温暖和重要性，这不只是非常积极、乐观，甚至还相当浪漫。但这完全不是事实，因为关于圣王舜的伟大神话之一就是，他来自最糟糕的家庭，父亲暴虐残酷，母亲完全自我中心，同父异母的兄弟不仅与他，而且与社会彻底疏远。然而，舜设法克服了压倒性的困难，令家庭和谐，以致成为圣王之一。大多数人都无法做到这一点。

一个清楚的理解是，一个家庭是一个复杂的系统，就像修身很复杂一样，因为家庭有年龄、性别、地位、权力、影响力等差异。无论家庭大还是小，为了家庭的稳定，所有成员都必须作出贡献，或者至少是被动接受。

唐朝有个故事，皇帝得知一个家庭居住在同一屋檐下长达九代，因此，那位族长被邀请到宫廷受赏。族长当时 90 多岁了，已无法清楚表达自己的意思。他要了一张纸，在纸上写了一个字，"忍"，意思是"宽容"（tolerance）或者"忍耐"（endurance）。

即使在一个三五口人之家，如果有一人，比如一个儿子或一个女儿，拒绝合作，那么这个家庭也会功能失调。因此，"齐家"是极其困难的。现在的问题关乎不同家庭类型。

柯布：正是如此。

杜：我记得联合国谈及的是五种家庭类型。我认为从儒家立场看，这相当意外——不仅对孔子来说如此，而且对……

柯布：西方也是如此……这些变化令人惊讶。

杜：是呢，当然。

柯布：未曾预料。

杜：我认为儒家的立场是，亲子关系的首要地位是绝对必要的……

柯布：对一个健康的社会来说。

杜：对人类存活来说。与其他动物不同，人类的依赖需求非常高。根据孝顺原则，父母去世时，应守孝三年。三年，意味着二十几个月左右。而这正是必要的，为的是偿还亏欠。父母对孩子的爱是完全自然的，而孩子则必须受过教育，有时还要受到约束才会孝顺。其实《孝经》中就有一段表述：孔子一位极好的弟子（曾子）问夫子道："子从父之令，可谓孝乎？"孔子实际上很生气，他说："是何言与？是何言与？昔者，天子有争臣七人……诸侯有争臣五人……大夫有争臣三人……父有争子，则身不陷于不义，故当不义，则子不可以不争于父"。

另一个更具戏剧性的例子表明，同一位弟子遭到父亲的殴打并确实受伤。孔子怒斥了这位学生，说："小棰则待过，大杖则逃走……委身以待暴怒，殪而不避，既身死而陷父于不义，其不孝孰大焉？"这是因为如果你受伤了，这将反映出你父亲的残忍甚至更糟糕的情况。父子之间处处是"纠结"（negotiation）。

曾有一篇论文，也是罗伯特·贝拉写的，题目叫《儒学和基督教中的父与子》。文中的倾向非常非常韦伯化。他说，在儒家传统中，由于服从的观念，父子关系中并无足够的内在资源来改造社会。而在基督教传统中，即使就教会和国家的关系而言，也总有种不同的约束力，更别说关于全然他者（the wholly other）的观念了。

但我向他指出：父子关系不仅涉及具体的父亲，还涉及为父的理想（状态）。这有个正名问题："父父子子"，父亲应当像父亲般行事，儿子应当像儿子般行事。如果父亲行事不像父亲，那儿子就有义务改变之。这里既有张力，又有转化（transformation）的空间。

柯布：嗯。我猜想在儒家文化圈，这是现今正被反思和考虑的东西。因为我觉得如有某种对儒家复兴的抵制，原因之一恐怕是它在上述某些方面有保守倾向。

杜：对。而且，美国也发生了变化。我不知道为什么·自由主义议程（liberal agenda）现已降级为背景了。人人都说“我是个真正的保守派（conservative）”，在共和党内尤其如此。如果我们使用生态学术语，就叫保护主义者（conservationist）。有一种传统，我认为与埃德蒙·伯克和其他类似的人相一致：文明不仅要保存和振兴，而且要纳入保守进程。在“文化大革命”中实际发生的是，全然抛弃了这种意义上的连续性，而这种连续性与革命精神截然对立。我认为怀特海的冒险观与这种激进的革命精神非常不同。

我认为有机团结对于转型（transformation）至关重要。现在也是如此。很多很多学者，特别是那些曾经非常激进的学者，现在在这个意义上使用“保守”一词。他们说：“哦，我是个保守派。”但他们真正的意思是要在理解当前状况时认真对待历史和传统。

柯布：但您看，一个人如何可能一面坚称忠于儒家传统，同时又支持同性婚姻呢。

杜：嗯哼。让我以一位高僧为例吧。我实际上主持过一次他也参与其中的会议，他当然是谈论了和平与同情。有个人问了个让所有人不知所措的问题：“看，我知道您十分悲悯同情，但您为什么批评同性恋呢？”他用一种非常生动的方式做了回应。他说：“我是个出家人，我对许多复杂的事物并不熟悉。不过我认为，如果您看着一男一女，他们相得益彰。那好，如果有对伴侣是两男或两女，他们在有组织的社会中彼此相爱，彼此照顾，过家庭生活，那么他们就应当在法律情境中和其他所有情境中受到保护。然而，从我有局限的视角看，一男一女的关系似乎比这更自然。”每个人都大笑出声。

但是我认为从儒家角度看，由于阴阳观念，“生”（creativity，创造性）是基于差异，甚至是在性属性（sexuality）方面也是如此。当然，我们可以将之去性化处理（desexualize），言称差异存在于其他属性，例如也许在于种族，也许在于社会地位等等，但是在阴—阳模型中，这样一来我就不知道我们还能否正常使用“阴阳”这个字眼了。儒家眼中的理想情况是阴阳之间的创造性互动。例如,若地在上,即有"生"(泰卦)。若天在上而地在下,天上浮而地下沉,这就不是"生"(否卦)。"生"要涉及互动。

我想说,如果中国发生这样的事,我认为不会出现由法律意义上的忧虑而引发的情绪。我认为,即使在儒家传统之下,中国人也会愿意表示:"呀,那是他们(她们)自己的事。我认为这并不违反任何基本原则。"不过,仍有些人会对此持消极看法。

柯布:确实。显然有各种各样的情绪感受等等。我的问题只是为了提供另一视角,间接表明一个社会可以发生多么激烈的变化,却仍是个儒家社会。

杜:对。

柯布:因为我们(对儒家)的形象或印象是……

杜:保守的或等级式的,对。

柯布:哦,倒不是等级问题;我只是说,人们总感觉一种稳定的社会秩序,以及如何最好地实现这种秩序,是儒家理想的核心。

杜:对。早期,当儒家在汉代(公元前206年至公元220年)成为国家意识形态时,发生了重大转变。在由一场朝廷辩论形成的——故可认为受官方认可的——文本(应指《白虎通》——译注)中,有一段表述,也是争讼焦点,称一个稳定的社会需要"君为臣纲,父为子纲,夫为妻纲"。此即等级式的,威权主义的,男性至上的。从文本分析的角度来看,这与法家的思想具有可比性:后者认为,"臣事君,子事父,妻事夫……三者逆则天下乱"。

柯布:是呢。

杜:现在,如果您看看《孟子》,在最初讨论家庭关系时,总是强调相互对等。君仁,臣忠。父慈,子孝。兄良,弟悌。即使夫妻也存在分工。我们可能对分工有不同理解,但分工本身总被认为是至关重要的。对等互惠模式和等级分层模式是不同的。而现在,有些汉学家提醒我,如果只看君为臣纲式的等级模式，也总能举出臣如何劝谏君、子如何劝谏父、妻如何劝谏夫的例子。至少有模棱两可的地方，等级秩序中的命令链（chain of command）并不那么清楚。

柯布：这与《新约》中非常像。保罗关于家庭的教导是等级式的，但也同样强调丈夫要慷慨大方并爱他的妻子。我主要只是想尝试理解……在圣经传统中，历史发生了诸多根本的变化，甚至重新塑造了人神关系，给人一种在未来寻找新时代的感觉。

杜：确实，基督再临。

柯布：我只是不确定像这样的事是否具备典型性。我现在并不是在说它是好是坏。我只是……

杜：对。这大概，即使不是完全不存在，也肯定不怎么凸显。在我看来，似乎有时在比较宗教研究中，一种文化可以在其思想论辩中数千年来以某种符号或重要观念为中心，而在另一种文化中却完全找不到功能上的等同物；即使找到了等同物，也会发现相应的论辩全然不同。有人说，基督教意义上的上帝观念，在儒家传统中甚至谈不上是种被拒斥的可能性，因为它从来未被想象过。"天"是功能上的等同物，但本质上是不同的。如果我们看看中世纪欧洲神学，再看看包括康德在内的一些现代思想家，那种超验"他者"的力量形塑了思想史。这真不可思议。但这种话语在传统中国并未产生。

现在的大问题是：何故如此？我认为原因之一在于——当然，您也提到过随着人的出现，整个图式已然改变——在于相信"天命之谓性"，有一种极强的人性天授的信念。这与人性之中有神性（divinity）的观点有可比性，但前者意味着我们能够通过对自己的自我理解，而不仅仅通过理性来欣赏"天"。我们永远无法充分理解天的意义、资源和创造性，但我们就是它的一部分。如果延伸这种天—人类比，那么从某种意义上说，我们永远无法真正理解我们的本性，因为人性乃天所赋。然而天人关系是紧密的。这就是我为何使用这个引发了很多批评的词：内在超越（immanent transcendence）。

柯布：这正是我们怀特海主义者想要的。

杜：当然。

柯布：我们花了很多时间来批评关于上帝的传统教义，因此当我们发现自己的批评对象从未发展起来时，并不感到失望。我认为您实属幸运，不必经历这些。

杜：[笑]

柯布："万物的神圣的全能的掌控者"，怀特海认为这一观念是宗教史所遭受的诅咒。《圣经》中甚至找不到它；它是后世基督徒们的发明。

杜：我同意您的看法。戈登·考夫曼（Gordon Kaufman）对此也很明确。一个问题在于：如果看看儒家传统——或许这又很怀特海——就会发现没有任何概念、任何人格、任何制度、任何教条（如果可以用"教条"这个词的话）可以不受制于批评、证伪或拒斥。

柯布：嗯，我认为内在于《圣经》本身，就有做出这种表述的基础。

杜：您有这个基础。

柯布：哦，我认为是的，因为《圣经》不可能占据任何绝对性。

杜：这是一种看待方式。我认为是种非常有力的方式。这在我看来，是中国政治文化中似乎缺乏或很薄弱的一种极具批判性的资源。这就是为何会有那种将相对的东西绝对化的危险。另一方面，我有个问题，如果只比较基督教和佛教，在基督教的符号体系中，在普遍接受的大量观点、观念，甚至教条中……有些人可能不接受"三位一体"。

柯布：我就不。我接受"三位一体"，但不接受"三位一体"教义。[笑]

杜："三位一体"教义，童贞女生子，或耶稣复活——人们通常试图把这许多东西等同于基督徒的信仰。对佛教徒来说，则有轮回、空、涅槃、达摩等观念。在基督教和佛教的对话中，它们并非不可公度，但它们又截然不同，以至于没有折中就无法彼此欣赏、彼此理解或参与相互阐释。这就是我为什么既着迷又好奇的原因。我对宗教比较研究有所了解。

对于儒家信徒来说，就几乎与此毫不相像，因为儒家持"学以成人"的观念。这里的假定是：在选择加入某种政治体系、选择接受某种教育，或选择信奉某种宗教之前，必须先成为一个人。您可以选择成为基督徒，您可以选择成为佛教徒，但成为人并不是种选择。这是儒家的观点。

许多年前在香港，在首次儒—耶对话中——彼时我还没察觉到上述要点——在为期一周的对话的第四天，我意识到代表儒家的十三人中，有六七个是基督徒。南乐山（Bob Neville）就是其中之一，还有白诗朗（John Berthrong）、狄百瑞（Ted de Bary）、秦家懿（Julia Ching）、李景雄（Peter Lee）等。其实我大喜过望。我不是基督徒，但我是基督教神学的受益者。当时我还不是特别明白这一点。现实些说，那也是一场耶—耶对话。我问了一个问题："同情儒家甚至受之影响的基督徒，与从未听说过儒家的基督徒之间，有什么区别？"我越是尝试对之加以思考，就越是想起您所使用的"社会福音"（social gospel）一词。从成为儒家的最低条件来看，尤其是就现在而言，我们如何谈起一位知识分子是个儒家呢——此人必须有政治关怀。他们不必加入政府，但需要入世（socially engaged），需要敏于文化。

对于佛教来说，这非常清楚。完全不必参与政治，可以没有社会关切，尽管可能不是直接遁世。

柯布：好吧，一些佛教徒其实发展出了社会关切，但肯定不是……

杜：对，但那是"入世佛教"（engaged Buddhism，人间佛教）。尽管如此，一个人仍然可以成为出世的佛教徒，在隐修院里完全信守于隐遁持戒的生活方式。基督教也是如此。以某种方式做个基督徒或做个佛教徒，要比做个儒家更宽泛，选择更多，因为儒家的现世性与这个世界不可分离。这也是为什么——我知道您完全同意如下观点——人们可能很难说自己是个耶—佛教徒或佛—耶教徒，但却不难说自己是个儒—耶教徒。对南乐山来说，甚至对狄百瑞来说，这都很自然。

现在的问题是，你可以成为儒—释教徒吗？奇特的是，现在中国台湾地区和类似地方的大多数佛教大师都认为自己是儒—释教徒。他们称自己为人文主义佛教徒，或入世教（又称"人间佛教"）的信徒。他们有别于那些相信尚未降临的上帝之国、相信"净土"或相信"彼岸"的信仰者——后者的主要承诺并不在于此时此地的世界。不过，在宇航员的帮助下，我们这代人能够首次以肉眼完整看见地球，完整看见这颗蓝色星球。我们现在正面临生态挑战，也就明白它有多脆弱。

我儿子其实在美国国家航空航天局（NASA）工作。他们正在努力寻找一个遥远的与地球类似的星球，目前为止有数十亿种可能性。这个世界一定是独特的。当然有人会说，也许是智能设计（intelligent design），也许是其他……

但是从儒家角度看，地球、身体、人的思想、人的心灵等，这些都是人之为人不可或缺的部分。破坏了其中任何一个，人都将无法承受后果。这就是我如何思考各个伟大轴心文明的现代转型。现在，所有主要宗教传统实质上都认为，关爱地球，不仅是做个基督徒或者做个佛教徒的积极方式，而且是其必要的且非常可欲的方式。您已无法想象一位佛教大师会说：这里是红尘，我们还是把注意力集中在净土吧。

现在在台湾地区，有以入世佛教（人间佛教）的形式存在的"人间净土"主张。不过，一些激进的右翼基督徒却会说：即使发生核对抗，我们基督徒也会受到保护。[笑]

柯布：事情到此结束，而我们将被带入天堂。

杜：[笑] 对，对。

柯布：儒教徒（Confucianists）和佛教徒们在基督教中观察到大量迷信的超自然主义，这是他们拒斥基督教的原因之一。但是，当然，正如您所说，基督教具有很多潜在可能的形式，完全取决于一个人在多样的主题中选出哪一个，接受哪一个。请让我再问个问题：就儒学在中国之内重新扮演的重要角色来说，它将与大学的科技文化发生何种关系？只是与之并列，还是可以有更有机互补的关系？

杜：我认为对很多学者来说，尤其是对那些把儒家的起源作为轴心时代的一部分加以研究的学者来说，已经倾向于强调一种儒家式理性主义（Confucian rationalism）。因为在轴心时代的文明中，现在我们知道"超验者"（the transcendent）的出现非常重要，相关学者称之为"超验突破"（transcendental breakthrough）。儒家传统似乎并没有明确地完成这一突破，没有耶和华、上帝或真主这样的超验者。

柯布：并非以那种方式突破。

杜：并非以那种方式。

柯布：但我认为儒家毕竟被视作轴心式发展的一支，所以它并非……

杜：另一种看待方式并非简单视作超验突破，而是视作二阶反思（second-order reflection）——对思考的思考。当然，儒家式谋划聚焦于人的自我教化，即"修身"（self-cultivation），近乎于思考人本身。现在，我们对人性有了重新思考。这是儒家的关切的核心。因此，儒家是理性主义的，有人说这就是它何以与启蒙颇为相容。现在已有大量研究，有一件事我们所知甚确：在利玛窦时代，也就是在17世纪，儒家经典著作的拉丁语译本在那个时期一些最重要的启蒙思想家之间广为流传，相当多的人完全被儒家思维方式所征服。伏尔泰就是个很好的例子。还有莱布尼茨，以及重农主义者魁奈。蒙田对儒家有所关注，还有狄德罗。还有沃尔夫。他们面对的问题是：为什么一个文明，显然相当复杂精密，在某些方面甚至比西方自己的文明更为优越，却并无上帝观念？这样一个良序社会是可能的吗？我记得李约瑟（Joseph Needham）有过"没有主宰却和谐有序的世界"或曰"功能上有机的社会"这类描述。我则使用"存有之连续性"（the continuity of Being）这样的字眼。

没有真正的断裂，不过这种存有之连续性也并非既定（not given）。不仅有展开的过程，而且有关于转化的一切类型的潜在可能性。实则，可以认为儒家传统为启蒙思想注入了重要内容。有人甚至走得更远，说康德亦受到儒家影响。尼采或别的什么人将康德形容为"来自哥尼斯堡的伟大中国人"。

柯布：[笑]

杜：我不确定引经据典（locus classicus）对这些来说意味着什么。不过现在看来，如果启蒙运动时情势如此，那么19世纪发生的事则是，正因关于"大礼"（the Great Rites）的辩论的展开，中国开始对西方闭关锁国。耶稣会士允许中国天主教徒敬拜其祖先，并不将之视作偶像崇拜。然而，方济各会和道明会教派反对这类做法，梵蒂冈最终予以禁止。结果，中国皇帝停止了与西方之间的交流，长达百年之久。

柯布：很可理解，是呢。

杜：历史证明，那一百年正是工业化和科学发现的发展时期，更不必说技术发展等等了。当西方在19世纪中叶成为对抗中国的强大力量时，中国尚未做好准备。鸦片战争前夕，中国经济与美国经济不相上下，甚至可能更强大，这样观察起来真的很有趣。中英之间的双向贸易完全对中国有利，因为英国想要茶、丝绸、瓷器、手工艺品甚至一些农产品。

柯布：这就是为什么英国人不得不将鸦片推向中国，以便能卖出些东西。

杜：对的。因此当时的中国领导者就真的有道德上的优越感。他甚至给英国国王写了一封信，进行了非常有力的辩护。但是军队的力量又是另一回事。我认为满清宫廷所遭遇的事是无知和傲慢的结果。他们之所以无知，是因为他们不知道西方世界发生了什么；他们之所以傲慢,则是因为他们真的感到自己仍然是宇宙中心。一两代人之后,中国从中央王朝沦落为日本人所称的"东亚病夫"。在这种语境中,中国的现代爱国主义的重新浮现,很大程度上是由民主和科学的观念所引导。

柯布:好的,我会尽量简化我的问题。当然,是什么引发了科学,引发了现代科学的出现,这个问题本身是历史上已经争论过的话题。

杜:确实。

柯布:好的,我只想简单说明两点。一是必须有高度发达的数学,二是必须假定在表面现象之外还有更深层的秩序。这两个要素在中世纪后期已经具备。并非全然源于圣经。

杜:当然不是。

柯布:您懂的,这需要……

杜:诉诸希腊文明。

柯布:柏拉图的重大影响,以及穆斯林发展了其中的部分资源,所有因素协力。

杜:当然。

柯布:我并不是要说基督教自身造就了这些。

杜:是的。

柯布:但基督教可能有助于深层秩序感。即使今天,人们想当然认定宗教与科学之间是战争状态的情况下,二者的对立也被严重夸大了,因为教会从未对科学怀有敌意。我的个人观点是,宗教与科学两者都是必要的。因此,如果要包容各方,我们就需要有一种兼纳双方的思维方式。您理解吧?

杜:确实。

柯布:可以将其分为道德的、历史的、人类的及文化的等等方面,以及科学方面和技术方面,分别进行处理。我之所以这么说是因为,如果我要问,怀特海在中国场景中会有贡献吗,我想到的贡献就是,他持有一种看待可以确保某种进一步发展的世界的方式。

杜：是说科学的进一步发展。

柯布：……是说科学，这与您一直所谈论的儒家的许多观点非常相近。所以说，从儒家立场出发，能否看到我所说的那种需要，才真正是我的问题。

杜：是的。我了解李约瑟完成了鸿篇巨制《中国科学技术史》（*Science and Civilization in China*，书名直译为"中国的科学与文明"），其中一卷内容是数学。其中指出，几何学是希腊传统的重要特征，在中国却阙如，而代数则不然。此外，中国在计算方面也很先进。当然，在许多古代文明中，天文学已经非常发达，它在应用科学中不仅运用于灌溉，而且运用于海上勘探。在 1403 年至 1433 年间的明朝时期，郑和七下西洋，航海技术非常精湛。当然，传统中国尚无农业机械化，但已有了各种各样理解既有农业生活的发达方式。

柯布：我对此毫不怀疑。

杜：另一方面的成就是生物学，与医学之类相关。我可以肯定的一个问题是演绎逻辑的缺乏。《易经》可能有助于演绎思考，但我对此表示怀疑。所缺的另一件事是培根式的经验科学观。但无论如何，研究世界更深层结构的想法与"理"之观念完全相容。换言之，必须根据更持久、更永恒的思路来理解现象之显象。因此儒家有将"理"视作模式（pattern）的观念。

但是，如果不仅在中国文化语境下看待儒家，而也将之置于日本和韩国的文化语境下，会发现尤其在韩国文化语境下，有一种非常强烈的观点：由于中国式的"气"观念，作为模式的"理"并非静态不变，物理学等领域的终极基础并非静态不变。因此，那些基本要素的表述甚至可能并非正确名称——宇宙中这些基本种类的东西最终都是动态的。

带着一种未来视角，有位学者在论述儒家人文主义的现代转型方面非常杰出,他还深入潜心于对西方哲学,尤其对康德的研究,努力探讨了科学意识的发展以及儒家人文主义科学方法的发展。①

柯布:是,这就是我要问的内容。

杜:但我认为他的谋划可能失败了。

柯布:但这并不意味着它总会必然失败。

杜:对。我认为部分原因是那种非常强的 19 世纪晚期科学观,认定科学即是实证科学,科学处理的是有形、可量化的事物,而且科学与现实生活情境,甚至与伦理道德截然相反。

柯布:是呢。

杜:另一关键是科学基于明晰性,基于分析式思维(analytical thinking)。那位学者只注意到一种科学,就是来自西方的那种启蒙观之下的科学。这里的假设前提是:对儒家来说,道德意识和经验主义意识之间有一鸿沟。从对道德"修身"的压倒性关注中,如何能够获得对科学的足够复杂精密的理解?

柯布:这就是我为何认为怀特海可能有所助益。我并不是说他已经关注到道德修身问题,但他的体系显然提供了可以证成并支持其合理性的概念结构。当然,他对大量现代科学提出了批评。我认为儒家人士有正当的批评,但是如何才能令这些批评在一种大学环境中有效呢?必须能够提出一种替代性的思维方式,该方式能够考虑到所有发展出的大量信息,并以不同方式对其进行阐释。我想您知道,我们怀特海主义者并未成功吸引多少西方科学家的关注。[笑] 我并不是要说已经取得巨大成功。而是寄希望于事实上已经社会化地适应了将科学等同于机械论的、决定论的、还原论的西方科学的中国人……

杜:嗯嗯。

柯布:希望今天的中国人仍可以不致像西方科学家那样密切依系

---

① 指牟宗三。

于17世纪的形而上学，从而确实可以在科学上取得一些非常重大的突破。如果可以提出一个更强的表述的话，我认为在西方，被解读为"科学世界观"（scientific worldview）的那种东西正在崩溃的过程中。我们需要以不同的方式去做科学，如果中国人能够领导我们……

杜：[笑] 我丝毫不知道，但是这种尝试……我们所谈论的儒学复兴至少经历了三代甚至四代。在前几代中，由于西方科学技术的强大力量，他们主要是去适应。科学是既定的，是真理，几乎就像现代性是既定的一样。

柯布：是的，我懂。

杜：现在，我想我越来越同意您的看法。我不知道我是否要用"崩溃"一词，但是……不管怎么说，许多科学家，以及哲学家和历史学家，已经变得偏于守势；他们只是遵循旧思路。斯蒂温·温伯格（Steven Weinberg）曾言，他越是潜心于科学，就越是意识到这完全没有意义。是的，他很担忧。这种担忧可能在宗教意义上是重大的。无论如何，仅仅通过各种先进的原子粉碎方法就能找到最小微粒的想法被破坏了，因为人做得越多，就越担心复杂性。这丝毫不像莱布尼茨的"单子"观——认为人可以从简单的基本单位出发建立宇宙，这种雄心不再那么容易维持了。现在有了不确定性、复杂性，甚至模糊逻辑（fuzzy logic）。

我认为可以有某种不同的看待科学的方式，不仅有中国哲学视角，还有一般的人文学科方法以及像利科（Ricoeur）、波兰尼（Polanyi）之类的人。换言之，尚有许多不同假设。我们作为主体的存在和我们的研究对象之间的清晰区分从未完全确立。我们认同于（identify with）我们所研究的东西。

我认为在宗教中人们会说："好吧，宗教与科学，例如物理学之间的区别是，物理学家永远不会用微粒之类来表明自己的身份，而基督教学者可能会用基督教来表明自己的身份。"我认为现在这在科学共同体中很普遍。什么是客体（object）？

柯布：嗯嗯。

杜：什么是事实？已知世界的边界之外有什么？我认为无论人们试图如何界定实在论（realism），哪怕是"带有人类面孔的实在论"或"有限定的实在论"（qualified realism），仍有很大困难。因此，诠释学变得重要。我的感受是，儒家传统与多样的精神性（spiritual）传统一道，或许可以提供出路，或者至少提供某种替代性视角。我现在尤其感兴趣的一件事是，如果必须改造所有精神性传统以面对生态问题，那么，那种最终想要成为基础或者想要澄清科学语言的哲学，其自身也必须经历一次重大变革。

我可能太乐观了，使用了哲学中的"精神转向"一词。我们在哲学史上已有的是认识论转向和语言转向。我注意到许多迹象表明：主流哲学家，特别是分析哲学传统中的主流哲学家，已经开始绝对严肃地看待宗教。哈贝马斯是最为晚近的例子。我听说，过去十年来他一直深入潜心于宗教研究，尤其轴心时代的文明。

柯布：嗯嗯。

杜：而德里达，甚至直至走向生命尽头时，也仍在讨论"宽恕"（pardon）。这是极深的犹太人特征。查尔斯·泰勒一直是天主教徒。不知您是否觉得这是一种出路。

柯布：我认为这是些有趣的趋势，但我的个人观点是，怀特海为我们提供了一种理解世界的方式，可以解放科学以取得真正的进步，并终结科学与人文之间的急剧分离。这似乎是中国或许能够发挥领导作用的地方。

杜：我的问题是，就怀特海式视角而言，这如何关联于伦理—宗教问题呢？

柯布：行。您看，构成科学基础的形而上学实则来自 17 世纪。这是笛卡尔的物质一面。广泛流行的科学观念是，世界由物质和运动构成。这种思维方式根本无法对很多证据做出解释，但他们仍然持守，因为这是他们社会化过程中形成的唯一思路。当然，物质是全然价值无涉的，它完全被动。通过运用这种形而上学，形成了对人类以及对其他一切事物的理解，而我会说这种形成是一种畸形形塑（misshape）。现在关于科学的起源中还有其他描述方式。我不会去回溯科学史，但想说这不是理解物理世界的唯一方法。首先，如果我们转变思路，科学上的很多方面其实也在促进这种转变，从看待世界的物质观念转变为"事件"观念（notion of event），那么，如果我们的提问方式……

杜："事件"始终是动态转化的思路。

柯布：没错，这就是关键。就没有物质这种东西了。

杜：但如何做到？"气"的概念常被理解为生命力或能量……

柯布：对，这个概念更接近。

杜：更接近于"事件"观念？

柯布：对。

杜：嗯嗯。

柯布：实际上，我要说的是，即使在当代物理学中，爱因斯坦也说$E=mc^2$。那么，如果你正在物理学中寻求对物质的描述，那么质量是最接近的概念。质能方程中，能量和质量相互关联，但是存在着没有质量的粒子。在我看来，这意味着能量比质量更为根本。如果科学家们真的愿意用我称作"能量事件"（energy events）的术语模式来重新公式化他们要描述的东西……我并不想强推这个术语，不过"事件"确实是能量的处所（locus），能量始终发生在"事件"之中。在关于物质的任何哲学理解中，能量都并不发生在物质之中。我认为对于来自儒家传统的人们，这个问题应该不那么难以设想。

杜：确实。

柯布：现在，另一方面，我之前问起数学，原因是如果拿起一本物理书读，那主要就是数学。我对此并不擅长，所以我这也不算以己度人，强人所难。但我猜，中国传统思想并未能够将科学思想纳入自身之中，其能力上的局限并不是（数学）……我认为"气"这一概念很可能会发展成为一种很好的本体论思想，以取代"物质"之类观念。我不能说这一定行得通，我只是认为这极有可能是个改善良机。不过，我也仍然认为，儒家可能必须从根本上扩展到对数学世界（mathematical world）的反思中，如果将之称作形式世界（world of forms）或抽象世界之类也行。当然，这在西方是在柏拉图式语境下发展起来的。由于怀特海是位数学家，他也作出了这类贡献。数学工作已经整合进了……

杜：整合进了他自己的形而上学，是。

柯布：不过整合形成的是一种不同的形而上学：它既处理自然世界的整个领域，又对自然世界整个领域提供了有价值承载的（value-laden）不同根本理解。您看，我此前所说的"能量事件"不是价值无涉的。对于怀特海来说——我认为这对中国思想来说不成问题——每个"事件"在其发生（occurrence）之中都是一个主体（subject）。一经发生过后，它就又成为其他事件的客体（object）。

杜：是的。

柯布：仍可区分出主体和客体，但这只是在现在式与过去式之间的区别。这不是另一种形而上学二元论。主体总是具有价值；成为一个主体，即是承载某种价值：这是物理学的主题。如果所有发生的事情都具有价值——当然，像人类体验这样的更复杂的事件比光量子事件具有更多价值——我们就再也不会面对事实—价值之间的割裂了。科学一直在处理价值问题，对价值的无视已经成为科学的局限。好了。这也是些粗略的初步表征，涉及我认为怀特海可能会对促进儒家在中国的复兴有哪些贡献。

杜：当然。但如果我们以基督教为参照……

柯布：我并不是在做这个。

杜：是呢，但让我们假设说……

柯布：好吧。

杜：一定有某种尝试，而且我认为，一定有某种成功的尝试，去发展一种基督教神学，令其不仅与之兼容，而且有……

柯布：其实，我们已经在发展一种怀特海意义上的基督教神学了。

杜：对。这可以作为非常重要的灵感来源。

柯布：用怀特海主义的方式发展儒家和用怀特海主义的方式发展基督教，是不同的。我们有一本书（题为 *Religions in the Making*）终于要由 Wipf & Stock 出版社推出了，我希望不会等太久，其中会有犹太教的一章，论述犹太人可以如何适用怀特海思想。

杜：我明白了。

柯布：还有一章论述罗马天主教徒如何适用怀特海，以及聚焦于新教徒、穆斯林、印度教徒、佛教徒以及中国人的各章。樊美筠和王治河撰写了关于中国人的章节，不过并不特指儒家。我现在所谈论的并不完全是其中任何一章讨论的东西。

杜：确实，确实。我想这还有待展开。

柯布：例如说，他们论及犹太人和基督徒的共同点：对上帝的某种理解，给理解现世中大量的恶带来了一定困难。怀特海对此非常有帮助，因为显然，当人们以神之全能（divine omnipotence）来进行思考时，这个问题极其尖锐，但如果以上帝在这个世界上的作为（work）来进行思考，更接近于你们儒家讨论"天"在现世中的作用——我的意思不是说怀特海的上帝观与此完全相同，而是说它更像是这样——这就能够更加欣然无碍地理解恶的问题，而不必将之归咎于"天"或上帝，或其他类似的存在。亚伯拉罕传统中的许多人，都喜欢过程思想（process thought）的这种贡献。既然圣经本身也更接近关于上帝的过程观（process view），而不那么接近全能神性观，那么圣经也不构成对我们的基本思想资源的拒斥；不过，它们当然是在以另一种方式得以阐释。

无论如何,在治河与美筠的带领下,我们在中国展开工作(建立了过程研究中心中国部),并有实力作些贡献。我们正在做的,看不出与儒学复兴有任何冲突。

杜:完全不,不冲突。

柯布:是呢。

杜:不冲突。这是很大的鼓舞激励。

柯布:但我们希望我们能作出独特贡献。我们在二十余所大学合作建立了中心……[谈话交叠]

杜:怀特海学派中心?

柯布:……过程思想中心。

杜:噢,在中国。

柯布:是。

杜:嗯嗯。

柯布:不是在美国。

杜:对,是在中国?

柯布:在中国,超过二十所。

杜:噢,超过二十所。

柯布:是呢。其中至少六所是建立在理工类大学。

杜:噢,真的?

柯布:我希望有一天,这些理工科大学会对真正去影响科学建构(scientific formulation)产生兴趣,但这还没有真正发生。

杜:是呢,我认为这对我来说最感兴奋。

柯布:那会是最令人兴奋的。

杜:是的。

柯布:但主要是,中国这些大学中的太多人对此感到困扰:他们所教授的科学技术,完全脱离了整个价值问题。

杜:对。

柯布：他们认为过程思想可以帮助他们重新引入价值，但要真正做到这一点，还需要改变根基性的科学思维。

杜：我认为您说得太对了。

柯布：我们只能每次迈出一小步。

杜：嗯，这是非常非常根基性的——真正实质性的——贡献。

柯布：但是，如果那些正在复兴儒学的人表示有必要以更贴近于儒学的术语来真正地重新思考科学本身，那可能会产生促动。我对于中国人做什么，我们从外部做什么这样的问题非常敏感。

杜：是的。

柯布：我们是对要求进行回应。我们不是去告诉他们该做什么。

杜：但我认为，您正在提出的一种明辨路线，对那种过时的科学主义来说尤其中肯。

柯布：是的，正是如此。

杜：那种科学主义在中国仍然如此无处不在，如此强大。

柯布：无处不在且强大。如果去世俗大学甚至教会大学的那些院系，并尝试了解他们如何思维，那仍然是……

杜：我们称此为工程师暴政（tyranny of the engineer）。

柯布：好。是的。

杜：不只是那些从事基础科学的人，他们都是很工具性的。

柯布：从事基础科学的人确实往往更加开放，但他们在重新思考事物时仍然遇到极大的困难。在这个国家，最重视怀特海思想的领域是量子理论。这对于物理学来说极为基础。

杜：当然。

柯布：极其明显的是，物质观在运动图景中根本不适用。

杜：没用……对。

柯布：看吧，物质观念和波的观念都来自对自然世界的一种物质主义（materialist）理解。要真正让科学家从事件的角度思考，而不是从物质和运动的角度思考，这很困难。我并不是说这没发生过。有很多人确实是在尝试，但我认为这对西方人来说要比对中国人来说要难。西方人还没有同样深入地融入这种思维方式。我可能对此有误解，您懂的，但这是我的希望。

杜：是呢，但有时候，中国知识分子甚至更浸淫于（seasoned in）启蒙心态（Enlightenment mentality），比起……

柯布：没错，因为他们有意识地采纳了它。

杜：对的，有时候……

柯布：相映成趣的是，美国人呢，他们只是觉得"嗯，这是唯一的思维方法"。这不是有意识的选择，只是他们的社会化使然。

杜：对。我想我正在尝试去做的一件事，一件显然与之相关的事，就是关于儒家对现代西方启蒙心态进行反思的可能性。

柯布：很好，这真的是我要支持促进的。

杜：既是同情的理解，又是批判的反思。

柯布：当然。

杜：我想将其分为三个部分。第一部分是单纯研究 17 世纪，我们称之为明清之际（Ming-Qing Transition），也就是在那个时期，一些西方伟大思想家开始对儒家着迷。不必辩称我们在谈论何种影响力——因为相关研究已经很多——我们只看处于中国的思想世界：他们那时正在处理的是什么问题？其中不仅有基督教思想家，还有伊斯兰思想家。

柯布：噢，基督教思想家非常依赖伊斯兰世界，依赖后者在他们自己没什么作为的时期所取得的成就。

杜：那是在西方。而在 17 世纪，不仅有利玛窦和他的追随者以及一些中国皈依人士，而且也有原创性的穆斯林思想家。

柯布：噢，了解了，您是指他们在那同一时期所从事的思考。

杜：在同一时期。实际上，许多穆斯林是在中国长大。他们是波斯人。

柯布：是吗？

杜：他们的母语是波斯语。这是一次持续性的内部对话。也有文学思想家和艺术家，因此这个（思想）世界非常丰富多彩。这是第一部分。在第二部分，我想看看当代西方思想家如何批判和研究这种启蒙心态。第三部分将会研究旧的启蒙运动模式——我称之为过时的（outmoded）模式——何以近百年来在中国变得如此强化。这是个带有未来视角的背景性研究，在此背景下讨论参照了启蒙观的儒家人文主义的建构（shape）将是何种模样。

柯布：治河就很喜欢谈论"第二次启蒙"（a Second Enlightenment），这是现在所需。

杜：是，是，嗯嗯。

柯布：现在很清楚了：您不是在拒斥第一次启蒙，也不是说我们压根不应该涉入第一次启蒙。

杜：只是负担不起那样说的代价。

柯布：我们必须经历那个过程，但现在，是时候，来场第二次启蒙了。

杜：是呢，但通常，人们在谈论第二次启蒙或新启蒙时，却几乎是像获得重生的基督徒们（born-again Christians）那样谈论它。他们谈论的是科学上更为先进的事物出现，而并不特别关注自己的本土文化传统，因为他们认为本土传统与较早时期的实际情况并不相关。

柯布：不过治河认为在第二次启蒙中，可以有一种复兴……

杜：诸传统的复兴。

柯布：更多古典思维的复兴。

杜：嗯，棒极了。

柯布：那是我们在中国的项目计划。

杜：噢，那您有关于此的书面文件或参考资料吗？

柯布：这个，治河出版了一本我还没有读过的中文书，但您可能会读读。［笑］

杜：好的，我会试着找来一读。现在，我还有最后一个问题：我有个想法，关怀地球的思潮已经如此强大，成为激发哲学思维——当然也激发神学思维——的促动力，以至于似乎，各大主要轴心文明都有必要根据目前的情况发展出一种新的全球公民（global citizenship）语汇。这不仅是因为生态问题，也还因为财政问题，亦即那些您一直在经济学意义上处理的问题等。这些都是作为当代的现代性现象出现的。它们在主要文明传统中，都不是由传统根源导致的。没有任何主要传统有处理这些新问题的经验。

柯布：这也是为什么，经济主义（economism）成了今天绝无仅有的世界宗教。［笑］

杜：当然，我们不喜欢这一点。

柯布：对，我讨厌这个。

杜：是呢，我们不喜欢这个。最大的问题，我的感觉是，不仅所有轴心文明，而且还包括所有本土传统，例如神道教等等——世界上所有的精神性景观——都必须认识到，许多人不仅自认为是无神论者（atheists），而且真正地认为自己是世俗主义者（secularists），因为宗教与他们毫无干系。什萨缪尔·艾森施塔特（Shmuel Eisenstadt）是比较文化研究的一位非常重要的学者。他，当然是，来自希伯来大学。有段时间，我想当然认为大多数犹太人都是信徒。他说他并无宗教属性（not religious）。他说："我是漠视宗教者（irreligious）。"我问："那么，您的宗教是什么？"他说："哦，那我来告诉您我的宗教。无论我参加什么会议，我都坚称参会地必须要带游泳池。游泳就是我的宗教。"好吧，在他几乎每天都游泳的意义上（他的宗教确实是游泳）。

有必要发展新语汇，但它应如何与具体的宗教传统相联系呢？假设我们使用基督徒的语言，而它经历了各种各样的转变，并且仍然深深植根于特定的共同体，植根于具体的人类生活。但是，不仅因为全球化，而且也由于我们所面临的长期持久的问题，例如人类种群的生存能力（viability）问题，我们也需要一种新的语汇。然而，我们如何妥善协商处理这两者呢？

我对儒教（Confucian religion）的解读或许是错的，不过我认为它只有一种语汇。这意味着一事物的力量或局限。这就是我们何以可能有耶儒（Confucian-Christian，儒家基督徒），甚至犹儒（Confucian-Jew，儒家犹太教徒）。有人新近写了一篇论文，题为《我可能成为儒家以色列人吗?》，性质也相当。从中文词"回儒"来看，我们知道有儒家穆斯林。当然，您同时是一位基督徒和一位怀特海主义者，那么您会认为这种身份是一个简单的转型，还是一种挑战？另外，您对儒家这样的传统的局限和优势有何看法？

柯布：嗯嗯。这个，最近几天我们刚刚在这里开了一次会，主题是共生（conviviality）。

杜：共生，对的。

柯布：这个主题词的意思是共同生活（living together）。

杜：共同体。是的，共同生活。

柯布：会议的部分促成因素是这样一个事实：克莱蒙特林肯大学（Claremont Lincoln University）将要变成一个多宗教（multireligious）校园，于是非常重要的就是，来自许许多多宗教传统的人们要相互共生，否则生活就要停摆。但我们目前最有效能的倡导者是位犹太拉比，他在全国犹太社区中享有很高地位，而且他本人是位保守派犹太教徒。他属于保守教派。但是，尽管他只是在相对较短的时间内介入这项活动，但全国性的保守派犹太教期刊，该刊物每季刊出，却提供了完整的一期版面来讨论他的提议方案。这比几乎所有基督教教派所给予的关注都要更大。

无论如何，类似这样的种种突破都让我很是兴奋，因为我并未预见到这些，也并未能自行促成这些，您懂的。当突破就这样发生时，简直太好了。无论如何，他说他认为已经是时候了：我们不再说自己是一个过程取向的基督徒（process-oriented Christian），或过程取向的犹太人，或过程取向的穆斯林。我们应该说，"我是个犹太取向的过程（Jewish-oriented process）。"［笑］

杜：过程（process）就变成了"做人"（being human），是这个观念吧？

柯布：不，这……

杜：噢，噢，在生成的过程之中（in the process becoming），是这个观念吧？

柯布：但他论及过程思想时，是将其当作他主要信奉的东西。他意识到自己是作为一个来自犹太传统的犹太人而信奉过程思想的，而其他信奉者则……

杜：作为基督徒。是的。

柯布：是的。但您会发现，使得过程信仰开始占据主要地位或中心地位的那种转变，与您刚才所说的相类似。

杜：当然，当然。

柯布：我以前从未听过有任何人说出这样的话。我认为这是此次会议最令人难忘的结果。

杜：是的，因为我认为，如果我对他的理解正确无误，那么这就不仅仅是形而上学意义上的，而且是人类学意义上和存在性（existential）意义上的过程定义。换句话说……

柯布：哦，这个，过程思想也具备上述全部维度。

杜：全部特征。

柯布：没错。过程思想也是个科学的、数学的以及逻辑的哲学。它有着某种倾向性；它如同一副眼镜。如果透过这副眼镜来观看，一切就都不同了。这种差异对于儒家来说，您懂的，并不会像对于来自第一次启蒙语境或者来自西方语境的人们那般显著，因为（对后者来说）这是对其形而上学的一种颠覆，是对其看待现实的方式的一种颠覆。或一种升华……您理解吧？

杜：嗯嗯。

柯布：但是他指出，正如我们许多人已经指出的那样：当全都同样受到怀特海思想影响的犹太人、印度教徒以及穆斯林聚在一起时，他们会舒适自由地进行交流。对我来说，其间并无差异。但是，当过程共同体（process community）中的基督徒试图与基要主义基督徒进行交谈时……［笑］

杜：并无共同语言。

柯布：从某种意义上说，我们（过程思想信奉者）彼此之间的共同点，要比我们各自与自己的宗教信仰同类之间的共同点更多。

杜：嗯嗯。我想确定一下自己是否正确理解了这一点。你们并不说"我是个怀特海主义基督徒（Whiteheadian Christian）"，而是在特定意义上说"我是个基督教怀特海主义者（Christian Whiteheadian）"。

柯布：没错。

杜：或"我是个犹太怀特海主义者"，是的。

柯布：就是这个意思。我们之中没人这么说过，至少并未如此公开或明确地说过——我不确定我这么讲是否正确，因为我们的历史认同和共同体认同是如此强烈。

杜：如此有力。

柯布：但是，无论如何，您先前在讨论的是，我们需要一个更具全球性的，真正与，比如说，生态问题相关联的视野。我们在此次会议上的所有人，都有这种视野。我们是从怀特海那里获释这种视野的，然后以之相应地调整我们各自的传统。

杜：我认为，因为我自己的经历使我相信，使用"儒家基督徒"或"儒家佛教徒"等字眼，并不仅只是要标新立异。追随您的引领或启发，真正的大问题恐怕在于，如何可能去设想一种基督教儒家（Christian Confucian，"耶儒"），或佛教儒家（Buddhist Confucian，"佛儒"）等。不过这样一来，怀特海主义和儒家都将不得不发生转型，因为儒家有其历史包袱，而怀特海主义则有其现代包袱。必须以（更）广泛意义上的关于人（the human）的观念来转译这种转型，以便我们能够说"我是个基督教人文主义者"，而不是寻常语词意义上的人文主义者。

柯布：我认为问题在于，"人文主义者"在生态问题上同样糟糕。

杜：我明白。嗯，因为他们是人类中心的（anthropocentric）。

柯布：也许甚至更糟。"人文主义"一词的言外之意是……您向我解释过，您称之为儒家的东西并不真的如此。

杜：对。

柯布：那还好。

杜：是的。

柯布：但只不过，每次使用该词时，您都不得不解释一下。

杜：我知道。

柯布：因为在我听起来，"humanism"就是人类中心的。

杜：是的。

柯布：［笑］

杜：但是我认为我们可能得做一件事，也许下次就有机会了：要找到怀特海主义者、儒家以及或许还包括其他所有人所共有的东西，这要比某种历史时刻或某种文化更为基本。我反对任何形式的抽象普遍主义（universalism）。当然，我们都反对封闭的特殊主义，但是一件要事是共同人性（common humanity）的全球性意义和本地知识的全球性意义。从任何意义上说，全球性意义都必须与"做人"（being human）的某一维度联系起来，不能被那种人文主义式（humanistic）传统所劫持——后者总是被认定为启蒙世俗主义（enlightened secularism）。

柯布：这不是一个坏传统。我并不是要说这比其他传统更糟。我只是要说这还不是终点 (endpoint)。

杜：我知道，但这是历史观察。您提到了启蒙的历史一面，但是基督教怀特海主义者或佛教怀特海主义者们必须特别探究有关现代挑战的内容。毕竟，要做个 21 世纪的怀特海主义者，这就是另一种"冒险"的意味所在。这正是我自己需要解决的问题。然后，就不仅需要一种语汇，而且还需要一种更整全的洞见，以描述哪些因素将会指向那种冒险。您当然有着成为传统一部分的强烈意识，但也请考虑到其可普遍化属性 (universalizability) 同样必要。我认为，即使是爱默生的独神论 (Unitarianism) 也比（任何）狭隘的福音派 (evangelism) 远为敏感得多。但不过，独神论似乎并不怎么流行，而非常基要主义的立场却被证明更具说服力。

柯布：我认为，不幸的是，宗教共同体的成功更多地取决于它们如何影响情绪 (emotions)，而并不取决于它们多讲道理，甚至也不取决于它们可以带给世界多少裨益。各地的人们都如此饥渴和困扰，如此痛苦不堪，任何可以缓和这种痛苦的东西……基要主义者们已经学会了更好地做到这一点，我们的骨干同道还不怎么行。我们只是不得不承认这个。我对此很不满意。[笑]

杜：对我自己的立场来说，也是如此。

柯布：现在，怀特海的思想应当为我们更为有效地处理情绪指明方向，因为对他而言，潜意识的情绪即是能量。能量是普遍性的现实。他说，我们在物理学上称之为能量的那种东西在主体（主观）意义上是作为情绪而被经历的。这赋予了情绪非常非常根基性的地位。也许，如果我们采纳怀特海式观点，并持守它，那么我们将会更加关注如何以某种健康的方式塑造情绪。我相信儒家式的自我成长 (self-development) 可以做到这一点。显然，今天，我们已经有了孔子时代所不具备的关于人类心理 (human psyche) 的知识。我坚信儒家并不会说："哦，你决不能从中学习任何东西。"

杜：[笑]

柯布：您明白我的意思。从这个意义上讲，我毫不怀疑儒家非常愿意向科学学习。神经科学家对大脑的了解令人深感惊奇。如果您正在找寻一种对形形色色的人都有帮助的真正宗教式的生活，那么我认为重要的是：如果我们要尝试对诸般情绪施加影响，那么，请时刻牢记我们想要对之施加影响是为何目的，然后才尝试发展我们能够做到的最好方法。仅去解决当前的情绪需求，可能最终会毁灭地球。

杜：情感有时是爆炸性的，完全不可控。我认为在中国，当不负责任的煽动者挑动起那些极深重的，有时还是无意识的情感力量（emotional forces）时，就恰是最重大的危险之一——我不仅在谈论政治人物，而且还包括学者们……

柯布：对，不仅是政治，但毫无疑问，希特勒是操纵情绪的大师。这就是煽动者如何变得如此成功且强大的范本。基督教会中有许多煽动者，他们也操纵人们的情绪，然后将他们的情感（passions）与毫无道理可言的或会造成巨大损害的想法关联在一起。在我们所有的共同体中都有这个问题。目前来说，我对中国，而不是对美国，怀有更大希望。

杜：这个，鉴于我已经在美国待了很长时间，而对中国我还处在不断探索发现之中，所以我现在先保留判断。我认为我的感觉是……

柯布：可能我了解越多，希望就越少，所以不要教我太多。[笑声]

杜：我担心的倒不是这个，而是大致的时间框架。我认为在美国，不仅是在克莱蒙特，而且也包括任何所到之处，整个智识氛围（intellectual atmosphere）都更加轻松。您会说，"好吧，我们有很多冷漠无感（apathy）的情况"，诸如此类。可是在中国，情况并不一定如此，那里能量极大且发展迅猛。有时在很短时间内，比如说五年后，我们就会看到一些可能非常积极的东西，以及一些表面看来显现得非常积极的东西，但是意外的消极后果可能甚至会更大。保持警惕的人越多，其实越好，但同时又不仅仅是担心稳定。可我们该怎么做到这点呢？

柯布：显然，许多中国人对进入消费主义社会（consumerist society）的可能性感到兴奋。

杜：现在是的……

柯布：当面对前所未有之事时，人们围绕此事会产生大量情感情绪能量。如有任何人想提议说，"嗯，现在等等看 让我们关心一下环境问题"，都可能会被推翻。

杜：但幸运的是，我认为我们也看到了一些变化和希望。

柯布：嗯，我倒不认为每个人都欢欣鼓舞于消费主义。

杜：嗯，并不是每个人。

柯布：这就是为什么我说我怀有希望。

杜：是的。

柯布：但我认为当今的真正问题是，诸般决策是依据短期经济利益而做出，还是依据长期全星球利益（planetary interests）而做出。

杜：当然。

柯布：在美国，公司和华尔街控制着我们。他们给了我们很多言谈自由。在许多方面，我们仍然是一个非常自由的社会。但是就实际发生的情况而言，一切并非由我们的自由讨论所决定。在中国，财富的力量正在迅速增长，但是我不认为财富会以控制美国政府的方式来控制中国的中央政府。我认为他们在一定程度上仍然有机会反思和制定对中国和对这个星球的未来有利的政策。如果他们试图真去阻止经济增长或其他发展，那么肯定会发生爆炸性后果，他们会被炸出地球表面。[笑] 但我认为他们在这一点上，能够维持比我们的政府所能维持的更大的平衡。

这就是为什么我说我对中国怀着希望。财富要控制中国可能还需要十年，然后就为时已晚。您看，现在我认为我们还有机会，并且我希望中国的儒家主义者同样关注这类问题。

中国每个省都有一所农业大学。它们几乎所有的顶尖教授都在美国的农学院学习过。他们所学到的只是工业型农业（industrial agriculture）。

杜：须有其他出路。

柯布：我们知道其他出路。我真的认为我们可以将之告诉他们。我们正在这样尝试。我们正在举办很多会议。我们这里会再办一场会议。但是，当要与之抗衡的是所有专家和所有……您明白我的意思吧？

杜：确实。

柯布：如果我在中国政府任职，我会说："好吧，我们将认真发展农业。让我们召集我们最好的教授，征求他们的意见。"您懂的，这是非常自然、非常明智的做法，但他们这样做会得到错误的建议。[笑] 我们已经弱化了这点。

杜：在美国的情况，并不尽然。

柯布：不，我说中国。

杜：在中国，对。

柯布：不，不，我们在美国也并未弱化这一点；情况仍然很可怕。[笑] 我们已经毁坏了美国的农业。一旦如此，反转是极端困难的。不可避免的转变只会经由一场崩溃而发生。但是在中国，中国农民（peasants）都是好耕者（good famers）。中国已经做得很好。政府有可能制定出比相对于城市居民而言更有利于农民的政策。这既困难又微妙，但仍可以做到，而且我认为政府已经做到了一些。但是，有些人已经展示出了增加产量的可能性，甚至超出了传统农民的生产能力，并且是以更具生态性的方式进行生产。这并不是说，我们只是想要辩护一种持续的农民耕作（peasant farming），而是要让他们习得主流之外的前沿发展。在中国，极为重要的一件事是，学会如何用更少的水来生产更多的东西，因为将来水资源将更少。

杜：即使现在来看也是这样。

柯布：这方面的前景真的非常骇人。

杜：非常骇人，是的。

柯布：这需要极端劳动力密集型的工作。一位倡导工业型农业的人士说，我们需要再为 8 亿人口建设城市。[笑] 就我而言，这就是人类的终结。这个世界……

杜：无法承担这个。

柯布：无法承担。这个世界也无法承担石油依赖型的大机器农业，无法承担所有类似的东西。一旦如此，用较少的水生产商品的可能性就会大大降低。大机器做不到。无论如何，我认为这是目前中国政府要做的最重要决定。很高兴地说，我们在中国办过一些会；高层人士也参与其中，至少该主题正在较高级别上获得讨论。显然，我们无法去做决定，但我对我们事实上有机会以这种方式参与其中感到非常兴奋。我认为这就是儒家也想要走的同一方向。

杜：确实，嗯嗯。

柯布：我其实是正在恳请您，看您是否可能以某种方式帮上忙。我们普遍认定，比起农业工业化，比起使所有农民离开农地之类的方式，我们所倡导的东西与中国古典思想之间有着更强的连续性。这真有趣。围绕中国农民在其劳作中体现的累积性智慧，我们写了最有力的文章，发表了最有力的讲话来称颂之。农民（peasant）作为愚昧者的形象，是完全不公平的。

杜：不，他们是耕者（farmers），在最好的意义上。

柯布：他们是耕者。他们是拥有伟大智慧的耕者，我们其余人少有他们的智慧。在这个关头，失去所有这些，真是太可怕了。无论如何，您可以理解我为何对此充满热情，因为我认为数以亿计的生命处于危险之中。只要有机会，我都会对人们说："来嘛。帮帮我们。"[笑声]

杜：我认为您做得太对了。耕者在整个中国历史中的形象，尤其在儒家传统中的形象，是非常积极正面的。

柯布：那就好。但很明显，迄今为止用于发展的政策都远为集中于加速城市发展,并迫使耕作者把部分时间用于在城市里赚钱谋生。政府说,已经到了强调农业发展的时候了——这个事实是好现象。

杜:嗯嗯。

柯布:一切都取决于他们所说的发展是什么意思。[笑]

杜:确实。

柯布:我们需要称颂农耕者,并表达我们对他们的赞赏。长期以来,中国农耕者在极少的土地上生产出大量收获,数百年来一直保护着土地质量。他们也犯过一些错误。

杜:确实。

柯布:这不是个完美的历史。但如果轻视所有那些,只是因为这并非工业型农业,这就恰恰……

杜:危险。

柯布:邪恶。

杜:嗯,非常感谢。

柯布:嗯,谢谢您。

杜:要谢谢您。

柯布:不,我很感激您的到来。您来这儿,是我的荣耀。

杜:真是绝妙的一次谈话。必须由我来说致谢的最后一部分。我知道我们所谈内容的重要性,但我在此之前还没有真正感觉到这种重要性的紧迫性。非常感谢。

柯布:是呢。不过,我对我们正在做的许多其他事情也非常感兴趣。我记得有位自认为是怀特海主义者的女性在进行一项教育实验。我问,"那么,有多少学生参与这场实验?"她回答是3500万。在中国,这样的数字总是让我感到震惊。我对此很感兴趣。怀特海的教育理论正在这种类型的实验室中接受测试,我认为真是太好了。但我对此并未感到同等级的紧迫性,比起我对农业的紧迫感来说。

杜:对。

柯布：但我们要回应所出现的任何趋势，尽我们所能。

杜：这太好了。

柯布：以我的高龄，令我感到如此开心的是，我们这些年来做了很多事，这里那里，锱铢积累，哪怕是琐碎的和边缘的作为。现在，我们如此多的工作都在中国极具相关性。因此当他们说希望从过程视角召开一次心理学会议时，我们可以派遣该领域足够的人手来帮助他们。您知道，那个领域只有很少人，但足以作出重要贡献。他们也曾经向法律领域的相关专家寻求帮助，以获知过程思维如何影响该领域。我们能够集合起一个小团队。如果关注城市发展问题，我们可以相应组建一个小团队。关注农业，我们可以组建……[笑]这还不是我打算做出一番成就的目标。我们对此什么也没做，任何……

杜：既有的意图。

柯布：头脑中明确的目标。但令我感到非常高兴的是，到目前为止，我们不必说："对不起，还没有人这样做过。"去年我们举行了一次生态经济学（ecological economics）会议。我们讨论了何为一种生态的……但如果他们想要成为一种生态文明，就必须拥有生态经济学，必须拥有生态农业，必须拥有生态城市。我们可以就所有这些主题举行会议。那就棒极了。我很自豪。[笑]这并不意味着这些生态愿景都将要发生，您懂的，不过……

杜：嗯，不过那个可能性本身……

柯布：不过还是引发了兴趣。我们此前一直在制订一个真正可借以做出改变的蓝图，而我们并不认为有任何人会去真的尝试。[笑]中国人对此产生兴趣，您可以想象，这个事实对我有多大激励。

杜：好极了。

（翻译：贾沛韬　校对：王建宝）

从文化中国到全球伦理

——对话休斯顿·史密斯

    休斯顿·卡明斯·史密斯 (Huston Cummings Smith,
1919—2016)，美国宗教学家、世界宗教学研究最具影
响力的人物之一。史密斯在中国苏州出生、长大，父
母是基督教循道宗的传教士。17 岁时回到美国，于
1945 年获得美国芝加哥大学哲学博士学位，并先后任
教于丹佛大学、华盛顿大学、麻省理工学院、锡拉丘兹

大学、加州大学伯克利分校。史密斯撰写、主编多部有关宗教与哲学的书籍，其中他的《世界的宗教》(*The World's Religions*) 一书销售量超过 300 万册 (截至 2017 年)，被奉为比较宗教学的经典教科书。其他著作还有：*Beyond the Postmodern Mind* (1982)、*Cleansing the Doors of Perception: The Religious Significance of Entheogenic Plants and Chemicals* (2000)、*Tales of Wonder: Adventures Chasing the Divine* (*autobiography*) (2009) 和 *Live Rejoicing: Chapters from a Charmed Life—Personal Encounters with Spiritual Mavericks, Remarkable Seekers, and the World's Great Religious Leaders* (2012)。

对话时间：2012 年 7 月 21 日

休斯顿·史密斯（以下简称"休斯顿"）：我好奇的是，您不是在哈佛大学燕京学院吗？现在不是了？①

杜维明（以下简称"杜"）：我1996年开始在哈佛大学燕京学院担任院长的，一直到2008年。之后我离开那里，来到北京大学，出任高等人文研究院院长。我正式决定离开哈佛大学来到北京是在2010年，那一年我正好七十岁。（按：子曰七十从心所欲不逾矩）这件事从2008年开始协商，最终我选择了这份新工作。当时还有一个考虑，究竟我是一直留在北京大学，还是半年在哈佛、半年到北京？我问自己，如果这样安排，我能否同时完成好两边的工作？我觉得不行，应该专注在一边。要么就留在美国剑桥，在哈佛大学专心学术研究与写作，要么就回北京接手建立这个研究所，努力把儒家人文主义"带回"中国。我选择了后者，现在也已经快两年了。

休斯顿：两年？

杜：高研院是在2010年，准确地说是2010年9月28日成立，那天也是孔子圣诞。现在是第二年，马上（按：不到两个月时间）就满二年了。

休斯顿：现在谁提供资助呢？

杜：北京大学给我留了一定空间。他们提供的预算虽然不多，但足够日常管理所需。另外，我有聘用研究学者的名额，可以请五六人。同时，我申请了一些研究经费，用以从事三方面的研究。一个是文化

---

① 当时，杜维明先生已经成为北京大学高等人文研究院院长。

中国（Culture China），重点是文化中国背景下的身份认同。要知道，不仅仅有经济中国、政治中国，更有文化中国。我认为"文化中国"包含三大组成部分。第一个部分就是中国大陆、港、澳、台和新加坡。

休斯顿：一共五个？

杜：对，五个。这五个地区主要由汉民族组成，当然也包括各个少数民族，比如藏族、蒙古族、纳西族、壮族、苗族等。这些同属（文化中国的）第一个组成部分。第二部分是华侨，包括海外华人华侨，比如在美国湾区就有一些使用汉语的华人，这是第二部分。第三部分，也是在我而言最重要的一部分人，这里面包括您。那些既不出生在中国，也没有和中国人有姻亲关系却关心中国的人，也应该包含在内。这就不仅包括像您这样的了解中国的学者，还有那些记者、外交官、商人甚至游客。如果他们长期而非偶然关注中国，那么他们就可以算作文化中国的一部分。只要他们对中国保有长期的关怀，那就应该被包含在"文化中国"的概念里。我觉得目前对我这一理念最强力的支持，是美国家庭现在收养中国女孩的这个现象。

休斯顿：收养中国的……

杜：中国女孩。

休斯顿：哦。

杜：前美国驻华大使汉斯曼先生，他就收养了两个中国女孩。

休斯顿：这非常好！

杜：是的。这项研究工作是为了研究文化中国的不同部分在交互过程中，为何有时富有成效，有时却会产生矛盾。这让文化中国既有特点，又有活力。

休斯顿：很好。

杜：这就是第一个研究方向[①]。第二个方向是"文明对话"。

---

① 指"文化中国"。

休斯顿：指不同宗教间的对话？

杜：不，是文明，轴心时代的文明。您还记得我们一起在夏威夷檀香山吗？

休斯顿：在夏威夷？

杜：是的。包括威尔弗雷德 · 坎特威尔 · 史密斯（Wilfred Cantwell Smith）、侯赛因 · 纳斯（Hossein Nasr）等，我们在那里讨论过"宗教间对话"（inter-religion dialogue）的问题。20 世纪 80 年代，我在那里组织过一些会议，其中 1989 年在檀香山的时候，您也出席了。您还记得威尔弗雷德 · 坎特威尔 · 史密斯吗？

休斯顿：哦！我们俩算是在美国剑桥的同事了。

杜：对。

休斯顿：他在世界宗教研究中心，而我在麻省理工的哲学系，我们几乎每天都一起吃午饭。

杜：是这样的。您知道，就在 1989 年的那次会议上，还发生了一个小插曲。我原本安排大家在会议第二天每人做一个十分钟的发言。当时您在场，好像潘尼卡（Raimon Pannikar）也在场。柯慎士（Ewert Cousins），您还记得他吗？他也参加了会议。

休斯顿：我记得。

杜：第二天，大家依次发了言，只有史密斯拒绝了。您知道为什么吗？我本来安排了每人十分钟的发言，但我们大多数人，包括您，都超时了。史密斯准备了一个十分钟的发言稿。他太太后来和我说，他前一晚为了时间准确进行了反复的修改。所以，当他看到每个人的发言都没有严格遵守时间要求就很生气，也就拒绝了发言。最后还是您出面和他说，"威尔弗雷德，讲讲吧！既然准备了十分钟，就讲出来吧！"这样，他才做了报告。[大笑]

休斯顿：值得怀念啊！对了，您出生在哪里呢？

杜：昆明。

休斯顿：昆明？

杜：中国云南。您知道云南省吗？

休斯顿：在哪里？

杜：在中国的西南部。那是个四季如春的地方，天气非常温和，像伯克利一样。

休斯顿：那是气候温和。您后来何时来到美国的？

杜：1962 年。

休斯顿：不，我指的是您当时的年龄。

杜：22 岁。我是 40 年在大陆出生，在台湾长大。

休斯顿：在台湾？

杜：是的，我就读于东海大学。

休斯顿：在哪里？

杜：在台中。东海大学当时还只是一所有 600 学生的小学院。

休斯顿：好的。

杜：后来我转去美国深造，您知道，我获得了哈佛燕京的奖学金。

休斯顿：获得哈佛燕京的奖学金是哪一年？

杜：1961 年。

休斯顿：而后，这个项目一直由您在负责。

杜：是的，您知道我在伯克利教了十年书吗？

休斯顿：当时我还不在那里。

杜：是的，您还没来。1971 年到 1981 年。我们俩后来是在研究生院见了面。您还记得研究生院那个地方吗？我叫它圣山。

休斯顿：哦，是在 GTU。

杜：是，the Graduate Theological Union（神学研究生联盟）。我们就是在那里见面的，您来过几次。我当时在那里教书，同事有罗伯特·贝拉（Robert Bellah）、比尔·鲍斯玛（Bill Bouwsma）——他可能您不熟悉，他是研究文艺复兴的专家——还有马克·鸠尔根斯梅耶尔（Mark Juergensmeyer）。

休斯顿：我和罗伯特·贝拉一直还保持联系，关系很近。

杜：是的，他和我也是关系密切。就这样我们四个人，罗伯特·贝拉、比尔·鲍斯玛、马克·鸠尔根斯梅耶尔，联手在加州大学伯克利分校组建了宗教研究协会。

休斯顿：很好啊。

杜：您知道贝拉刚刚出版一部"巨"著。

休斯顿：知道的。

杜：[笑]

休斯顿：我知道。肯德拉（Kendra）去参加了新书的发布活动。我因为听力不太好，就没参加。但我给他发了一封传真，没有出席活动也没有任何的不敬之意。

杜：这本书由尤尔根·哈贝马斯（Jürgen Habermas）、乔纳斯（Jonas）和查尔斯·泰勒（Charles Taylor）审阅。

休斯顿：第三个人是谁？

杜：查尔斯·泰勒。

休斯顿：查尔斯·泰勒?!

杜：是的。

休斯顿：那是笔大资助啊！

杜：《世俗时代》（*The Secular Age*，按：查尔斯·泰勒著）。[大笑]哈贝马斯说，这本书对他而言是"继马克斯·韦伯以后最重要的"。这部巨著讲宗教演化，并主要讲宗教演化的第一部分，亦即是新石器时代到轴心文明时期。他完成的这部分叫"前轴心文明时期"的研究。而"轴心文明"及之后的时代，他还没有涉及。他现在正在写一部新书。可能不会那么厚，您知道，他和您也是同龄人。哦不，他年轻很多。贝拉现在 83 岁。

休斯顿：比我小十岁，还年轻啊。

杜：[笑]

休斯顿：也好。对了，您现在对您的新工作还满意吗？

杜：很满意。

休斯顿：这很好。

杜：刚开始的时候还比较迷茫。那段时间很不适应、很困扰，但现在已经步入正轨了。

休斯顿：当时的场地与经费都不充裕吧？也不能多邀请些学者参与您的研究。

杜：现在不同，这些条件都改善了。

休斯顿：而后呢？

杜：（我的研究工作的）第一部分是"文化中国"，第二部分是"文明对话"，第三个就是"全球伦理"了。

休斯顿：第三个是什么来着？

杜：全球伦理。

休斯顿：全球伦理？

杜：是的，尤其关注全球经贸伦理。

休斯顿：这很重要！

杜：非常重要！我们和德国图宾根大学合作，就是孔汉思（Hans Küng）。您是知道孔汉思吧？

休斯顿：很熟悉。

杜：在他们的合作帮助下，我得以在北京开展此项研究。

休斯顿：好。孔汉思还健在吧？

杜：是的，他今年 83 岁。

休斯顿：哈，他也（差我）还有十年啊。

杜：年轻，（对您而言）也是年轻人！他是瑞士全球伦理研究所的负责人。

休斯顿：这很好。

杜：他同时也是图宾根大学的名誉教授。

休斯顿：真不错。

杜：您知道吗，他在图宾根有一位年轻的同事，正是现在的教皇，拉青格（Joseph Alois Ratzinger）。

休斯顿：真的？ ［笑］*zhen qiji*（真奇迹），神奇！

杜：他访问北京期间，我们有过一次对话。我问他研究神学和当教皇有什么差别。他说这其中的差别不小，教皇的工作呢，还是致力于完成一千年前天主教的构想，而他本人，则既要考虑宗教改革、反宗教改革，又要研究现代化甚至后现代化的不同进程。所以说，他研究神学和当教皇之间差了将近一千年。[大笑]

休斯顿：有趣。您不妨告诉我，您来我这儿有何要求？

杜：您是指今天吗？

休斯顿：您不是一直在录像吗？

杜：是的，就是为了记录这一历史。

休斯顿：原来如此。

杜：此次会面是恒实法师安排的。

休斯顿：恒实法师？

杜：您认识他吗？他就是"万佛圣城"的负责人。

休斯顿：哦，"万佛圣城"。

杜：您去过那里的。

休斯顿：是，去过很多次。

杜：您在那里有次发表的讲话很令我感动。

休斯顿：您在现场？

杜：不，我不在现场。我是后来读了记录。我认为他们在这方面做得很不错。

休斯顿：在万佛圣城，我吃了我觉得最好吃的中餐，真的是很地道。

杜：素食吗？

休斯顿：是一顿非常棒的中餐，Ding hao！

杜：您不仅仅是为了去吃一顿中餐吧？

休斯顿：当然不是，那附近有个小研究所。

杜：关于世界宗教的？

休斯顿：这么说吧，您知道从"万佛圣城"出发，再往前走几英里是哪个城市吗？

杜：是尤凯亚（瑜伽市）。

休斯顿：就在那附近，研究所就在 the Mann Ranch Center。那周围环境宜人，是度假的好去处。他们会常去那里，并邀请专家学者去做演讲，也吸引一批游人。他们多次邀请我过去。

杜：当时我在加州大学伯克利分校任教时，恒实法师参加过我的课程。

休斯顿：谁？

杜：恒实法师。

休斯顿：我还和他一直保持联系。

杜：就是他给了我您的传真号码和地址。

休斯顿：哦，是嘛。

杜：这次对谈我计划了很久。我之前问过罗伯特·贝拉，他给过我联系方式，被我不小心搞丢了。所以这次，当恒实邀请我来他的学校做讲座时，我就问他能不能找机会看看您。他说，"这当然没问题，但别忘了他（指休斯顿）已经九十高龄了。"

休斯顿：您的讲座完成了吗？

杜：那不算是讲座，只是一次对话。已经完成了，您知道，他很有活力。

休斯顿：哦，是的，他是那样。

杜：[大笑]他才六十来岁。

休斯顿：他是高加索人，对佛教有很深的造诣。我记得他中文也很好。

杜：是的，很流利。

休斯顿：我不是很清楚他中文的程度，只是有一次我想不起中文"老虎"是怎么说的，他却知道。这应该算是生僻字了。

杜：他知道的可远不止这些。他熟悉中国的佛教佛法，也了解儒家人文主义精神。他还讲授过《孝经》。

休斯顿：讲过什么？

杜：孝，现在我们常用"filial respect"或"filial reverence"（顺从父母）来翻译这个概念，我觉得这种翻译，"filial piety"（子女对父母的谦顺），不太好。

休斯顿：但我经常看到这种翻译。

杜：是的，这种翻译一直都在用。我记得，在您大作的序言之中，就引用过一段《诗经》的内容。

休斯顿：对，我记得。

杜：您一定还记得。

休斯顿：您有带名片吧？

杜：有。

休斯顿：别忘了给我。我今年将出版我最后一本书，我想到时候给您寄一份签名的样书。

杜：哦，太好了。但您可能得寄到中国了。

休斯顿：没关系，我到邮局去寄。

杜：这是我的地址。

休斯顿：让我来说说那本书的写作思路。今年发衷的全书第一卷，叫《拯救月亮和在中国的童年回忆》。书的开篇我写道："鉴于我的高龄，我可能是唯一一个还活着的、见证过当时拯救月亮（月食时的民间拜月仪式，译者注）全部过程的人。"

杜：[笑]

休斯顿：我紧接着写道："需要解释的是，当喧嚣打破深夜村落的宁静，我们发现月亮正处于危机之中。"然后，我解释了这种叫"蚀"的现象，"村里人常说，作为中国传统力量与权势的象征，龙正在吞噬月亮"。

杜：不不，它叫"天狗"。

休斯顿：天狗？

杜：是的。

休斯顿：不是龙？

杜：不是龙。龙在中国传统中一般代表着积极的力量，这与圣乔治屠龙的那个龙不一样。

休斯顿：不是那个龙？

杜：不是的。食月的是天狗。

休斯顿：哦，天狗。

杜：天狗食月，天狗正在吞食月亮。

休斯顿：哦，可惜我无法再修改已经印制出版的书了。

杜：[笑]

休斯顿：这样也没关系。这就是第一卷被称作"拯救月亮"的缘由。我从小在苏州（常熟）长大，那是个美丽的小镇。这里有着两大特色：其一，不同于其他的院落的方形围墙，这里是中国四大圆围墙居住群之一。没有人知道这种设计在这里流行的原因。另一个特点，就是据传孔子最喜欢的弟子就来自这个地方。您知道他的名字吗？

杜：来自常熟？

休斯顿：是的。

杜：是子游？七十二弟子之一吧？第一代弟子吗？

休斯顿：是的。他成为孔子的得意弟子还有一个传奇故事。孔子经过某地，这个年轻人正烈日下在河里洗澡。他看到孔子，不着片缕就出来迎接。孔子说，你面见尊者却赤裸一身，难道不觉得羞愧吗？他说，我以天为帽，以气为袍，以地为履，何来羞愧？

杜：[大笑]

休斯顿：这个事情感动了孔子。尔后，孔子拍拍年轻人的肩膀说，跟我走吧。于是，这个年轻人就成了……

杜：最得意的弟子之一，这很了不起。

休斯顿：不仅是之一，按照传说他就是最得意的那一个。

杜：我觉得这个弟子极具道家精神，同样，孔子也需要这种精神。[大笑] 所有的儒者都需要这种诙谐、宽容的精神。

休斯顿：是的。对了，让我想想。您现在住在北京，我的书出版时，我想这第一卷，也就是《拯救月亮和在中国的童年的记忆》一定能够吸引您。

杜：对了，我也给您我在伯克利的地址。您知道，我太太还住在伯克利。她在这里有住所，离这儿五分钟左右。就在伯克利山。

休斯顿：哦，我知道那里。

杜：我们也可以直接过来拿的，您也不必要寄来了。您是怎么写作大作的呢？手写还是电脑打字？

休斯顿：抱歉，我再讲一段这部书开篇的内容。"拯救月球，"我写到，"凌晨三点并不是反思的时间，我径直回去睡觉了。第二天早上我却很惊奇。在这里，具备相同能力的人类，却因样貌不同而产生差异。在他们的世界里有龙，应该说天狗，而我们却用帕罗马望远镜。我本人，同时感受到两种文化、不同认知方式的魅力，所以我的生命得到美国人和中国人的共同祝福。这是一种巨大的福气。"

杜：真是福气！您又是中国人，又是美国人，这是很大的福气。

休斯顿：是的。您刚才是问我如何写作的吧？

杜：是，您是手写还是电脑输入呢？

休斯顿：我用电脑的文字处理软件进行写作。

杜：好的。

休斯顿：对了。我想我告诉过您，我把房子租给了一个藏族大家庭，我只收取很少的租金，作为回报，他们也在照顾我。这是一种别样的财富。看似离街边一般的距离，实则有两倍的长度。肯德拉（Kendra）有她自己的起居室，那里也集中过不同类型的人，有冥想的，也有梦想的。肯德拉她自己住，我则在这边。晚上，藏人会给我们准备晚餐，然后我们分享白天各自不同的经历。

杜：这真是很棒。您知道我刚走进来的时候，我一眼就看到那藏族的旗帜，很漂亮。另外还有这些藏地的饰物。在和您见面之前，我先是通过您的大作《信仰的安魂曲》认识了您，您还记得这本书吧？

休斯顿：是的，还记得。

杜：这可能是西方人第一次透过人类精神的视角来理解西藏。

休斯顿：您记得太清楚了。

杜：[大笑] 我还只是七十来岁。

休斯顿：是的。我是如此幸运。我一直很期待与您的交谈，得知您的近况与工作，让我很开心。这真是个愉快的下午。

杜：您提到 1993 年在芝加哥的世界宗教大会，当时我们在开普敦见面。

休斯顿：您出席了吗？

杜：我在。柯慎士（Ewert Cousins）在，您也去了，我记得雷蒙·潘尼卡（Raimon Pannikar）也去了。最近在澳大利亚的那次我没有去，那是我最后一次参加这个大会。在这之前，也是 1993 年，孔汉思起草了一个宣言。

休斯顿：人权？

杜：不，是《世界人类责任宣言》。不知道您是否知道一个叫"交互行为顾问团"（InterAction Counsel）的组织？这个组织由不少前国家元首组成。来自德国的施密特现在正在负责这个组织。他也有八十岁了。吉米·卡特（Jimmy Carter）有时会参与其中，有些其他的首脑也会来。这个组织最早是由日本前首相富田建立的。也因此，日本每年都会为它提供资金支持，日本外务省就为它提供资助。孔汉思是它的常任理事。我本人也参加过两三次。孔汉思就是为此起草了《世界人类责任宣言》，影响很大。近期，他又起草了《全球经济伦理宣言》，也受到广泛关注。

休斯顿：有所耳闻。

杜：是。图宾根方面邀请我作为中国代表，对这一议题发表意见。也因此我们展开了合作项目，我们也得到了足够的资金来进行深度合作。

休斯顿：这是很有价值的事情。我要好好记住，一会儿可以和肯德拉分享。

杜：谢谢。我两天后会飞往北京，年底大概在十二月会回来，到时候再来探望您。

休斯顿：好的。

杜：好，也谢谢您。

休斯顿：您知道"yi lu shung feng"？

杜：哦，是一路顺风。这个中文的意思……

休斯顿：是风伴着您的旅程？

杜：对的，就是风给旅程提供助力。

休斯顿：这说得通！在您长途飞行过程中，风在您身后为您提供助力，您也会有个美好的旅程。

杜：这就是"一路顺风"的中文写法。

休斯顿：这是您的名字？

杜：不，这就是您刚刚说的"yi lu shung feng"的中文写法。

休斯顿：哦，我没看到这边的"一"，我就没把这一画看作这些字的一部分。

杜: 我再给您写一个字, 我觉得您会对这个字感兴趣。您知道
"humanity"（人文）, 也就是 "仁", 它在中文里就是这样写的, 左边一
个 "亻", 右边一个 "二"。但是近来研究发现仁最早的写法是上面一
个 "身", 下面一个 "心"。身与心, 合起来就是仁。十二月我回来的时
候, 会给您带些新东西, 您一定会喜欢。

休斯顿: 太好了。

杜: 很高兴这次见到您。

休斯顿: 是的, 这次的见面非常非常愉快。我也为您极富意义的
工作感到骄傲。这将为全世界带来重要影响。

杜: 期待再次相见。

休斯顿: 再见！

杜: 再见！

（翻译: 王顺然　校对: 陈茂泽）

技术主义思潮下人身份的
丧失与"协同人类学"构想

——对话谢尔盖·霍鲁日

　　谢尔盖·谢尔盖耶维奇·霍鲁日（Sergey Sergeevich Horujy，1941—2020），俄罗斯哲学家、宗教学家、理论物理学家，俄罗斯协同人类学研究所的创始人和首任主任，联合国教科文组织宗教传统比较研究教研室的名誉教授。他从对东正教静修主义的系统研究入手，建立了"协同人类学"，尝试对人类在现代性中所经历的根本变化进行描述。他的主要著作有《中断之后：俄罗斯哲学之路》(1994)、《苦修现象学》(1998)、《论旧与新》(2000)、《协同人类学概论》(2005)、《自我实践与精神实践：米歇尔·福柯与东正教话语》(2015) 等，译作有乔伊斯小说《尤利西斯》等。另外，他还是中文杂志《求是学刊》的海外编委。

对话时间：2012 年 9 月 23 日

谢尔盖·霍鲁日（以下简称"霍鲁日"）：查尔斯·泰勒对我来说是个非常重要的人物。

杜维明（以下简称"杜"）：对，《世俗时代》。

霍鲁日：是的。事实上，我发展了我的观点，其中有与查尔斯·泰勒商榷的地方。

杜：哦，是吗？如何商榷？

霍鲁日：那不是一场公开的争论。不是与他本人，而是和他的观点论辩。

杜：说明这是一个可争论的领域。是什么情况呢？

霍鲁日：简单地说，查尔斯·泰勒的立场是我看待当前形势的重要观点之一。我的立场与哈贝马斯和查尔斯·泰勒多少有些对立。简而言之，应该说我考虑到了关键的因素，全球形势的关键正是对世俗与宗教关系的评判。

杜：或者说世俗和神圣？

霍鲁日：是的。还有精神性的、宗教的等等。简言之，我了解了哈贝马斯的立场，当下的形势显然在发生变化……

杜：是的，他改变了这一情况。

霍鲁日：是的。他极大地影响了这些变化。用哈贝马斯的话来说，当下这些变化的主要特征可以称之为对宗教的回归。

或者说宗教回归公共领域。我认为，人们现在已经多少认识到，我们确实已经回归宗教，或者说宗教已重回公共空间。区别在于如何看待这种回归。哈贝马斯和查尔斯·泰勒以不同的方式看待它。而我与他们又不相同。这里至少有三种不同的路径。哈贝马斯的策略是，宗教必须被允许回到公共空间，但仍要受到限制。仍有一些最重要的领域必然不会完全接受宗教话语。当然，实际情况更为复杂，但他倾向于对之进行简化。

而查尔斯·泰勒，据我理解，他不同意这一点。他说，不应该对宗教在哪里被接受、在哪里不被接受施加限制。他认为全球形势的首要特征是极端多元化，极度异质化。许许多多不同的因素将差异引入进来，宗教只是诸因素中的一个。按照查尔斯·泰勒的说法，就我对他的理解，应该对所有因素一视同仁。所有的差异都是平等的，都可以享有充分的权利，都应被允许，都应参与到公共生活中。所有宗教团体都必须拥有在公共场所表达自己意见的权利。尽管有种种差异，但诸宗教没有本质的区别。有些是宗教性的，有些是社会性的、民族性的、文化性的。根据查尔斯·泰勒的说法，事实上一切差异都应该得到平等的对待。我就是这样理解他的立场的，但我对此并不同意。

杜：我想你会更强烈地反对哈贝马斯。

霍鲁日：是的，没错。

杜：你更能够同情地理解查尔斯·泰勒，但本质上还是与他不同。

霍鲁日：当然，是的。我们可以将这些立场，这些对宗教回归的观点分级。哈贝马斯的回归是最小程度的。查尔斯·泰勒则更多一些。就我而言，我认为这种回归应该更激进。为什么？如何回归？我们应该更仔细地考察这些不同因素的性质。这些因素构成了全球形势的方方面面。当我们更仔细地观察这些因素时，我们会发现它们具有不同的性质，起着不同的作用。对我来说，对这些因素的本质的详细考察依靠的主要方法是人类学。这是现实的一个重要维度。我尝试从人类学维度对全球形势进行描述和重建。然后我发现，其中的不同因素与不同的人类学形态具有相关性，或者说是由不同的人类学形态造成的。

在我的协同人类学中,我对当下状况做的是我所谓的人类学诊断。我着眼于现象,并试图重建哪个人、哪种人类学形式可以产生这种现象。现象的背后的人是谁? 当然,对于这些人类学形态,我必须要对这些形态进行总述和整理。这是我的协同人类学的主要工作。

杜:这是一个长期的工作?

霍鲁日:是长期的。当我对所有的类型进行汇编,形成了可能的人类学形态的列表之后,就可以进行诊断。我着眼于现象及其构成因素,因为从当下的形势来看,它们极为庞杂。我将之归因于不同的人类学形态。我要知道是谁造成了某个现象。当然,我首先考察的是当今形势下最重要的现象。对我来说,是导致后人类思潮,比如说超人文主义和赛博化的外部及极端思潮。通过对这些极端思潮的分析,我认为它们都属于一种大的趋势,我称之为退出趋势。这种趋势最终会导致人的灭亡,这么说可能太早了,但方向确实是这样的。

杜:你用的词是"退出"(exit)?

霍鲁日:是"走出"(go out)。

杜:走出人性。

霍鲁日:最终会的。在这个趋势中,人的冲突最终将导向离场。

杜:极端的自我毁灭和对环境的破坏。

霍鲁日:是的。退出的可能性有很多种。

杜:的确如此。

霍鲁日:还有更多可能性,比如世界大爆炸。

杜:突然的毁灭?

霍鲁日:是的。还有渐进性的……

杜:生态退化。

霍鲁日:安乐死,人类的全球性的安乐死。我认为这是我们已经制造出的退出趋势的主要类型之一。

杜:是的,我同意。神学家托马斯·贝里说人类的生存能力是有问题的。以"退出"的观念来说,人是无法生存的。换句话说,是不可持续的,或者说是不可行的,是自我毁灭的。所以他说:"我不能简单地把自己视为神学家。我想将自己称为地理学家。因为一旦自然被误解为客体的集合,而非主体的共融,那么我们与自然的疏远最终会导致紧张和冲突,导向死亡。"他提出了一种非常宏大的、也许是科学上不可证明的观点。他说我们为了人类的理解而试图攻击地球。我们以最强大的力量分裂一切,而自然表面上来看没有防御。但是如果自然可以的话,它会以一种非常戏剧化或形象化的方式,最终释放出致命的能量,这将导致人类的最终灭亡。我认为这非常生动地描述了你的"退出"的概念。

霍鲁日:没错。但对我来说重要的是,现代发展的模式实质上是"退出"的变体的多样化,它们正变得越来越多。基本上,人正致力于发明新的"离开"的方法,日益增多的路径其实都是退出的策略。例如,一个非常典型的例子是基因工程。从基因上制造出一些变种,然后把世界留给他们,人类自己则离开了。把世界留给这些未来的基因生物。这也是一种典型的退出。

杜:表面上看这是科幻的,但不一定是科幻。这里的逻辑是,进化是一个无限的过程。进化是神,没有什么能阻止它。人类经历了一个非常漫长的过程:非生物、生物、动物,多种多样的动物,然后是人类。随着智力的提高,我们的生存能力会下降。我们将到达这样一个阶段,即进化出一种新的生命,而我们作为人类,作为通向一种新的生命的阶段的一部分,将会消失。这是人的使命。

霍鲁日:当然。但是有一些标准和特质能够帮助我们判断哪种话语更正确。我是指连续性断裂或终结的、重启的话语。

杜:是的,你是指这种退出方式的话语的终结。有这样一种视角,布达佩斯学派有一个关于临界点的概念。在到达临界点之前仍是可以调整的,一旦到达临界点就变得不可逆转。人类将走上一条无法回头的道路。外部环境实在是太强大了。

霍鲁日：是的，我描述的就是这种情况，但是我使用了我自己的术语，从人类学和人的视野来看。我所说的能够帮助我们在不同的变体中做出判断的标准，我指的是明显的事物，指的是认同。

杜：对。你是说身份，人的认同？

霍鲁日：是的。人的认同，我尝试用各种人类学形态来描述人的认同。如果有完善的整理，完整的人的认同可能类型的列表，那么就可以看到人的认同在哪里终结。当人已经不在这个列表中，当人创造出一些不在这个人的认同列表中的东西，那么……

杜：我同意。

霍鲁日：我认为，例如，在这种基因突变的浪潮中，人类自己也认为，人所制造的将不再是人类。他们将是不同的存在，有不同的身份，不再是人类。这就是为什么我说这其中也有退出趋势，不仅仅是进化的延续。

杜：显然是存在断裂的，而这种断裂是人类自己设计的……

霍鲁日：是的，没错。

杜：……作为未来的新浪潮……

霍鲁日：是有意为之的。

杜：是的，一些最聪明的人可能也参与其中。

霍鲁日：人是自愿退出的。

杜：就像麻省理工学院的人工智能，这个概念……

霍鲁日：这是一种超人文主义的思潮。

杜：没错。

霍鲁日：很明显，用我的话来说，这是一种退出趋势。

杜：没错。现在他们知道自己过于天真乐观了。因为在20世纪60年代，他们真的相信我们会逐渐有能力制造机器人。机器人能够智能地思考，做我们认为合适的事情。机器人最终会有自己的意识，最终将带领人类进入一个美丽新世界。但是根据你的观点，我们已经退出了人类的领域，所以我们生活在完全非人化的状态中。

霍鲁日：没错。我们不认为其他星球上的智慧生物是人的同类。他们是异己的，有不同的身份。机器人也是这样。

杜：是的。当时的乐观情绪非常天真，认为一切都是有可能的。这真是人类智慧的盛宴。

霍鲁日：但不再是人类了。

杜：没错，不再是人类了。对此有两种批评。一种是说，它难以实现，我们尚不知该如何去做。第二种则多少更为讨巧，我们依照我们对人类的理解去设计如何终结人类，如何终结人的认同，怀着对新的身份认同的信念，而后者是如此智能，超越了我们的理解。我们致力于发展出更优越的生物，即便我们都不知道这样的生物如何思考，我们仍对投身于最终将要发生的事感到满足。这不仅非常不明智，而且在道德上是极为堕落的。对吗？

霍鲁日：但这背后隐藏着生理性的成熟。

杜：没错。

霍鲁日：为了这个异己的生命和其他生命而自我牺牲，与此相伴的似乎是某种受虐心态，所以我们拒绝妥协。而在这两者之间，我们身处何处？

杜：是的。这使我想到了关于蜜蜂的研究《女王和国家》，蜜蜂最终会为女王和蜂群牺牲所有的蜜蜂。所以可能我们都要牺牲自己，从而一种超级生物，女王，才能生存下来。这是其一。第二，这种超级生物不是个体，而是一个新物种的象征，这个物种比我们智能得多。我们眼中的世界是三维的，对他们来说可能是四维的、五维的。所以服务女王和国家的能力是必需的。

霍鲁日：是的。我认为基本上这是可能的和正确的境况，但对我们来说不是这样。

杜：我认为它并不正确。

霍鲁日：这是蜜蜂的认同，而非人类的。

杜：我知道。

霍鲁日：人类始终有自己的认同。我们不可能突然开始以这种蜜蜂的认同取代已经坚守了千百年的人类自身的认同。

杜：我同意。所以除了退出的路径，还有什么别的办法吗？

霍鲁日：是的。现在，我觉得有必要谈回到宗教的回归。宗教的回归和这种境况、和退出趋势有什么关系？二者的关系是很直接的。宗教回归正是纠正这一趋势的可能方式之一。正如我所说的，与世俗的人不同，宗教的人与各种人类学形态、认同和人格结构是对应的。随着历史的发展，世俗的人产生了种种变化，但现在世俗的人正是退出趋势的能动者。而宗教的人，顾名思义，则是不会表现出退出趋势的人类学形态。

杜：不但不能，而且不会。他们在存在论上就不会追随这一趋势。

霍鲁日：没错。在这个逻辑中，宗教的回归正是通过克服退出趋势的全球性危机的人类学形态。因为宗教的人——我称这种形态为"本体性的人"——在诸宗教中有着不同的具象。"本体性的人"是一个通称，而本体性的人通过与其他存在视域的关联建立起了自身的认同。随着宗教的回归，人类学的人回到舞台，人的认同就回归了。从人类学的角度来说，这是一条特殊的道路，而不单单是多元化的当下状况的因素中的一个。

杜：现在我明白了……

霍鲁日：这是人类学意义上的一个特殊因素。

杜：是的。我明白你的路径和查尔斯·泰勒的路径之间的区别。我之前已经看到了你和哈贝马斯的区别，现在你和查尔斯·泰勒的区别也很明晰了。我想讲一下我对此的看法。多年前，罗伯特·贝拉受邀到哈佛做一个系列讲座，讲座是由纪念教堂赞助的。讲座的题目是

"宗教的回归"。

霍鲁日：哦，没错。

杜：他的想法比你刚才说的更狭义，更集中。他谈的是美国的形势。如你所知，在很长一段时间内，美国或美国的主要大学很难承认宗教是学术研究的主题。

霍鲁日：那天主教大学呢，比如圣母大学？

杜：对，包括天主教大学。我来稍微解释一下。以前，几乎所有的大学在美国都是以宗教大学或大学学院的形式出现的。哈佛是为了培养牧师或主教而建立的。

当哈佛更倾向唯一位论之后，其他大学就建立了，比如耶鲁大学、阿默斯特学院，从而新教的真正的三位一体论维系了下来。所以，所有所谓的常春藤盟校，哈佛、耶鲁、哥伦比亚，都是为了培养牧师而建立的。他们需要尽可能地学习希伯来语，不仅仅是希腊语和拉丁语。所以哈佛的校训是"Veritas"——寻找真理。但是哈佛的校徽是三本书，两本打开的，一本合上的。两个是开放的，那两本打开的书代表了容易获取的知识。合上的那本书可能是神圣的书，可能需要学习希伯来语，学习其他语言来理解它。因此，基督教的使命对所有大学都是非常重要的。

霍鲁日：我明白了。但是一些大学里仍然是有神学院的。我之前在芝加哥大学神学院授过课。

杜：田立克也在芝加哥大学神学院讲学，并且成了教授。哈佛也有神学院，耶鲁也有。但实际上，在19世纪，所有的主要大学都是德国的。当时在美国，现代意义上的真正的大学还处于初级阶段。后来成为研究型大学的两所大学是芝加哥大学和约翰·霍普金斯大学，它们都学习了德国模式，研究型大学由此开始。在20世纪60年代，美国成立了许多州立大学，同时许多私立大学开始转变为研究型大学。

进入20世纪后，主要的大学都成立于美国。这些大学比德国的大学更有能量和影响力。但是美国大学从专门培养主教转变为仅仅培养最终能找到好工作的专业人员，这与德国的影响密不可分。这种观念之后被研究观念、智能观念不断加强。这一切都发生在过去的100年里，甚至可能更短。

随着这种转变，德国的大学理念逐渐成为一种模式——我认为伊曼努尔·康德谈到了诸多不同机构——于是渐渐地，专业性的学校、法学院、神学院、建筑学院、商学院、公共卫生学院、政府管理学院，以及一切其他的学院都出现了。

霍鲁日：是的。

杜：在这种新局面下，宗教逐渐被边缘化了。因为所有的大学都发展出很多学科，就像军团一样，我认为这是受马克斯·韦伯现代化即是理性化的概念影响的结果。有文史哲这种较为古老的学科，也有社会学、经济学、政治科学、法学、药学等专业学科。所以，宗教先是被归入神学院，然后神学院逐渐变成了似乎最不具学术性的学院。很多人对哲学感兴趣，甚或是宗教哲学，但是并不想进入神学院。

霍鲁日：当然。我觉得这更近似海德格尔化了。

杜：海德格尔？

霍鲁日：是的，海德格尔基本上认为神学只是科学——wissenschaft。

杜：我同意。

霍鲁日：因为这是一门特殊的学科，和所有具体的科学一样有自己的主题。但有些东西不在其列，那些东西属于哲学，而非宗教。

杜：是的，没错。

霍鲁日：处理人与存在的关系、物质的实在性的不是宗教。宗教只是诸多具体科学中的一种，而哲学处在顶峰。

杜：是的。但是我觉得有区别。在康德的范式中，有不同的机构，法学、药学等等，各种各样的学科（wissenschaft）。所以当他谈到存在的事业、哲学的事业时——我们如何知？如何行？能期望些什么？……这些是认识论、神学、伦理学、实践论的问题，是人的追求的不同领域。但是海德格尔提出了一个非常关键的问题。除了认识论、伦理学、神学、人类学——成为人意味着什么——之外，他觉得如何为人的问题不是专业的神学家的问题。

霍鲁日：是的。

杜：有时候我觉得他过于激进了，不仅对于专业的哲学家而言太激进，对一个像他这样的思想家都过于激进，尤其是后期海德格尔。

霍鲁日：这有点像元问题。

杜：没错。我想你很认同海德格尔此处的贡献。

霍鲁日：当然。但从这一角度来讲，我认为当前的境况并不符合海德格尔的立场。

杜：是的，不符合。

霍鲁日：情况发生了变化，各种意义上都不同了。

杜：是的，是的。对我来说，尤其重要的是海德格尔对人类学始终持非常消极的态度。

霍鲁日：他选择以非常狭隘的方式理解人类学。

杜：对。

霍鲁日：也许他只是一个强烈的绝对主义者，认同哲学就是元问题。

杜：很可能，是基础的本体论。

霍鲁日：是的。他试图减少其他问题，这样就不会有竞争。

杜：对。

霍鲁日：宗教只是具体的科学之一。人类学也被认为是狭义的，但是这不行。

杜：是不行的。我认为当罗伯特·贝拉发表关于宗教的回归的系列演讲时，他想到的是宗教研究的出现。我认为将宗教研究视作一种学科门类是错误的。奇怪的是，六七十年代的美国大学变得高度世俗化。这与美国的政教分离有很大关系。所以不能以牧师的身份教授基督教神学，不能以拉比的身份教授犹太教传统，或者以僧侣的身份教授佛教、以古鲁的身份教授印度教。这些属于宗教而非宗教研究。优秀的宗教学者应当以无私的精神研究宗教，也就是"科学"。不能以信徒身份研究宗教。如果你本身有宗教信仰，比如说是个虔诚的基督教徒，那就只能在神学院教授基督教。

所以神学院被降级纳入那些专业性学院的版图，成为一个允许人宣扬宗教信仰的学院。然而，即使在神学院，那些致力于成为牧师或教师的人仍然在学术性上属于较低的层次。这似乎是一种专业实践。伟大的神学家不是为了成为牧师而研究神学问题的。

但是罗伯特·贝拉想说的是："看看这些学科吧，宗教研究似乎很繁荣。哲学系越来越小。宗教学系越来越大。因为人人都想了解宗教，但是很少有人想了解一般的哲学，更不用说分析哲学了。后者已经变得如此专业化，以至于它变成了一种技术，一门手艺，一种分析形式。他们发展出了自己的语言，比如蒯因的语言，或者伟大的分析性的语言。他们的思想非常精致，他们拒绝认真对待维特根斯坦之前的哲学风格，这与语言学及认识论转向相关的后期维特根斯坦哲学式的思维方式有关。

我的亲身经历就很有意思。1962 年，我获得了哈佛燕京奖学金，去哈佛学习哲学。由于那时我已经专精于哲学性质的儒学研究，并且将儒学作为哲学来理解，我跟哈佛的师友说，有三个我认为必须要研究的重要领域：美学、伦理学、宗教哲学。但是，在哈佛时他们会问："什么？我们感兴趣的是逻辑学、认识论、语言哲学、意志哲学、本体论。我们这儿都没有人教授伦理学。"

霍鲁日：那是分析哲学主导的时期。

杜：不仅是主导，分析哲学本身也是一门庞大而复杂的学问。他们不得不邀请密歇根大学的人来教伦理学，就是查尔斯·史蒂文森。

但是没有人教欧陆哲学。后来他们找了一位来自海德堡大学的学者来教授康德、黑格尔和海德格尔。始终没有人教宗教哲学。有一年夏天,他们找来了一位教育背景非常好的年轻教师。他认为一旦掌握了对哲学语言的分析,就能理解结构,并将之运用于批判性的思考。所以他决定在那个夏天开一门关于克尔凯郭尔的课程。

霍鲁日:我认为这表明了一个圈子,甚至学术圈,是如何脱节的。

杜:完全正确。

霍鲁日:因为在当时,比如说,我非常清楚在美国有很多相当优秀的宗教哲学家。

杜:没错。

霍鲁日:在俄罗斯裔和希腊裔当中。

杜:当时,美国一些最能言善辩的知识分子是索罗金那样的。

霍鲁日:皮蒂里姆·索罗金,是的,伟大的社会学家。

杜:没错。他是塔尔科特·帕森斯的老师。还有田立克,他是一个了不起的思想家,在哈佛教书。还有理查德·尼布尔和莱因霍尔德·尼布尔。还有大卫·里斯曼,他是一位出色的社会学家,写过《孤独的人群》。后来还有萨缪尔·艾森施塔特这些人。

霍鲁日:在社会学领域,有一些优秀的学者非常关注宗教方面。但在哲学界却没有。

杜:没有。我为什么要说哲学家?许多哲学家很短视。在60年代,罗伯特·贝拉与我讨论美国最有影响力的哲学家,比如蒯因。他说:"蒯因怎么看越南战争?怎么看待美国人的灵魂?怎么看待人类的状况、世界的秩序?他对这些问题都不置一词。"蒯因对此做出了很有意思的回应,他说:"我对永恒的伟大思想感兴趣,对这些暂时性的思想不感兴趣。"所以他就像一个拒绝谈论世俗城邦的神学家。在象征性的意义上,他想谈论上帝的王国。他们大多数人想成为科学家和逻辑学家。如果没有成为真正的科学家,他们就去做科普。科学家和普通人都不认可他们。这是可悲的。无论如何，这种思维方式体现了一种非常强烈的非宗教性的人文主义，或者说凡俗的人文主义。我给你讲一个最有趣、最能说明问题的轶事。

我和蒯因很熟。我们都是美国人文科学院院士。每周二中午，大家聚在一起吃午饭。因为参加聚餐的人大多数都退休了，所以也没什么别的事可做。我就住在科学院对面，所以我总是去那里吃午饭，通常大约在 10 点左右。

这些都是真正的贤达之士，像蒯因、经济学家萨缪尔森这样的人。偶尔肯尼斯·加尔布雷斯也会在，他在当时是最有代表性的进化论学者。还有那些杰出的数学家，我们都交谈过。

有一次我和蒯因在哈佛校园里散步，我们看到了哲学系所在的爱默生楼的格言："人算什么，你竟顾念他。"（What s man, that thou art mindful of him?）我听说早先的哲学家们，那些世俗主义者，想把"人是万物的尺度"刻在那里。但是总统，我不知道是哪一位总统，可能是艾略特，想用圣经里的话，比如"人算什么，你竟顾念他。"这是一次无果的大论战。所以，在圣诞假期还是什么时候，大家都回家了，总统要求把"人算什么，你竟顾念他"这句话刻在艾默生楼上。大家回来之后都很震惊。哲学家们很生气，但事情已经尘埃落定了。我问蒯因："你的反应是什么？"蒯因说："你看'人算什么，你竟顾念他？'这个问题有答案吗？"我说："没有。"他说："回答就是'人是万物的尺度。'我们世俗主义者胜利了，我们提供了答案。而他们只是提出了问题。"所以说这是一种人类中心主义。

罗伯特·贝拉讲授"宗教的回归"时，他说，"这是美国大学中宗教研究学科的回归。"我参与了那个所谓的"运动"。我曾在私立的普林斯顿大学任教。普林斯顿的宗教研究非常好，但是当我去州立的加州大学伯克利分校时，我发现他们没有宗教研究的项目。所以我们努力改变这一点：罗伯特·贝拉、威廉·鲍斯玛，文艺复兴研究的杰出学者，还有一个当时很年轻、很有才华的学者，马克·鸠尔根斯梅耶尔，他是 GTU 的一员（the Graduate Theological Union）。我们把 GTU 称为"圣山"，因为它是由八九个神学院组成的，鸠尔根斯梅耶尔在其中很活跃。那个联盟包容性很强，后来他们接受了犹太教传统，更不用说东正教了，也接受了藏传佛教。我不知道他们是否有伊斯兰中心。总之，我们致力于在加州大学伯克利分校建立一个本科生的宗教研究课程。这非常困难。

在哈佛，情况同样很有意思。哈佛的宗教研究非常好，但它隶属于神学院。有一个世界宗教研究中心，但同样隶属于神学院。有一位杰出的宗教研究学者，我把他视为师长，至少是师友，他叫威尔弗雷德·坎特韦尔·史密斯。他有一本著作叫《宗教的意义与终结》。此外，作为一名基督徒，他出版了《他者的宗教》一书，这是一部关于伊斯兰教的研究，被一些一流的伊斯兰学者认为是最好的书之一，尽管他自己是一名基督徒。这是一个明证，表明一个在学术上成熟、富有同情心和同理心的人，是能够深入理解他人的宗教，并对之做出不仅是同情性、而且有说服力的阐释的。他是一个伟大的思想家，是麦吉尔大学伊斯兰研究的主任。

他当时也在哈佛，是世界宗教研究中心的主任。他说，"世界宗教研究中心应该是伞状的。神学院应该是其中的一部分，但现在神学院领导了世界宗教研究中心，这是不对的。"

他最大的抱负是在文理学院全面建立起宗教研究委员会，所以他给了我这个任务。1981 年，我从伯克利搬到哈佛，我欣然接受了这个挑战。长话短说，我设法将宗教研究委员会从外围转移到中心，现在它是哈佛文理学院最重要的项目之一。这是罗伯特·贝拉谈论"宗教的回归"的表现之一。

我自己的看法还是有点不同。首先，我完全认同你的课题，当然也认同你的解读。我当然不同意哈贝马斯的观点。我很多年前在哈佛读研究生的时候就认识了哈贝马斯，我有幸和他面对面交谈过。我想强调宗教的重要性，而他并不太关注宗教，更不用说儒家。他是一个伟大的思想家，专注于交往理性。他自认为是法兰克福学派的一员。很显然，他自称是卡尔·马克思、马克斯·韦伯和塔尔科特·帕森斯的继承人。他对宗教不像帕森斯那样敏感。帕森斯是韦伯的追随者，尽管他说"我不懂宗教"，但他其实对宗教问题很重视。

在古代问题上，哈贝马斯对宗教很感兴趣，但他对欧美社会以及如何发展基础的交往规则更感兴趣。他后来痴迷于约翰·罗尔斯关于正义的研究。他们是非常接近的。在这种视野下，公共领域是政治过程，而宗教总是被置于次要地位。

我参与过一场由文理学院院长理事会发起的辩论，迈克尔·斯宾塞院长主持了那次辩论。他后来成了斯坦福大学商学院院长，并获得了诺贝尔经济学奖，当时他是哈佛大学文理学院的院长。那次主要是我和伯顿·德雷本的辩论。德雷本教授是蒯因的忠实追随者。他说："我是一个虔诚的犹太人。我完全信奉正统的犹太教，但宗教是心灵的问题，在学术上是不可行的。宗教无法研究。宗教是人的一部分。我对待宗教是绝对认真的，但我完全反对将宗教作为学术性的文理学科，因为这是不可行的。"我说，"如果你是对的，那么文学也是不可研究的，广义的哲学也是，更不用说宗教了。"最后我赢了这场辩论。

霍鲁日：当然。在某种程度上，它适用于所有人文学科。

杜：当然，所有的人文学科。这种实证主义的科学观点认为，任何不可量化、不可客观化或不可证伪的东西都是不可行的。

霍鲁日：当然。但我认为今天我们可以强烈地批评这种看法。

杜：当然。

霍鲁日：因为这种态度完全基于所谓的主客对待的范式。

杜：这已经站不住脚了。

霍鲁日：站不住脚。笛卡尔式的认知范式是行不通的。这个我们都知道。不存在笛卡尔式的主体，所以也不存在主客对待的范式。这在学科结构中具有必要的、无法回避的意义。

杜：没错。

霍鲁日：但他们不认可这个含义。他们同意笛卡尔式主体的消亡。但是不接受它的学术含义。

杜：对。我认为宗教的回归以及在学术界宗教话语、宗教感知和宗教见解的回归，对我来说不仅非常重要、意义重大，而且我个人也参与其中。就个人而言这当然很能带来满足感，但这不是我的主要关切。因为我着眼于全球形势，我意识到哲学和宗教之间的区分，作为轴心时代希腊思维模式和犹太思维模式之间的区分，是高度专业化、本地化、特殊化的。埃及的传统不是这样，印度教及印度佛教传统、儒家及道家传统、基督教神学传统都不是这样的。这种区分本身迫使我们将西方的哲学传统——狭义的西方哲学传统——视作当时哈佛所实行的那样。哈佛大学的（宗教学）教员中只有一位教授获得了终身教授职位，那就是亨利·阿金。亨利·阿金是一位失意的教授，因为他是孤独的。没有人能与他交流。人们都觉得他不是一个非常成功的哲学家，他没有正确地"哲学化"。

哈佛广场上只有一家中国餐馆。水准不算高，但是因为就只有那一家，所以经常人满为患。有一次我在那里，店里只有一张座位了。一位上年纪的绅士占了另一个座位，我问他我能不能坐下。他说可以。他说："我是亨利·阿金，我是哈佛的哲学家。"我说："哇。我是哈佛的研究生，久仰大名。我知道你不太高兴。"他说："天哪，我很沮丧。"然后我们谈了谈，他用非常简洁的方式向我解释了我一直在思考的问题。他说："看看西方的哲学，让我们忘记犹太教吧，看看哲学。哲学起初是苏格拉底式的对智慧的热爱。还有柏拉图，柏拉图不仅是一个三段论逻辑学家，也是一个神秘主义者。除了《理想国》之外还有……"

霍鲁日：他们认为柏拉图和亚里士多德之间存在分别。

杜：没错。还有洞穴喻等等。所以，亚里士多德当然发展了柏拉图，但亚里士多德的发展并不是西方哲学的全部。还有斯多葛派，他们有着超乎寻常的自律精神，等等。你知道，在基督教中，人们说到圣奥古斯丁就会想到他的《神学大全》，但是我们必须记住，奥古斯丁终其一生都践行着宗教。他解释说，与宗教体验相比，他的所有神学成就在满足感方面都是微不足道的。这样的体验，宗教体验，对个人来说真的非常强烈。所以圣奥古斯丁似乎认为这个问题比重大的神学问题更有本质性的意义……

霍鲁日：当然。你提到了经验，这是一个至关重要的词，是一种第一层次的关联。

霍鲁日：与此相比，话语是次要的。

杜：我同意你的看法。

霍鲁日：我们需要回到那种层次的体验，问一回从这些体验来看，我们现在使用的话语是否正确。随着时间的推移，我们发现我们的话语对这种体验的变化来说不够用了。话语背叛了这种体验。我们必须更深刻地审视自身的体验。

对我来说，更仔细地考察这种体验的特征是什么，并从这种考察中探求和激发一种新的话语，这种做法最好的范例是胡塞尔。他发现西方哲学家几个世纪以来熟知的体验其实有更深的层次，由此他获得了现象学方法，一种新的、强大的哲学武器。也许在胡塞尔之后，现在是时候再来一次革新了。

杜：是的。1969 年，在东西方哲学家会议上，我有幸遇到了一位杰出的胡塞尔研究者，范·布雷达神父。他当时拥有 6000 页卢梭的胡塞尔的个人笔记——那是一份完整的档案。谈到胡塞尔，谈到现象学，就要谈到通识。

霍鲁日：胡塞尔的学说仍在发展。

杜：是的。在我看来，胡塞尔的有趣之处在于，内在的精神性才是他有力的科学和客观描述的核心。

霍鲁日：当然。对我来说，胡塞尔哲学的视觉性特征最为明显。胡塞尔对于哲学的内在视野、内在洞见，以及如何描述他的见地有着特殊的才能。

杜：对，但我认为重要的是，你知道……请原谅我使用了东正教的用语。

霍鲁日：是的，是的。

杜：那种基于体验的精神磨炼——我想用你的说法来说，是人的不同层级和阶段的实现，人的完善——在胡塞尔现象学中并没有深入发展。这就是为什么有一批研究胡塞尔等人的中国学者，把他们的观点称为"心灵现象学"。"心"其实是心（heart）和心智（mind）的意思，"灵"是精神的意思，所以这个词指的是心智和精神的现象学。换句话说，他们这一派现在正把内在的精神锻炼和主体性的深化作为宗教反思的主要资源来认真对待。在一个被发达的科学技术所淹没的时代，胡塞尔发现了这一点的重要性。这种直觉是了不起的，但它还没有完成。现象学家还没能达到那种深度。这也是一个深化的过程。

举个例子。对于你，或者实修过不同阶段的精神锻炼，继而发展出这种现象学的人来说，情况是不一样的。我想这是一种新的任务。另外，非常吸引我的是不把哲学和宗教区分开来的意图。我想用亨利·阿金的话来总结。他说，我们过于强调康德，但对克尔凯郭尔却不够重视。克尔凯郭尔肯定不是康德式的。

我曾经参与过东西方哲学家会议主办的一个工作坊，叫亚洲与比较哲学组织，是关于风格与思想的。不能用早期海德格尔的风格来思考海德格尔后期的思想，《存在与时间》就不适用。也不能用康德的论点来思考尼采的思想。

在这个意义上，克尔凯郭尔的风格是反康德的，对吧？也是反狭义理性的。所以，说真理是主观的，相当于认为把亚伯拉罕称作信仰骑士是荒诞的。荒诞性变得很重要。这就是《恐惧和战栗》。那些维特根斯坦哲学家……

霍鲁日：存在论话语完满地替代了德国古典理念论。

杜：是的。还在 70 年代早期，我在普林斯顿的时候，瓦尔特·考夫曼是我的同事。瓦尔特·考夫曼是研究尼采的杰出学者。他把尼采从他妹妹对他的政治化刻画中拯救出来，使尼采成为一个真正的存在主义者。他谈到了存在主义的出现，谈到了莎士比亚。对我来说，最感动的一点是他认为陀思妥耶夫斯基是伟大的存在主义思想家。与克尔凯郭尔以及许多其他存在主义者相比，让·保罗·萨特的存在主义是非常肤浅的。

霍鲁日：是的，我也这样认为。

杜：他的想法极其不尽人意，尤其是当他谈到存在先于本质这个荒谬的哲学命题时。如果按他所言，人的认同就无从谈起了，对吗？

霍鲁日：是的，我基本同意。萨特是对海德格尔和其他许多人的归约。

杜：对，但对宗教的存在主义者来说，比如雅克·马丹、加布里埃尔·马塞尔，正是在这种情况下，他对尼古拉·别尔佳耶夫、乔治·古德杰夫的作品产生了兴趣。在他们那里，体验是首要的。不是普通的体验，而是深刻的、启蒙的、启示的、顿悟的体验。

霍鲁日：体验不是全部。对体验的直接依赖和单纯体验本身还不能化约哲学话语。还必须要有方法。

杜：我同意。是的，必须要有方法。

霍鲁日：体验必须通过反思和某种方法来释放。否则就是新时代信仰所说的那些空泛的宗教和小的教派。他们都讲所谓的体验。

杜：那些是完全无关紧要、无足轻重的个人感觉和激情。我要说到威廉·詹姆斯……

霍鲁日：不是精微的体验。

杜：不精微。你知道威廉·詹姆斯吧？他在克利福德的讲座中谈到了各种各样的宗教体验，然而作为一个心理学家，威廉·詹姆斯在哲学上是相当深刻的，他早就预见了弗洛伊德的思想在哲学上不尽如人意。威廉·詹姆斯，以及他的著作《宗教经验》，被许多学者，尤其是美国学者视作伟大的贡献。

霍鲁日：当然，但是现在《宗教经验》是一本很老的书了，已经过时了。然而，对许多人来说詹姆斯仍十分重要。

杜：是的。

霍鲁日：对今天来说远远不够。

杜：严重不足，我同意。但在我的神学家朋友中，哈佛大学的理查德·尼布尔，他是 H. 理查德·尼布尔的儿子，也是莱因霍尔德·尼布尔的侄子，他发表的文章很少，但他关于体验的书《一种宗教体验》，仍然具有极强的可读性和重要性。耶鲁大学有一个著名的神学家班，包括戈登·考夫曼、理查德·尼布尔、普雷斯顿·威廉姆斯，还有在阿默斯特学院执教多年的宗教伦理学杰出学者古斯塔夫森。古斯塔夫森告诉我，这个团体非常有名，关于戈登·考夫曼的建构性神学的论文大概有 30 篇，研究古斯塔夫森的人不计其数，普雷斯顿·威廉姆斯也培养了一代人。但是，理查德·尼布尔通常却被忽略了。

他的同学古斯塔夫森谈到我们这一代人时说："我敢打赌，在未来，理查德·尼布尔关于体验的书会留存下来。我认为他是先知，他是对的。我与他很熟识，我认为他的思想真的很了不起。所以我同意你关于体验的观点。从儒家的观点来看，深层的内在体验，是个人的但不是私人的，是个人的但不是主观的。真正的冲突不是主体和客体之间的冲突，我认为主客体之间甚至并不存在冲突。"

霍鲁日：胡塞尔就是这么说的。先验的主体性具有释放的结构。

杜：没错。这种先验的主体性的观点，与自然界的客观世界以及通过自我理解建立的社会关系是完全一致的。对自己的理解越是超越个人化的小我，就越能够对他者开放。越具有社会性和沟通性，就越具有超越性。所以这个自我的观念是开放的、多元的。这样说来，哲学和宗教的分离，对拥有强调信仰的犹太教传统的西方经验来说，就和强调理性的希腊传统全然不同。

霍鲁日：没错。总是有边界的，问题是边界转移到了哪里。

杜：我们需要重新思考这个问题。这里的问题是重新思考人。重新思考人的前提是在对话文明的背景下，能够重新思考希腊人，重新思考犹太教、儒家、印度教。我非常欣赏你的做法，但我还是不太理解你的方法概念，东正教的方法是理解人类学定义的人，这是一种深化的主体性。你用了一个特别的名词，我想再了解一下。我把它写下来了，让我看一下。我真的想多了解一些。我非常欣赏你对"交流"的看法，你说交流不是指什么通信协议，不是某种信息技术模式。我想请你介绍一下东正教的静修（hesychast）。

霍鲁日：对，没错，静修。

杜：我想多了解一些，我也希望我们能就此办一个研讨会。在北京，我们现在有不少人了，我们将潜心研究你的作品中所体现的东正教传统。所以我们想邀请你来讨论这个静修的实践。现在或许你可以做一个简单的介绍，以便我能对你的想法有更深的了解。

霍鲁日：好的。这很有意思。我们的讨论是回溯性的。我的人类学研究是多面向地开展的，从研究古代的实修开始。研究表明，古代的实修为我们获得一些新的描述、分析、理解当前境况的方法提供了基础。我的计划就是这样的。在历史上，就大的时段而言，那些精神修炼、精神体验是分阶段的。如我所言，精神修炼和精神体验有其人类学含义。也就是说，某些特定的人类学形态是参与其中的。

现在我们面临着一种相当不同的人类学境况，但其人类学形态与古代有一些共通之处。古典和非古典话语的差异能够最恰当地表现二者的差异。我们有古典形而上学、古典人类学，有欧洲的古典的人的范式,有一整套古典的架构。历史过程非常粗略地从非古典时期过渡到古典时期的形成⋯⋯

杜:你是说非古典的意思是指前古典?

霍鲁日:是的。首先,这个古典阶段要诞生,要形成。在此之前是一些非古典的人类学形态,非古典的哲学。然后是漫长的古典时代,但现在古典时代也已经结束了,我们又进入了非古典时期。

杜:对。

霍鲁日:在尝试探寻这个新的非古典时期的特征时,我们发现最早的非古典形态能提供很多启示。

杜:当然,我同意。的确是这样。

霍鲁日:所以有两个非古典时期,古代和现代,二者之间是古典时期;这是一个被两个非古典海洋环绕的古典岛屿。

杜:我同意。

霍鲁日:我正在尝试对古代的非古典世界进行研究,并将其智慧运用到现在新的非古典世界中。静修(Hesychast)是在非古典人类学、非古典架构和意识类型中找到的最佳典范之一。我选择它是因为文献非常丰富。静修发展于古拜占庭,运用的是希腊语,这相当重要,因为希腊语的哲学意蕴最为丰富。直到基督教时代,希腊语中都有着海量的术语和概念。就连学者们也不一定能理解这种矛盾的结合,这种古代的隐修中的反文化的立场。当然,这种反文化的隐修遍布城市与荒野,发展出了一种孤独的言行。它是反文化的,但同时,又包含了极其精微的希腊文化,所以这个传统留下了大量的文字,对这种人类学的话语进行了极其详细的描述。所以我可以很容易地重建静修所蕴含的完整而详尽的人类学。

杜:你能解释一下 hesychast 这个词的词源吗?

霍鲁日:好的,这个词来自于希腊语的 hesyschia。大意是"沉默",但希腊语有极其丰富的细微差别。希腊语中意指沉默的词一般不是

hesyschie，而是 sigao，二者完全不同。sigao 是表达"沉默"的最基本和常用的词。

杜：意思是"止语"。

霍鲁日：是的，是的。是 sigao，不是 hesyschia。Hesyschia 是一种极其特殊的沉默。通常在精神性的文本中，将之翻译成"神圣的沉默"，而非"沉默"，这是一种特殊的沉默，专门用于与神的对话，与神的沟通。

杜：所以这是神圣的沉默？

霍鲁日：神圣的沉默，是的。不是单纯的沉默。

杜：道家和儒家传统中也有神圣的沉默。

霍鲁日：所有伟大的传统中都有。

杜：对。你与"道"达到了一种默契、无言的精神结合。你是沉默的，但这种沉默却蕴含着取之不尽、用之不竭的精神力量，因为它是冥想的基础，沉思的基础，是精神修炼最重要的一门学问，是完全的领受。同时也是倾听的技艺。倾听的时候就不再言说。这种倾听，这种不作为，意味着你正在向这种不作为敞开自己，而在这种不作为中蕴含着不可思议的做正确之事的能力。

霍鲁日：在基督教中，这比较复杂，因为在我们的传统中，上帝是人格化的。这意味着与神交流就是祈祷，是言说性的。因此，沉默的概念更为矛盾。人在沉默的同时永恒性地对上帝说话。在静修中，在这种沉默中，他在不断地祈祷。这就是关键的概念。静修式的祈祷的特殊之处在于，它确实是持续不断的。从方方面面来讲这一点都至关重要，尤其是在生理上。祈祷如果持续不断的话，就会积累越来越多的能量。祈祷是一个能量积聚的过程。祈祷时，我们会集中精力，增加内在的能量。祈祷中断时，停止祈祷时，这个能量积聚的过程也就停止了，被打断了。

但是，如果祈祷变成持续不断的，这种内在能量的增长就不会停止，能量就会极大集中，这在通常的修行中是无法实现的。这很特别。我们认为，正是这种持续不断的祈祷使人有可能达到更高的层次，能够开始真正的转化。还有一种非常物质性的描述。这种物质性的方面自身是不充分的，但还是有必要的。能量的集中通过这种特殊的祈祷得以实现，这是任何其他方式都做不到的。

在重构这个祈祷过程时，我把它对应到物理学中去。作为一名物理学家，我研究的是热核反应。在实现热核合成的过程中，我在核科学领域的同事们创造了一种特殊的技术，叫作隔离"暗室"（Camera）。他们发现，如果他们创造出一个完全物理隔离的、不受任何外场影响的"暗室"，那么这个"暗室"中的物质就可以达到高温，而如果没有这种严格的隔离则不可能的。所以我们创造了一个特殊的隔离空间，在物理学上是通过磁场来实现的。有一个专门的名词，叫托卡马克"暗室"。当放在托卡马克"暗室"中时，这个磁隔离空间里的物质可以达到足以启动热核反应的高温。

杜：你是说"暗室"相机（Camera）？

霍鲁日：空间，孤立的空间，被称作 camera。

杜：像相机一样？

霍鲁日：是同一个词。这是一个技术术语。是指一个房间一样的空间。如果创造出一个特殊的封闭空间，就意味着能量的异常集中成为可能。为什么我们需要这种集中？为什么我们对这种浓度的增强感兴趣？是因为在物理学中对应存在着一种基值，如果温度极高，那么就达到了阈值，物质就会进入一个完全不同的状态。这时热核合成就开始了。必须达到一个自然手段无法达到的高温，随后物质就会进入另一种状态，另一种进程。

这与人类学进程是极为相似的。我们不断增加人的内在能量的浓度，达到了某个阶段，非常明确的，就像在物理学中一样，超过了这个阶段，我们就进入了完全不同的变化和状态，在宗教意义上，就实现了与上帝的合一。

杜：我认为在东正教传统中，修行是靠个人的努力，但上帝的恩典是如何同时参与其中的呢？

霍鲁日：这个过程有两个方面。在与之对应的物理学中，我还没有说到，这个封闭空间应该是被创造出来的。能量的集中就是祈祷。但是这种祈祷有特定的条件，就是这个封闭的空间。否则就无法达到所需的集中。在物理系统中，这种孤立的空间是通过磁场来创造的。在人类学的过程中，是通过特殊的注意力技术来实现的。这种注意力（attention）在静修中被称为"守护"，守护祈祷的活动。祈祷必须由注意力来守护。注意力的特殊使命就是保护祈祷过程不受任何干扰，由此发展出了特殊的注意力技术。

关键的不只是祈祷，而是这两项活动的结合。祈祷加上守护祈祷的注意力，以此产生不断增加的集中。静修的关键不只是祈祷，而是两种极为不同的活动的结合：祈祷与注意力。

杜：注意力在此指的是能量的集中。

霍鲁日：是的，是一种集中的技术。这与现象学上的"注意"、胡塞尔现象学中的内在经验的集中极为接近。注意力和祈祷相结合的关键作用并非一早就被发现的。传统花了几个世纪的时间才发现这一点。发现这一点之后，我们用特殊的形式对之加以表现，有时称之为静修祷告。静修本身并不是这个意思，但在广义上我们会这样称呼。

在希腊语中，"祈祷"是 proseuche，"注意力"是与之很像的 prosecho。所以，从语音上来说，二者是两个近似的词：proseuche 和 prosecho。这两个词结合起来就像一个咒语：proseuche prosecho。这两个词的结合是修行的关键。这就是一切静修的关键。

杜：我想我们需要总结一下，但我想先确认一下对你的理解。我认为查尔斯·泰勒的方法非常有吸引力，但我不认同他关于兴趣领域的整个概念，他认为宗教是众多兴趣领域中的一个。所以哈佛大学有一位教育领域的同事,一位杰出的学者,霍华德·加德纳,他提出了多元智能理论。有的人在空间、建筑设计、音乐、数学等很多不同方面很聪慧。但我跟他说,不能说宗教或伦理也是这样的领域之一。因为如果这样的话,你就可以说:"好吧,我不信宗教但是我擅长音乐。"这实际上意味着你作为人是有问题的,在伦理道德能力上有缺陷。你可以说,不擅长数学。这没什么,我数学学得不好,或者我成不了音乐家。但是如果你说我没有道德信念或宗教信仰,那就有问题了。

我想到了马克斯·韦伯对现代的兴趣领域的看法。一切都被碎片化了,分割成了许多领域。我认为,约翰·罗尔斯所说的正义,以及哈贝马斯在理解公共领域方面的一个关键性问题,甚至可以说是致命的问题,就是它是政治性的。其基础是人权的规则以及那些伟大的价值。然而,你所说的人类学、宗教或伦理学领域被忽视了。如果做不到这一点,那么社会就需要动用一切政治和法律约束来制止暴力。

霍鲁日:当然。

杜:但这并没有鼓励人们变得更好。在民主制度中,不存在对好人、道德的、伦理的、负责的、想要真正成为人的人的奖励机制。只是干脆说大家都是普通人。你做你的,我做我的。我们两个人之间不存在关系。

霍鲁日:基本上,我认为要看我们对未来的命运是不是无所谓。如果无所谓的话,我们就这样去做。承认一切,不加分别,仅仅将我们所遵循的法律与秩序最大化。

杜:对,对。

霍鲁日:这意味着我们看不到现象的隐性原因。我们拒绝制定影响社会趋势的策略。只要不破坏法律和秩序,一切都平等地被接纳,我们对任何事物都是平等地仁慈。这是一种可能的选择。但是,如果对发生在我们身上、人类身上的事情不是无动于衷的,那么我们就必须研究其原因,也就是说要研究两种进程的人类学。我们必须了解人是如何变化的,我们的结构是如何变化的,不仅如此,还要努力去影响或加强某种变化,削弱、阻止或阻挡另一种变化。这就是宗教回归的意义。这不是出于正义,俄国人不太在乎正义。对不起,这是我们俄罗斯人的天性。

但是,俄罗斯人非常关心人类的命运,关心发生的一切,关心我们能不能发现并阻止那些危险的趋势。要回答我们能否克服风险、影响危险的趋势,就必须引入人类学。此外,人类学与宗教直接相关,因为在纯粹世俗的人之前,所有人类学形态都是有宗教渊源的。

杜:请允许我总结一下我的理解,人类的生存能力面临着严重的问题。人的寿命或长或短,但作为人就意味着……

霍鲁日:从某种意义上来讲,我们正在逐渐死去,以一种温柔的方式。

杜:这么说吧,人一出生就在走向死亡。这是对的。我想从你我的角度来看,仅仅为人类找到一种生存的方式是不够的,因为我们希望人类能够蓬勃发展,能够美好地、真实地、有意义地生存。我们探求作为人的最好的可能性,否则生存就没有意义。

霍鲁日:基督教不太强调幸福。我们不能说这是基督教的理想。对我们来说,更重要的是保持自身。人类的身份认同比幸福更重要。

杜:这是一种极乐的认同。

霍鲁日:是的。

杜:是的。所以,这种追求需要一种非外在强加的精神修炼。所有的法律法规都是维护安全的必要条件。然而,作为人,每个人都是不断的自我实现过程的参与者。这种自我实现的过程表明了精神修炼的不同阶段,并导向了对人的意义的不同理解。

霍鲁日:当然。

杜:这不是抽象的对人的思考,不是为了给体验的发展强行设置方向。而是通过自我实现的实际体验,为我们思考人的本质提供理论基础和实践基础。这也是向人类遗产中的一些伟大的见证者、伟大的典范寻求灵感和抱负的原因。这是一个无止境的自我实现的过程。我们想象着最高进程——如果进程可以被衡量的话。人无法在存在论上实现它，但在本体论上，每个人都被赋予了实现它的能力和使命。它是多元的，但绝不是相对主义的。其中存在着一种追求卓越的健康竞争。印度教和佛教都是如此。

霍鲁日：的确如此。竞争是其中一个方面，一种机制……

杜：近乎对卓越的追求。

霍鲁日：没错。

杜：一个伟大的钢琴家，即使他是最棒的，也希望其他钢琴家能超越他。这是每一个个体追求卓越的进程。

霍鲁日：是的。

杜：这就是对话性文明的开始。这种对话不仅是分享我们的生存技术——鉴于目前的境况我们应该这么做——我们共享的多种精神道路应该是相互参照、相互学习的。因为，我们知道上帝、真主、天命等都希望——用人类学的术语来说——人类能够在审美、精神和科学上蓬勃发展。我们这个新成立的研究俄罗斯东正教哲学的群体关注你的研究，我希望我们能开始阅读你关于静修的著作。我认为我们可以通过静修的实践构建我们对于佛教、道家和儒家的精神修炼的思考。

霍鲁日：好的。

杜：这不仅有助于我们分享精神修炼的体验，也有助于建立一种哲学。做哲学不仅是建构哲学体系，也要基于这种交流。

霍鲁日：当然。在我看来，我发展了一种关于灵修的一般性理论。

杜：对。我认为这是至关重要的。

霍鲁日：当然。我主要关注的是静修，但我还把这种观念扩展到所有的灵修传统中。例如，我有一位非常好的合作者，他是一位禅宗专家,我的研究所有一个为期三年的以我的方式进行禅宗研究的项目,研究结果已经发表了。

杜:太棒了。

霍鲁日:基于顿悟(satori)等,以我的方式重构禅宗的人类学,但都是俄语的。

杜:我觉得应该对这些研究结果进行翻译。我认为我们这个研究小组应该先把俄语翻译成汉语。当然,也应该翻译成英语。我们这里有很多人。你的作品已经翻译成中文了,翻译得很好,我希望能够出版。

霍鲁日:张百春教授是一位出色的译者。他是我在哲学系的学生,是一个优秀的哲学家,所以他能理解他所翻译的东西。这很重要。

杜:我希望他跟北大的李伟教授一起来领导这个研究小组。她俄语说得很流利,尽管她的专业是文学。

霍鲁日:对,她俄语很好。

杜:是的,我也会参加明年的会议,主题是人类精神或人文主义精神与生态意识。

霍鲁日:我知道了。

杜:我们当然希望你能来做主题演讲。此外,这个会议将在9月的第一周在这里举行。现在有点早,九月的第一周,我希望我们能在那之前邀请你来。

霍鲁日:我们和张百春教授一起筹备了我的讲座,在春天的时候举行。

杜:是的。我们有合作。

霍鲁日:我对提到的这个话题非常感兴趣。希望有时间我们能探讨一下。我们的主题太多了。

杜:我们可以系统地来做。

霍鲁日:是的,但人类中心主义和人类宇宙观的关系非常重要。

杜：是，正是如此。我正是在必须超越凡俗人文主义的人类中心主义的意义上使用"人类宇宙观"（anthropocosmic）这个词。

霍鲁日：对我来说，二者是两种立场，如果得到充分的发展，二者是相互包含的。

杜：我同意。

霍鲁日：在俄罗斯的哲学传统和宗教哲学中，大多数伟大的哲学家通常都是先从人类中心主义开始，然后将宇宙的作用囊括进来，他们的关注点逐渐从人类中心主义转变成了人类宇宙观。

杜：是的，陀思妥耶夫斯基就是这样。

霍鲁日：对。

杜：托尔斯泰呢？

霍鲁日：托尔斯泰没有那么典型。

杜：某种意义上这很可悲。

霍鲁日：托尔斯泰在更大程度上仍然停留在人的领域。

杜：对，这有些悲剧意味。

霍鲁日：但他认为人类世界与自然是一体的。他以一种相当自然主义的方式理解人。

杜：因为他有深厚的修养和令人惊异的才华……

霍鲁日：没错，没错。

杜：他是我最崇敬的人之一。我们必须接纳他。

霍鲁日：对。因此，这个主题可以表述为"人类学转向与生态学转向"。

杜：是。

霍鲁日：探讨两种转向及其必然联系。

杜：当然。我认为从人类中心主义到人类宇宙观是一个伟大的旅程，但两者从其最佳意义上来说都是人类学的。

霍鲁日：是的。从某种程度上来说，目前无暇讨论这件事是件好事,因为这仍然是一个悬而未决的大问题。

　　杜:好的,谢谢。

　　霍鲁日:谢谢。

　　　　　　　　　　　　　　(翻译:吴蕊寒　校对:邱楚媛)

如何认识人

——对话古拉姆瑞扎·阿瓦尼

　　古拉姆瑞扎·阿瓦尼（Głolamreza Aavani，
1943— ），伊朗德黑兰沙希德·贝赫什提大学哲学
教授，伊朗科学院常任院士、伊朗哲学学会和国际伊斯
兰哲学学会（ISIP）主席，国际哲学学会联合会（FISP）
指导委员会成员，伊朗哲学研究院前院长。阿瓦尼精
通波斯、阿拉伯、英、法等多种语言，并擅长阅读希腊

语（古文和现代语）、拉丁语、德语著作。他以伊斯兰哲学为主要研究方向，希望通过学术影响力增进不同文明、宗教之间的交流与融通。曾因其卓越成绩，获评伊朗杰出哲学教授、哈萨克斯坦共和国科学院荣誉院士，并获得 Farabi 人文奖等国际大奖。主要著作有《哲学与精神的艺术（*Philosophy and Spiritual Art*）》（波斯语，1976）、《纳西尔·霍斯鲁诗集中的 40 首诗（*Nasir-I Khusraw: 40 Poems from the Divan*）》（与彼得·兰波·威尔逊合译并撰写导言，1998）、《鲁米：哲学研究（*Rumi: A Philosphical Study*）》（英文，2016）等。

对话时间：2013 年 6 月 17 日

杜维明（以下简称"杜"）：阿瓦尼教授，非常荣幸邀请您来到这个颇具胜意的地方，这里叫会心阁，意思是心灵相通之所。我知道今天对您、对我们、对伊朗来说，都是一个好日子，因为鲁哈尼成功当选为伊朗总统。对于这一盛事您有什么感想愿与我们分享吗？

古拉姆瑞扎·阿瓦尼（以下简称"阿瓦尼"）：关于选举？

杜：是的，关于选举。

阿瓦尼：非常感谢您的邀请，我对此感到十分荣幸，杜教授。对伊朗来说，这次选举极为成功，结果很出乎意料，毕竟其他候选人更为热门。但是当然，我们并不是只有两个政党，我们还有自由提名。

杜：你们有五个或六个候选人，对吗？

阿瓦尼：六个候选人，从大概二三十个人中选出来的。原本有一两百人，但不是所有的人都有资格。有很多人认为自己可以管理政府，所以他们参选了。但是要想当总统，他们应该具备一定的资质。但我认为这六个人是最有资格的，他们有较长的从政经历，担任高级且重要的职位，所以我认为他们非常优秀。但党派之间存在各种竞争。他们之中只有一位独立候选人，右派有4位，左派有2位。左派的候选人中，有一位是哈塔米总统的前副总统，他退选了。他是一位非常著名的教授，在德黑兰大学当了很多年的校长。

他毕业于斯坦福大学，是一位非常优秀的学者，也是伊朗科学院的常任院士。多年来他负责预算事务，能力拔群。但是他退选了，所以左派只剩下一个提名人，就是鲁哈尼，他受到哈塔米和拉夫桑贾尼的青睐。拉夫桑贾尼是前伊朗议会议长,两度担任伊朗总统。哈塔米也曾两度出任伊朗总统。两位人民选举出的总统都属意于这位候选人,但人们并不认为他会赢。可是在计票当天,他一路领先。从48%到49%、50%,最后以51%的比例获胜。人民对此非常满意,这是党派努力的结果,党员之间通力合作,所以他才能够获胜。鲁哈尼并非政治新秀,而是很早就参与了革命,甚至在革命之前就崭露头角。他是霍梅尼和哈梅内伊的亲密战友,也是哈梅内伊原子能政策的拥趸。

此外,他还是一名律师,有伦敦大学的法律博士学位,同时他也是一个教士。这一结合非常有益。身为教士,拥有伦敦大学的博士学位意味着他未受到狭隘的环境的局限。他了解这个世界,参与了众多重要的工作。所以他并非后起之秀。

杜:我认为这标志着伊朗历史上一个非常辉煌的新篇章,无论是在内部凝聚力方面,还是在与世界其他国家的交往方面。

阿瓦尼:是的,尤其是与世界其他国家的交往。

杜:尤其是对于所谓的工业化国家。上次我有幸访问德黑兰时,有一个非常明显的感觉,伊朗确实是一个哲学的国度。人们对哲学相当重视。另外,伊朗的知识分子同时浸淫于历史意识和人类精神的现代化表现之中,您就是一个突出的例子。当然,这可能是我比较肤浅的观察,但我非常强烈地感觉这一点,尤其在与年轻人交谈之后——我和很多不同阶层的人进行了交谈,当然他们都是哲学家。我发现人们极为认真地对待思想,他们深入践行着中国传统所说的"修身哲学"(self-cultivation philosophy)。

阿瓦尼:修身。

杜:自我修养的哲学,或者说"修身"。"四书"之一的《大学》中说,"自天子以至于庶人,壹是皆以修身为本"。所以,自我修养并非仅是少数人的特权。当然,如果拥有很好的环境,像现在这样,有音乐,有香氛,有好茶,有优美的环境,你就会感到心旷神怡,精神的宁静和灵性就容易得到朗现。但是我认为在中国古典思想中，修身哲学不仅是少数人的特权，而且是每个人的道德义务。这就是学以成人的途径。不践行修身就意味着没有批判性地意识到自己想做什么，或者正在做什么。如果不每日精进自身，就失去了为人的意义。我的感觉是，这在伊朗文化中也是根深蒂固的，无论是早期的波斯传统还是伊斯兰传统，都是非常具有生命力和影响力的。

阿瓦尼：非常正确。您指出了非常重要的一点，既是关于中国，还是关于伊朗，以及两种文化的相似性。首先是哲学在伊朗的地位，它的根基非常深厚。伊朗的哲学传统历史悠久、根深蒂固。伊朗也许是伊斯兰世界唯一一个拥有古老、连续且鲜活的哲学传统的国度。几乎所有的哲学法则都存在于伊朗，并且形成了逍遥学派的传统（peripatetic tradition）。伊朗人向希腊学习，并对之进行了阐述、完善，甚至超越了希腊人。比如阿维森纳在很多重要的观点上胜于亚里士多德，阿维森纳甚至创立了一个新的哲学流派，这个流派不以希腊哲学为基础，叫作东方哲学。他的巨著《治疗论（al-Shifa）》，在开篇就说："我已经完善了逍遥学派的哲学（peripatetic philosophy），这是亚里士多德没有完成的。我将离散的学说公理化、系统化、完善化了。亚里士多德哲学有很多空白，而对于想研究我的哲学的人，我还有一本书叫《东方哲学》，那是我真正的哲学。"这部著作是他不到四十岁时创作的。他创立了新的基础，形成了东方哲学和光明哲学，后来苏拉瓦迪又进行了完善。伊斯兰世界的伟大学者和哲学家大多来自伊朗。

先知穆罕默德说过，"如果知识来自七星，那么伊朗人触及了它。"著名的穆斯林学者和社会学家伊本·赫勒敦有一本非常重要的著作，叫作《序言（Prolegomena）》。其中一段是这样说的："如果在昴宿星系中发现知识……一些波斯人就会到达它。"他解释说："如果知识来自七星，那么波斯人触及了它。"

直到今天，也有很多很多来自伊朗的伟大学者。在埃及的集市上，我发现了很多伊朗人的书。如您所说,在中国,在儒家文化、东方文化中,修身的理念都是极其重要的,在伊朗也是如此。伊朗文化,也就是波斯文化,和中国文化在很多方面是非常相似的。当然,它们也有不同之处,但总的来说非常接近。

首先,有一种为政的观念,智慧和哲学不是个人的。而是社会现象和政治现象。正义不是个人的东西,是社会性的。所以中国和伊朗能够建立起非常伟大的帝国。哲学不仅仅是书本上的学习或纯粹的概念化,而且是一种应当加以运用的实践智慧。伊朗也是这样。在伊朗,从上古时代,从阿契美尼德时代、萨珊王朝,到后来的伊斯兰世界,都能够建立起非常伟大的帝国。例如在大流士时代,伊朗从希腊扩张到了印度附近。所以黑格尔在《历史哲学》中说,历史意识最先出现在伊朗帝国。

这种为政的智慧同样存在于中国,比如说孔子的哲学。他周游列国,游说诸多国君。无论是接受还是拒绝孔子的学说,这些君主都将教育、教化视为己任,他们既要为个人如何修身又要为家庭生活指明道路,尤其是家庭生活,它是个人和社会的中介。无论是在伊斯兰教和伊朗,还是在中国,家庭生活都是非常重要的。我的意思是,孝德非常重要。美德不仅是个人的,孝德是社会的纽带,中国和伊朗的文化都极力强调孝。相较之下,其他文化例如印度哲学或基督教文化就并非如此。

杜: 您提到了伟大的哲学家阿维森纳,和一种普世的视角,一种关于哲学的全面视角。阿维森纳以填补亚里士多德哲学的空白为己任,所以他以一种更为综合、全面的视角研究东方哲学。您还提到了伊本·哈勒敦。我在加州大学伯克利分校的时候,我的一位同事艾拉·拉皮杜斯(Ira Lapidus)是美国研究伊本·哈勒敦的主要学者之一,他既是一位社会思想家,也是一位原创哲学家。即使是很粗浅的接触,我当时也被他的广博和对人类社会的总体关怀所打动。令我印象深刻的不仅是他对人的理解，还有他对城市、对大都市、对社会生活、对人类生活现实的方方面面的理解。

您特别提到了为政的重要性。这与理解人的重要性息息相关。人不是一个孤立的个体，而是生活社群关系的中心：家庭、邻里、国家和帝国。所以，这些人不仅是沉思的哲学家，还是行动的知识分子。他们不仅在情感生活方面观照自己的内心，也投身于社会管理。这与那种单纯关注内心修养的精神修习有很大的不同。我完全同意为政的重要性在于它既是一门艺术，也是一门科学，是在可推扩的规则基础上组织广大社会的能力。

阿瓦尼：是普世的智慧。

杜：是的，普世的智慧。所以，当下，比如说新总统鲁哈尼是一个法学家，有法学学位，以及这些实践举措，都无疑是非常重要的。正如您所说，黑格尔在《历史哲学》中提到波斯帝国可能是人类历史上最早拥有治理意识的。但是如您所知，黑格尔是极度欧洲中心主义的，所以他说太阳最终会落在西方。

阿瓦尼：这对欧洲有利，否则他也不会这么说。他对中国、对印度很不友好。

杜：非常不友好。波斯、印度、中国在历史的黎明，意识发端的时候，也许作出了重大的贡献，但是最终太阳要落在西方，落在普鲁士，当然也落在他的哲学中，这种观念，从我们今天的角度来看确实已经过时了。

阿瓦尼：历史在他身上，在黑格尔本人身上终结了。

杜：但是我认为，以世界秩序、治理、社会关系的宏大视角，以人作为关系的中心而不是孤立的个体的视角来看，伊朗或波斯式的精神方面的自我修养与挖掘每个人的内在潜能密切关联。换句话说，尽管治理、社会和社会秩序非常重要，但人作为精神性的存在，总是与内在的生命紧密关联的。我们甚至可以用内在的主体性来表达，可以说它是深层的，可以一直深化的，是一种深化的主体性。孔子讲"为己之学"，学习是为了自己，而不仅仅是为了别人而学习。你不是为了父母而学习，甚至也不是为了社会而学习。学习是为了建立自己的人格，完善自己，这是核心。一旦确立了自己是一个独立自主有尊严的人，那么就能够真正地推己及人。如果没有这个内在的核心，没有内在的精神性，即使你很有影响力，也可能会造成反作用。我想波斯哲学也很强调这一方面。

阿瓦尼：是的，传统哲学中都有这样的观点。

杜：对。哲学的意义不仅仅是对智慧的热爱，而是一种实践，一种实现。

阿瓦尼：是对智慧本身的实现。

杜：是的。我想请您从鲁米和伟大的思想家和哲学家的诗意视野，对人作为精神存在这个维度再做一点阐述。我想这是当今中国急需的东西，因为社会已经被市场的力量所淹没。我相信这不仅对中国很重要，或许对整个世界都很重要。

阿瓦尼：这对每一个时代都是主要问题。只要人类生活在这个地球上，它就是所有哲学中的第一问题。第一问题应该是第一位的，因为它是最重要的，比如说自我的问题，神圣的自我，"我"是谁。当然，科学无法回答这个问题，对此您比我更清楚。因为科学只处理人的现象，而不是人的本体和现实。只有古代意义上的哲学，只有智慧本身，才能解决这个问题，而不是科学。科学处理的是现象，处理的是事物的表象，而不是我们内在更深层次的自我，这个自我有很多很多的层面，非常深奥，而且要追溯到事物的起源。"自我"在东方哲学，在伊斯兰哲学中，在鲁米、伊本·阿拉比等苏菲派先知，孔子、老子、孟子、庄子和很多很多伟大的圣人包括伟大的印度圣人的思想中，都是一个备受关注的问题。但遗憾的是，近来，它被蒙上了一层面纱，"我是谁"的问题也就不复存在了。但真正的问题仍然是，"我是谁？"

杜：个人身份。

阿瓦尼：我的个人身份，我是谁？这是一个非常深刻的问题。所有的宗教和传统智慧都尝试解决这个问题。它们或多或少都给出了相同的答案，那就是"我"是属天的，而非人间的。我们不仅仅是肉身，而首先是更高更深层次的存在，那就是灵魂。以及比灵魂更高的，我们的精神，我们的心，我们最内在的本质，甚至是未知的，可以深溯到存在本身。人的"自我"与神性的自我有关，根据这些教义以及鲁米、伊本·阿拉比的说法，自我是神性的。神就是"我"。比如说，神说并不存在特定的"我"，存在的是每一个具体的我，存在的是你而非"你"，是他而非"他"，是神而非"神"。所以，大写的"我"的"自我"这一属性，应当反溯回万事万物自身本具的普遍的"我"之中，包括人类自身。即便是一只鸟也有其"自我"。如果对一只鸟、一只猫、一只蚊子进行沉思，你就会发现是否具有"自我"并不取决于其存在是渺小还是庞大。一头大象和一只蚊子没有区别。蚊子和大象一样，都有自己的存在。我曾多次对蚊子进行沉思，当我在看书时，一只蚊子坐在我的书上。我从不打扰它。我喜欢它，我试着去思考它、研究它。它的行为极为奇怪。它思考、站立、决定、移动、飞翔。我不会飞，但它会，突然间它就决定飞走。

所以即便是最小的东西也有其神圣性的"自我"。依照先贤的教诲，这个世界上不存在没有自我的事物。我不会将之称为唯灵论或其他类似的不同名称。然而，矿物质、植物和动物真的没有区别，尽管大多数人认为动物没有"自我"，但它是有的。动物会痛苦、会感觉、会思考，它的一切都归于自我。植物和所有生物都是如此，尽管我们不懂得它们的语言。我们正在尝试将存在自身作为一种语言来理解。存在的语言是本体论的，只有圣人才能解读它，科学在这一点上则无能为力。当然，科学发现了规律，认为规律只存在于灵魂中。但具有规律性和普遍性的东西必然有灵魂。这样的事物都具有功能。万物都被赋予了精神，尤其是人。最好的精神属于人类。人在所有生命中是独一无二的，有着其他生命所没有的特性，这就是他生命的全面性和他智力的普遍性。

人类比任何其他生物都更能运用语言；人具有最高的理性，包括部分理性和普遍理性。人能够沟通、表达，能够理解一切。以大学为例，大学中有不同的院系：物理、化学、生物、人类学、心理学、社会学、经济学、政治学。所有的学习和存在的分支都是人类研究和人类知识的主题。这意味着什么？这意味着人是一种普遍存在，能够与他人进行对话和交流。人首先能够通过对事物深入的理解来培育自身。这就是我们所说的理解。比理解更高的则是对被理解事物更深入、更触及本质的思考。

此外，人能够与他人交流，与他人分享，因为他们都是自我。他们有相同或相似的经历，以及相同的功能，人可以理解、冥想、推测，可以与他人进行对话。这极其伟大且独特。按一些圣贤和《古兰经》所说，即使是地位最高的天使也没有这种能力。所以说人是按照神的形象创造的，或者用《古兰经》的话来说，神赋予人，并在人身上体现了他的所有属性。神并非仅将他的部分属性赋予人，神性是人所具有和表现出的属性的总和。

因此，人是神的全部观念、全部现实、全部属性和名称凝聚而成的。举例而言，为什么人在哲学中被称为普遍的？为什么人是命名者？人因此不同于其他任何生物。连天使也不是普遍性的。鸟类不是，动物不是，只有人是。这是因为人性是具有普遍性的。名称并非仅仅是一个词语，而是一种意义。人能够理解词语的意思，能够理解一切。在理解和领会了意义之后，人赋予其他事物一个词语，一个名字。然后他尽可能地理解并尝试将之思想化，探寻事物的本质，然后对这一命令进行交流。这些都是非常伟大的人类属性，是所有其他动物甚至天使不具有的。

杜：您以关于"我是谁"这个问题的核心问题开启人的思考。

阿瓦尼：是的，"我是谁"。

杜：因此是自我的观念。接着在关于自我的论述中，您提出了一个观点，即人实际上是神的所有属性的化身。

阿瓦尼：是的，是所有属性，而非部分的。

杜：所以说，为很多很多事物命名，并赋予每个名称不同的含义，以及对这些含义进行确证的能力，能够展现人类的一个维度。所有形式的知识——我们谈到了不同院系、自然科学、社会科学、人文科学——都可以视作对成为人这一复杂而丰富的过程的理解。在这方面，人的独特之处在于人是按照神的形象造出来的。这是一个预言性的视野，人应该把自身视为天命，不仅要实现他 / 她自己，还要实现神赋予人类的所有潜力。

我认为在 21 世纪，我们面临的中心问题之一是重新思考人。我们尝试思考："成为人意味着什么？"当然，表面来看，有两种截然不同的路径，创世说和进化论。两者不一定完全不相容，但肯定存在紧张关系。还有一位伟大的儒家思想家，名叫荀子，我试着解释一下他的一个描述：万物都是由生命之气组成的：矿物质、植物、树木、动物和人类。但是，只有植物有生命，只有动物有意识，只有人类有"义"，"义"可以理解为道德感。① 无论如何，一切都是由生命能量构成的，只有由生命能量构成的存在中的事物才有生命，就像植物。植物的生命力是生命能量的表现，但它不能还原为生命能量。植物有其特性。而动物有意识，因此动物是活着的。动物被赋予了生命能量，但是不能把动物的意识简单地归结为植物的生命或万物的生命能量。然后是人。人也有其特性，比方说道德感，这意味着人类是有意识的，活着的，充满

---

① 《荀子·王制》："水火有气而无生，草木有生而无知，禽兽有知而无义，人有气有生有知亦且有义，故最为天下贵也。"

活力的。那么问题是，人类的独特性是什么？这里有两个问题。一个是新的存在的出现。

阿瓦尼：就像进化。

杜：就像进化一样，生命出现了，意识出现了，人的道德感出现了。人类的新的特性根植于动物的意识、生命和生命能量。这就是为什么我们可以通过研究动物来了解自己。我们也是通过研究植物之类的生物了解到了很多关于动物的知识。此外，我们是动物世界不可分割的一部分，是生命世界不可分割的一部分。然而，不得不说，人类有一些独特之处，这不是简单地通过参考动物世界、生命和生命能量世界的法则就能理解的。这是人类的独特之处。这是所有主要儒家思想家的共识。孔子没有在形而上学的意义上谈论它，但孟子已经用一个非常生动的例子说明了人类对他人痛苦的感知能力。您提到了对话，对话是一种通约的能力。著名心理学家杰罗姆·凯根认为："通常情况下，两岁的婴儿能够对他人的痛苦做出反应。"现在有些人说远远不用迟至两岁，甚至是几个月的宝宝也具有这种能力。

阿瓦尼：有人说甚至在出生之前人就具有这种能力。

杜：是的。人类的一个显著特征就是这种与世界上其他人实现共鸣的能力。所以这是一种品质。孟子说得更详细。他将这种推扩能力、羞耻感、是非感、恭敬感都囊括了进来。许多我们称之为道德品质的特性都是人固有的。这些品质不是简单地被习得，而是被激发，这些品质是人的天性的一部分。不是外来的，不仅仅是社会化的，是作为人内在具有的。有一个经典文本解释了人性是天所赋予的。这就好比说人性是神创造的。

阿瓦尼：是的，由神创造的。

杜：这就是"天命之谓性"。在这里"命"这个字并不意味着"授权"，而是指"命令"。人的本性本质上是天赋。从这个意义上说，人的本性与天的本性是一致的，因为它是由天赋予的，这意味着通过理解自身,我们可以理解其他人,我们可以理解事物,可以理解天的意志。"四书"之一的《中庸》中有一句非常有力、非常感人的话:"唯天下至诚,为能尽其性;能尽其性,则能尽人之性;能尽人之性,则能尽物之性;能尽物之性,则可以赞天地之化育;可以赞天地之化育,则可以与天地参矣。"

人是天的一部分,也是自然的一部分。因此,人类可以被认为是一座桥梁或一个中介,可以贯通天地。所以人的完成意味着天与地的重新联结。

阿瓦尼:人类有连接所有事物的能力。

杜:对。所以人可以为很多很多事物命名,因为人被赋予了这一能力。因此,人类被赋予了这一特权,同时也具有天命的义务,一种人类的义务,一种承诺。从这个意义上来说,自我实现就是对整个世界其他人的实现。所以自我的概念不仅仅是人类学的概念。我创造了"人类宇宙观"(anthropocosmic)这个词,它既是属人的,也是属天的。

阿瓦尼:这就是您所说的大我、小我、普遍性的我。

杜:对,所以在《孟子》中有两个词。一个是"小体",意思是小身体,指我们的肉体。另一个是"大体":宏大的身体。大体不仅能包含社会,还包含天地。大体就是宇宙之体。

阿瓦尼:所以儒家也有同样的观点?

杜:是的。

阿瓦尼:对于微观与宏观一体的世界。

杜:既是微观世界也是宏观世界。这是我昨天向克鲁尼教授提出的关于身体的问题。与其把身体看作是与精神和灵魂分离的,不如把身体看作是一个场所,一个心灵、意念、精神和灵魂居住的地方。

阿瓦尼:它是时空的。如果没有空间性的身体,就没有时空。没有人的身体就没有人。

杜:对,而且它也是神圣的。所以神圣……

阿瓦尼：它体现了精神。

杜：对，所以有四个维度，四个或五个。身、心（包括心灵与意念）、灵和神。在汉语中，我们有"身"这个词。"身"意思是身体。"心"是对心灵的感知。"灵"是一种更微妙、更温和的联结方式……

阿瓦尼：是身体和精神的中介。

杜：是的，但是有四个维度：身、心、灵和神。例如，我们可以说灵魂在空间上被理解为可定位的东西。你可以说一个民族的灵魂，大学的灵魂……

阿瓦尼：就像柏拉图的例子一样。假设有一艘船的掌舵者。他有时在船上，有时出去。他就是一个普通的人。所以似乎有两个功能，但是一回事。有时管理身体，有时在身体之外。当它管理身体时，人们称之为灵魂，在身体之外时，人们称之为精神。

杜：所以这个掌舵者或者说船长……

阿瓦尼：是的，他并不总是船长，有时他会靠岸……

杜：有时候他是不在场的。

阿瓦尼：是的，不在场，是的。

杜：然而，如果身体要以健康正常的方式运作，就必须有灵魂。我正在完善关于体知的观念，这与梅洛－庞蒂的身体概念以及一些后现代思想家有些联系。"体知"一词现在已经具有非常重要的哲学意义，我认为在伊斯兰教中也是如此。在这里批评天主教可能有失公允，但我们知道天主教会的一个大问题恰恰是禁欲主义，许多天主教牧师无法关照自己的身体的问题，特别是在不可控的性欲等方面。

阿瓦尼：是的，这是很难的。

杜：是啊，很难，而且会引起各种各样的问题。

阿瓦尼：是的，很多荒诞不经的行为。

杜：对。所以现在的问题是，我们如何在 21 世纪重新审视作为精神存在的身体。通常我们会说禁欲主义本身可能是一种精神选择，但它太特别了。禁欲主义不应该被强加于人,也不应该被理想化为最纯粹的自我修养。这是我的立场,但我认为这是可以讨论的。换句话说,身体的感官性和身体的灵性不是对立的,我们知道,在现代西方哲学中,随着笛卡尔"我思故我在"的二分,我与我的身体被分开了。

阿瓦尼:这就是二元论,完全二分。

杜:不仅是二元论,我称之为"排他性二元论"。

阿瓦尼:排他性二元论。

杜:意思是身体不是属我的。

阿瓦尼:非常危险。

杜:对,如果是肉体的,那就不是灵魂。但二元论对思考来说是必需的。例如,在《大学》中就区分了本与末、始与终。

阿瓦尼:原理与表现。

杜:原理与表现或本质与功能。有许许多多思考的方式,像用阴阳二分法来看待人类状况的复杂性。二元思维的极性是绝对必要的,但是如果你采取排他性的二分法,把身心分开,把肉体和灵魂分开,把物质和精神分开,把神圣和世俗分开,那么就限定了灵魂的重要性,就将身体理解为……

阿瓦尼:就忘记了身体,抛开了身体。而弃置身体是很危险的。

杜:在中世纪的基督教禁欲主义中,身体有时被认为是灵魂的监狱。所以要抛弃身体。

阿瓦尼:甚至希腊人也有一句谚语"身体是灵魂的牢笼"(soma sema)。Soma 是身体的意思;sema 是监狱的意思。

杜:对精神的磨炼因此会变得很残酷。折磨自己的身体,强迫自己的身体受苦,目的是把灵魂从身体中解放出来。

阿瓦尼:像自我鞭笞之类的。

杜:简直不可思议。我认为在 21 世纪这将被视为是一种折磨。

阿瓦尼:这是违反人权的。不仅违反人权,而且……

杜：人不应当折磨自己。无论如何，培育健康的身体，做运动之类的事也是一种精神锻炼，比如瑜伽。

阿瓦尼：是的，这是东方世界中的精神，东方的哲学。

杜：这里有一个很大的问题，就是社会服务和精神修养的关系。

阿瓦尼：是的，我们如何将两者结合起来。

杜：理查德·罗蒂持激进立场。他是我的好朋友，但我们有很多分歧，因为他以一种完全世俗的、后现代的方式思考。他反复使用"杂交性"（hybridity）这一术语。几乎所有的东西都是其他东西的混合。他会说你必须做出选择，是要修养自身，还是要为社会做一些公共服务，要做出选择。如果你想修身养性就要抛弃社会，要为社会服务，就要抛弃自身，不可能两者兼得。

阿瓦尼：[笑] 两个极端。他认为没有别的办法。

杜：对，我告诉他，如果你是对的，那么儒家就完全是失败的。

阿瓦尼：这样的话社会本身就是失败的，因为如果不同时基于两者，就根本没有社会。

杜：没错。所以这种妥协——我希望不仅仅是妥协——这种相互性是建立在某种互相加强的基础上的。越是修养自身，就越能够关心别人。越关心他人，就越能加深自我意识。这两者的关联性非常强，以至于如果预先做出选择，就不仅仅是为一方牺牲了另一方，就连被选择的一方也不是本真的，因为真实的自我永远是关系的中心。真正的服务社会与修身完全不冲突。所以人类的伟大理念是两者的结合：一个是真诚或真实的问题，另一个是互惠和体贴的问题。对自己越真诚，越是能保持真正的本性，就越能够对他人表现出友善。对自己的真诚和对他人的关照不是独立的，而是紧密地相互联系的。

阿瓦尼：它们是相互关联的。

杜：是相关的。二者是持续互动的，不是闭环式的循环。当然，不是恶性循环，而是良性循环。如果非要将之形象化、概念化，它就像螺旋一样。

阿瓦尼：是互补的，而非相互矛盾的。

杜：是的，互补。因此，关于之前讨论的治理问题和内在灵性的问题，在 21 世纪，我们应该认识到，两者对彼此来说都是很重要的，并且对每个人都很重要。不仅对领袖们来说是如此，对普通人、每个人都是如此。虽然定量的方法可能有失偏颇，但如果说人类作为一个集体事业需要每个人的参与，那么任何拒绝参与人的实现这一伟大事业的人，都将有损于人文精神这一整体。最糟的是有一些人于人于己都造成了伤害，因为愚蠢、不理性，被失控的激情所控制。这就是以自我为中心的人。他们损人以利己。如果这样的人太多，社会就无法存在。确实有很多人，他们不伤害他人而实际上仍能使自己受益。这样的人还可以忍受，但他们是非常孤立的。

阿瓦尼：其中一些人是非常危险的，他们比野兽还要糟糕。他们的行为较之野兽有过之而无不及，甚至以宗教之名行不义之实。

杜：对。弘扬利己为利人之本、利人为利己之本的观念是极其重要的。这就是孟子批判墨家的原因。墨家是集体主义者、普遍主义者。

阿瓦尼：是指法家（Jurisprudentialists）吗？

杜：墨家和法家都是这样的。

阿瓦尼：法家（The Legalists）。

杜：墨家注重某种可普遍化的抽象原则。例如兼爱，人应该平等地爱每个人，爱陌生人的父母。

阿瓦尼：爱的平均分配。

杜：是的，要像爱自己的父母一样爱陌生人的父母。孟子不满于此。首先这是不实际的。

阿瓦尼：完全不实际。

杜：如果把这个原则强加于人，那么人们对待父母就会像对待陌生人一样冷漠。但这么说是片面的。这个观点是说，人应该扩充其性，就像流水一样，水流只有填满面前的所有沟渠才能继续流动。如果水量不足就不会流动。

阿瓦尼：会停止。

杜：水位高则流远。人培育自身，具体而诚实地判断和体验。如果一个人能够爱自己的父母，那就比单单只爱自己好。但是如果他不仅能爱他的父母，还能爱其他亲戚，那就更好了。水就可以流动得更远一点。如果我们都以这种修己、助人的思想为目标，那么人性就会被极大地丰富。

阿瓦尼：是的。

杜：这个概念表面上看，就像马克思说的："一个人的自由是所有人自由的基础。"或者说，所有人的人性取决于每个人或人类社会的每个成员的人道行为。

阿瓦尼：是的，您提到了一些非常、非常重要的观点，我想谈谈其中几点。我记下了其中一些，因为它们非常重要。比如您提到了进化的观念、能量的观念、践形的观念、践形的本质、身体的本质，以及道德，还有很多很多其他的要点，都极为重要，但我只想说，对于某些主题有很多常见的错误。我们应该发现错误，因为思维有很多错误。从前，思想是受到律法的规管的，任何违反思想法则的行为，如果是有意为之，都被认为是诡辩。如果是无意的，那就是错误。当下，对于知识、本体论等许多方面，都存在很多错误。

我想讨论一下进化和科学概念。如今，大多数科学家同时扮演着科学家和哲学家的角色，但他们是无权做哲学的。科学家当然应该做出自己的观察，但如果他们做出结论，这就是哲学，对吗？这样的错误太多了。他们提出了根本不属于科学的问题，在哲学的意义上可以有很多不同的答案。其中一些问题是我们所说的第一问题，但哲学本身也无法回答某些最深层的问题。这些问题应该由更高的智慧来解决，比如"我是谁"的问题。这不是心理学问题。"我"根本不是科学的问题。

科学家会说"我"是物质，这根本不对。又比如说进化的问题，进化不仅仅是科学概念，它远超出科学的范围。进化是一个哲学问题。然而，不是每一种哲学都能够解决这个问题，只有真正的智慧才能给出答案。

比如我的感官（senses）可以看见事物，但无法解读。解释事物不是感官的功能。感官就像一个给我展示东西的照相机，向我展示了事物的外观。感官展现现象，但根本无法告诉我事情的本质。在这之上是想象（imagination）。想象也大体类似，只是更含混。此外我们还有理性，判断的理性。从休谟开始的所有经验主义者最大的错误，是他们混淆了理性和感性的功能。感性是不加判断的，感性根本无法判断。马勒伯朗士、休谟和其他一些人认为判断是感觉的功能。但在做出判断的时候，是理性在起到作用。理性还有更高的功能，比如解释。人是如何发现万有引力定律、科学定律、物理定律、化学定律以及所有其他科学定律的呢？不是靠感性，而是靠理性。尽管如此，还有一个更高的理性阶段，但通常并不受到重视。确实如此，我的意思是，理性并未得到充分的讨论。西方哲学家关于理性的所有讨论，从笛卡尔到康德、休谟，大多是错误的。

例如，我们在柏拉图那里发现了更高层次的智慧，能够对科学的陈述做出另一种解释，一种科学无法进行的解释。较低的理性，我们称之为理解（ratio），能够解释感觉，因为感觉是不能解释自身的。还有更高的理性，能够观照理性发现的事物，并进行更高深的解释，柏拉图称之为理智（noesis）。Noesis 是很难达到的。中世纪哲学的贤哲区分了理智（intellectus）和理解。理解是基于计算的理性。理智则是精神性的，它给出了另一种更高深的解释。按照柏拉图的说法，辩证法是通过较高的理性而非较低的理性而成为可能的。

那么法律本身呢？法律是机械的吗？抑或法律的存在，就像赫拉克利特或老子说的那样，是道的表现，是神圣的逻各斯的表现？法律可以被理性发现，因为它是神圣理性的表现，而非机械的。当心啊，法律被视作机械性的物质存在，这是完全错误的。我的意思是，现代科学提出了许多问题，并试图通过科学给出答案，但有些问题并不应该由科学来回答。

"我是谁"这个问题，是最深层次的问题。它既不能用心理学解决，也不能用物理学或化学来解决。只有在最高形式的形而上学中，在我们所说的东方形而上学之中，才能找到善好的解决办法。在印度的、中国的、苏菲派的、伊斯兰的圣人那里找到回答。我在北大教授的波斯诗人马哈茂德·沙贝斯塔里（Mahmoud Shabestari）说，当一个人将自己咏唱为"我"，一个特别的"我"时，他就开始思考"我是谁"。从这个特殊的"我"走向"我"的本原，普遍的"我"。他进行了一次从特殊到普遍，再到起源的旅程。这不是碰巧的或偶然的。科学应该由更高的知识加以解释。

在中世纪，从亚里士多德和柏拉图开始，科学（scientia）与至上（suprima）相联系，至上指智慧（sapienta）的至高无上。Scientia 是一种较低级的知识，我们称之为科学（science）。这门科学应该由更高的智慧来解释，那就是 sapientia。但是现在，智慧（sapientia）完全被取消了。科学与最高的智慧割裂了，并且自认为拥有在科学基础上解读整个宇宙的全部权威。这是完全错误的。科学作为一种低级知识，已经丧失了真正的知识。有限的理性，即 ratio，弃绝了绝对理性，即理智（intellect）。如今，整全的理智和有限的理智、普遍知识和部分知识、智慧（sapientia）和科学（scientia）之间不再有分别。

这一点非常重要，因为形而上学处理的是纵向原因，而不是横向原因。所有科学都是横向的，就连其因果关系也是横向的，但形而上学是完全纵向的。进一步说，万物都是符号，是规律、法则的体现。应该从符号出发探寻规律和法则。在哲学中，在纯粹的形而上学中，万物都是被视作符号而非事实的。而在科学中，一切都被当作事实，没有任何东西被当作符号。这是真正的形而上学和科学的显著区别。"我"

应该被视作符号、象征。为什么会有一个我？如果将之视为事实，科学告诉人们，有能量之类的东西，能量的存在就是这么一回事，这种能量是神圣的能量。实际上能量不应该是物质性的，是科学将一切神圣的事物归诸物质。

存在具有功能、规律，表现出种种属性。有很多不同的属性。力量（power）是存在的一种属性。存在就是力量，非存在是没有力量的，因为一切存在的事物都是一种力量。存在还有很多其他的属性，存在不仅仅是力量的表现，也是智慧的体现。科学家看不到事物背后的智慧。更重要的是，智慧是知识的表现。这在东方哲学、伊斯兰哲学、中国哲学、印度哲学以及普遍意义上的传统哲学中都非常重要，但在现代哲学中却被忽视了。这个世界是整全的智慧和知识的体现。

做这张桌子的木匠对木工有很深的了解。这对我们来说是显而易见的。但对于路过的蚂蚁来说，它不知道什么木匠，它会认为这张桌子是自己形成的。但我知道桌子隐含着木匠的智慧，木匠的智慧和知识越多，这张桌子就会完成得越好。世上的每一个存在，无论是人为的还是自然的，都是至善的神圣知识和智慧的体现。如果没有知识和智慧，世界将止于混沌。您提到了笛卡尔，他的二元论极具破坏性。他既破坏了哲学，也破坏了科学。为什么？因为他首先是哲学之父，其次是现代科学之父。作为一个伟大的科学家和哲学家，他可以把这两者结合在一起。但是根据他的二元论，身体不能思考，而思想没有广延。每一种物质都有一种性质，而两种性质相反的物质是完全不同的，所以不可能有因果关系。这种二元论是完全错误的。物质不是纯粹的广延，而是具有诸多性质。物质体现了许多属性，而这些都被忽略了。笛卡尔第一次把两者完全分开。他的后学试图把这两者联系起来的尝试完全是错误的，无论是莱布尼茨，还是马勒伯朗士，是偶因论，还是前在的统和，或对精神的否定，或者贝克莱对物质的否定。这些都无法解决问题。

但在东方，情况并非如此。我们的哲学家说，两种相反的物质应该有中介。中介的作用是成为两者之间的纽带。穆斯林哲学家将之称为巴萨克法则 (the rule of balsaq)，中介法则。中介之所以是关联性的，是因为它兼具两者的特质，比如想象力。在笛卡尔之后就没有关于想象的讨论了。人有思想和身体。想象是将两者联系在一起的现实。就像镜子里的影像。照镜子的时候，镜子就显现我。不是抽象的人，而是我。想象力表现事物。我在想象中看到事物，就像在照镜子。它像感觉一样具体，又像精神一样虚无。自上而下的东西都经由它。当一个建筑师想要建造房屋时，他首先通过智力来构思，然后通过想象力来将之具体化，然后再实际建造。想象力总是起到中介的作用。在彼世和此世之间总有一个中介。即便在天地之间也有一个中介，那就是人，人具有作为中介的特质和功能。

还有一个要点就是现身 (embodiment)①。我需要解释一下，基督教认为只有基督是上帝的化身 (embodied)，但事实并非如此。世界上的一切都是具体化的，是道成肉身，因为一切都源于神的原则。彼世与此世之间并没有断裂，存在不是从彼岸飞跃到此岸。任何事物都有本原，无论是原子、电子还是人类，无论具体化为什么，都不存在断裂。任何具体化的事物本身都具有本原所具有的一切——知识、力量，诸如此类——即便是不可见的。世上最奇妙的现象就是现身 (embodiment) 的问题。不光是人的现身，还有这张桌子的现身，一切事物的现身。

首先，存在必须同时是空间性的和时间性的，不可能仅是空间性的，或者仅是时间性的。"道"不是通过外在感知的，而是通过另一种方式，内在的感知——人们总是忘记这一点。不是外在的感官，如眼睛、

---

① 阿瓦尼教授这里说的"现身"对应前文杜维明教授所说的"践形"，都是 embodiment，但杜维明教授对 embodiment 有在儒家语境中的特别用法，阿瓦尼教授此处说的 embodiment 与杜维明教授并不完全一致。

听觉、触觉、嗅觉等，这是对外部世界的感知。根据穆斯林哲学家的说法，想象力是通向世界的一种路径。以眼睛为例，我并非只能看见我的眼睛。眼睛本身没有被禁锢，而是向无限的视域、无限的事物敞开。我们的内在意识也是如此。想象力不是封闭的，它没有被禁锢，而是一扇通向比此世宏阔得多的无限的世界的大门，但它离我们很近，只要抓住这个缝隙就能通过。

理性同样是通向囊括了万事万物的理性世界的内在窗口。我们用眼睛只能看到事物的外在，而只有通过内在的理性才能发现事物。我们如何发现物理定律？不是通过感官，而是通过内在。事物都有其内在，这些内在性需要从内部发现，由理性发现。理性具有这一功能，这是不可见的。首先，事情是由本原发展而来的。例如，如果阅读柏拉图、普罗提诺、赫拉克利特、巴门尼德或老子，他们会说无名之物变为有名，是由本原成为万有。或者，比如说孔子，他也关注事物是怎么形成的。这是众所周知的。

如果认为并不存在本原，一切都仅仅是其自身，从感官之类的东西开始，那就是完全不对的。问题是，首先，世上万物都是兼有时间性和空间性的。这一点并非不言自明。一般认为这个问题始于康德。康德说存在是空间—时间性的，时空之外没有存在。黑格尔和海德格尔接受了这一观点。他们不认为有超越时空的存在。我觉得这是完全错误的。第二，这个空间—时间性的世界是具象化的世界，不仅是人的具象化，还是一切事物的具象化。具象化是这个世界的本质。很重要的一点是，是灵魂造就了身体吗？是我们创造了我们的身体吗？不，我们没有创造我们的身体或自我。我们的灵魂，无论称之为灵魂或精神或其他什么，都是神圣的"我"的表现。

"我"有不同层级的名称。当我的眼睛看见时，我看见了。我的眼睛被称为眼睛或视力。我去感受，这被称作感觉。我去写作，我是一个作家。"我"意指我的身体，但并不限于身体。如果"我"是我的身体，那么"我的身体"就是一个同义反复。就像如果"我"等同于"我的鞋子",那么"我的鞋子"就是同义反复一样。如此,每当我想到自己,我就应该说"我的鞋子"。但是当我的身体、我的鞋子、我的精神都成为"我"在不同层级上的体现,而不同层级具有不同的功能时,身体就根据不同的神圣属性被创造出来并发挥作用。我透过眼睛看,用耳朵听,用腿和手移动。这些都是我的"自我"的灵魂。我的"自我"有其本原,并在世上创造了这些东西。它们是我的一部分,就像我是世界的一部分,我不能将自己割裂开来。

伊斯兰教和儒家是相似的。先知说伊斯兰教中没有静修(monasticism)。应该行动,以善好生活的方式去行动、写作和思考。有两个大千世界。我们存在于此世,而非来世。在来世,我们离开这个身体,但仍然活着。我们的"自我"活着,但身体留在了坟墓中。我们把身体留在坟墓里,但是,我们仍然拥有"自我",因为"自我"并不是身体。

存在的每一个层面都有其规律。在此世的层面我们有物理定律,由物理学、化学加以研究。此外,同样在此世,规律不仅是物理的,还有本体论的法则,存在论的法则,因为物质存在,身体存在,精神存在,我存在。存在本身受制于普遍规律,但不一定是物理规律。科学只关心我们在这个世界上看到的事物的可见的、感官的表现,并对之加以解释。但是形而上学思考规律本身。

莱布尼茨说:"为什么有物存在,而非什么都没有?到底为什么会有物质?如果不存在会不会更好?"他关心的是为什么有物存在,为何存在,如何存在。科学根本不关心这些问题,这些是形而上学的问题。进化论也不仅仅是一个科学问题,而是形而上学问题。认为万物依照某种规律演进,而非退化,这就是进化的观念。为什么会有进化?被称作进化的到底是什么?

科学家机械地表述进化论,但是对于被称作进化的现象,我们还有另一种解释。这种解释更美，或者说更正确。宽泛地说，现代科学已经遗忘了很多形式的因果关系。由于现代科学与数学的联系，科学被数学化了。在中世纪，在亚里士多德哲学中，数学并不起什么作用。继哥白尼、伽利略尤其是笛卡尔之后，现代科学被数学化了。按照笛卡尔的说法，数学只是数量，是被量化的，它不是被形而上学地解释，而是被机械论地解释。机械化的规律自我运作，就像钟表一样，其中并无理性。在此，神有时会被视作钟表匠，当人们一筹莫展时，就乞灵于上帝。但这并不是必然的。

我们可以参考柏拉图的数学。神是数学家，因此，神知晓终极的因果律。终极的因果律意味着一切事物都是有终点的，否则事物的存在就是徒然的。为什么人类是进化的终点，是进化序列的最终存在？这是因为创生的终极原因总是最后出现。在创始者的脑海中，它是最先出现的。在创始者的心中，它是第一位的。但它是最后一个成为存在的。例如，一个建筑师想要建造一栋建筑，这栋建筑首先浮现在他的脑海中。但是，按顺序来说，它是最后被实现的。因为建筑师要筹划、准备材料、砌墙等等。又比如，一个园丁想要种植水果，他需要置地、耕种、播种，植物要成长、扎根。果实这一最终的目标是在最后实现的。人就是创世的果实，当万事俱备，虚位以待时，人才出现。这种解释不是物质性的，而是本体论的，因为神圣意识造就了最终的结果。

意识的问题从来都不是物质性的。意识是神圣的，正如我们的先贤所说，这是因为神就是要以神圣意识而为人知晓。神要通过他者被认知，被发现，否则神只需要自知就可以了。人最大程度地实现了这一点。人比世界上任何其他生物都更能认识神，因为人是按照神的形象塑造出来的。这种对神的认可，就像伊本·阿拉比说的，"神在自己身上看到了自己。"神想在他者身上看到自身，就像看镜子里的自己一样。因为自我观照和像照镜子一样在他者身上看到自身，毕竟是不同的。

于是,神创造了世界,作为观照自己的一面镜子,并由他者得到认知。认识神的法则是终极的目的,这一点完全被遗忘了。科学无法解决这个认识法则的问题。这是东方智慧中被错失的信息。无论是中国的、印度的、波斯的、伊斯兰的、基督教的还有古希腊的圣贤都注重通过法则来认识事物。这一点在现代哲学中被遗忘了。科学从来不以之为己任,所以这一点就被完全遗忘了。人,以及人的实质,只能通过法则得到揭示。

有一种说法将人的创生追溯到先知,上帝传召先知大卫,对犹太人的先知大卫说:"大卫,看哪,我为你创造了这个世界,却为自己创造了你。你不是为这个世界而生的,而是为我而生的。"这是一句很深刻的话。人不是为世界而生的。从某种意义上来说,世界是为人而生的。人是宏观世界,因为人了解世界,但世界却不了解人。我接下来要读的这篇文章将解释人类在宇宙中的作用。人是神圣意识的镜子。上帝通过人来被认知。

人的存在是为了实现这一可能性。穆斯林哲学家穆拉·萨德拉(Mulla Sadra)说,人是按照神的形象造出来的。人就是神的形象,人之所为就是神的形象之所为。人并未改变一丝一毫。无论你是否知道神,都是一样的。圣人与凡人的区别何在?二者都是人,都有眼睛、耳朵和手,都能行动,具有相同的功能。但是,二者的区别就在于意识,这就是自觉(awareness)。

成圣之人并不是发生了什么身体上的变化,而是发生了深层的精神性的改变,这就是意识的变化。圣人是自觉的,这种自觉就是所谓的觉醒、开悟、启蒙等等。自觉改变了意识的方向。这就是柏拉图所说的"认识"(epistrophe)。这意味着回到本原,这就是哲学的开端。这就是所谓的"回归之旅",或者像赫拉克利特所说的"向上的路",上升至原点并从那里向下观照。

柏拉图重申了此世与彼世的概念,普罗提诺、鲁米都多次重申了这一概念。如果有此世，就必然有彼世。我们应当去到彼世，看看那里有什么。这个问题被极大地忘却了，尤其是在现代哲学中。科学无法探讨这一问题，但哲学可以。哲学对于形而上学有很多争论，但它应该处理这些事情。（对这一问题的遗忘）是现代性的错误之一，我不知道在这一点上我们可以达成多大程度的共识。

杜：我认为您就科学对存在的外在意义的普遍关注为我们进行了非常全面的、有思想的、有说服力的陈述，但是因为现代化通常被理解为世俗化，那种特殊的意义就被舍弃了。我想大多数人都知道对人的特征的一种定义，说人不幸地在情感上过剩，却在智性上不足。换句话说，我们的理解能力总是不及情感需求，也就是所谓的感性过剩与认知缺陷之间的鸿沟。科学的无力就是认知缺陷的明证。无论对科学的定义有多宽泛，在理解对中国、印度、波斯、古希腊或犹太教的精神世界来说理所应当且极为基础的理性的诸维度时，科学都是无力的。在当下，这个问题被科学彻底拒斥了。

阿瓦尼：包括自我的概念。

杜：没错。这是一个问题。1923年，一位名叫张君劢的儒家哲学家和一位名叫丁文江的地质学家在中国进行了一场大辩论，前者在清华大学发表了一系列关于生命哲学的演讲，后者得到了胡适、吴稚晖等许多所谓实证主义科学家的支持。这些亲科学的思想家大多比较局限。

阿瓦尼：知识本身就是事物的表象。

杜：他们很实证。任何不能计算、计数或量化的东西都不是知识。他们坚信科学最终会解决生命之谜。人生的哲学、人生的经验，也可以被科学消化、分析、理解。现在，我们知道张君劢提出的关于生命意义的问题在很大程度上仍然是一个鲜活的问题，而这种对科学万能的盲目信仰不再被接受。我们知道维特根斯坦的两种谜语。一个谜语如果可以解决或可以理解，那就毫不重要。而无法解开的谜语……

阿瓦尼：则是非常深奥的。

杜：人生之谜是一个无法解开的谜，但我们必须面对它。要欣赏它，理解它。人类的想象力，想象生命最终意义的能力，其基础是人类对多层次的分析和感受的接受的能力。其意义根本无法证明或判断。在理性计算、工具理性的层面上，这是极其强大的……

阿瓦尼：非常强大，通过科学、哲学和实证主义。

杜：我认为在中国这是一种统治的意识形态。

阿瓦尼：几乎每项技术都是如此。

杜：这是一种科学主义。

阿瓦尼：实证主义。

杜：这不是我所理解的科学精神。

阿瓦尼：或许是对科学的解释。

杜：这是一种意识形态。

阿瓦尼：非常恰当。意识形态，不是基于……

杜：是个伪意识。这不是真正的意识。有时，它是由政治手段，由某种无法理解的风气所构建的。

阿瓦尼：这种意识形态违背了科学和哲学。

杜：所以我们需要一种思维方式，不仅超越感官或工具理性，而且超越哈贝马斯所说的交往理性。哈贝马斯对这个问题很感兴趣，这个问题是关于人类可以和平共处地交往的最佳可能情况。从自由主义的角度来看……

阿凡尼：世俗的，自由的。

杜：罗尔斯等人的政治自由主义。我们知道这种学说现在在美国受到了严重挑战，甚至是拒斥。这是很多人自称为社群主义者的原因之一，他们挑战公共领域的概念，这种概念完全是根据政治程序来定义的。

阿瓦尼：比如哈贝马斯。

杜：在政治程序中，宗教问题完全无关紧要，宗教只是关乎内心的问题。哈贝马斯有趣的地方在于，我听说他刚刚写了一本关于宗教的书。他现在很重视宗教，尽管有点晚了。我们知道，你不仅要超越感官去欣赏理性是如何运作的，还要超越工具理性云欣赏交往理性。

阿瓦尼：还有，理性本身的本质被严重遗忘了。例如，康德，那个时代最伟大的哲学家，他对理性感到困惑。

杜：当然，康德的理性远不止工具理性。毕竟，他非常关心理性话语的局限性，其中一个原因是他强烈希望给信仰留下空间。即使在康德哲学中，理性的观念……

阿瓦尼：这又是一种二元论。信仰是不能没有理性的。

杜：对。在西方传统中，希腊人注重理性，犹太人则注重……

阿瓦尼：还有穆斯林。伊斯兰教有着悠久而深刻的理性历史。

杜：在伊斯兰世界，科学探究有着非常深厚的传统，尤其是广义的科学探究。无论如何，我们不仅要超越工具理性，还要超越交往理性，甚至要超越康德关于认识的极限的概念，或他的《道德形而上学》的想法，以解决……

阿瓦尼：这是有形而上学的基础的。康德否认思辨理性，但为实践开辟了道路。这很奇怪。是一个悖论。它是怎么自圆其说的呢？

杜：从更深的意义上说，这是行不通的。一方面是因为在康德哲学中，没有与我们所说的修身哲学相对应的东西，也没有诸如哈多等人所说的精神锻炼问题。他想发展一种思维方式，这种思维方式彻底否认激情的哲学意义，以及对人性的探究的哲学意义。对他来说，人性是用激情而非用上帝赋予的内在价值来理解的。我想我们都认同，我们需要一种古典的柏拉图意义上的智慧。我可能已经提到过，多年来，我组织了一系列印度和中国哲学家之间的讨论，题为"印度与中国哲学视野下的知识、智慧与精神"。

阿瓦尼：非常重要，二者是非常相近的。

杜：是的，非常相近。

阿瓦尼：我希望也有关于伊斯兰、印度和中国哲学的讨论。那会非常有趣。这些思想之间有许多相通之处。

杜：邀请您参加谈话非常重要。第一次是在德里，第二次是在北京，接下来我们可能会再去印度，但无论如何，我想扩大这个范围。那么问题是，正如您所说，如果认为现身（embodiment）就是道成肉身（incarnation），那么基督教认为耶稣的道成肉身是独一无二的观点就不成立。对伊斯兰世界和儒家世界来说，耶稣只是众多典范之一。

阿瓦尼：世界上存在很多典范。

杜：无数的典范，不仅仅是人类。人如何能够，用您的话来说，不辜负实现造物主所有属性的神圣使命，即道成肉身……

阿瓦尼：是完成了道成肉身。

杜：就是让所有这些属性都具象化、具体化。

阿瓦尼：并且得到实现。

杜：某种意义上是彻底的实现。

阿瓦尼：是的。

杜：在普通人的生活中实现。这既是巨大的挑战，也是极大的特权。这就是道成肉身的概念。对我来说，最大的问题是作为造物主的天（Heaven）的观念。

阿瓦尼："天"（Tian）。

杜：是的。我们认为中国有各种根深蒂固的传统……

阿瓦尼：不是物质性的天，而是天（Heaven）的象征，指的是精神上的天。

杜：没错。

阿瓦尼：是象征性的，而非事实性的。

杜：完全不是事实性的。

阿瓦尼：我们将"天"视作天的象征。

杜：但不是在不真实的意义上说它是象征性的。它是很真实的。

阿瓦尼：是的，非常真实，象征着真正的天。

杜：(中国传统中)有一个很强的概念，我称之为相互性或交互性。天生人成。换句话说，天的创造力是在人的具体创造中实现的。

阿瓦尼：神的所有属性都得到了体现。

杜：是的。人首先是观察者。当然，狗和猫也都是观察者，但是人类……

阿瓦尼：在人身上是完全的实现。

杜：是整全的观察。

阿瓦尼：整全的。

杜：世间万物都可能是人的观察对象。所以人类的观察能力是全面的。但是人不仅仅是观察者，同时也是欣赏者。从某种意义上说，人类不一定带着功利主义的意图去观察，不只是为了使用而观察。当然，猎人、渔夫等等都会观察，但是我们的观察有时是完全不关乎利益的。看山只是山，因为它很美。这就是欣赏。

阿瓦尼：是事情的实质，而非仅将之作为工具加以使用。这就是解读已经体现于我们自身的现实。

杜：对。所以对人的这种理解……

阿瓦尼：人能够通过反思来实现，因为正如前人所说，知识就是存在。这不是偶然的。当我们认识到知识时，它就是真正的存在。人自身就是通过知识和存在的对等实现自身的。实存不是偶然性地来自外部知识。人是通过真正的理论理性和知识来实现的。

杜：因为从定义上来说，认知行为是一种转化行为。

阿瓦尼：一种转化行为。

杜：不只是观察，而是转化。

阿瓦尼：是的，伟大的转化。

杜：这就是为什么作为观察者和欣赏者，人会参与到自我转化中，从而实现自我。从这个意义上说，人类也是创造过程的积极参与者。这就是我引用这句话的原因，"能尽其性，则能尽人之性；能尽人之性，则能尽物之性；能尽物之性，则可以赞天地之化育；可以赞天地之化育，则可以与天地参矣。""共同创造者"（co-creators）这个概念，在基督教神学中是不被认可的，但我认为伊斯兰神学很可能会认同。换言之，人是……

阿瓦尼：参与者。

杜：人是观察者，是欣赏者。

阿瓦尼：人是什么的共同创造者？

杜：人是参与者，是共同创造者，人可以说是合伙人。

阿瓦尼：这非常重要。我会从另一个角度来解释。

杜：这在当下非常重要。如果接受这一点，对天是什么、神是什么、耶和华或安拉是什么就会有不同的概念。天无所不知，无所不能，无处不在，这是毫无疑问的。我们想象不出天在哪里是不在场的，或不是全知全能的。天无所不在，无所不知。

阿瓦尼：无所不在。否则天就相当于不存在。天就是存在本身。

杜：但是这仍然是一个重大的理论或神学问题：天也许不是全知全能的。

阿瓦尼：什么意义上的全知全能？

杜：让我说完这一点，这很关键。

阿瓦尼：是的，您想说天不是全知全能的。

杜：不，我想到了亚当的神话，他被诱惑了，因此犯了原罪。亚当是有缺陷的，但在中国人看来，并不存在这种恶。就是说恶是没有本体论地位的。并不存在完全独立的、有自己地位并且能够对人作恶的恶魔或邪恶。

阿瓦尼：这样一个观点，就是……

杜：对恶的本体论地位的否定。

阿瓦尼：那么为什么这个世界上有恶，为什么有撒旦？

杜：对恶的理解是这样的，如果创生的过程不知为何停止了，换句话说，丧失了创造力，那就是恶的开始。就像如果水不流动，就会停滞，然后水就会变酸。这是第一。其次，如果自暴自弃，恶就会出现。比如有人对孔子说："非不说子之道，力不足也。"孔子说："力不足者，中道而废，今汝画。"

阿瓦尼：因为根本没有尝试过。

杜：对。自己画地为牢。然后就是自欺欺人。自欺欺人就是相信自己可以做这做那。你相信科学是万能的，其实就是妄想。这是基于无知、傲慢和各种事物的人类错觉。世间的恶和有限性有种种原因，不是因为有具有本体论地位撒旦试图作恶。比如，如果说纳粹或者希特勒是邪恶的，那么可以通过分析发生了什么来理解这个现象。这是可以得到解释的。许多犹太思想家和德国思想家已经完成了这一工作。

阿瓦尼：您是说这里存在二元论？

杜：不是二元论，还没有谈到二元论。人类绝对能够生存并克服任何非人类所愿的自然灾害，比如大地震、洪水等等。然而，唯一无法克服的灾难是人为的，比如核毁灭，比如污染，等等。在这种情况下，责任伦理是绝对关键的。

阿瓦尼：极其关键。

杜：这不是神学的问题，一旦发生了是不能归罪于神的。

阿瓦尼：是的，是人的责任。

杜：不是神的责任。孔子说了一句很有意思的话："不怨天，不尤人，下学而上达，知我者其天乎。"他用这个说明了天命，天命就是命运。每个人都是创造性的践形和现身。

阿瓦尼：并为此负责。

杜：对。每一个人都受到时间和空间的限制，受到不为人所左右的力量的限制，比如种族、性别、语言、社会、籍贯——人永远无法选择自己的父母——有时甚至是人的基本价值取向。这些都是局限性。有趣的是，从儒家的角度来说，学以成人，就像修身一样，是如何创造性地将局限性或感官的有限性转化为人自我实现的工具。有一个术语，很多不同传统中的人都会使用，叫作"能动的局限性"（enabling constraint）。

阿瓦尼：能动的局限性？非常好。

杜：对。局限性几乎是一个悖论。局限性就是现身。

阿瓦尼：人别无选择。

杜：它意味着具体的人性。

阿瓦尼：你别无选择。

杜：是的。一切使我们别无选择的力量，都转变为能动的局限性。比如说你被限制为阿拉伯人，我被限制为中国人，但是你能够在阿拉伯世界中实现自身。

阿瓦尼：这就是能动性，是一种可能性。

杜：你的性别、种族、语言、籍贯等等。

阿瓦尼：因为它就是存在的。

杜：是的。从这个意义上说，有多样性，但从来没有封闭的特殊主义。不是封闭的特殊主义，也不是抽象的普遍主义。而是对话性的。

阿瓦尼：没错。您提到了一个极为重要的观点。首先，人是按照神的形象创造出来的。更具体地说，正如《古兰经》所说："神将人身上显现的所有名教授于人。"如果人没有显现出所有的名，神就不会为人所知，因为人分有神的这一属性。我们会说到"神"，并想到上帝，这一事实意味着我们是按照神的形象制造的。

杜：还有，我很喜欢这个观点，神创造了很多人，所以人可以互相了解，对吗？

阿瓦尼：是的。

杜：巴别塔的构想。

阿瓦尼: 还有语言的含混性, 由理性和语言而产生的迷思。

杜: 儒家传统中有一个非常强的意向, 就是所谓的"一", "理一分殊"。

阿瓦尼: 就是一与多。

杜: 理一分殊。语言及文化多样性的每个例子, 都让我们感知到人类经验的无限多样性和丰富性。

阿瓦尼: 没错。

杜: 同时, 多元主义是有益的, 相对主义则不然。

阿瓦尼: 是的, 真正意义上的多元主义。

杜: 而非相对主义。

阿瓦尼: 是神圣的多元主义, 不是世俗多元主义。存在一种神圣的多元主义。

杜: 对自我实现的追求中隐含的神圣性就是"理一", 在任何传统中, 这都是人所能企及的最高的哲学。

阿瓦尼: 统一的原则。同一。

杜: 就是同一。

阿瓦尼: 没有同一的多样性是不可能的, 没有多样性的同一也是不可能的。二者相互关联, 相辅相成。

杜: 对。有两种非常不同的意向或象征。您听说过雷蒙·潘尼卡吗?

阿瓦尼: 是的, 我在伊朗见过他。

杜: 您以前见过他。

阿瓦尼: 革命前他在伊朗。

杜: 是的, 我们进行过一次对话。

阿瓦尼: 安德鲁·拉斯教授邀请了他几次, 我认为他是一个非常温和的人, 也是一个好人。

杜: 其实在他去世前两年, 艾蓓录下了我和他在巴塞罗那的对话。

我要说的就是自性（Atman）和梵天（Brahman）的关系。

阿瓦尼：这非常重要。

杜：因此，这是个体灵魂与宇宙灵魂的关系。

阿瓦尼："汝即彼。"（Tat tvam asi.）

杜：是的，汝即彼。在传统的印度教观念中，它就像是汇入海洋的水。

阿瓦尼：伊斯兰中有相同的比喻。这是象征性的，不是事实性的。

杜：是的，但我想有些基督教神学家担心以下几点：灵魂的个性会怎样？如果我死了，我的灵魂会延续。但是如果我坠入海洋，那一滴水与海洋融合，我的灵魂会怎样？

阿瓦尼：你就变成了海洋。

杜：我觉得潘尼卡的回应是非常令人满意的。我们要思考的重要问题是，我们要关注的是水，还是水被塑造成水滴这一观念。

阿瓦尼：成为泡沫？

杜：不不不，成为水滴。

阿瓦尼：水滴。

杜：水之所以被塑造成水滴，是因为有力量把水约束成水滴。在物理学中，一旦水滴落入海洋，将水形成水滴的力就会消失，所以水现在变成了海洋。

阿瓦尼：也就是说意志不复存在。

杜：然而，在鲁道夫·奥托及爱克哈特的基督教神秘主义中，有这样一个观点——我应该让克鲁尼先生来谈谈这个问题——对一个基督教徒来说，皈依上帝的至福是以婚姻或结合来比拟的，您知道有一个术语专门用于描述它。

阿瓦尼："神秘合一"（Unio mystica）。

杜：对，一方面是人神合一的体验，另一方面是结合。合一的体验总是被比作婚姻。合一的体验是指，在具象化的个人被消弭的意义上，体现出作为人的独特性。

阿瓦尼：个人的消弭。

杜：然而，从印度教或道教的观点来看——我不清楚儒家在这个问题上的观点——合一体验是最崇高的，就像人成为道或水的一部分。

阿瓦尼：神圣性是非常崇高的。

杜：是的，非常崇高。

阿瓦尼：人是很低微的，因为人的本原是神圣性的，但是人被割裂了。但是，当人返回其本原，就能够见其灵明。

杜：苏菲派怎么看待这个问题？

阿瓦尼：是的，苏菲神秘主义中也有这个观点。

杜：苏菲神秘主义在这一点上是更接近道教还是基督教？

阿瓦尼：我稍微解释一下。苏菲派不讲水滴，因为水和水滴实际上是一样的。苏菲派以泡沫和水为例。

杜：噢，泡沫消散了。

阿瓦尼：泡沫只是表象，是本体所生的现象。既然只是表象，那么当它成为本体实相时，它就成为自身真正源头，自身原初的样子。泡沫只是通过表象化分离了自身。表象化就是所谓的"幻"（Maya）。

杜：Maya 是梵文。

阿瓦尼：梵文中有"幻"（maya），我们则有"幻象"（illusion）。

杜：是的。

阿瓦尼：但幻象（illusion）有其形而上来源。幻象是什么？苏菲派的形而上学进行了很多解释。这关乎实体与实体的显现。当实体要显现自身从而被认知时，其所显现的东西就成了一层面纱，遮蔽了显现自身的那个实体。比如说，这面墙就是神的显现。神在这面墙上显现自身，但是没有人在这面墙上看到神，或者至少大多数人没有看到，只有极少数圣贤能够看到。对大多数人来说，虽然神外化为这面墙，但对他们来说，这堵墙是一个面纱。他们看到了墙，但看不到上帝。这就是显现，揭示它是为了使揭示者，也就是那个使自己显现的东西为人所知。

这就是原理（principle）的外化。现象成为本体就是回归了原理，回归了其所是。原理是完满无缺的。这让我想起耶稣的一句话和鲁米关于自我的一句话。耶稣在《圣经》中说："人如果舍弃自身会得到什么？人如果获得自身将失去什么？"鲁米谴责所有异端的学者——不仅是当时异端学者，也包括自古至今所有的异端学者——他们知道一切事物的本质，但对自己的本质一无所知。对自我的知识是最崇高的。

您提到了极其重要的一点。天和上帝赋予人一切潜能，我们如何实现它们？这一实现不能仅仅依靠读书或概念化。在宗教中，只有实现才是切实的，非概念化的。区别何在？区别在于，我知道或在书中读到过什么是"美德"（virtue），但我可能从未真正读懂美德（virtuous）。我读到的只是一个概念。但是如果我实现了一种美德，比如诚实、明智，不是对之进行阅读，而是成为它，那么知识和存在就通过知识的实现合一了。这是一种更高的知识，我们称之为通过实现获得的知识。伟大的苏菲派哲人鲁米和伊本·阿拉比认为这是唯一的知识。如果知识还没有达到这个实现阶段，那就仅仅是在模仿知识。

有一个指代伟大的苏菲派哲人的术语：他们是实现者（realizer）。重要的是，每一种宗教的先知、圣人，诸如孔子、穆罕默德，都不是靠阅读经文成为圣哲，他们自身就是经文的实现。《论语》不是孔子所作，而是承载了对孔子的记述。所以孔子比《论语》更重要。如果他活得久一点，更为人所知，人们对孔子的称颂就会比《论语》所记载的更多。先知不是被记述下来的东西，先知的言行才是真正的《古兰经》，是对《古兰经》的实现。

因此，这种对经文的实现，以及自己成为对经文的实现，如此获得的知识是极为重要的。我们应当追随这样的人。如果你真正通过实现，而非仅仅通过阅读来追随孔子，那么你就建立起了与孔子的联系。仅仅读《古兰经》是不够的,当然这很好,很神圣,但是我们必须尽可能地像先知那样去实现它。这就是信仰的实质,你固然应该相信先知,相信经书。当然,不是所有人都能成为完美的人,但是人能够尽己所能变得更完美,这就已经很好了。

狭义的信仰是一种实现的方式,但是对任何宗教而言,完美的人都是少之又少。这样的人极为伟大,因为这意味着宗教在他们身上活化,在他们身上实现。他们成了人的典范。为什么这么多年后我们还在谈论鲁米、伊本·阿拉比、孟子这样的人?这是因为他们是一种实现,通过实现,他们拥有了知识,留下了著述,两千年后我们仍然相信他们。

我们有完美的人的概念。我们认为,东西方的每一种宗教的先知先贤都是这些宗教中最完美的人,他们是应当遵循的典范。我认为,这就是人实现自身的方式。当然,我们都不能期望成为完人,但我们可以尽己所能。在古兰经中,真主说,他不责令人去做自己做不到的事。神是明智的,明智之人不会强人所难。人已经得到了完满的回报,因为他本就不具备成为完人的潜能,他已竭尽全力。但这与恶这个非常重要的问题相关。为什么会存在恶?我们需要讨论一下。

通常而言,原理(principle)、世界的外化与神之间是存在区别的。世界不等同于神,神是至善的,如果世界等同于神,那就存在两个神了。世界没有神那么完满。位格越低,就越不完满。精神世界是同一化的世界,而我们身处的世界是杂多的,彼世不存在物质,此世则存在物质。顾名思义,位格越低,恶就越多。这就是物质性的恶。恶源于世界的本质,因为世界不等同于神。世界是不完满的。完满的缺乏就是恶的根源。完满的缺乏因位格的不同而产生差异。在精神层面,完满的缺乏就比较少。下降得越多,掺入的物质越多,差异性越大,就越不完满。

正如您所说,人是不同的。人被赋予了自由。人有三个特点。首先,人通过神圣的智性知晓了绝对存在和万物。这极为伟大,极为独特。第二，人有自由意志。"自由意志"这个词也许不太恰当，因为动物也有自由意志。牛可以吃这种饲料或那种稻草，可以说牛也是自由的，但这不同于人的自由。自由体现在所谓的自由选择中。人可以选择。动物也是自由的，但动物不能选择。自由是神圣的，所以我们才要谈及它。如果人没有被赋予自由，人就不是神的形象。神自身是自由的，人具有上帝的样式，所以人也被赋予了自由。这是一种极高的特质。第三，人拥有神圣的语言。语言是非常伟大的。人能够对他所知道的东西进行表达。所以人的三个特点是语言、自由和神圣的智性。

有些人认为："如果神没有给人以自由，人就不是按神的形象创造出来的，因为人缺少神最伟大的特性之一——自由。"神想给人以自由，但一旦被赋予了自由，人就要在好与坏之间进行选择。不是所有人都选择好的，有些人会选择坏的。这就是我们所说的恶的来源。此外，一些神秘主义者认为——他们非公开地、在书中隐微地表达这一点，因为会遭到攻讦——把人驱逐出天堂是明智的。因为，人在此世变得更加完美。人在彼世没有自由。此外，如果没有人的存在，一些神圣的属性将无法实现。神圣的属性通过对人的驱逐得以实现。例如，人是罪恶的宽恕者。彼世没有罪，怎么会有宽恕者呢？这是"至赦者"（al-Ghafur）。如果没有罪恶，怎么会有悔改呢？如果人根本不知道罪恶是什么，神的一些品质就仅仅是潜能。

您还提到一个非常重要、非常睿智的观点——您说孔子也是这么认为的——能动的有限性。这是非常伟大的智慧。详加思考就会发现，限制是一种智慧。我之前不了解能动的有限性的问题，我们应该对之加以考察。

还有差异性和多样性的问题，一与多。现代多元主义的问题在于其世俗性。多元主义是一个形而上学理则。同一根本不能离开差异，差异也不能离开同一。现代多元主义的错误就在于此，尤其是从宗教的角度来看。现代多元主义总是只重多而不重一。如果要讨论宗教的多元化,就也应该讨论宗教的同一性。所有宗教背后都隐含着更高层面的同一,这一点总是不被提及。圣贤也在更高的层面上谈到了宗教的同一性。宗教间有着外在的差异,但如果深入内核,诸宗教就极为接近。人们对这一点总是讳莫如深。此外,人们没有定义宗教。所谓的宗教,比如现在有人造宗教,有很多宗教运动。我们应该把它们都视为宗教吗?这些"宗教"有根基吗?有合于德性的生活、神圣的生活、对神的统一的知识,以及诸如此类的东西吗?

我觉得这个多元主义的问题很好,这个问题涉及各种事物的本质。正如您所说,不能只有一种语言,而是应该有多种语言。不能只有一种宗教,而应该有多种宗教,因为世界是差异性的。我提出了一个反对排他性的论点,一个哲学论证:宗教首先是一个通称。要把之限制为某一种宗教,就需要论证,使普遍成为特殊。甚至需要证明神的存在和神的统一。这是普遍适用的,要断言我的宗教就是唯一的宗教,就必须给出论证。而且,如果一个基督徒说"宗教"就是基督教,是不是世界上任何一个思考宗教的人都应该只想到"基督教"?事实并非如此。这么做就是在对这个具有诸多特殊表现的世界施加限制。

宗教不是一个同音异义词。同音异义词是具有多重含义的。比如"date",既可指一棵棕榈树的年代,也可指一个事件的日期。这是一个有两种不同意思的词。我们说儒家是宗教,伊斯兰教是宗教,基督教是宗教。"宗教"就是指宗教,它不是多义词。如果深入探究,宗教是一个有着非常明确的含义的统一体。我们当然要对这个含义加以讨论,但不是在同音异义的意义上加以使用。"宗教"是一个通称,因为世界是多元的。有人可能会想,"如果神创造了一条河流,所有人都可以从中饮水,那不是更好吗?"不,神对人总是最慷慨的、最全能的。神的全知全能要求多元化。如果没有多元性,神就不是全能的,因为那意味着神不具有所有的可能性。全能意味着神拥有一切可能性,否则神就不是全能的了。为了限制宗教,人憎恨神,剥夺神的全能、智慧和一切无限的神圣品质。

　　杜:我们以后会对这一主题继续展开讨论,谢谢您。

　　阿瓦尼:谢谢。

　　　　　　　　　　　　　　　(翻译:吴蕊寒　校对:邱楚媛)

出入"两希"，返归"六经"

——《杜维明对话集》出版后记

王 建 宝 [*]

一、杜维明先生简介

　　杜维明先生 1940 年 2 月 26 日出生于日军轰炸下的昆明城。护照日期误为 2 月 24 日。先生祖籍广东省南海县同人乡大果村（今佛山市南海区丹灶镇西城大果村杜家坊六巷 5 号）。南海有西樵山，乃陈白沙、湛若水师弟结庐讲学、体道弘道之处，因仰慕先贤，先生有笔名曰"西樵"。

　　先生父讳寿俊，毕业于金陵大学，主修英文和经济，学成后考进民国政府资源委员会任职；在抗战期间任美军"飞虎队"陈纳德将军的英文秘书；为了促进国内航空事业的发展，曾译有多篇航空方面的文章，发表在《航空译刊》；抗战胜利后被选送美国深造，在台湾造船公司退休后再度赴美。寿俊先生酷爱中国诗词等传统文化和西洋古典音乐，也曾捐款造大果村"三忠祠"，以祭祀文天祥、陆秀夫和张世杰，现存祠内碑文有载。外祖父欧阳耀如，江西吉安人，家名显赫，是北宋文学家欧阳修的后裔，也是中国同盟会最早的一批会员之一。先生母亲欧阳讳淑丽，爱绘画，曾向徐悲鸿学习画技，肄业于金陵女子大学艺术系。

---

　　[*]　长江商学院中国发展方式研究中心主任、研究学者，兼北京大学高等人文研究院副研究员、北京大学世界伦理中心项目主任。

先生在舞象之年即亲炙牟宗三、徐复观和唐君毅。1956年,从游周文杰、牟宗三,"四书"课毕。同年8月,在台北市郊淡水竹林初见唐君毅先生,其时已读唐的《心物与人生》等著作,先生以《中庸》"鬼神之为德,其盛矣乎"章问唐先生,唐先生做了详细解答。1958年,徐复观先生打伞冒雨去杜府,说动先生父母允其从东海大学英文专业改读中文专业。先生在东海大学从徐复观学儒学、从程兆熊读《论语》、从鲁实先学文字训诂、从孙克宽学"杜诗"、从萧继宗习"宋词"、从梁容若学"中国文学",并由梁先生指导完成学位论文,讨论《抱朴子》的"文体"。

先生在东海大学深受基督教神学的恩惠。东海毕业生有戒指铭曰"FB",一曰"For Bible"(为了《圣经》),亦可曰"Four Books"(《四书》),东西会通,或可管窥。授课者有董女士,乃芝加哥大学毕业的高材生,讲托尔斯泰和陀思妥耶夫斯基的小说,先生晚年回忆当年上这门课的情景,恍若昨日。

先生东海读书期间与牟宗三朝夕相处,亲师友,明明德。东海校董周濂华乃蒋介石的牧师,专门研究祁克果,先生与牟宗三一起去听他的演讲,之后进行深入探讨。

得校长吴德耀青睐,先生获哈佛燕京学社奖学金,于1962年负笈美国,并于1963年获哈佛大学东亚研究硕士学位。同年8月,与萧亦玉(Helen Tu)结婚。萧师母与先生是东海大学的同学,陈平景等老友戏称为"班对"。萧父属国民党"CC系",曾任浙江土地银行董事长、台湾土地银行董事长等职,参与了台湾地区的土改。

先生在哈佛大学师从本杰明·史华慈和杨联陞,也选修了帕森斯、WC史密斯、埃里克森等人的课程,于1968年获哈佛大学东亚语文和历史联合博士学位,其博士论文是《青年王阳明》。这个研究深受当时亲炙的埃里克森教授"认同"理论的启发,将"Identity"翻译为中文"认同",先生是第一人,时在1966年先生返台湾任东海大学人文学讲师,讲授"文化认同与社会变迁"。

　　1966 年 9 月，哈耶克访台，先生任其翻译，从游十余日，朝夕与共。哈氏每天早晨请先生口译台湾地区报纸对其访问之报道，对于报纸所描摹之内容，哈氏颇以为憾，而先生之理解，哈氏深以为然。

　　1967 年，先生在香港从牟宗三、徐复观凡六周。先生住在牟先生家月余，每天陪牟先生散步问学。牟先生正在写《心体与性体》，每天六七点起来，写作到中午十二点，有时候用的是报纸。先生携《心体与性体》手稿从香港到台湾，交给《学生书局》。先生到台湾第二天就得到牟先生的电报，牟先生说书稿比我的生命还重要。当时没有影印，原稿是唯一的一份。先生认为牟先生的重点是"朱学"，着墨颇多，而对象山似关注不够。于是，牟先生写出《从陆象山到刘蕺山》，当视作《心体与性体》的继续。先生认为刘宗周在《人谱》下了那么大的功夫，关乎伦理学的形而上学，牟先生的工作尚需后来者继续努力。当年最难得的是劳思光在家里做东，款待徐、唐、牟三先生，记忆中的三老聚在一起，此为最后一次。在港期间，先生做牟宗三助教，花一个多小时坐船经过维多利亚港湾去上课。班上一共四生，一生要转专业，另外二生需要帮助翻译才能理解，只有方以娴一人听得懂牟先生的山东话。牟先生不在意学生多寡，每次都讲得慷慨激昂，到激动处，颡汗为之出。

　　1967 年秋，得牟复礼的推荐，先生任美国普林斯顿大学东亚系兼职讲师（Lecturer），一年以后做助理教授（Assistant Professor）。其间与刘子健多有请益。曾为洪煨莲查找资料，助其完成论文，讨论"人之生也直罔之生也幸而免"章。洪先生是乾嘉大家，将此章句读为"人之生也，直罔之生也，幸而免"，以"直罔之生也"格义人性本恶，或可会通孔耶之教。在普大期间，先生与京都学派"祭酒"西谷启治、日本禅宗闻人佐佐木承周多有交往。此期从游先生的学生中有罗浩（Roth），现在布朗大学创办了冥想本科专业。

　　1971 年，先生 31 岁，转任美国伯克利（海外亦称柏克莱）加州大学历史系，与魏斐德、罗伯特·贝拉等皆为挚友，创办伯克利加州大学本科哲学部,组织举办戴震逝世 200 周年 (1777—1977) 学术会议。先生帮助陈鼓应避难于伯克利加州大学图书馆,陈先生在此开始由尼采研究转向老庄研究。此期从游的学生中有周锡瑞、卢永灿、郭少棠、翟志成、余佐翰等。

先生回哈佛大学任教以后的行迹,士林了解颇多,兹不赘述。

二、对话集的出版过程

先生以"做哲学"的行动践履文明对话,以文明对话的行动消解文明冲突的问题,努力开创人类文明新形态。为此,先生几十年如一日,周游列国,奔走天下,与各大精神传统的大师大德砥砺摩荡,互相学习。先生认为:"通过积极地参与到所谓的大化流行的过程中,我们是在某种程度上的协同创造者,从而不仅对人类福祉负有责任,而且对天、地、万物都负有责任。"

此次整理翻译了 22 篇对话,时间跨度是从 2004 年到 2013 年,包含了几乎全球各大思想传统的硕学鸿儒。由于众所周知的原因,本对话集一共收录了其中 17 篇对话。

第一篇是与迈克尔·桑德尔的对话《自我与社群之间》,时间是 2004 年 4 月 13 日。

桑德尔或代表了社群主义的传统。在本次对话中,先生与桑德尔就启蒙运动、社群主义、跨文化跨宗教跨传统交流以及公民美德等相关主题进行了交流。他们都认为启蒙运动是人类历史上最强大的意识形态,既具现代性,亦具世俗性;启蒙运动所中体现出的如自由、理性、程序正义、人权和个人尊严等价值观,现在已经被包括中国在内的人们承认为具有普遍性的价值观;文明之间以及各文明内部的对话和理解十分重要,各文明各自需要理解自身,也需要从教育中接触别的文明的传统,各文明增进相互了解,才能真正改善、深化和补充各自的传统；社群生活中，个性作为一种"自我"，距离"利他"有着相当大的距离，因此一方面要具有个性，与此同时要尽可能地做到利他。此外，他们在对于社群主义的具体理解、公民道德的塑造等方面也略微存在一些分歧，先生更加注重社群中公民美德之"礼仪"的习得，而桑德尔重视公民美德之"品格"的养成。

第二篇是与彼得·伯格的对话《"个体化'的 21 世纪》，时间是 2004 年 6 月 7 日。

伯格院士是知识社会学的代表人物之一。先生与伯格就"个体化"这一议题展开了深入对话，内容横穿现代化与宗教社会学，并且指出宗教在社会学家涂尔干和马克斯·韦伯研究中都曾占据重要地位。二先生将宗教、世俗化与现代化放置在同一维度进行讨论。对话以现代社会基本价值信仰与资本主义制度的关系为索引，探讨指出亚洲、欧洲和美洲各国的宗教和文化在与资本主义的相互作用之中，带来了人们生活世界的多元化和社会的大规模变迁，致使社会中的现代性也带有强烈的个体化倾向。个人作为被建构起来的社会现实，其一部分是与社会相互关联的，个人的成长是内在化的个体化与现代化已是趋势所在，但不同的文明国家各自在创造着不同的模式来适应这种趋势，并努力让人们有更多的选择，从而以不同的方式来绽放文明的光彩。

第三篇是与丹尼尔·贝尔的对话《构成性与建构性》，时间是 2004 年 6 月 13 日。

贝尔先生是美国批判社会学和文化保守主义思潮的代表人物之一。先生与贝尔就"认识论下的构成性和创建性""人的社会性"等主要问题交换了意见。二位先生从区分"预言"和"预测"出发，一致认为，为了认识复杂系统下相互联系的万事万物，必须区分构成性和创建性两个概念，从而得到经济、政体和文化之间存在不同的关系这个结论。贝尔论述了自己信奉的政治自由主义理想，强调优点和理性论证。但他认识到，当下社会面临各要素交织的复杂问题，单凭理性论证无力解决,因此从伦理性和技术性出发,才能突破当前市场自由主义面对的困境。二先生深刻探讨了如今社会之变革的推动力——文化和政治因素。在此后工业社会背景下,知识是对信息的判断,智慧则是对历史经验的判断,并且包含自我反思的主观能动性。先生借用贝尔对事物的构成性和创建性的分类,提出儒家经典中人性构成性的观点,两位先生在无独立个体存在的社会性观点上达成高度一致,并提出了自我发现、个体发现和个体解放是后现代文明的一个标志。

第四篇是与雷蒙·潘尼卡的对话《世界精神的未来方向》,时间是2004年7月3日。

潘尼卡先生是"深不见底的学者",是"没有母语的学者",因为他能用多国语言写作讲学。两位先生讨论了多元主义的吊诡、世界精神和跨宗教对话。潘尼卡对于基督教在西方内部的格义问题做了分疏:创造者、无所不能、外在的他者等。双方在遥远的地平线取得了重叠共识。

第五篇是与尤尔特·柯慎士的对话《第二轴心时代》,时间是2005年2月27日。

柯慎士是刘述先对 Ewert Cousins 的中文译名,乃"第二轴心时代"的揭橥者。两位先生讨论了原住民精神在21世纪的地位和"现代"意识的贫困。双方都期待人类从轴心时代进入第二轴心时代。第二轴心时代的繁荣需要以原住民智慧的返本开新为基础。

第六篇是与塞缪尔·李的对话《关于亚洲价值观》,时间是2009年11月19日。

李先生曾任联合国教科文组织韩国国家委员会秘书长,是韩国基督教社会的领袖人物。本次对话讨论了亚洲价值。儒家思想在韩国的发展对于理解儒家思想的现代性转化是最发人深省的。儒家价值观,无论是积极的还是消极的,都是韩国人日常生活中不可分割的一部分。儒家传统中的地方知识,东亚的地方知识或区域知识包括儒教、道教和佛教的悠久传统可以成为一个很好的榜样，通过合作寻找亚洲宗教和哲学的共同点和共同传统，使其自身变得具有全球意义。东亚现代性的形式也能为想象中的东南亚现代性，或南亚现代性，或伊斯兰现代性，或非洲现代性等等提供参考。儒家传统或可提供一种精神人文主义，这是一种人文主义的新视野，一种理解人类或重新思考人类的新浪潮，也是必须面对的主要哲学任务之一。

第七篇是与弗莱德·多勒米尔的对话《哲学人类学的回归与超越》，时间是 2009 年 11 月 18 日。

弗莱德·多勒米尔，政治哲学家，美国圣母大学哲学系"PACKEY JDEE"荣休教授，研究领域主要为现当代欧洲思想，除此之外，他还对跨文化哲学比较抱有浓厚兴趣。本次对话探讨了当代自由主义的缺点，彼此在哲学人类学的基础上取得了对于超世俗时代的共识，希望在人类精神发展的视域中拥抱"感通"（Mutuality）的概念。

第八篇是与杰罗姆·凯根的对话《学以成人》，时间是 2010 年 4 月 9 日。

杰罗姆·凯根是 20 世纪发展心理学（developmental psychology）的引领者之一。他以跨文化和纵向研究的形式探究儿童内在气质和外在文化环境对儿童发展的影响。本次对话讨论了 21 世纪伦理意识转变以拯救物种的可能性，并在疯狂全球化的后现代背景下讨论人类意义的问题。

第九篇是与霍米·巴巴的对话《超越后现代主义》，时间是 2010 年 5 月 19 日。

霍米·巴巴，是当代著名的后殖民理论家，与萨义德（Edward Said）和斯皮瓦克（Gayatri C. Spivak）一起被誉为后殖民理论的"圣三位一体"。本次对话就现代性的构建这一议题展开了探讨。霍米·巴巴认为当下各国现代性的建构与西方社会的自由、民主等价值观有着密切联系，他以自己的出生国家印度为例，对于社会的转型如何将一个发展中国家的现代与过去架构起来做了论述,并着重强调过去的社会文化对现代国家发展的重要性。先生则以中国为例进行对话回应。随后两位先生就对话、人文关怀、理性与情感这三方面话题进行对话,对如何在当今社会通过文化观念来引导去创建一个更具人文关怀的和谐社会提供了意见。

第十篇是与贾格迪什·卡普尔的对话,《重新思考人》,时间是2010 年 7 月 11 日。

在对话中,卡普尔强调了印度文化的连续性和中国文化的变动性。他认为中国文化的断层导致中国的年轻人比印度的年轻人更快地转向消费主义。

先生认为印度文化的精神性值得中国参考和借鉴,希望中国从商业主义转变为精神人文主义。21 世纪的精神人文主义的形态至少包括己、群、地、天的四个维度。印度教、穆斯林、犹太教、基督教以及所有的精神传统都必须经历一场变革。这个转变就是认识到地球是神圣的,人必须关心地球。

双方都认为自我的整合不仅仅是物质上的,还有心智上的、超心智上的以及精神上的。

第十一篇是与弗莱德·多勒米尔的第二次对话《超越容忍,走向欣赏》,时间是 2011 年 6 月 10 日。

本次对话反思了启蒙普遍主义,回溯了儒家精神的根源意识,探讨了"对话式对话"的可能性,这种可能性是基于超越双方语言的"不可通约性"和双方地位的"不平等性",同时超越"狭隘的特殊主义"和"抽象的普遍主义",既不是"排他的开放"也不是"包容的开放",而是在"良好的意愿"之上的将心比心的互相启示和欣赏,从而为对话的文明之兴起奠定一块精神人文主义的基石。

第十二篇是与查尔斯·泰勒的对话《通往共融的交流》,时间是2011 年 6 月 11 日。

泰勒是当代最有影响力的哲学家之一，在政治哲学、社会科学哲学、哲学史和思想史方面的贡献最为世人瞩目。先生与泰勒围绕现代社会中的宗教思想、信仰与学术研究的关系、多元文化主义、当代社群主义等话题进行了对话；探讨了实证研究学者向宗教信仰回归的现象，进而对世俗时代下人的精神性诉求进行思考。另一方面，同时作为研究者与信仰者，先生与泰勒都对各自学术研究的态度与方法深有反思，先生认为个人知识的参与并不会改变学术研究的客观性和真实性，相反能够为理性的探讨增添更多内容。接下来，二先生围绕当代依然盛行的文化保守主义和西方中心主义展开讨论。泰勒认为，有很多关于人类生活的深刻见解，它们在某种意义上都分散在迥然相异的观点之中，其中包括了不同的文化与宗教传统，甚至无神论传统。我们需要从孤立的状态转变为积极对话的状态，人类才能进入一个新的时代。先生以对美国社会中同时存在的文化保守主义和多元文化主义的亲身体会，指出人们需要一种包容的思维，一种能够涵盖丰富的人性体验的人文主义，即精神人文主义，才能解决个人与内在自我、社群、国家以及宇宙天道的关系，人类才能更好地生活在一起。

第十三篇是与罗伯特·贝拉的对话《自主、对话与反思的文明意识》，时间是 2011 年 8 月 14 日。

先生和罗伯特·贝拉介乎师友之间，二先生就丸山真男、南乐山、查尔斯·泰勒等知名学者的思想进行了讨论，指出丸山真男的思想过于西方化，南乐山关于儒家基督徒的论述具有深刻意义。泰勒对现代性的批判可以补充更多关于"他者"的讨论。同时两位学者就贝拉近年感兴趣的印度思想的丰富性、儒家思想现代转化面临的挑战以及中美关系未来的发展趋势等议题展开了深入探讨。如何在轴心文明的视野下，面对人类当前的诸多危机，跨越世界发展的鸿沟，是两位哲人的核心关注所在。

第十四篇是与小约翰·柯布的对话《当代哲学的精神转向与文明间对话》，时间是 2012 年 2 月 25 日。

先生和柯布在对话中讨论了当代哲学中的"精神转向"、怀特海过程思想在宗教间对话中的潜在作用，以及 21 世纪中国在科学和人文领域领导地位的前景。

第十五篇是与休斯顿·史密斯的对话《从文化中国到全球伦理》，时间是 2012 年 7 月 21 日。

二先生就"文化中国"（Culture China）"文明对话"（Dialogue among Civilizations）与"全球伦理"（Global Ethics）等三个主要问题交换了意见。先生再次申述了"文化中国"背景下身份认同应该包含的三个部分，他们是（一）生长在中国的汉民族与各个少数民族、（二）海外的华人华侨和（三）对中国保有长期关怀的外国人。先生回顾了从 20 世纪 70 年代便参与、开展的宗教对话、文明对话等相关活动。他指出，文明间甚至文明内部会存在着难以调和的张力，需要我们有一种开明与接纳的态度来对待。史密斯先生则以其亲身经历谈到，"文明对话"需要基于对不同文明的亲身理解与体悟，这样的"对话"会带来一种启示、一种难以名状的幸福。在"全球伦理"的对谈环节，两位先生同时强调了融合科学与哲学、宗教的"认知方式"，即，在认识世界的过程中，我们不能将"世界"作为一种纯粹的客观对象，要注重"内在于我"并"能与世界共鸣"的那"灵明"。

第十六篇是与谢尔盖·霍鲁日的对话《技术思潮下人身份的丧失与"协同人类学"构想》，时间是 2012 年 9 月 23 日。

二先生的对话开始于对人类未来命运的忧虑，霍鲁日教授认为，技术主义及其实践在使人逐渐丧失人的身份，后人类思潮、超人文主义的趋势预示着人的"退出"（exit）。能够对治这一问题的是宗教在公共领域中的回归。先生对此担忧深以为然，指出现代大学中宗教的边缘化，罗伯特·贝拉所谓的"宗教的回归"也只是宗教研究作为一种学科门类的回归，真正重要的是宗教话语、感知和见解的回归。胡塞尔的现象学及加布里埃尔·马塞尔等宗教的存在主义者都极为重视体验，这对宗教的回归至关重要。在体验的问题上,霍鲁日教授介绍了东正教中的静修(Hesychast)传统,同时介绍了他的"协同人类学"研究计划。他认为静修是他在非古典人类学、非古典架构和意识类型中找到的最佳典范之一,"静默"与"祈祷"的结合是静修的关键。对话最终回到了人的"退出"的问题,先生认为,对人的理解是多元的,但不是相对的,这是对话性文明的开始,而对东正教的静修与佛家、道家、儒家的心灵修炼的共同研究,正是文明对话的实践,对话主体在深化主体性的过程中(deepening subjectivity)臻至深化的主体(deepened subjectivity)。

第十七篇是与古拉姆瑞扎·阿瓦尼的对话《如何认识人》,时间是2013年6月17日。

对话围绕"我是谁",即如何认识人这一核心问题展开。二先生讨论了儒家哲学和伊朗哲学的共通性,在两种轴心时代文明的对话中,反思了科学主义、进化主义及排他性二元论等启蒙精神的不足。阿瓦尼教授认为,语言、自由和神圣的智性是人的三个特点,在伊朗哲学和伊斯兰哲学中,任何个体都是属天的、具有精神性的,而人的特殊性在于,人具有神的全部观念、现实和属性。先生以"人类宇宙观"(anthropocosmic)的概念来帮助理解儒家的天人关系,人是天的共同创造者(Co-creator),是身、心、灵、神四重维度的统一。① 西方哲学传统中排他性的二元论或难以处理这种神与人、天与人的关联性,因此在认识论的层面,也难以理解儒家的修身、体知与伊斯兰传统中的精神锻炼的观点。二先生还谈到了多元主义的问题,先生讲述了儒家哲学中"理一分殊"的观念,认为要避免多元主义流于相对主义,就必须重视同一性的问题,阿瓦尼教授则将综合了差异性和同一性的多元主义称为"神圣的多元主义"。

---

① 在与潘尼卡的对话中,发展为 Theo-anthropo-cosmic doctrine,见本书与潘尼卡的对话内容。

三、杜维明先生思想概述

　　先生一方面在对儒家根源性的体悟之中明晰文化中国之内涵，在六十多年与师友的问学思辨中，深造自得；另一方面以全球性的视野来学习各大文明，在奔走天下、践履文明对话的过程中，以学心听，以仁心说，以公心辨，成己成仁，度人无数。先生学无常师，心境神妙如唐君毅，学养气魄如牟宗三，刚猛担当如徐复观，博雅精深如杨联陞，通达悲悯如史华慈，笔力雄健如熊十力，言语圆融如陆象山。

　　笔者不揣愚钝，斗胆将先生的思想和精神总结为以下九点：

　　1. 先生以"存有的连续性"来豁显"维天之命，於穆不已"的古典精神，会通中西哲学之殊。张光直先生夫子自道，他的史学研究受到杜维明这一哲学思想的影响。[①]

　　2. 先生以"仁礼之辨"来揭橥儒家"体用不二"之教，消纳西方在"人神两分"之后的宗教仪轨。[②]

　　3. 先生以儒家思想对"两希文明"进行"再启蒙"，接受启蒙价值，反思启蒙运动，超越启蒙心态。[③]

　　4. 先生以灵根自植的使命感反哺"文化大革命"以后的大陆，建立

---

① 　张光直：《考古学专题六讲》，文物出版社 1986 年版，第 12—13 页。

② 　杜维明：《仁与礼之间的创造性张力》（*The Creative Tension between Jen and Li*），载《东西方哲学》第 18 卷，1968 年 1—2 期；收入《仁与修身》（纽约大学版）、《儒家传统的现代转化》、《杜维明文集》。

③ 　杜维明：《超越启蒙心态》（*Beyond the Enlightenment Mentality*），载 *Bucknell Review* 1993 年 2 期；又载 M. 图尔克编：《世界观与生态学》，玛丽克若尔：奥尔比斯图书 1994 年版；又载《社会进步的伦理与精神性向度：联合国哥本哈根社会发展高峰会议报告》1995 年 3 月 6—12 日；又载 M. E. Tucker and J. Berthrong 编：《儒学与生态学：天、地和人的相互联系》，剑桥哈佛大学世界宗教研究中心 1998 年刊；又载《国外社会科学》二○○一年第二期，雷洪德、张珉译，第 14—21 页。

"文化认同"①，建构"文化中国"。柯文认为自己回应老师费正清的"冲击反应论"而建构的"中国中心论"在杜维明之"文化中国"这一非区域性的论域中已经不敷使用。②

5. 先生以海纳百川的精神践履文明对话，以"文明对话"的行动消解"文明冲突"的问题。③ 亨廷顿教授晚年担忧的不是所谓的"文明冲突"而是美国社会内部的身份认同，认同政治在美国乃至在全球都已成为热点话题。④

6. 先生以"儒商论域"的探索来回应当下强势的工商资本社会。⑤

---

① 杜维明:《有关文化认同的体验》，载《联合杂志》(纽约)1968 年 3—4 期；收入《三年的畜艾》《杜维明学术文化随笔》《杜维明文集》。

② 柯文:"中国海外移民包含了不同形式的去领域化。其中一个特别的例子是杜维明所提倡的"文化中国"概念。就其内涵而言，文化中国是指一组被客观地定义为"中国的"价值、行为模式、观念及传统，并成为"中国人"主观认同的归属。就其策略而言，文化中国的观念提供了海外华人移民借以诉说、型构乃至定义中国与中国性的途径，而不需要住在地理与政治空间上的中国。"[《在中国发现历史:中国中心观在美国的兴起》，林同奇译，社会科学文献出版社 2017 年版，第 75 页注 42；参见 Wei-ming Tu, "Cultural China: The Periphery as the Center", *Daedalus: Journal of the American Academy of Arts and Sciences* 120(2)(Spring 1991): 1-31; Paul A. Cohen, "Cultural China: Some Definitional Issues," *Philosophy East and West* 43(3)(July1993): 557-563]

③ 杜维明:《儒家传统与文明对话》，彭国翔译，河北人民出版社 2006 年版；人民出版社,2010 年版。

④ Samuel P. Huntington, *Who Are We? The Challenges to America's National Identity*, New York: Simon and Schuster, 2004；卡 洛 斯 · 罗 萨 达 (Carlos Lozada),《亨廷顿——预言川普时代的先知》(*Samuel Huntington, a Prophet for the Trump Era*),《华盛顿邮报》,2017 年 7 月 18 日；转引自弗朗西斯 · 福山 (Francis Fukuyama):《身分政治:民粹崛起、民主倒退,认同与尊严的斗争为何席卷当代世界?》,台湾时报文化出版企业股份有限公司 2020 年版。

⑤ 杜维明:《工业东亚:文化的角色》(英文),载《美国人文、社会与科学院院讯》1985 年 4 月号。TU Weiming, *Industrial East Asia: The Role of Culture*, "Bulletin of the American Academy of Arts and Sciences", Vol. 38, No. 7 (Apr., 1985), pp.12.

儒商精神其来有自,儒是文化认同,商是职业选择。① 为超越"经济人理性",先生提出"文化人认同"和"生态人信仰"②,开显良知理性,助缘儒商的自觉,建立儒商的认同,为发展新商业文明贡献儒家的思想资源。

7.先生以"精神人文主义"来发展并转化儒家的仁道,回应启蒙运动以来的"凡俗人文主义",消纳基于西方学术的哲学、宗教、伦理、道德、政治、科学之门户,以具体的、此时此地的、活生生的"人"来建立基于有机团结的"信赖社群"③,豁显"地道",超拔"人道",挺立"天道";先生拈出"道学政"之教,以为己之学来感通天道,以天道之挺立来涵摄人政,为现代政治学提供儒家的源头活水。④

8.先生谨遵勤学、审问、慎思、明辨、笃行之教,走一条做学问的艰辛之路,以至诚无息的敬畏之心践履——即道德即宗教的——儒学,体知儒学⑤,实现"士的自觉",臻至"天德流行"的境界。⑥

9.总之,先生自觉地"出入两希,返归六经"⑦,乃当代玄奘!⑧

---

① 感谢陈茂泽博士的总结。
② 感谢长江 DBA 项目同侪。
③ 杜维明:《〈中庸〉洞见》,人民出版社 2008 年版。
④ 杜维明:《古典儒学中的道、学、政》(*The Way, Learning and Politics in Classical Confucian Humanism*), 载 *IEAP occasional paper and monograph series* 第 2 期,新加坡东亚哲学研究所 1985 年刊;又载《开放时代》2000 年第 1 期;收入《道学政:论儒家知识分子》。
⑤ 杜维明:《体知儒学:儒家当代价值的九次对话》,浙江大学出版社 2012 年版。
⑥ 杜维明:《孟子:士的自觉》,载李明辉编:《孟子思想的哲学探讨》,台湾"中央研究院"文哲所筹备处 1992 年刊,又载《国际儒学研究》第 1 辑,人民出版社 1995 年版;收入《杜维明文集》。
⑦ 借用宋明儒"出入佛老,返归六经"之表达,"两希"指发源于希腊的哲学传统和发源于希伯来以及与之一脉相承的基督教、伊斯兰教的神学传统。
⑧ 如是我闻,1980 年,杜维明以富布莱特学者身份讲学于北京师范大学。吕澂先生问杜先生:中国历史上最大的知识分子是谁? 杜对曰:玄奘。吕先生嗟讶不已。

四、结　语

　　这本对话集的出版首先感谢北京大学高研院的黄琦老师，是她把声音转换成文字，春去秋来，眼耳俱劳。感谢邰谧侠（Misha A.Tadd）和柯乐山（Jonathan P.Keir）两位国际友人，对英文稿做了认真的审校。本次中文稿的翻译和校雠人员是：陈茂泽、戴瑜玥、郝颖婷、任惠莲、贾沛韬、邱楚媛、史少秦、王正、王顺然、王胤莹、王玥瑜、王雨珩、王建宝、吴蕊寒、张倩茹。借此机会，对师友的辛苦工作深表谢意。

　　人民出版社的崔秀军老师学植深厚，担当敬业，为这本对话集暨2019 年的先生八十寿庆文集的出版尽心尽力，居功至伟。

　　特别感谢先生夫人的精心组织，没有她的发心，这些对话几乎都不会发生。

　　当然，对话过程本身才是最重要的，在此感谢并致敬先生心系苍生的慈悲之心，奔走天下的艰苦之行，感谢并致敬各位大师大德，无论是与先生砥砺多年之旧，还是倾盖如故之交，师友论道，负暄谈义，不亦乐乎！这既是儒家第三期发展过程的重要事件，也是世界精神转向的具体表现，这本对话集的出版为中国优秀传统文化开显其全球意义（global significance）、为开创文明新形态或许不无裨益。

　　对话者都是当今世界耆老鸿儒，云山深意，不敢蠡测，东西格义，道阻且跻，豕亥之误，更是在所难免。朱子感叹：是以忘其固陋，采而辑之，间亦窃附己意，补其阙畧，以俟后之君子。极知僭踰，无所逃罪，然于国家化民成俗之意、学者修己治人之方，则未必无小补云?! 于此心有戚戚焉！

　　最后，以先生自己的话就对话的精神做一总结。先生夫子自道：

　　　进入他者意义世界的勇气和智慧，又允许我们经历他者自己认同的价值，在这个极为丰富的过程中，我们能够发现一些在我们自身的传统中被排斥的、被淹没的、被边缘化的或者甚至根本视而不见的价值。

进入到另外一个传统的过程，这个传统也许与你根本不同，会带来真正的解放。这并不是说那些截然不同的心灵结构能够真正地受益于跨文化的领域。现代心态过于强调个人中心主义，以至于不能够欣赏与西方现代性不一样的具有启发性的价值。通过对感同身受的恻隐之情的强调，儒家人文主义能够帮助缓和所谓的"辩证的对话"（dialectical dialogue）带来的困难情形，因为"辩证的对话"过于聚焦于辩难（argumentation）。而通过拥抱"对话的对话"，则可以促进人的交流，使得对话更加容易，这种态度本身也增加了对话的机会。

从思想世界的观点来讲，我们如何通过文明对话找到一条通往和平与文化理解的路径？如何与地球保持可持续的关系？这有赖于一条新的思想之路，一个新的宇宙论，而且是一种真切的、新的社会气质（ethos）。①

> 2023 年 6 月 16 日星期五起草
> 2023 年 7 月 3 日星期一修订

---

① 杜维明：《精神人文主义：一个正在喷薄而出的全球论域》，王建宝译，载《船山学刊》2021 年第 1 期。

索　引

（索引词条按汉语拼音排序）

责任编辑：崔秀军
封面设计：汪　阳
版式设计：顾杰珍

图书在版编目（CIP）数据

杜维明对话集 / 杜维明等 著 . —北京：人民出版社，2024.2
ISBN 978 - 7 - 01 - 026183 - 6

I. ①杜… II. ①杜… III. ①杜维明 - 儒学 - 研究 IV. ① B222.05

中国国家版本馆 CIP 数据核字（2024）第 001452 号

杜维明对话集
DU WEIMING DUIHUA JI

杜维明　等　著

人民出版社 出版发行
（100706　北京市东城区隆福寺街 99 号）

北京中科印刷有限公司印刷　新华书店经销

2024 年 2 月第 1 版　2024 年 2 月北京第 1 次印刷
开本：710 毫米 ×1000 毫米 1/16　印张：30.75
字数：400 千字

ISBN 978 - 7 - 01 - 026183 - 6　定价：99.00 元

邮购地址 100706　北京市东城区隆福寺街 99 号
人民东方图书销售中心　电话（010）65250042　65289539